U0936422

孔庙国子监论丛

2017年

孔庙和国子监博物馆◎编

中国社会科学出版社

图书在版编目(CIP)数据

孔庙国子监论丛. 2017年 / 孔庙和国子监博物馆编. —北京：中国社会科学出版社，2017. 12

ISBN 978-7-5203-1833-4

Ⅰ. ①孔… Ⅱ. ①孔… Ⅲ. ①孔庙—北京—丛刊 Ⅳ. ①K928. 75-55

中国版本图书馆CIP数据核字(2017)第323057号

出 版 人 赵剑英
责任编辑 孙 萍
责任校对 李 剑
责任印制 王 超

出 版 中国社会科学出版社
社 址 北京鼓楼西大街甲158号
邮 编 100720
网 址 http://www.csspw.cn
发 行 部 010-84083685
门 市 部 010-84029450
经 销 新华书店及其他书店

印刷装订 北京君升印刷有限公司
版 次 2017年12月第1版
印 次 2017年12月第1次印刷

开 本 787×1092 1/16
印 张 24. 25
字 数 436千字
定 价 158. 00元

1 2017年3月5日，“传承雷锋精神 志愿服务社会”——孔庙和国子监博物馆开展学雷锋志愿服务活动

2 2017年3月15日，孔庙和国子监博物馆2017年度志愿者培训工作启动

1 2017年4月11日，孔庙和国子监博物馆在敬一亭召开“北京孔庙和国子监博物馆改陈工作”专家论证会

2 2017年4月11日，孔庙和国子监博物馆在敬一亭组织召开“2017年度中国孔庙保护协会秘书长工作会”

1 2017年5月14日，瑞士联邦主席的丈夫豪森及瑞士驻华大使夫人一行参观孔庙和国子监，陈静书记陪同

2 2017年5月15日，希腊共和国总理夫人贝蒂·巴齐亚娜女士参观孔庙和国子监，吴志友馆长全程陪同讲解

1 2017年5月25日，儒学遗产保护利用工作座谈会在曲阜三孔古建筑工程管理处召开，陈静书记出席并发言

2 2017年6月29日，孔庙和国子监博物馆党总支与安定门街道工委组织党员共同开展了区域共建志愿服务活动，陈静书记出席

1 2017年7月7日，孔庙和国子监博物馆党总支组织到平谷鱼子山抗日战争纪念馆开展“铭记革命历史 重温入党誓词”主题党日活动

2 2017年7月7日，孔庙和国子监博物馆党总支组织到平谷鱼子山抗日战争纪念馆开展“铭记革命历史 重温入党誓词”主题党日活动合影

1 2017年7月11日，“带本书给家乡的孩子”第五季信使出发仪式在国子监彝伦堂举办

2 2017年8月29日，第六届北京孔庙国子监国学文化节新闻发布会于敬一亭召开

3 2017年9月1日，“北京孔庙和国子监国学文化万里行”主题展览在南京中国科举博物馆举办，陈静书记出席

1 2017年9月12日，清华大学国学研究院院长、哲学系教授陈来在国子监彝伦堂开讲

2 2017年9月13日，著名学者、北大教授楼宇烈先生在国子监彝伦堂开讲

3 2017年9月15日，“大美寻源·彝伦长德——吴悦石、莫言、杨华山翰墨三人行”书画作品全国巡展首展在孔庙国子监隆重开展

1 2017年9月28日上午，北京孔庙祭孔大典，初献官吴志友馆长宣读告文

2 2017年9月28日上午，北京孔庙祭孔大典，分献官高树荣副馆长行礼

3 2017年9月28日上午，北京孔庙祭孔大典，集体行礼

4 2017年9月28日上午，北京孔庙祭孔大典，亚献官陈静书记献爵

1 2017年10月12日，《绣像儒风——孔子及弟子画像石拓片展》现场

2 2017年10月12日，《绣像儒风——孔子及弟子画像石拓片展》在北京国子监开幕

1 2017年12月4日和5日，孔庙和国子监博物馆举办学习党的十九大精神培训班，陈静书记做动员讲话

2 2017年12月4日和5日，我馆举办学习贯彻党的十九大精神培训班，吴志友馆长做主旨发言

《孔庙国子监论丛》编委会

目　　录

儒家思想研究

孔庙　国子监研究

博物馆探索与实践

专题研究

儒家思想研究

◇"天人合一"思想研究

◎ 周桂钿

【摘　要】 天是复杂、多义的，人也是复杂、多义的，天人合一，也有多种不同形式。天人合一主要是讲天人的一致性，统一性，天人可以统一于气，也可以统一于理，统一于道，统一于高尚的道德。天人合一，也讲天人感应，讲天与人能够进行精神方面的相互感应。因此，天人合一，既包含神秘的神学目的论的内容，也包含人与自然和谐关系的意思，其中也有人应该顺应自然界的养身之道。如果只讲一个方面，或者不讲某一个方面，显然都是片面的。

【关键词】 天人合一　中国哲学

中国汉字的多义性与中国传统哲学概念的模糊性，是中国哲学的特色，也增加了研究的难度。学者的研究或者争论，与此多有关系。有的学者不太了解这一情况，在多义中只取一义，或者根据自己的想法，将本来模糊的改成精确、清晰的，结果失去原意。对于"天人合一"，就有这种情况。有的人先将"天"确定为神灵的天，"人"确定为人类，再把"合"理解为两种不同的东西相加与结合，于是就得出"天人合一"是不可能的，也是不成立的，进一步推翻所谓"天人合一"是中国传统思想的精华之类的说法。全部论证过程似乎都是很严密的，其实有许多理解不符合中国传统的思维方式，存在明显的误解。

在中国传统哲学中，"天"是多义的，主要可以归结为两种意义：一是自然的天，一是神灵的天。自然之天也有几种意义：一是与"地"对应的天，即"天地"中的天，包括日月星等天象以及气候、气象等。如《荀子·天论》所云："列星随旋，日月递照，四时代御，阴阳大化，风雨博施。"列星指天上的所有星星，主要指恒星。所有恒星随着天旋转。日月交替着照耀天下。四季轮换着出现。阴阳变化存在于天地之间，风雨在广泛领域中产生作用。这些都是天的表现。"夫日月之有蚀，风雨之不时，怪星之党见，是无世而不常有之。”日食月食，风雨不及时，新星突然出现，虽然是非常的现象，却是每一个时代都会有的，也是天的表现。《黄帝内经·阴阳应象大论篇》曰：“积阳为天，积阴为地……清阳为天，浊阴为地。”阳气积累成天，阴气积累成地，天地是阴阳二气形成的。地面以上的一切现象都包括在“天”这个概念内。二是与“人为”对应的天，指一切不是人为的自然现象，包括与地对应的天的全部内容，还包括地面上自然发生的一切现象。如《庄子》所说的“牛马四足，天也”。牛马有四条腿，是自然的，这也是天，即天赋的意思。《荀子·天论》曰：“天行有常，不为尧存，不为桀亡。”“皆知其所以成，莫知其无形，夫是之谓天。”“不为而成，不求而得，夫是之谓天职。”这些说法中的“天”都是天然即自然的意思。三是与“人”对应的天，是天地的简称，指整个自然界。如《黄帝内经·生气通天论篇》所云：“夫自古通天者生之本，本于阴阳。”这个天就包括“天地之间，六合之内”。司马迁所谓“究天人之际”，这个天就包含“人之外的一切都是天”的意思。四是天有时也包括人在内，相当于现在所说的宇宙，如董仲舒讲的“天有十端”，十端是天、地、阴、阳、木、火、土、金、水、人。这个天就是无所不包的。在这一句话中，两个“天”的内涵是不一样的。这种情况在西方哲学中不太可能出现。如果不能理解中国哲学的这种模糊性，就可能误解一些古代的思想。张载讲“太虚即气”，太虚又名为天。这个天也是指整个宇宙空间。宋明以后的哲学家讲的天多数是指自然之天，很少讲神灵之天。只有陈亮还学着董仲舒的口气给皇帝上书，大讲天人感应，希望皇帝听他的说法，实行他的政治主张。神灵的天，主要包括天命论和天人感应论中的、相当于西方所谓“上帝”的天，即主宰宇宙的至上神。这个神灵的天是全能至善的，有时也将善德归于天，于是有伦理的天。天主宰自然界，决定自然界的一切变化，于是，又将自然变化说成是灾异，是天意的表现。自然灾异的天，伦理的天，应该都从属于神灵的天。天，在古人那里，是非常明确的概念。只是见解不同，产生了歧义，引起了争论。按刘禹锡的说法，从最大的意义来分，一种叫“阴骘之说”，一种叫“自然之说”。[①] 前者就是神灵的天，在暗中主宰人世间；后者就是自然之天，没有意志，不能赏罚，与人间祸福没有关系。现代引入西方分析方法以后，天的意义就更加复杂了。“人”也是多义的，有的指最高统治者“天子”，有的指一般个人，有的指某一部分人，有的则指全人类。“合”的意义也有多种。我们就将它放在下面具体论述中加以解释。

---

① 刘禹锡：《天论　上》，见《柳宗元集》第二册，中华书局 1979 年版，第 443—445 页。

一 天人一德

天人合一的说法在《易传》中就有了。《周易·乾卦·文言》:

> 大人者，与天地合其德。

这个“大人”，是大人物，指统治者。在这里，天人合一中的“一”是道德。与天地合其德，说明天地是有道德的。如何理解“大人”与“天地”的“合其德”呢？主要难点在“合”字上。什么叫“合德”？道德是如何“合”的？《易传》又说：“天行健，君子以自强不息。”根据“天行健”，君子应该“自强不息”。行健，就是自强不息。君子就在这一点上与“天”合德。这个德就是积极进取，天有这个德，君子也应该有这个德。这就是“合德”。孔子说：“唯天为大，唯尧则之。”① 这里讲天的特点是“大”，只有尧能够“则之”。“之”就是“天”，就是“天之大”。“则”如何理解？按朱熹的说法：“则，犹准也。”“言物之高大，莫有过于天者，而独尧之德，能与之准，故其德之广远，亦如天之不可以言语形容也。”② 则，就是标准。尧能符合天的标准，尧的伟大，也像天那么大。尧与天在“大”这一点上是一致的。很显然，这是一种比喻性的说法。这就是一种“合德”。这个大的“天”，不能说就是神灵的天。必须指出，中国古代思想家在讨论哲学问题时，一个概念可以有多种用法，并非总是一种内涵。这是常见的现象，也是中国哲学研究中的常识。

尧是圣王，是“大人”，也是“君子”。他可以与天“合德”，也能像“天行健”那样“自强不息”。天有高尚的德，圣王能够效法天之德。这就是大人与天的合德，也就是天人合一的一种形式。“天行健”是从天文学引申出来的，不是迷信。古代天文学认为“天体”（指恒星天）一日从东向西运行一周，速度非常之快，称为“天行健”。这种形式是从比喻开始的。先是以天之“大”来比喻尧的“伟大”，然后引申出“合德”的思想。以天之大来比喻尧的伟大功绩，天是否就有了神性呢？未必！

关于比喻，以自然现象来比喻人事，在古代是相当普遍的。例如《老子》第八章：“上善若水。”王安石注：“善者可以继道而未足以尽道，故上善之人若水矣。”用水来比喻“上善之人”，“上善之人”就像水那样。水是

---

① 《论语·泰伯》。

② 《四书集注》，岳麓书社1985年版，第135页。

什么样子？《老子想尔注》曰：“水善能柔弱，像道。去高就下，避实归虚，常润利万物，终不争，故欲令人法则之也。”水是柔弱的，是向下流的，流向空虚的，经常滋润万物，始终不与别人竞争。有这些品德，值得人们学习。“水善利万物而不争，处众人之所恶，故几于道。”王安石注：“水之性善利万物，万物因水而生。然水之性至柔而弱，故曰不争。众人好高而恶卑，而水处众人之所恶也。”“居善地。”王安石注：“居善地，下也。”“心善渊。”王安石注：“渊，静也。”“与善仁。”王安石注：“施而不求报也。”“言善信。”王安石注：“万折必东也。”“正善治。”王安石注：“至柔胜天下之至刚。”“事善能。”王安石注：“适方则方，适圆则圆。”“动善时。”王安石注：“春则泮也，冬则凝也。”“夫唯不争，故无尤。”① 最后一句，王安石没有注。《老子想尔注》曰：“唯，独也；尤，大也。人独能放水不争，终不遇大害。”② 放，是仿。人只要能模仿水“不争”的品德，就会始终不遇大灾难。这些都是说水的特性有“善”的意味，人如果能模仿水的特性，就会有善的品德。实际上就是人们用水的特性来比喻善。《管子·水地篇》中对水的描述就更加系统全面了。它说：“夫水淖弱以清，而好洒人之恶，仁也；视之黑而白，精也；量之不可使概，至满而止，正也；唯无不流，至平而止，义也；人皆赴高，己独赴下，卑也。卑也者，道之室、王者之器也，而水以为都居。准也者，五量之宗也；素也者，五色之质也；淡也者，五味之中也。是以水者万物之准也，诸生之淡也，违非得失之质也，是以无不满无不居也。集于天地而藏于万物，产于金石，集于诸生，故曰水神。”在这里，水就有了仁、精、正、义、卑等高贵的品德。仁义是儒家的思想精华，精、卑是道家的思想核心，特别是卑，是“道之室，王者之器”，是道家的哲学家与政治家的宝贝。正，则是当时许多思想家所共同推崇的内容广泛的概念。水的“准”“素”“淡”，也都是非常重要的性质，“集于天地而藏于万物”，天地万物都少不了水，所以称得上“水神”。在这里虽说“水神”，并非神灵，而是神妙的意思。

古人也将玉视为珍贵的东西，不仅由于坚硬，而且由于玉的一些性质类似许多品德。《管子·水地篇》载：“夫玉之所贵者，九德出焉。夫玉温润以泽，仁也；邻以理者，知也；坚而不蹙，义也；廉而不刿，行也；鲜而不垢，洁也；折而不挠，勇也；瑕适皆见，精也；茂华光泽，并通而不相陵，容也；叩之其音清搏彻远，纯而不杀，辞也。是以人主贵之，藏以为宝，剖以为符瑞。九德出焉。”玉有仁、义、勇等九德，实际上也是比

① 参见容肇祖辑《王安石老子注辑本》，中华书局 1979 年版。

② 饶宗颐：《老子想尔注校证》，上海古籍出版社 1991 年版，第 11 页。

喻。水与玉都是没有神灵的，因此所谓“德”也都是比喻性质的。宋明时期的理学家一般不讲神灵之天，他们所讲义理的天，也都是在比喻的意义上使用的，不能说天有义理，就变成不是自然之天了。

水有许多德，玉又有许多德，最大的天自然会有更多的德。天是无所不包的，天包含所有善德。有善德的天，应该有两种意义：一是自然之天，二是神灵之天。“天行健”的天，就是自然之天。同时，天也被塑造成人格神。天命论与天人感应中的天是至高无上的人格神，是所有善德的代表。只有圣王才能效法天，则天，成就伟大的事业。大人与天地合其德，就是天人一德，是“天人合一”的一种形式，既不能说只有这一种形式，也不能说没有这一种形式。

古人先将人的品德赋予自然界，然后提倡人们向自然界学习，效法自然。先从具体事物说起，如水、玉等，然后扩大到天上去。就是要人们顺天、则天。这种思想引入医学，就特别有意义。例如在《礼记·月令》中专门叙述一年四季的气候变化，气候变化是天，人事也要随着更替，是顺天。冬天穿棉袄，夏季必穿纱，就是人随着天的变化而变化。另外，《月令》还讲春天是万物生长繁殖的季节，人们不应该上山砍树伐木，也不要打猎捕鱼；同样道理，对犯人也不能在春天行刑。砍树、捕鸟、网鱼，都要在秋冬季节，处置犯人也是在秋冬季节，所谓“秋后问斩”，就是这个道理。古代战争也是选在秋冬季节，那是农闲时期。如果在农忙时期发动战争，将会严重影响农业生产，影响收成。《黄帝内经》说：“夫四时阴阳者，万物之根本也。所以圣人春夏养阳，秋冬养阴，以从其根，故与万物浮沉于生长之门。逆其根，则伐其本，坏其真矣。故阴阳四时者，万物之终始也，死生之本也。逆之则灾害生，从之则苛疾不起，是谓得道。”① 四季与阴阳都是天的表现，是万物的根本，也是人的根本。圣人知道这个道理，因此，顺应天的变化，在春夏的季节注意养阳，在秋冬季节注意养阴，这样就可以少生病。这些思想在《吕氏春秋》的“十二纪”中，在《淮南鸿烈·时则篇》中，都有所体现。《吕氏春秋·孟春纪》：“命祀山林川泽，牺牲无用牝。禁止伐木，无覆巢，无杀孩虫胎夭飞鸟，无麛无卵，无聚大众，无置城郭，掩骼霾髊。”春天，祭祀山川时，不用母畜，怕它有孕。禁止伐木，不要破坏鸟巢，“孩虫胎夭”与麛、卵，都是幼小动物，都在保护之列。“无覆巢”，也是怕摔了尚未能飞的雏鸟。“无聚大众”，不要搞大型聚会，怕影响春耕生产。“无置城郭”，不要修建城墙，也是怕妨碍农业生产。

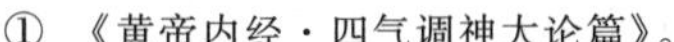

① 《黄帝内经·四气调神大论篇》。

霾，同埋。高诱注："白骨曰骼，有肉曰髊。"掩骼霾髊，就是掩埋骸骨。一方面表示仁恩，另一方面是为了卫生。《淮南鸿烈·时则篇》也有类似的内容，它说："牺牲用牡，禁伐木，毋覆巢杀胎夭，毋麛毋卵，毋聚众置城郭，掩骼薶骴。"薶骴，同"霾髊"。说明这些思想在中国古代，特别是在先秦两汉时代是很流行的。儒家与道家都根据这种思想，提出保护环境的问题，提出应该保护生态资源，不要竭泽而渔。用现代的说法，就是要求人类与自然环境处于和谐的关系。

天有好生之德，圣王则天，也是有好生之德的。《新序·杂事》载：

> 汤见祝网者置四面，其祝曰："从天坠者，从地出者，从四方来者，皆罹吾网。"汤曰："嘻！尽之矣。非桀其孰为此?"汤乃解其三面，置其一面，更教之祝曰："昔蛛蝥作网，今之人循序。欲左者左，欲右者右，欲高者高，欲下者下。吾取其犯命者。"汉南之国闻之，曰："汤之德及禽兽矣。"四十国归之。人置四面，未必得鸟；汤去三面，置其一面，以网四十国。非徒网鸟也。

"祝网者"置网四面，就是想把鸟一网打尽，其实未必都能网到鸟。这是亡国之君夏桀的错误做法。汤网开三面，只留一面，专门捕那些"犯命"的鸟，让多数鸟都可以逃走。这是爱心的表现。连对禽兽都有这种爱心，那么对人当然会更好了。于是，汉江以南的四十个小国都归顺汤。在过去，当政者的道德有强大的感召力。也可以将这种情况说成是圣王与天同样有好生之德。现在可以说有了新的意义：一方面，这对于保护生态平衡，保护自然资源，都是有意义的；另一方面，在处理人与人的关系中，在处理国与国的关系中，都要采取比较宽容的态度，维护和而不同的和谐状态，不要把别人逼上绝路。欺人太甚，也会遭到强烈反抗的。有的强国经常采取经济制裁和武力威胁的办法，强迫别人服从自己，接受自己的价值观，严重侵犯别国的主权，也是不得人心的霸道行为。

二　天人一类

中国古代有三个哲学思想体系影响最大，它们是八卦、五行、阴阳。在这三个思想体系中，天与人都是一一相对应的。

《周易》中的八卦是乾、坤、震、巽、坎、离、艮、兑。它们对应的自然界是天、地、雷、风、水、火、山、泽。对应的人事是父、母、长男、长女、中男、中女、少男、少女。对应人体的是首、腹、足、股、耳、目、手、口。这样，天为父，地为母，天人就对应上了。因此，最高统治者皇帝就称“天子”。“天子”是天人一类的最有代表性的典型说法。

阴阳说也是将天与人一一对应。在医学经典《黄帝内经》中说：“夫言人之阴阳，则外为阳，内为阴；言人身之阴阳，则背为阳，腹为阴；言人身脏府（腑）中阴阳，则脏者为阴，府者为阳。肝、心、脾、肺、肾，五脏皆为阴；胆、胃、大肠、小肠、膀胱、三焦，六府皆为阳。……此皆阴阳、表里、内外、雌雄相输应也，故以应天之阴阳也。”① 男为阳，女为阴，气为阳，血为阴，君子为阳，小人为阴，如《周易·泰卦·彖言》曰：“内阳而外阴，内健而外顺，内君子而外小人，君子道长，小人道消也。”《周易》还将阴阳与道德对应起来，如说：“立天之道曰阴与阳，立地之道曰柔与刚，立人之道曰仁与义。”② 柔、仁与阴对应，刚、义与阳对应。总之，中国古人将人事与阴阳对应，这是很普遍的现象。

最早提出五行说法的《尚书·洪范》中将人事的貌、言、视、听、思与五行中的水、火、木、金、土一一对应。到战国后期，建立起以五行为框架的宇宙模式，把当时人们所能掌握的内容都尽量装入这个体系。例如把一年四季（四时）和方位、五色、五味都与五行对应，四季与五行对应是有困难的，但是，他们先将土挂在季夏之末，如《吕氏春秋》，有的则在夏季中设一个长夏来与土对应，如《黄帝内经》。到了汉代，要提高土的地位，就将土与四时对应，使土在五行中具有了特殊的地位。所谓“土者，五行之主也”。“五行莫贵于土”与土对应的那一系列，也都鸡犬升天了，“五声莫贵于宫，五味莫美于甘，五色莫贵于黄”③。

人与天的关系是非常密切的，甚至是一一对应的。西汉政治哲学家董仲舒将天人关系归纳成一句话：

> 以类合之，天人一也。④

按类来分，天与人是一类的。这就是我们所说的天人一类。这也是天人合一的一种形式。董仲舒为此还做了许多新的论证，例如说人是天生的，“为人者，天也”。因此，人像天，与天同类。再从形体上看，天有十二个月，人也有十二块大骨节，天有三百六十日，人也有三百六十块小骨节，

---

① 《黄帝内经·金匮真言论》。

② 《周易·说卦》，中华书局 1980 年版，第 81 页。

③ 《春秋繁露·五行对》。

④ 《春秋繁露·阴阳义》。

天有五行，人有五脏，天有四时，人有四肢。有数量关系，天人一致；没有数量的，按类分，天人也是对应的。这就是他说的“人副天数”。天人是同类，根据同类相感的原理，天与人可以产生双向的精神感应。天有无上威力，有爱心，能够赏罚恶。当天子犯了错误时，天会降下灾害，谴告他，他如果还不纠正错误，天又会降下怪异来吓唬他，他如果还不改正，那么，天就会使他灭亡。董仲舒认为这说明天对天子是特别爱护的，才这样一再提醒。董仲舒认为天子应该按照天意办事。董仲舒从天人一类中引申出这种说法，是为了给有至高无上权力的天子以制约，不让他胡作非为，因为权力不受制约，就要产生腐败。天人感应过去受到的批判最多，现在冷静地思考一下，它也有一定的合理性。天是整个自然界，人当然是这个自然界的产物，与自然界有一致性，也是无可非议的。董仲舒的那些类比，显然牵强附会。这对于当时还没有民主制度，对于皇帝还缺乏制约机制的情况下，树立天的威信，给皇帝加上精神枷锁，无疑有益于社会的安定。人类长期生活在这样的环境中，已经适应了，成为习惯了。顺天、则天，在这里也会得到支持的。实际上就是适应大自然，也就是与大自然和谐的问题。西方人强调征服大自然，促进了科学的发展，但是，现在科学发展的结果，居然带来负面影响，造成了环境的严重污染，破坏了生态平衡，威胁到人类的生存。中国传统的阴阳论强调阴阳平衡，五行学说也是强调平衡，人与天即人与大自然，也要平衡和谐。这些和谐的思想，对于养身，对于治国，对于处理国际关系，对于保护环境，维护生态平衡，都是有价值的，有现实意义的。

三　天人一性

《孟子·尽心上》说：

> 尽其心者，知其性也，知其性则知天矣。存其心，养其性，所以事天也。

人如果能尽心，就能知性，知自己的本性。知性，也就会知天了。历代学者对于心、性、天有不同的理解，这句话的解释也就各不相同。东汉赵岐是最早给《孟子》作注的人。赵岐注云：“性有仁、义、礼、智之端，心以制之。惟心为正，人能尽极其心，以思行善，则可谓知其性矣。知其性则知天道之贵善者也。”又说：“能存其心，养育其正性，可谓仁人。天道好生，仁人亦好生。天道无亲，惟仁是与。行与天合，故曰：

‘所以事天也’。”① 这里说的是仁人能够存心养性，以思行善，行善就是好生。天也是贵善的，也是好生的。因此，仁人与天道是一致的，贵善好生的本性是一致的。

北宋二程（程颢、程颐）认为：“天人本无二，不必言合。”② 这好像是反对天人合一的说法，而实际上他们主张天人完全是一回事，不需要讲“合”。他们把天人合一，合得更加彻底。程颢认为“合天人”，“天人无间”③，完全是一体的，用不着再说什么“合”。他还说：“人和天地，一物也，而人特自小之，何耶?”人与天都是“一物”，一个东西。如果在人之外，“别立一天”，那就是“二本”了。他说：“仁者以天地万物为一体，莫非己也。认得为己，何所不至？若不有诸己，自不与己相干。如手足不仁，气已不贯，皆不属己。”④ 所谓“仁者”，应该是道德高尚的人。这种人必须将天地万物与自己视为一体，所有的事都是与自己有关的。如果对一些事不关心，认为与己无关，那就是麻木不仁。二程讲到天人合一的地方甚多。如说：“一人之心即天地之心”，“圣人即天地也”，“学者不必远求，近取诸身，只明人理，敬而已矣，便是约处。……至于圣人，亦止如是，更无别途。……故有道有理，天人一也，更不分别。”⑤ 他们认为人的道理与天地的道理是一致的，圣人的想法与天地的道理是一样的，因此，在道理上，在本性上，人与天地是一致的，所谓“天人一也”。

四　天人一气

庄子讲“通天下一气耳”，人就是气聚合而成的，因此，与万物没有什么不同，与天也是一致的。王充讲，人“禀气而生，含气而长”⑥，“用气为性，性成命定”⑦。人的“性”是由天的“气”决定的。人性与天性就有了一致性的，或者说天与人在“性”上是有一致性的。也就是说，天与人在“性”上可以合二为一。“天不变易，气不改更。”人禀天气而生，也一样不会改变。张载提出，天是太虚，“由太虚，有天之名”⑧。又认为太虚充满着气，“太虚即气”。“太虚无形，气之本体，其聚其散，变化之客形尔。”

① 《十三经注疏》，中华书局 1980 年版，第 2764 页。

② 《二程集》，中华书局 1981 年版，第 33 页。

③ 同上书，第 15 页。

④ 洪汉鼎：《百岁西哲寄望东方——伽达默尔访问记》，《中华读书报》2001 年 7 月 25 日第 5 版。

⑤ 《二程集》，中华书局 1981 年版，第 13—33 页。

⑥ 《论衡·命义篇》。

⑦ 《论衡·无形篇》。

⑧ 《正蒙·太和篇》。

人与万物都是气聚合成的客形，人死以后，又回到气的本来状态。万物也是这样，毁坏以后，回到气的本体。“客感客形与无感无形，惟尽性者一之。”① “客感客形”是指天地万物与人这些看得见的形体。“无感无形”是指看不见摸不着的没有形体的气。这两者怎么能统一起来呢？张载认为只有能够“尽性者”，才能将二者统一起来。张载认为看不见的太虚（即天）充满着气，看得见的万物和人都是气聚合成的，那么，天与人在气这一材料方面就是一致的。“天人合一”②，这个“一”就是气。他在《乾称篇》中还说“天人一物”“一天人”“万物本一”等，都是天人合一的思想的不同表达。二程讲天人合一，合于“性”；张载讲天人合一，合于“气”。所合不同，能合则一。在这里，所谓“天人合一”，不是两种东西的相加，是两种现象统一于一个本质。如果没有中国哲学这种思维方式，或者不理解这种思维方式，可能对此感到费解，或者根本无法接受。张载合天人于气，明确提出全宇宙只有气，万物的本质就是气，人与万物也都是气聚合而成的，一旦消亡，再回到气。如果用公式来表示，那就是：

气万物（人）

非常清楚地表达了“气一元论”的思想。气是物质性的东西，因此，张载的哲学体系是唯物主义的。他又有十分丰富的辩证法思想。他的唯物论与他的辩证法思想有机结合在一起，形成自己有特色的哲学体系，因此，我们可以称他的哲学体系是辩证唯物主义的。

综上所述，天是复杂的，多义的，人也是复杂多义的，天人合一，也有多种不同形式。主要是讲天人的一致性、统一性，天人可以统一于气，也可以统一于理，统一于道，统一于高尚的道德。天人合一，也讲天人感应，讲天与人能够进行精神方面的相互感应。因此，天人合一，既包含神秘的神学目的论的内容，也包含人与自然和谐关系的意思，其中也有人应该顺应自然界的养身之道。如果只讲一个方面，或者不讲某一个方面，显然都是片面的。

现在，神灵的天与皇帝精神感应的“天人合一”已经过时，不再适用了。自然界与人类和谐统一的“天人合一”正是现代所需要的，应该加以新的解释，用于现实，解决现代社会的一些实际问题。正如季羡林先生在首届北大论坛（2001 年 11 月 2 日）上发言所说的：西方工业文明给人类带

① 《正蒙·太和篇》。

② 《正蒙·乾称篇》。

来很多福利，也造成严重的问题，如气候变暖、淡水缺乏、动植物种灭绝等；西方以自然界为征服对象，征服的结果，是受到大自然的报复。只有东方文化能够挽救人类。中国人讲“天人合一”，大自然与人类的和谐统一，印度也讲人与宇宙的统一。走遍几大洲几十个国家而又学贯东西的世纪老人，能讲出这些话，不值得我们深思吗？现在有些人不能从宏观上把握世界历史，受到当前的事实所局限，羡慕暴发户，对于自己没有信心，对于本民族的文化没有信心，难道不能向季老先生学习一点什么吗？天人合一的现代价值就在于人类与自然界的和谐统一。东西方文化有互补作用，可以取长补短。我们不必那样自卑。最近，德国哲学家伽达默尔说，200 年以后，全世界学习汉语，也像现在学英语那样，一方面由于中国语言的特点，另一方面也由于中国文化的长处。“他说 200 年以后很可能大家都学习中文，有如今天大家都学习英文一样。这种预感的根据可能是由于中国语言的形象性。……他不知不觉地又重复他的预测，200 年内人们确实必须学习中国语言以便全面掌握或共同享受一切。”① 这位 101 岁的西方大哲学家也不是随便说的。

周桂钿，北京师范大学教授，博士生导师

① 洪汉鼎：《百岁西哲寄望东方——伽达默尔访问记》，《中华读书报》2001 年 7 月 25 日第 5 版。

◇新见的若干海昏《论语》简试释

◎ 王刚

【摘　要】本文对新见的海昏《论语》简作了释读，并在此基础上进行了初步解析，既校正了传世本中的若干文字错讹，有助于解决学术史上的千年聚讼，也可通过释读比较，发现早期《论语》在文本方面，有一些留待解决的新问题。

【关键词】海昏简　《论语》　释文

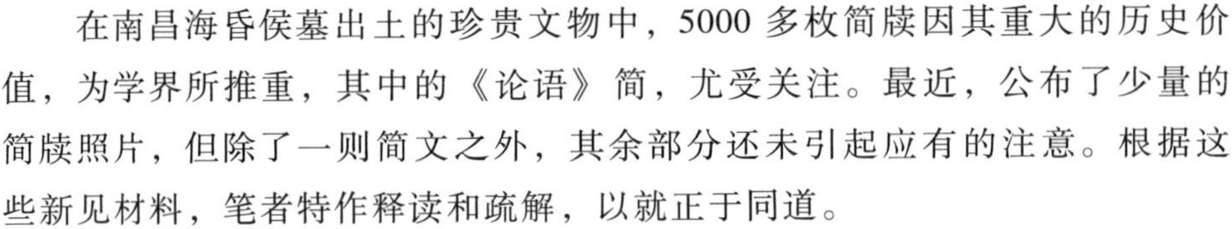

在南昌海昏侯墓出土的珍贵文物中，5000 多枚简牍因其重大的历史价值，为学界所推重，其中的《论语》简，尤受关注。最近，公布了少量的简牍照片，但除了一则简文之外，其余部分还未引起应有的注意。根据这些新见材料，笔者特作释读和疏解，以就正于同道。

1.《论语·知道》简一枚，为今传本所无的佚文，并在简背附有篇题“智道”二字，简文正文为：

> 孔子智道之昜也，昜昜云者，三日。子曰：“此道之美也，莫之御也。”

2. 出自《雍也》篇的三条简文，以照片形式收录于江西省文物考古研究所、首都博物馆所编的《五色炫曜——南昌汉代海昏侯国考古成果》（江西人民出版社 2016 年版）一书中，与《知道》篇一样，这些简文都是以标准的今隶书写，笔法秀丽成熟，按照笔者的释读，文字分别为：

> 子曰：“雍也可使南面也。”
> 子游為武城宰，子曰：“女得人為民乎？”
> 子曰：“智者樂水，仁者樂山，智者動，仁。”

3. 在2016年第3期的《南方文物》上，在由江西省文物考古研究所王意乐等人整理撰写的《海昏侯刘贺墓出土孔子衣镜》中，披露了一版木牍，上面有大段《论语》文字，由于书写率性随意，文字接近章草，整理者推断："这是刘贺本人所书写，应该是刘贺读书时随手做的笔记。"此牍从右至左，书有五列文字，并附有符号"●""△"。其中前四列，通过目视，可以看出基本内容，笔者对其审读后，释读如下：

第一列：孔子曰："衛公子荊善居室，始，曰：'苟合矣。'少有，曰：'苟完。'富，'苟美。'△子□□"

第二列：孔子曰："吾有知乎？我毋知。有鄙夫問乎吾，空=如也，扣其兩端而竭"△子罕篇

第三列：孔子曰："吾自衛反於魯，然后樂正。邪、頌各得其所"●孔子曰："中庸之為德也，其至矣乎，民鮮"△子罕篇

第四列：孔子曰："'善人為國百年，亦可以勝殘去殺。'誠哉是言也。"●知……△子路篇

（释文中的符号，"□"为简文残泐部分，"……"为文字漫漶不能确定者，皆为笔者所加；而"●""△"符号，为木牍所自带）

在以上内容中，《知道》篇已有了释读和初步解析。具体来说，先是王楚宁、曹景年等学者在复旦大学出土文献与古文字研究中心网站和简帛网上发表了相关文章，在2016年《文物》第12期，则刊载了《西汉海昏侯刘贺墓出土〈论语·知道〉简初探》，海昏侯墓考古领队杨军等对此又做了进一步的分析。故而，本文不再重复，仅对后面两部分的简文做一个必要的校勘和疏解。本次释读以河北省文物研究所定州汉墓竹简整理小组编定的《定州汉墓竹简〈论语〉》（文物出版社1997年版，以下称定州本）为基本参考本，参照阮元本《十三经注疏》（北京大学出版社1999年版，以下称今本），以及皇侃本《论语集解义疏》（商务印书馆1937年版，以下称皇本），并适当吸收程树德所撰《论语集释》（中华书局1990年版，以下称《集释》本）中的成果，再通过《史记》《汉书》《后汉书》（皆用中华书局点校本）及其他相关汉代典籍，结合需要，对汉唐以来的文本情况做适度的引述。具体释读及疏解如下：

子曰："雍也可使南面也。"

定州本与之相同，另外，据《集释》本，日本学者所见古本中亦有“也”字，但在今本及皇本中，无“也”字，《史记·仲尼弟子列传》《说苑·修文》所引文句与今本相同，如果《史记》《说苑》中的文字没有被整饬，则说明汉以来即有两种表述方式。

子游為武城宰，子曰：“女得人為民乎？”

定州本缺。“女得人為民乎”，今本作“女得人焉耳乎”，在皇本中，“女”作“汝”，并在句尾添一“哉”字，作“汝得人焉耳乎哉”。而在《后汉书·肃宗孝章帝纪》李贤注中，作“汝得人焉耳乎”，反映了唐代的文本面貌。

长期以来，这段文字令人费解。由于“焉耳乎”三字有时可作语气词用，在皇侃本及高丽本中，索性就再加一个“哉”字。但遣词造句之中，哪见过这么多语助词的？对此，历来有学者提出不解和质疑。如阮元在《论语注疏》的《校勘记》中评价道：“‘焉耳乎’三字已属不词，下文又增‘哉’字，更不成文。”于是，他提出：“疑‘耳’当‘尔’字之讹。”“盖‘焉尔者’犹‘于此也’。”他将“尔”作为指代词来使用，还援引宋本及坊本皆有作“尔”的例子以为佐证。但问题是，“尔”“耳”相混，是唐以后的事情，在古经传中并非如此。段玉裁在注《说文》“耳”字时指出：“古音义绝不容相混，而唐人至今，讹乱至不可信。”所以，将“耳”改为“尔”，主要是唐宋以后的习惯所致，但作“焉尔乎”不仅绝非正解，反倒是一误再误。

我们注意到，《太平御览》卷四二九引郑玄注曰：“得与人耳语乎，言相亲昵。”正证明汉代“尔”“耳”二字尚未相混。但由于郑玄不得其意，将“耳”引申为“耳语”“亲昵”等，文义牵强。但这也证明，在汉代，“焉耳乎”三字已成为标准文句。我们还注意到，何晏《集解》引孔安国曰：“焉、耳、乎皆辞。”似乎作“焉耳乎”，自孔安国以来即是如此。但习经学者皆知，《论语》孔注的真实性历来受到质疑。笔者认为，孔注应该有其合理的成分，但层累增删，以至窜乱之处不在少数。甚至有些何氏所注者，亦被唐宋之后的版本误植为孔注，如李贤注《后汉书·陈元传》引《论语集解》，今本“孔曰”部分，谓之“何曰”。可见，唐之前的版本与今不同。尤为重要的是，皇本其实也是来自何晏本，但皇本中的孔注则作：“焉、耳、乎、哉，皆辞也。”添了一个“哉”字。或许就是当时为迎合正文需要，对“孔注”，或者也可能是何晏语，而误为孔注的部分所做的加工。总之，“焉耳乎”这样的文辞，归之于孔安国是颇有疑问的。它应该是汉儒在转抄过程中出现讹误的后果，但后儒以己意层层诠释，甚至改添字词，以致治丝益棼，难得正解。现在海昏简文一出，可完全确证，“焉耳”实为转抄中的讹写，千年聚讼可由此消除。

子曰：“智者樂水，仁者樂山，智者動，仁”

定州本缺。皇本与之相同，今本“智”作“知”。智、知应为古今字，在《知道》篇中，“知”一律作“智”，可见二者的使用，并无意义上的差别，二者可换用。

孔子曰：“衛公子荊善居室，始，曰：‘苟合矣。’少有，曰：‘苟完。’富，‘苟美。’△子□□”

此段文字来自《子路》篇，“□□”可据此补足为“路篇”二字。

定州本文字残缺，作“子谓卫公……曰：‘苟合矣’少有……”。今本作：子谓卫公子荆：“善居室。始有，曰：‘苟合矣’。少有，曰：‘苟完矣。’富有，曰：‘苟美矣。’”皇本与今本同。海昏本与今本相较，较为简略，可能反映了更早的文本状态。

孔子曰：“吾有知乎？我毋知。有鄙夫問乎吾，空＝如也，扣其兩端而竭”△子罕篇

定州本个别字残泐，“知”作“智”，“我毋知”作“无智也”，“问乎吾”作“问乎我”。今本作：子曰：“吾有知乎哉？无知也。有鄙夫问于我，空空如也。我叩其两端而竭焉。”皇本在“问于我”前有“来”字，其余同。

孔子曰：“吾自衛反於魯，然后樂正。邪、頌各得其所”●孔子曰：“中庸之為德也，其至矣乎，民鮮”△子罕篇

“后”应为“後”，“邪”为“雅”，异体字。此段文字，定州本无异体字，稍有残泐，所见文句与之相同。皇本亦无异体字，文句相同。

今本无“於”字及异体字。《史记·孔子世家》《汉书·礼乐志》《论

衡·知实》所引文句与今本同。赵岐《孟子题辞》亦言："孔子自卫反鲁，然后乐正，雅、颂各得其所。"证明西汉中期以来，今传本的文句基本稳定，而海昏本、定州本、皇本为另一系统，此后逐渐被淘汰。

●后的文字以小字书写，以示区别。它来自《雍也》篇，全文为：子曰："中庸之为德也，其至矣乎？民鲜久矣！"海昏本未写毕，今本、皇本与之文字同，定州本缺。

孔子曰："'善人為國百年，亦可以勝殘去殺。'誠哉是言也。"●知……△子路篇

"國"当为"邦"，为避高祖刘邦之讳而改，定州本亦作"國"，"去殺"后多一"矣"字。今传本、皇本无避讳，"國"皆作"邦"，其他文句与定州本同。

另外，在《史记·孝文本纪》中，"太史公曰"中有："善人之治国百年，亦可以胜残去杀。"比海昏本多一"之"字。《汉书·刑法志》曰："善人为国百年，可以胜残去杀矣。"比定州本少一"亦"字。

通过以上的简文释读，对于海昏《论语》的状况已初窥一二。它不仅可以为校正文字、直接改订错讹提供帮助，尤其在与今传本及定州简的比勘中，可以为我们理解《论语》早期文本，提供直接的证据。随着材料的逐次公布，今后必将会有大批深入而重要的研究成果。在此，仅在释文的基础上，就其文字和文本特点，说几点初浅的看法：

第一，我们知道，《论语》是从汉朝元、成时代的张禹开始，逐步形成统一的定本，并为后世的今传本奠定了基础。但通过张禹之前的海昏简及定州简《论语》，可以看到，至迟在西汉中期，《论语》文句大致已经稳定，有些句子，如"中庸之为德"章，与今本完全一致。

第二，在海昏简中，今本以"子曰"面目出现的文句，在木牍中，皆作"孔子曰"。以前的学者对"子曰""孔子曰"的分际看得比较重，常常据此去探究背后的深意，但之前以今传本为准，现简牍本一出，以往所总结的所谓"规律"，常常失效。现在看起来，至少今本中的"子曰"与"孔子曰"的差别需要重新思考，它们没有以前所想的那么整齐划一，此点与定州简中的情形一致，能得到互证。

第三，一般来说，在后世文本中，《论语》中的文字较为统一，但海昏本和定州本一样，常有异文出现，如智、知、毋、后、邪，这些属于古今字及同音假借字的范畴，随着文本的全面公布，这类字句还会更多，此外，

它们还都是避讳本，而在汉末的熹平石经中，用的也是避讳本。这些材料全面公布后，不仅可以由此获得对于《论语》文本的动态了解，对于古代语言文字的研究，也可提供素材。

第四，在与今本及其他各本比勘中，语词的不一致常常出现在语助词等方面，虽说不影响对整体意义的理解，但这说明，《论语》作为语录体，在形成定本之前，后世在语气方面不断修饬，这些后人看起来似乎无关紧要的地方，在古人那里或许有不一样的理解和重视。或许也正因为如此，“女得人為民乎”，后来被讹写为“女得人焉耳乎”，以及其他的类似文句，它们都主要是在语助词方面加以弥缝。

第五，很可能是刘贺本人所书写的木牍上，除了大字书写《论语》正文外，还有小字书写的内容，以示区别。这些小字书写的内容，可能有刘贺本人的见解，但更有对《论语》文句的再次引述。我们注意到，在海昏简中虽“知”“智”混用，但在所见的海昏简正文中，一律写为“智”，为古字；而木牍中则一律写为“知”，为今字。是原本如此，还是摘抄时改古字为今字？这些需要更多的材料来加以证明。

总之，海昏简《论语》是一宗重要而有价值的出土文献，我们期待着它的全面公布。

王刚，江西师范大学历史文化与旅游学院副教授，校古籍所副所长

◇孔子登蒙山的路线及时间考

◎ 梅庆吉

【摘　要】 孔子蒙山之行，经由今泗水县泗张镇圣公山，到达泉林观泉，发出了“逝者如斯夫，不舍昼夜”的感慨。子路故里卞城在泉林，孔子在此收其为徒，并带着他一同登蒙山。孔子在蒙山脚下遇老莱子，并在子宿村住了一夜。接着向北绕了一个弯，在新泰市石莱镇发生了孔子不饮盗泉一事，然后回到曲阜。根据孔子收子路为徒判断，孔子此行的时间为 28 岁。

【关键词】 孔子　泗水　子路　蒙山　盗泉

孔子不仅是伟大的政治家、思想家和教育家，而且还是伟大的旅行家。他说：“知者乐水，仁者乐山。知者动，仁者静；知者乐，仁者寿。”（《论语・雍也》）这就是孔子对旅行的切身体会。孔子的一生，是旅行的一生，见山必登，见水必观，他的思想与学说，都是在旅行中进行的，所以笔者认为，孔子的思想在路上。孟子就曾说过这样的话：“孔子登东山而小鲁，登泰山而小天下。”（《孟子・尽心上》）那么，孔子所登之东山是哪一座山呢？孟子没有交代。清人顾祖禹在《读史方舆纪要・兖州府》中把东山给落实了，他说：“《孟子》云：‘孔子登东山而小鲁。’东山，即蒙山也。”（清顾祖禹《读史方舆纪要》）杨伯峻在《孟子译注》中也说：“东山——当即蒙山，在今山东省蒙阴县南。”杨伯峻的前一句说对了，后一句却说错了。蒙山是一个很大的山脉，分云蒙、龟蒙、天蒙和彩蒙 4 个景区，云蒙在蒙阴，天蒙在费县，彩蒙在沂南，龟蒙在平邑。孔子所登之蒙山，是平邑县境内的龟蒙。孔子登蒙山，走的是一条怎样的路线呢？又是什么时间登的蒙山呢？本文就这两个问题，进行逐一分析。

登临圣公山

在泗水县泗张镇东北大厂村南侧有座海拔 392 米的小山，西接银崮顶，北对龟山、普救山，南与香山相望。据传因孔子偕弟子曾登此山，所以有了圣公山这个响亮的名称。孔子带着弟子前往蒙山的路上，曾登临此山，并在山上讲学观览，留下了“晒书台”等遗迹。光绪年间的《泗水县志》录有嘉靖辛亥泗水县教谕阳武李骥《始修泗水县志序》有云：“圣公山有晒书台。”指的就是孔子晒书台。《泗水县志·方舆志》载：“圣公山，在城东南四十里。”清代进士王廷赞登此山后赋诗一首，曰：“镂琢乾坤巧，真微造化才。连峰森卤簿，乱石列舆台。海想迎仙去，山固卫圣来。毓钟灵秀气，鲁甸郁佳哉。”① 诗中的“山固卫圣来”，指的就是孔子。这应该是孔子离开曲阜后，前往蒙山到达的第一站。

泉林观泉

孔子一行离开圣公山，北行不远，就到了被称为“山东诸泉之冠”的泉林泉群，今属泗水县泉林镇，距泗水县城25公里。这里泉水之多、之奇，堪称天下大观。光绪年间的《泗水县志》载：“名泉七十二，大泉数十，小泉多如牛毛。”“牛毛”二字绝非夸大其词，因泉太多，数也数不清，所以当地人干脆用一“林”字一“群”字加以概括之。

孔子被眼前的美景所吸引，站在泉边，发出了“逝者如斯夫，不舍昼夜”（《论语·子罕》）的感叹。明嘉靖辛亥岁泗水县知县张祚在《始修泗水县志序》中说：“东有泗源，夫子有川上之叹。”有史以来，许多骚人墨客，达官贵人，帝王将相，无不被这里的泉所吸引，纷纷前来观赏。清朝的康熙皇帝曾三次驻跸于此，并写下了《泉林记》一文。乾隆皇帝更是对此喜爱有加，曾九次在此下榻，并建有庞大的行宫。乾隆曾亲自手定“泉林八景”，其中之一就是“子在川”，并亲自书写“子在川上处”，立碑于泉边的陪尾山下。

乾隆所书“子在川上处”碑今仍立在泉边，但已不是原物，为后人所复制。碑阴书乾隆《至泉林二首再叠旧作韵》中的第一首，诗云：

泉林子在川上处，成诵髫龄记忆明。
五十望墙犹未入，东西归銮又逢晴。
门庭熟路无须问，轩榭前题有若迎。
胜地良辰扶翠辇，高年慰赏足娱情。

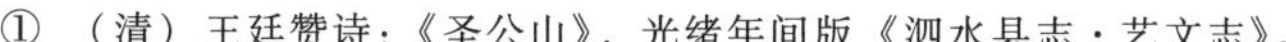

① （清）王廷赞诗：《圣公山》，光绪年间版《泗水县志·艺文志》。

乾隆一生酷爱写诗，且产量极高，据说他一生曾写了4万多首诗，相当于一部《全唐诗》。仅在泉林，他就写下了118首之多，其中多首与孔子观川有关，如《近圣居》："近圣人居若此甚，然而无有则亦无。子舆斯语俟神会，会者依稀程与朱。"又如《在川处》："泛海犹然来往续，印心何异镜开奁。千秋川上徘徊者，谁解宣尼道体拈。"

关于陪尾山和泉林，这里还流传着一个动人的传说，也跟孔子有关。相传孔子一天带着弟子出游，见一群孩子正在追打一条小白蛇，孔子喝退孩子，将白蛇带回家养伤。伤养好后，孔子又带着它来到河边，准备放生。白蛇刚一进水，就挥爪向孔子告别说："夫子救命之恩，来日定报！"孔子这才知道他救的是一条龙。老龙王见儿子回来万分高兴，得知为孔子所救，答应定当厚报。可当小白龙说起曲阜大旱，需要降雨时，龙王犯愁了，未经天帝允许降雨可是触犯天条的。小白龙见其父犹豫不决，便偷偷点起水族，前往曲阜施雨。雨还未施，便被雷神赶上，将小白龙劈死，尸体落在曲阜以东60多里远的一座小山上。小白龙虽然死了，可仍念念不忘曲阜的旱情及孔子恩德，便从许多石缝吐出水来，一道道泉水喷涌而出，形成了泉林泉群这一胜景。泉水汇聚在一起又曲折西行，流向曲阜，这就是泗水。因与小白龙有了这段渊源，孔子便择日来到陪尾山观泉，发出了"逝者如斯夫，不舍昼夜"的感慨。后来，人们便在此立"子在川上处"碑以志纪念。碑前有座凉亭，亭上有"观川亭"三字，柱上书有一副对联："万载泉源胜地；千年洙泗文章。"下联说的就是孔子。

卞城收子路为徒

《史记·仲尼弟子列传》载："仲由，字子路，卞人也。少孔子九岁。"卞，即卞城，其遗址在泉林镇卞桥村。卞是一个古老的国度，据考证：公元前22世纪，距今4200年左右，舜帝即位，他将颛顼曾孙、黄帝的七世孙一个叫作"明"的人，封在山东泗水境内担任国王，并赐国号为卞。后"汤伐有卞"，卞国灭亡，由国降为邑。子路的八世祖卞咨曾任卞邑大夫，才"家于卞"。仲咨以后，奂、式、度、肇、拱、北只留其名，身世不详。到了仲凫这一代沦为平民，只知其"娶宋氏，生子由"。据《仲里志》：仲凫年三十无子，求嗣于天，其妻遂有身孕，分娩之前，梦熊入怀，其情甚异，遂告其夫。仲凫听后十分惊喜地说："熊亦贵兽，必生贵子。"子路遂亦降生，时为公元前542年，农历九月初七日。取名仲由，字子路。"子路"者，古代为熊的别称。仲子的取名，寄托着父母的良好祝愿，希望他将来能成为勇猛盖世的英雄。

卞城遗址今天仍在，为济宁市文物保护单位。这一带就应该是子路生活过的地方，也应该是孔子最初见到子路并收其为徒的地方。

在当地流传着一则孔子初见子路的故事：一天，孔子率弟子来泗水泉林观景，天热口渴，见一人在井台打水，便上前请求给口水喝。此人便是仲由。仲由问："您是何人?"孔子答曰："鲁国孔丘。"仲由笑道："圣人饮水不难，我作一字如果认识，井水尽喝，并拜倒在夫子脚下。如果不认识，那就请给我当徒弟吧。"孔子曰："可以。"仲由说："空口无凭，击掌为证。"夫子与仲由连击三掌后，见仲由将扁担平放在井口正中，身立井侧问道："这是什么字?"夫子摇头故作不知。仲由仰天大笑道："一个'中'字都不认识，看来圣人也不过是徒有其名!"孔子见此人太过狂妄，便想压压他的威风，说道："此字不念'中'而念'仲'。"仲由不解："为什么?"孔子用手指指井口，又指指仲由说："井口放扁担乃一'中'字，人立在旁乃一'仲'字。"仲由听后，大为佩服，跪地连向孔子拜了三拜，认孔子为师。孔子扶起仲由，说："仲由路边难师，实为奇事，你就取字'子路'吧。"

其实子路拜孔子为师，有一个曲折而又复杂的过程。《史记·仲尼弟子列传》载："子路性鄙，好勇力，志伉直，冠雄鸡，佩豭豚，陵暴孔子。孔子设礼稍诱子路，子路后儒服委质，因门人请为弟子。"

关于"孔子设礼稍诱子路"，史籍上多有记载。

有一次子路手提宝剑来见孔子。孔子问他："子由！你拿这个东西干什么?"子路说："要是遇到好人，我就用善意来对待他；遇到坏人，我就用它来自卫。"孔子说："君子把忠诚作为待人处世的根本，用仁义来做防卫，这样的话不用走出院墙，你的名声就能传到千里之外。面对不善之人，我就用忠诚来感化他；面对强盗暴徒，我就用仁爱来化解他，哪里用得着宝剑呢?"子路听了孔子的话大受启发，说："请先生允许我以最恭敬的礼节来事奉您吧。"（《说苑·贵德》："子路持剑，孔子问曰：'由！安用此乎?'子路曰：'善，吾者固以善之；不善，吾者固以自卫。'孔子曰：'君子以忠为质，以仁为卫，不出环堵之内，而闻千里之外。不善以忠化，寇暴以仁围，何必持剑乎?'子路曰：'由也，请摄齐以事先生矣。'"）

又有一次，子路穿着鲜艳华丽的衣服来见孔子。孔子问："你为什么要穿得这么华丽呢？从前长江发源于岷山，它的源头只能浮起个水杯。等水流变大之后在其渡口处，人们不乘船，不避开狂风就无法渡过，不就是因为下游的水多了吗？现在你穿的衣服鲜艳夺目，又洋洋得意的样子，天下有谁肯把你犯的错误告诉你呢?"子路听后很不好意思，赶紧走了出去，换上了朴素的衣服进来，态度还是一副很自得的样子。孔子又教导他说："子由你要记住，我告诉你，夸夸其谈的人华而不实，喜欢表现自己的人好自夸，把智慧和能力表现在脸上的人是小人。所以，君子知道的就是知道的，不知道的就是不知道的，这是说话的关键。有能力就说有能力，没能力就说没能力，这是行为的准则。能做到知之为知之就是智慧，能做到不能为不能就是仁德。既有智慧又有仁德，你还会有什么不满足的吗？"（《荀子·子道》："子路盛服见孔子，孔子曰：'由，是裾裾何也？昔者江出于岷山，其始出也，其源可以滥觞。及其至江之津也，不放舟，不避风，则不可涉也，非维下流水多邪？今汝服既盛，颜色充盈，天下且孰肯谏汝矣！'子路趋而出，改服而入，盖犹若也。孔子曰：'志之，吾语汝。奋于言者华，奋于行者伐，色知而有能者，小人也。故君子知之曰知之，不知曰不知，言之要也；能之曰能之，不能曰不能，行之至也。言要则知，行至则仁。既知且仁，夫恶有不足矣哉！'"）孔子告诉子路，人的品德不是外在的修饰，而是内在的修养。

司马迁说子路曾"陵暴孔子"，其实严重的时候他还想杀孔子。

有一次孔子带着子路游山，孔子口渴让子路到山涧取水。子路在水边遇到老虎，便跟老虎搏斗起来。子路一把揪住尾巴，一使劲把尾巴揪了下来，揣在怀里，舀了一罐水回来，想要炫耀一下自己打虎的本事，进门便问："上等勇士怎样打虎？"孔子说："上等勇士打虎先揍虎头。"子路又问："中等勇士怎样打虎？"孔子说："中等勇士先揪老虎的耳朵。"子路又问："那下等勇士怎样打虎？"孔子说："下等勇士打虎拽虎尾。"子路本想因打虎能得到老师的表扬，却被老师数落成了下等人，心里很憋屈，走出来把虎尾扔掉。他转而一想，老师原来知道水边有虎还让我去取水，这不是想杀我吗？不行，我得先把他宰了，便捡起个石盘转回来想杀孔子，问："上等人杀人怎么杀？"孔子说："用笔头。"子路又问："中等人杀人怎么杀？"孔子说："用语言。"子路又问："下等人杀人怎么杀？"孔子说："用石盘。"子路一下子泄了气，出外把石盘扔了。（《金楼子·杂记上》[①]："孔子出游于山，使子路取水。逢虎于水，与战，揽尾得之，纳于怀中。取水还，问孔子曰：'上士杀虎如之何？'子曰：'上士杀虎持虎头。''中士杀虎如之何？'子曰：'中士杀虎持虎耳。'又问：'下士杀虎如之何？'子曰：'下士杀虎捉虎尾。'子路出尾弃之。复怀石盘曰：'夫子知虎在水而使我取水。是欲杀我也。'乃欲杀夫子。问：'上士杀人如之何？'曰：'用笔端。''中

① 参见许逸民《金楼子校笺》，中华书局2011年版。

士杀人如之何？’曰：‘用语言。’‘下士杀人如之何？’曰：‘用石盘。’子路乃弃盘而去。”）

笔者认为，以上孔子训服子路的故事，应发生在卞这块土地上。经过几次反复，终于让子路心服口服，拜倒在孔子门下。从此风风雨雨，鞍前马后，子路从未离开过孔子。

关于子路故里，另一说在今平邑县仲村镇。村里原有仲子祠，曾出土过“仲子故里”碑，光绪年间《重修仲子祠碑记》碑尚存，作者为钦加二品衔赏戴花翎直隶补用道翰林院编修国史馆协修邑人王景禧。他认为，仲子故里为仲村：“又征志乘，费西境仲村为仲子故里，明邑侯阎国脉建之碑曰：‘仲子生身故里。’”又说：“其曰卞人，概仲村原属卞地……”《尸子》《韩诗外传》等书均说：“子路，卞之野人也。”意为子路为卞的乡野之人。平邑的仲村与泗水的泉林相距仅十多公里，古属卞。此说值得考虑。

通过孔子收子路为徒这件事，透露出一个重要信息，那就是孔子此行的时间。按《史记·仲尼弟子列传》，子路小孔子 9 岁，据《仲里志》，子路 19 岁拜孔子为师。这一年孔子 28 岁，为鲁昭公十八年，公元前 524 年。这应是孔子登蒙山的具体时间。

登东山小鲁

蒙山，又称东蒙、东山，为泰沂山脉系的一个分支。总面积 1125 平方千米，主峰龟蒙顶海拔 1156 米，为山东省第二高峰，素有“亚岱”之称。蒙山旅游区是沂蒙山旅游区的核心景区，现为国家 5A 级旅游风景区。蒙山旅游资源丰富，具有独特的山岳景观、森林景观、瀑布景观和人文景观。

其中的“东蒙”和“东山”两个名称，都跟孔子有关：“东蒙”源自《论语·季氏》篇中“夫颛臾，昔者先王以为东蒙主”的话，“东山”源自孟子所说“孔子登东山而小鲁”的话。

今登蒙山，有东、中、西三条路，其中西路为古道，孔子应该是从这条道登的蒙山。山上的一些地名，都跟孔子有关。清人郭翘楚《古蒙神祠考》有云：“东蒙也，绵亘我费之西北百有余里，以其居鲁以东，故又曰东山。孟子所称‘登东山而小鲁’是也。山之上，‘大通岩’‘小鲁处’‘望海楼’‘圣憩石’，皆先圣遗迹；山之下，‘燕居堂’‘遗像书院’，皆以志圣迹也。”在蒙山顶，有“孔子小鲁处”碑一通。此碑古已有之，后下落不明，今人在原址又重新竖立。碑的上方有一座石亭，坊上题曰“小鲁亭”，四柱上有孔子的 4 位平邑籍弟子曾参、子路、原宪和澹台灭明画像。亭中立有孔子画像碑，碑后为《小鲁亭记》，曰：“辛巳岁仲秋，龟蒙顶观鲁台完工，小鲁亭亦随之告竣。亭建于‘孔子小鲁处’碑侧，通体为鲁灰岩构筑，形制仿秦汉风格，古朴厚重。内立孔子画像刻石，四柱镌曾、仲、原、澹四弟子画像，盖四弟子之故里均在蒙山脚下也。史载：孔子当年身居阙里，心忧天下，周游列国，以广教化，圣迹所至，千古流传。东山小鲁、武城弦歌，即其彰明昭著者。曾参三省吾身、仲由闻过则喜、原宪居贫奉廉、澹台行不由径，皆人所乐道，奉为正心修身典范。斯亭之建，旨在深化感知东山小鲁圣迹之人文价值，昭示蒙山物华天宝人杰地灵历史文化底蕴之深厚，感染游人，希圣希贤，志存高远，胸怀博大，立足本土，放眼世界，从而感悟小鲁意境之深妙。”文中所说观鲁台，在小鲁亭东边的平台上，那里就是孔子感叹“登上东山感觉鲁国小了”的地方。现在这里建有一座高台，台上是玉皇宫。站在玉皇宫上，向四周望去，茫茫群山连绵不断，让人可以身临其境地体会孔子发出的那一声感叹。

历代文人墨客，对“孔子登东山而小鲁”一事，多有吟咏。明人公鼐在《东蒙山赋》中写道：“岱宗之亚，爰有东蒙。神禹因之以艺淮徐，鲁公有之以荒大东，尼父登之以俯宗国，羡门居之以越蓬瀛。”他的《止龟蒙绝顶》一诗中还有这样的诗句：“历览中原鲁国小，特崇华表岱宗前。”明人杜洽在《蒙山叠翠》诗中写道：“小鲁名高自昔称，连云一带翠华平。”清人王特选《东山书院》写得更为具体：“东蒙寻圣迹，精舍起山阳。望海留残碣，燕居想故堂。之郯途迤逦，小鲁气苍茫。一旦琴书萃，千秋俎豆光。探源溯洙泗，分秀孕尼防。道脉凭攸寄，人文继世长。”

偶遇老莱子

《庄子·外物》篇中有这样一段记载：“老莱子之弟子出薪，遇仲尼，反，以告，曰：‘有人于彼，修上而趋下，末偻而后耳，视若营四海，不知其谁氏之子。’老莱子曰：‘是丘也，召而来。’仲尼至。曰：‘丘，去汝躬矜，与汝容知，斯为君子矣。’仲尼揖而退，蹙然改容而问曰：‘业可得进乎？’老莱子曰：‘夫不忍一世之伤，而骜万世之患。抑固窭邪？亡其略弗及邪？惠以欢为骜，终身之丑，中民之行进焉耳！相引以名，相结以隐。与其誉尧而非桀，不知两忘而闭其所誉。反而非伤也，动无非邪也，圣人踌躇以兴事，以每成历。奈何哉，其载焉终矜尔！’”通过以上记载，可以看出，孔子与老莱子是一种师生关系，他们不止一次见面。所以《史记·仲尼弟子列传》中有这样的记述：“孔子之所严事，于周则老子，于卫蘧伯玉，于齐晏平仲，于楚老莱子，于郑子产。”明确地说，老莱子就是孔子的老师。

那么，《庄子·外物》所载孔子与老莱子的见面，是在什么地方呢？就在蒙山脚下。《列仙传》和《高士传》有相同的记载，曰："老莱子，楚人。当时世乱，逃世耕于蒙山之阳。"经考证，老莱子所耕之处，就在今山东省平邑县柏林镇孝义村，因老子在此行孝而得名，村中曾立"善孝"碑一通。明代诗人王雅量《登蒙山绝顶》一诗中有这样的句子："不受秦封辱，老莱遗迹存。"指的就是孝义村。清代诗人杨仪廷在《咏怀古迹·老莱居》中对其隐居之处，亦有精彩描写："垦山播种蒿为室，莱子当年早息机。道路几千甘避地，年华七十尚斑衣。居邻孔氏心应惬，驾税楚王愿已违。宅里至今传孝义，蒙山治水仰清晖。"

这次孔子从蒙山上下来，在山下与老莱子意外相遇。在贯庄通往孝义村的路上，紧邻东山书院旧址，贯庄烈士陵园门东侧二三十米，据传就是孔子遇见老莱子的地方，那里有座石拱桥，原名五狮桥，因孔子与老莱子在此相遇，因而改名为"遇圣桥"，现为平邑重点文物保护单位。

关于孔子遇老莱子一事，另一说在今湖北省宜城市。

过夜子宿村

子宿村在蒙山以西40千米，为平邑县保太镇的一个村子。因孔子一行从蒙山上下来之后，在此村住过一宿而得名"子宿村"。后来因人口增加，分成东子宿和西子宿两个自然村。公路边有一方形碑，上书"西子宿"三字，碑阴是关于村名的介绍："相传孔子游山时在此留过宿，晋朝夫（时）期建村后取名子宿。后人口增多，西边的居民称西子宿。西子宿全体村民立，平邑县地名委员会监制，一九七二年七月。"

当地学者孙士纯写有《子宿村名的来由》一文，文中写道："民国年间，在子宿村东岭原有一座石拱桥，后被毁，由老百姓募资重修石拱桥，在桥一侧立有一米多高的石碑，上刻：'重修卧龙桥碑'，碑文曰：'子宿者，何也？昔春秋时，孔子登临蒙山，于此夜住一宿。金声玉振到于今，名曰子宿也。'碑文如此记述子宿村的来由。"

关于此碑，1995年《平邑县志》第二十五编有更详细的描述："重修卧龙桥碑：位于保太乡子宿村东岭。碑高1.17米，宽0.57米，厚0.17米。传说孔子登东山（蒙山）之时曾宿于此，故今村名之为'子宿'。村之东岭旧有石桥1座，后被毁。1921年9月，当地群众'募四方，输资财，求良工，运条石，不数日而桥成也'。碑文记述了该村村名来历、修桥经过及倡导、首事、捐资人名单数额等，由泗滨居士王宝贤撰文，蒙阴居士孙殿帮书。”

不饮盗泉之水

笔者分析，孔子从蒙山上下来，并未按原路返回，而是向北绕了一个弯，经由今天的山东省新泰市石莱镇道泉峪村，发生了孔子不饮盗泉的故事。

关于孔子不饮盗泉一事，最早见于《尸子》一书。《尸子》的作者尸佼，战国时人，《汉书·艺文志》记有“《尸子》二十篇”，班固自注：“（尸子）名佼，鲁人，秦相商君师之。鞅死，佼逃入蜀。”按此说，尸佼曾为商鞅的老师，商鞅被处死后，他惧祸逃往蜀国，在蜀国完成了《尸子》的写作。《尸子》原有 20 篇，后佚。今所见《尸子》一书为后人所辑。关于孔子不饮盗泉，最早见于《文选》陆机《猛虎行》注引《尸子》：“孔子至于胜母，暮矣，而不宿；过于盗泉，渴矣，而不饮：恶其名也。”

关于孔子不饮盗泉一事，汉代的一些著作也多有记载。如《后汉书·钟离意传》：“孔子忍渴于盗泉之水。”但在汉代的一些典籍中，则把胜母和盗泉分成了孔子和曾子两个人。《盐铁论·晁错》就说：“孔子不饮盗泉之流，曾子不入胜母之间。”《论衡·问孔篇》也说：“孔子不饮盗泉之水，曾子不入胜母之间，避恶去污，不以耻辱名也。”有人甚至把不饮盗泉一事也安在了曾子头上，《淮南子·说山训》就说：“曾子立孝，不过胜母之闾；墨子非乐，不入朝歌之邑。曾子立廉，不饮盗泉，所谓养志者也。”

孔子不饮盗泉，本为一件生活中的小事，却在历史上产生了重大影响，让人们看到了这件事背后的人格力量。孔子为保持自己的节操，宁肯忍受冒烟的口渴，也不饮盗泉之水，用自己的实际行动，向人们诠释了做人的道理：要想保持高尚的节操，必须注意小事小节，“勿以善小而不为，勿以恶小而为之”，才能防微杜渐。孔子不仅以自己的学说及思想教导世人，而且还以自己的所作所为影响世人。所以，孔子不饮盗泉一事便成为人们励志、保持高尚节操的榜样。从此以后，“盗泉之水”便用来比喻以不正当手段得来的东西或不义之财；“不饮盗泉”则比喻为人的正直廉洁；而“志士不饮盗泉之水”则成为无数人警示自己的格言。《后汉书·列女传》中讲了一个乐羊子妻的故事：“河南乐羊子之妻者，不知何氏之女也。羊子尝行路，得遗金一饼，还以与妻。妻曰：‘妾闻志士不饮盗泉之水，廉者不受嗟来之食，况拾遗求利以污其行乎！’羊子大惭，乃捐金于野，而远寻师学。”乐羊子妻就是用孔子不饮盗泉一事来激励她的丈夫保持高尚磊落的人格。

在当地，至今还流传着孔子不饮盗泉的故事。那是一个炎热的夏日，一丝风也没有，田里玉米的叶子都被太阳烤得打了卷。一辆马车奔驰在古老的道路上，车后尘土飞扬。车上一位师长模样的人，那就是孔子，一群儒生围坐在他的周围。

由于天气闷热，疲于赶路的孔子们浑身汗土，口渴得厉害，他们多么希望有一道清泉出现在眼前。真可谓天随人意，当他们走到道泉峪这个地方时，果然看到了一道清泉，喜出望外的弟子们拥到泉边，舀起一碗清凉的泉水，送到孔子面前。

孔子正准备喝水的时候，一个老乡走来，便随意问了一句："此泉何名？"老乡说："其名盗泉。"孔子一听"盗泉"二字，立马停住送到嘴边的水碗，问："此名何来？"老乡说道："前面这座山叫青龙山，山上住着一伙强盗，领头的叫刘夏子。他们占山为王，打家劫舍，搅扰得这一带不得安宁。这口泉就是他们的饮水之处，所以人们都叫它盗泉。"

孔子听完老乡的话，一下子把碗里的水泼到地上，并告诉弟子不要喝此泉之水。弟子们大惑不解，忙问何故。孔子语重心长地说："我讨厌这泉的名字，光明磊落的人岂能与强盗为伍！"弟子们听了孔子的话，深为孔子的伟大人格所打动，纷纷将水倒掉，跟着孔子继续赶路。

后来陆续有人家围泉而居，因泉而名之曰"盗泉峪"。据说很早以前泉旁有碑，上书"盗泉"二字。人们觉得"盗泉"太难听，因村南的河流向东流，而此泉之水则向西流，因而改名为"倒泉峪"。1924 年，由该村乡绅刘德身和文人巩兆五共同倡议，将"倒"字改为道德的"道"，一直沿用至今。

孔子登东山另一说

位于邹城市境内的峄山，虽然海拔只有 582.8 米，却有着"岱南奇观""邹鲁秀灵"之美称。像这样一座名山，距离曲阜又十分的近，热衷于登山的孔子，是不能不光顾的，因而有一说认为，这就是"孔子登东山而小鲁"的东山。在冠子峰石壁上，刻有"孔子登临处""登东山小鲁"等字。冠子峰上就是小鲁台，相传孔子就是站在这里，发出了"登东山而小鲁"的感叹。山上原有"小鲁台"三字，为元代大书法家赵孟頫所题，今已不存。光绪年间《邹县志・山川》载："冠子峰，系山之东峰，高次五华。俗传孔子登东山小鲁处。状如妇人冠，故名。"

如果让我在两座山之间进行选择的话，我倾向于平邑境内的蒙山。理由是：首先从方位来看，蒙山在曲阜之东，而峄山则在曲阜之南。再来看国别，蒙山属鲁国，据《孟子》孙奭疏："孟子言孔子登鲁国之东山而览者大，故小其鲁国，以鲁国莫大于东山也。”明确指出，孔子小鲁的地方是在鲁国境内，而蒙山正符合此说。峄山在当时则属邾国，孔子跑到邾国的土地上去“小鲁”，恐怕不太合适。

孔子的蒙山之行，撒下了一路珍珠一样的文化遗迹供后人凭吊，再重新归纳一下孔子登蒙山的路线：孔子一行从曲阜出发，第一站到了今天泗水县泗张镇的圣公山。而后北行到达泉林观泉，发出了“逝者如斯夫，不舍昼夜”的感慨。在泉林的卞城或平邑县的仲村，收子路为徒，并带上他一起登蒙山。在蒙山顶上，发出了“登东山而小鲁”感叹，今蒙山之巅有“孔子小鲁处”碑。孔子下山之后，在山脚下的平邑县柏林镇孝义村见到了他的老师老莱子，并有一番深刻的交谈。离开孝义村，他们到一个小村子住宿，这个村子因而有了“子宿村”的名字。随后开始向西北方向转了一个弯，在新泰市石莱镇道泉峪村，发生了“孔子不饮盗泉”的故事，然后回到曲阜。根据孔子收子路为徒这件事，可以确定登蒙山的时间为孔子 28 岁那一年。按照盗泉的传说，他们此行的季节应该是盛夏。

以上是笔者根据历史文献、方志记载，结合民间传说和实地考察，梳理出了这样一个孔子的行走路线，仅供专家学者们参考。

梅庆吉，曲阜孔子文化学院教授，兼任哈尔滨师范大学客座教授、曲阜师范大学特聘教授

◇观“德”历代帝王庙

◎ 于淼

【摘 要】“德”是中国传统文化的主要理念，在中国传统文化的构建中起着非常重要的作用。历代帝王庙，是明清时期皇家祭祀以三皇五帝为中心、历代帝王及文臣武将的场所，与太庙、孔庙并称为明清三大皇家祀庙，是国家重要的礼制建筑。本文通过对相关史料文献的解读，以历代帝王庙入祀帝王及名臣为主线，从“为君之德”“施政之德”“为官之德”这三个方面来探寻历代帝王庙中体现出的“德”文化。

【关键词】历代帝王庙 德文化 为君 施政 为官

“德”在中国传统文化中占有十分重要的地位，人们甚至把中国传统文化称为以“德”为主的“尚德”文化。历代帝王庙作为明清两朝集中祭祀古代帝王和名臣的皇家庙宇，无论是建筑名称还是祭祀要义，都与“德”有着密不可分的联系。从建筑名称上看，庙内主体建筑为景德崇圣殿，殿内曾有乾隆皇帝亲书的“报功观德”匾额，大殿南侧为景德门，庙前为景德街，街东西各有一牌楼，上写“景德街”三字，现存于首都博物馆一层大厅。景德崇圣殿内供奉着上起三皇五帝、下至明末崇祯的188位帝王。东、西配殿中，还有从祀的79位功臣名将。这些入祀的帝王和名臣，许多人堪称“德”之典范，值得后人敬仰和学习。今天我们就尝试探寻一下历代帝王庙中“德”的精神内涵。

古代“德”字的意义包含较广，有道德、德性、德行、德目等意义。汉许慎在《说文解字》中，把“德”字解释为“悳（同‘德’），外得于人，内得于己”①，此为德的两种表现形式，即有外德和内德之分。《周易》言：“地势坤，君子以厚德载物。”② 古人认为天行为道，人伦为德。道是指

① （汉）许慎：《说文解字》，中华书局2013年版，第216页。

② 《周易·坤》，杨天才、张善文译注，中华书局2011年版，第29页。

图 1 诸葛亮

自然规律，而德是指人间规范。而尊德、重德是为了协调人际关系，是人安其位，而存其续。儒家将“德”赋予了仁爱的精神内涵，使“德”成为精神修持的一种境界，且兼有“德性”和“德行之义”。清华大学陈来教授曾指出，“德性”是道德的品质，我们通常讲的“仁、义、礼、智、信”就是“德性”的范畴，也表达了“德性”的统一性；“德行”则是道德的行为状态，包含了善的行为与恶的行为。[①] 所谓“吾日三省吾身”即是以“德行”为基点，对其的补充与发展。下面笔者将试分析历代帝王庙中所体现出来的“德”。

一 为君之德

历代帝王庙在创建之初便将“德”作为判断帝王是否可以入祀的标准之一。据南京历代帝王庙《敕建历代帝王庙碑》碑文记载：“秦晋及隋，视其功德，不能无愧。故斥而不与，是可见。”[②] 朱元璋认为，秦帝、晋帝和隋帝，他们的功绩德行远不能与两汉、唐、宋、元的帝王相比，不能无愧，故不让他们进入庙堂。清康熙帝更是提出：“凡曾在位，除无道被弑、亡国之主外，应尽入庙崇祀”的入祀底线，同时也是对入祀帝王在个人德行方面提出了标准与要求。

皇帝作为古代最高统治者，是上天所授之君主，具有上承天命，下统

① 转引自陈来《〈论语〉的德行伦理体系》，《清华大学学报》（哲学社会科学版）2011 年第 1 期（第 26 卷）。

② 中国紫禁城学会编纂：《明代宫廷建筑大事史料长编·洪武建文朝》（全四卷）卷三，《宋文恪集》，故宫出版社 2012 年版，第 817 页。

万民、调和天人关系的重要作用。《尚书》载：“王敬作所，不可不敬德。”① 孔子曰：“君子之德风，小人之德草。草上之风，必偃。”② 即统治者的德行好比是风，百姓的德行好比是草。风吹到草上，草必定随风而倒。诚如孔子所言，在古代社会，统治者的德行不仅影响其执政效果，对于社会的整体风气也会产生重大的影响，关乎立国安民的大局。“道得众则得国，失众则失国。是故君子，先慎乎德。”③ 统治者加强自身德行修养的重要性，可以说是国家政权稳定的基本条件。只有具备良好的道德品质，统治者才能增强自身的信服力，也才能起到影响深远的道德辐射效应。

若想成为一代有“德”之君，首先要修德正己，《论语·子路》载：“其身正，不令而行；其身不正，虽令不从。”④ 孟子曰：“以力服人者，非心服也，力不赡也。以德服人者，中心悦而诚服也。”⑤ 唐太宗言：“君天下者，惟须正身修德。”⑥ “若安天下，必须先正其身，未有身正而影曲，上理而下乱者。”⑦ 修己是为君的要素，若想安定天下，统治者必须先要端正自身，言行应以“德”为基点，立足于“德”，行善事、行善政。其次，要谦逊礼让。只有做到谦逊礼让，才能得到他人的指教，进而提高自身的品德。君王位高权重，四海独尊，很容易产生骄矜自傲的情绪。“晋武平吴、隋文伐陈已后，心逾骄奢，自矜诸己，臣下不复敢言，政道因兹驰紊。”⑧ 若君王不保持谦逊恭谨的话，自认为尊贵崇高，独断专行，那么忠诚正直之臣不敢直言劝谏，奸邪谄谀之徒便有可乘之机，统治者看不见自身的过失，最终导致政权丧失，国家灭亡。昔日舜帝曾告诫禹说：“汝惟不矜，天下莫与汝争能；汝惟不伐，天下莫与汝争功。”⑨ 所以只有克制自身心理上的优越感，时刻保持谦让恭敬的品德，虚怀纳谏、改进政务，才能使政权得到稳定，国家得到治理。最后，要以身作则，率先垂范，让民众有遵从的目标，起到表率和教化的作用。“上老老，而民

---

① 《尚书译注·召诰》，李民、王健撰，上海古籍出版社2004年版，第290页。

② 《论语·大学·中庸》，《论语·颜渊篇》，陈晓芬、徐儒宗译注，中华书局2014年版，第146页。

③ 同上书，《大学·释“治国、平天下”》，第276页。

④ 同上书，《论语·子路篇》，第153页。

⑤ 《孟子·公孙丑上》，方勇译注，中华书局2015年版，第56页。

⑥ 《贞观政要·慎所好》，骈宇骞译注，中华书局2011年版，第427页。

⑦ 同上书，《贞观政要·君道》，第1页。

⑧ 同上书，《贞观政要·政体》，第51页。

⑨ 同上书，《贞观政要·谦让》，第411页。

兴孝；上长长，而民兴弟；上恤孤，而民不倍。是以君子有絜矩之道也。”① 统治者在道德上做出了榜样，身体力行，臣民自然会上行下效，社会秩序也自然会公正和谐，归于正道。

统治者加强自身德行的修养是为政之本。西周大臣召公奭在其所作的《召诰》中说：“我不可不监于有夏，亦不可不监于有殷。我不敢知曰，有夏服天命，惟有历年；我不敢知曰，不其延。惟不敬厥德，乃早坠厥命。我不敢知曰，有殷受天命，惟有历年；我不敢知曰，不其延。惟不敬厥德，乃早坠厥命。”② 文中总结了正是因为夏、商二朝帝王对自己德行修为不够，平时不能谨慎自己的德行，才致使国祚早亡，丧失了福命。帝王有德，则朝代兴盛，功绩重光，德教相续，国泰民安；帝王失德，则重刑厚敛，腐败泛滥，民怨积累，社会动荡。乾隆五十年（1785 年），乾隆皇帝第六次亲祭历代帝王庙后曾作《祭历代帝王庙礼成恭记》一文，文中有“盖宜入庙，与不宜入，诚昭然应知惧”，“当以不入斯庙为棘。安不忘危，治不忘乱”等语句，乾隆皇帝以庙中帝王为例，告诫自己的子孙，要效法入祀帝王的德行，以不入庙的“失德”之君为训诫，要有如临深渊、如履薄冰的治国态度，安不忘危，存不忘亡，治不忘乱。彰善憎恶，修德正己，做到“憬然而思，惕然而惧”。

二　施政之德

历代帝王庙中的“德”不仅表现在帝王自身的道德修为，还涵盖了治国安民的政治行为——施德政。

西周时期周公旦提出“明德慎罚”的思想，认为统治者应当“施德于民”“敬德保民”，通过修德性、行德政、施德教，来达到治国安民的目的。《尚书》载：“王其德之用，祈天永命。”③ 即王要以施行德政的方法，来祈求上天能够赐予长久的福命。孔子则总结了“三代”的治国方略，主张“为政以德”，重视为政之德的教化作用，即教化之德。汉代大儒董仲舒以汉代的社会现实和儒家德政传统为基础，提出了“德政”的思想。用正君、教化于民、德主刑辅的三种方法作为德政实现的手段。

“德政”是相对“暴政”而言的概念，包括道德为主，教化于民；以民

① 《论语·大学·中庸》，《大学·释“治国、平天下”》，陈晓芬、徐儒宗译注，中华书局 2014 年版，第 274 页。

② 《尚书译注·召诰》，李民、王健撰，上海古籍出版社 2004 年版，第 291 页。

③ 同上书，第 292 页。

为本，爱民利民；倡廉节俭，减轻徭役；不事征伐，百姓安居；德刑兼施，德主刑辅；举荐贤良，清除贪污，使“贤者于位，能者于职”。如三皇五帝“德昭天下”，商汤王、周武王以“德治”君临天下，《史记·孝文本纪》载：“汉兴，除秦苛政，约法令，施德惠，人人自安。”① 即汉朝的兴起，是因为废除了秦朝苛刻的政令，简化法令，并且施德政恩惠于民，人人都生活安宁。《论语·为政》中提到：“德之以政，齐之以刑，民免而无耻。道之以德，齐之以礼，有耻且格。”② 用法制政令来引导百姓，有不服从者，便用刑罚来约束和惩治，那么民众为了苟免于刑法，不敢作恶，却不知犯罪的耻辱；如果用道德来感化百姓，用礼法来约束和规范百姓，那么，他们不仅免于受刑，而且还会有羞耻之心，进而归化于德。由此可见，“德”也是为政安民的首要内容。

中国古代几个治世的出现都与帝王较好地实行德政密不可分。如在庙中享祀的汉文帝刘恒，他在位期间以“德政”治天下，推行“牧民之道，务在安之”的治国方针：减省租税，文帝二年（前178年）和文帝十二年（前168年）两次大幅度减免田租。减轻徭役，使“丁男三年而一事”③。弛山泽之禁，准许私人开采矿产，开发渔业资源，促进农民副业生产，使“富商大贾周流天下，交易之物莫不通”④。躬修节俭，文帝在位期间屡次下诏禁止郡国贡献奇珍异宝，并对于自己陵墓的修建也要求从简。改革刑制，废除肉刑与连坐法。与其子汉景帝开创了中国封建社会的第一个太平盛世——文景之治。

再如唐太宗李世民，他积极听取群臣意见，吸取隋朝灭亡的教训，提出重民思想，制定偃武行文、布德施惠、居安思危、务实求治的施政方针，并总结道：“朕看古来帝王，以仁义为治者，国祚延长；任法御人者，虽救弊于一时，败亡亦促。”⑤ 唐太宗在位时期社会安定，政治清明，生产发展，呈现了“关中丰熟，咸自归乡”，“马牛布野，外户不闭”的繁荣景象，史称“贞观之治”。

① （汉）司马迁：《史记》卷十，《孝文本纪》，中华书局2009年版，第90页。

② 《论语·大学·中庸》，《论语·为政篇》，陈晓芬、徐儒宗译注，中华书局2014年版，第16页。

③ （汉）班固：《汉书贾捐之传》，中华书局2007年版，卷六十四下，第648页。

④ 《史记》卷一百二十九，《货殖列传》（汉）司马迁，中华书局2009年版，第753页。

⑤ 《贞观政要·仁义》，骈宇骞译注，中华书局2011年版，第314页。

图2　汉文帝刘恒

图3　唐太宗李世民

反观上文提到的秦、晋（西晋）、隋三个王朝，多为暴君，他们在位期间滥用人力财力，重税赋、重徭役、重酷刑，诸王争斗，政乱朝危，祸乱不断，社会动荡，致使生灵涂炭，民不聊生。再如夏桀、商纣、周厉王、汉之桓灵二帝等，也是滥施暴行、肆意杀戮，篡窃得国、失德亡国的残暴、昏庸之主，历代帝王庙内均不予祭祀。而这些行暴政的帝王也被作为反面典型，为当朝执政者敲响警钟，提醒他们要广施德政，惠施万民。

三　为官之德

官德，从字面上理解就是为官的道德要求和行为准则，也是为官者从政德行的综合反映。中国古代非常重视官德，强调其在治国理政中的主导作用，也是对为官者考核的重要依据。历代帝王庙东、西配殿内从祀着79位德才兼备的文臣武将。中国历史年代久远，为官者不胜枚举，这些被甄选出来的贤臣不仅拥有治世之才，在官德方面更是出众。作为中国历史上优秀官员的代表，从他们的言行事迹中足可透视出中国古代官德的具体内涵。

武则天在《臣轨》中总结为官为臣应有七德：至忠、公正、敢谏、诚信、慎密、廉洁、利人。宋代吕本中则认为官德的核心为“清”“谨”“勤”这三点。明代薛瑄归纳为“七要”，即正以处心、廉以律己、忠以事君、恭以事长、信以接物、宽以待下、敬以处事。可见，官德的内容是随着朝代不同而不断发展变化的，但以下几点却是历朝官德中不变的要素。

一为“忠”，即讲求忠信。“忠信”具有两层含义：首先是“忠”，即“忠君”。古时“家国一体”的观念十分强烈，“君”即是“国”，“忠君”亦是“爱国”。“名编壮士籍，不得中顾私。捐躯赴国难，视死忽如归。”

"君子之事上也，进思尽忠，退思补过，将顺其美，匡救其恶，故上下能相亲也。"① 这种"忠君"思想在历史中曾培养出了许多忠臣良将，如"精忠报国"的岳飞，"舍生取义"的文天祥，"力保京城"的于谦等。历代帝王庙中除入祀这些我们熟知的民族英雄以外，也有一些不为大众所熟悉的爱国忠臣，他们职位虽然不高，但他们的爱国义举同样令人钦佩。如唐朝睢阳保卫战中的张巡、许远。

安史之乱爆发两年后，安庆绪杀安禄山自立为帝，他命手下大将尹子奇率领十几万叛军南下，沿途城镇纷纷陷落，只有睢阳城尚未攻破。时任睢阳太守许远向真源县令张巡告急，张巡招募百姓，率三千军士与许远会合，共同固守睢阳。尹子奇多次率军攻城，张巡、许远昼夜苦战，屡败敌兵。张巡每次迎敌"大呼誓师，眦裂血流，齿牙皆碎"②。士兵被他的行为感动，皆以一当百，奋力杀敌。因缺少外援，睢阳城弹尽粮绝，寡不敌众，被叛军攻破。尹子奇胁迫张巡投降，但被严词拒绝，最终二人英勇就义。张巡、许远虽非重臣，但他们以不到七千之众，抵挡叛军十几万人，坚守睢阳十个月，大小四百余战，有效地遏制了叛军南下，为唐朝主力反攻、平定安史之乱赢得了宝贵的时间。他们二人"固守忠义　克终臣节"的功烈事迹无愧于入祀历代帝王庙，为后人景仰与传颂。

图4　张巡

图5　许远

① 《孝经·事君章》，胡平生、陈美兰译注，中华书局2007年版，第274页。

② （后晋）刘昫等撰，《旧唐书》全十六册，第十五册，卷一百八十七下《列传》第一百三十七下，《忠义下》，中华书局1975年版，第4901页。

其次是“信”，即讲诚信。子曰：“人而无信，不知其可也。”① 诚信是每个人道德的基本要求，是人际交往的重要原则，是进德修业的基本要务。官德之“信”在于民，取信于“民”，对百姓中正不邪，至公无私。自古就有“民无信不立”的说法，为官者更是如此。“信”是居官之本，也是政事之本，明代王天赐曾言：“信者国家之宝，不可一日无者也。是以为政者必以信为主，则民听不惑，万事立矣。”②

二为“廉”，即廉洁奉公。“廉者，民之表也；贪者，民之贼也。”③ 做人重在诚，为政重在廉。廉洁是官者道德的基础，也是政治清明安定的根本。奉公则是要求为官者在行使权力的过程中要秉公办事，不徇私舞弊。时刻以国家和人民的利益为重，不能利用职权谋求私利。蜀汉丞相诸葛亮曾说：“吾心如称，不能为人作轻重。”④ 就是说我的心就像一杆秤，不能因为人的不同而称起来轻重不一。古代，廉洁正直的官员也多被统治者所欣赏，并委以重用。

历代帝王庙内从祀的廉洁奉公之臣也有很多，如宋朝名将曹彬，他身为北宋开国功臣，却常以严于律己，清廉谨慎自处，令朝臣敬重，士众畏服。后周世宗显德五年（958年），曹彬奉旨出使吴越，对吴越人私下馈赠的礼物一概不收。吴越君臣听说曹彬已走，急忙派人乘小舟追赶，要赠送曹彬礼物。曹彬再三谢绝不成，为避沽名钓誉之嫌疑，便接收了礼品。回朝后曹彬将礼物全部上缴国库，周世宗柴荣得知后感慨地说：“以前奉命出使的人，所求无厌，使四方之人轻视朝命。既然人家送给你，你就拿去吧。”曹彬不敢违拗，才拜赐，将它们全部分给亲朋旧友，自己不留一钱一物。

明朝民族英雄于谦，他为官清正廉洁，性情刚直不阿，凡事以国事为重，不徇私情。明宣宗宣德二年（1427年），于谦出任江西按察使时，严惩贪官污吏，打击地方豪强，抚恤黎民百姓，平反冤假错案。被当地百姓称为“于青天”。明英宗正统年间，宦官王振专权，作威作福，收受贿赂。百官大臣争相献金求媚。而于谦每次进京奏事，从不带任何礼品。有人劝他说：“您不肯送金银财宝，难道就不能带点儿土特产吗?”于谦微微一笑，

---

① 《论语·大学·中庸》，《论语·为政篇》，陈晓芬、徐儒宗译注，中华书局2014年版，第24页。

② （明）汪天赐：《官箴集要》，赫坚、杨亚庚译注，中国商业出版社2010年版，《正己篇·立信》，第148页。

③ 《包孝肃奏议》（全两册），卷三《乞不用赃吏》，国家图书馆藏，清光绪张氏毓秀堂本，第13页。

④ 《贞观政要·公平》，骈宇骞译注，中华书局2011年版，第348页。

甩了甩自己的两只袖子说："只有清风。"为此他还写诗《入京》以明志："手帕蘑菇与线香，本资民用反为殃。清风两袖朝天去，免得闾阎话短长。"此诗一成，远近传诵，成为佳话。

图6 曹彬

图7 于谦

再如"典地葬妻"的司马光，被唐德宗评价为"清慎太过"的陆贽，"巢林一枝，聊自足耳"的李沆等清廉奉公之臣，也都在庙中享后人祭拜。

三为"勤"，即勤政为民。古代强调为官者应"在其位，谋其政，尽其职，负其责"，即担任了职位就要尽到应尽的义务与责任。孔子曰："居之无倦，行之以忠。"① 必须做到居其位要勤政守职、敬业严密，不可懈怠、消极荒政。执行命令要忠心耿耿，全心全意。否则，不可以为官执政。

庙中从祀的古之贤臣不乏勤勉于政，爱惜百姓的典范。如周朝大臣周公旦，他辅佐武王伐纣灭商。武王死后，临危摄政，辅佐幼主成王，平定叛乱，稳定局势。《史记》记载，周公"一沐三捉发，一饭三吐哺，起以待士，尤恐失天下之贤人"②。这就是成语"握发吐哺"的来历。三国时期曹操所作的《短歌行》借用此典故来表明自己礼贤下士、求贤若渴的态度。

西周初年的四朝元老召公奭也是勤政爱民的代表。《史记·燕召公世家》记载："召公之治西方，甚得兆民和。召公巡行乡邑，有棠树，决狱政

① 《论语·大学·中庸》，《论语·颜渊篇》，陈晓芬、徐儒宗译注，中华书局 2014 年版，第 145 页。

② （汉）司马迁：《史记》，全十卷，第五册，世家一，卷三十三，《鲁周公世家》，中华书局 1982 年版，第 1518 页。

事其下，自侯伯至庶人各得其所，无失职者。召公卒，而民人思召公之政，怀棠树不敢伐，哥（歌）咏之，作甘棠之诗。”① 故后世以“召棠”作为颂扬官吏政绩的典实。

图 8　周公旦

图 9　召公奭

三国时期著名政治家、军事家诸葛亮。从古至今，他除了“奇谋方略，层出不穷”的过人智慧为人们所称赞，“鞠躬尽瘁，死而后已”的优秀品质更是令后人折服。诸葛亮的一生为蜀汉政权的建立做出了巨大贡献。对策隆中时，诸葛亮就为刘备提出了一条正确的政治路线与军事路线。后刘备弃新野，走襄阳，携十万百姓逃至当阳，诸葛亮受任于败军之际，奉命于危难之间，至柴桑游说孙权，最终完成结盟东吴的使命。赤壁大战中，以孙刘联军战胜曹操，为三国鼎立奠定了基础。白帝城受刘备临终托孤，辅佐后主刘禅，以带病之身，不辞辛苦，日理万机，凡军政大事，每必躬亲，以此来报答刘备的“知遇之恩”。建兴十二年（234 年），诸葛亮由于长期操劳，最终病逝于五丈原。他用毕生践行了“鞠躬尽瘁，死而后已”的诺言。康熙曾言：“诸葛亮云：鞠躬尽瘁，死而后已。为人臣者，惟诸葛亮能如此耳。”乾隆皇帝也称赞道：“诸葛，完人也!”

以上这些勤政爱民的贤臣皆是当世楷模，他们勤勉政事，爱民如子的事迹为后人所传颂。

“功在社稷　德协股肱”是清雍正皇帝对历代名臣的两大赞誉。历代帝

① （汉）司马迁：《史记》，第五册，世家一，卷三十三，《燕召公世家》，中华书局 1982 年版，第 1550 页。

图 10　景德崇圣殿匾额

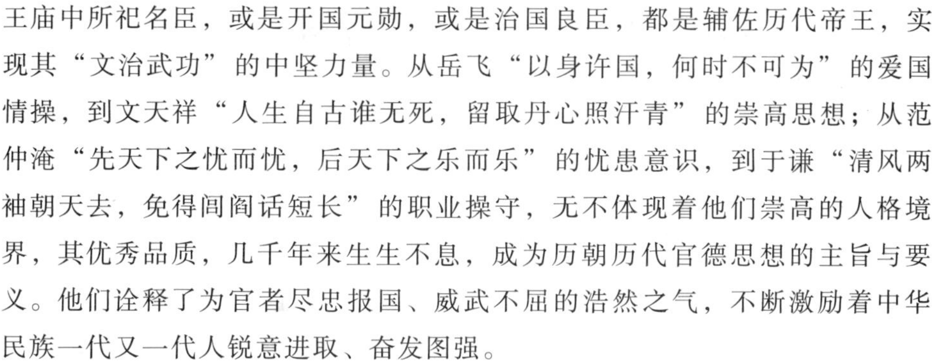
王庙中所祀名臣，或是开国元勋，或是治国良臣，都是辅佐历代帝王，实现其“文治武功”的中坚力量。从岳飞“以身许国，何时不可为”的爱国情操，到文天祥“人生自古谁无死，留取丹心照汗青”的崇高思想；从范仲淹“先天下之忧而忧，后天下之乐而乐”的忧患意识，到于谦“清风两袖朝天去，免得闾阎话短长”的职业操守，无不体现着他们崇高的人格境界，其优秀品质，几千年来生生不息，成为历朝历代官德思想的主旨与要义。他们诠释了为官者尽忠报国、威武不屈的浩然之气，不断激励着中华民族一代又一代人锐意进取、奋发图强。

上文我们结合“德”的文化内涵，通过为君之德、施政之德及为官之德三个方面对历代帝王庙体现出的“德”进行了简要分析与介绍。大道之源，贵在为德，如今人们越来越强烈地感受到吸收传统文化精髓的重要性。党的十八大以来，习近平总书记站在历史发展的新高度，结合国内外发展的新形势，提出了以“四个全面”为核心的治国理念，这一理念体现了传统德治思想在当下的价值。比如“全面建设小康社会”即是以民为本，关注民生的“德治”表现。“民惟邦本，本固邦宁”①，把人民群众的幸福生活当成第一要事去办，体现了我党“民本”的思想和“为民”的理念，为“施政之德”赋予了新的时代含义。再如“全面从严治党”的治国主张亦可看作对“为君之德”和“为官之德”的具体要求。中国共产党作为我国的

① 《尚书·五子之歌》。

执政党，除了要有过硬的专业水平，还要不断提高自身道德修养，从而提高整个党的执政能力，建立高效的、廉洁的、为民服务的行政部门。由此可见，“德治思想”在当代治国理念中仍具有重要的借鉴价值。

国无德不兴，人无德不立，历代帝王庙中的“德”，不仅是其存在的历史价值，更是我们民族精神最好的体现。继承好这份历史遗产，坚持古为今用、推陈出新、取其精华、去其糟粕，必定能为我们个人、社会乃至国家的各方面建设起到借鉴和指导的作用，为实现中华民族的伟大复兴提供取之不尽、用之不竭的精神动力与文化源泉。

于森，北京历代帝王庙管理处副主任、馆员

孔庙 国子监研究

◇苏州文庙古代祭孔释奠研究

◎ 张晓旭

【摘 要】苏州文庙在古代除了实施官方教育功能外，一个重要属性就是属于国家礼制型庙宇，代表国家行使尊孔礼仪。后世在文庙学宫举行的礼仪均来源于先秦。先秦时期，凡军国大事谋定在学校，故要在学校祭祀。释奠是古代文庙最高规格的祭祀典礼。文庙释奠的主体是孔子及其儒家学派代表人物。本文从释奠礼仪、唐宋时期苏州文庙释奠、元代苏州文庙祭孔释奠、明代苏州文庙祭孔释奠、清代苏州文庙祭孔释奠几个方面，对苏州文庙祭孔释奠历史进行了详尽考察。

【关键词】苏州文庙 古代 祭孔释奠

一 释奠礼仪

苏州文庙在古代除了实施官方教育功能外，一个重要属性就是属于国家礼制型庙宇，代表国家行使尊孔礼仪。后世在文庙学宫举行的礼仪均来源于先秦。先秦时期，凡军国大事谋定在学校，故要在学校祭祀"三代之时，先王所为治天下之大经大法，无一不出于学"，如"政事出于学、出征受成于学，归以馘告，则兵亦系于学。至于春秋菜奠，与夫兴贤、论秀、养老、射乡、读法诸事无论已"①。军国大事事成之后要告祭太学。如苏州、北京、江阴等地文庙所藏的清代康熙、雍正、乾隆三朝的四大平叛碑《御制平定准噶尔告成太学碑》（乾隆二十年岁次乙亥夏五月）、《御制平定金川告成太学碑》（乾隆十四年岁在己巳夏四月）、《御制平定回部告成太学碑》（乾隆二十四年岁次乙卯十二月）和《御制平定青海告成太学碑》（清雍正三年五月十七日）即是在文庙告祭的例证。其中平定青海碑碑文"稽古典礼，出征而受成于学，所以定兵谋也。献馘（敌人的左耳朵）而释奠于学，

① （清）宋荦：《重修苏州府学碑记》（康熙三十六年），碑藏苏州碑刻博物馆。

所以告凯捷也。宣刊诸珉石，揭于太学，用昭示于无极”①，说出了缘由。

释奠是古代文庙最高规格的祭祀典礼。文庙释奠的主体是孔子及其儒家学派代表人物。《礼记·文王世子》：“凡学，春，官释奠于其师，秋、冬，亦如之。凡始立学者，必释奠于先圣先师。”郑玄注：“释奠者，设荐馔酌奠而已，无迎尸以下之事”，以牲牢进行祭祀。《礼记》中所述先圣先师在先秦时期和魏晋以后，其概念是不同的。先秦时期和魏晋以前释奠的先圣先师特指古代君王和有特殊才能的官员，如先圣特指尧、舜、禹、汤、文、武为先圣。先师则指契、皋陶、伯益、伊尹、周公等。

东汉明帝永平二年（59 年）三月，明确以周公为先圣，孔子为先师。注意：祭祀以周公为主，孔子配祀。魏晋时期魏齐王将孔子列为先圣，颜回列为先师只是一国之祭祀行为，不是大一统行为。况且，学校内仅是祭祀孔子，并没有在校内建孔庙。北魏时官学发达。太祖道武帝拓跋珪于天兴元年（398 年）建都平城（今山西大同市），即立太学（历史上太学始建于汉武帝元朔五年，前 124 年）。天兴二年（399 年）又兴建了国子学。但此时只有学，没有庙。在官学中兴建孔庙始于北魏平城。北魏明元帝拓跋嗣于永兴五年（413 年）下诏“祀孔子于国学，与颜渊配”②。这就是中国历史上除曲阜孔庙之外的全国第二个孔庙、第一个学庙的北魏平城国学文庙。世祖始光三年（426 年）二月，“起太学于城东，祀孔子，以颜渊配”③，这是我国第二个学庙的北魏平城太学文庙。由此观之，中国历史上在学校立孔庙由平城开始，中国孔庙真正意义上的“学庙”或“庙学”从此诞生。

在官学内设孔庙大多在唐及唐以后。唐代贞观年间在全国学校范围内停周公（先圣）祀，周公（先师）配享周武王（先圣）。改为专祀孔子（先圣）。颜回（先师）等弟子配享或从祀，这才是大一统的国家孔庙学宫祭祀行为。

晋朝至唐初，国立学校每年进行四次释奠，唐开元后改为两次，每年春秋仲月“上丁”也就是夏历的二月、八月的第一个丁日举行。国学遇有大祭祀或日食，释奠有时可以改用中丁。元朝规定释奠“日用春秋二仲月上丁，有故改用中丁”④。延祐六年“二月丁亥朔，日有食之，改释奠于中

---

① 《御制平定青海告成太学碑》等四大平叛碑，藏苏州碑刻博物馆，北京、江阴等孔庙。苏州、北京全。江阴少一块。

② 《魏书·本纪第三·太宗明元帝》。

③ 《魏书·本纪第四上·世祖太武帝》。

④ 《元史》卷七六《祭祀志》。

丁”①。明洪武七年二月上丁因为日食，释奠也改在了中丁。州县学校一律定为上丁，其后历代基本都是春秋仲月上丁释奠。历代相因，因此春秋释奠又称为丁祭。释、奠均为陈设、呈献之意，指在祭典中，陈设音乐、舞蹈，以及呈献三牢、酒、果、蔬菜等祭品，以表对孔子的尊崇。祭孔礼仪一般分为迎神、初献、亚献、终献、撤撰、送神六部分。祭孔之前都要整修孔庙，添置礼器、乐器、祭器、舞器等，并练习佾舞。

清·丁日昌《重修苏州府学记》（同治七年岁次戊辰十一月戌朔）② 做了以下记载：

> （苏州府学文庙）建炎间毁于金兵，至绍兴年复建，嗣后兴修不一。其有碑记可考者：南宋四，元七，明十有五，国朝顺治迄咸丰九，咸丰十年毁于粤寇之乱，大成殿栋梁仅有存焉。今协揆合肥李公克服郡城之明年，缮修废坏，营建门庑，备礼乐器用，公为之记。自是次第兴筑，至今落成，而春秋释奠，礼仪未肃，执事不备官；簠簋笾豆尊罍之具，缺其数；琴瑟钟磬箫管柷敔，陈而不能作，羽籥废而不复用……乃集府县学诸生百有余人习礼容，遴沪城舞生教之舞，越二旬而教成。于仲秋上丁，将事礼仪，既备钟鼓，既饬登降有度，骏奔走在庙，肃肃乎，雝雝乎有可观焉。若夫考定钟律，俾无僭差，以合乎太常之奏，盖尚有待也。夫宫庠之地，士大夫以时瞻仰，动其景贤希圣之思，以为风俗人心之本，是岂可以苟焉乎哉！是学规模广大，阅五年而始复旧观。

除了战争、整修文庙等人为因素停止祭祀外，苏州庙学每年春秋两季仲月丁日均祭孔，称“丁祭”。

如上所述，历史上苏州文庙遭灭顶之灾或重创的史实有两次，第一次是宋建炎二年（1128年），金兵南侵，兀术攻入苏州，文庙府学毁于战火，时间跨度近二十年，其间没有祭孔。第二次是清咸丰十年（1860年），太平军攻陷苏州，因拜上帝教缘故，重火焚烧儒家的苏州文庙府学。史料载大火烧了数天数夜，甲于东南的苏州文庙府学的宏伟建筑，以及碑刻、图书等付之一炬，仅存大成殿和其他建筑的框架栋梁。同治二年（1863年）冬十月清军收复苏州。三年（1864年）李鸿章修复文庙。七年（1868年），江苏巡抚丁日昌继李鸿章后续修文庙。丁日昌还整理并补足祭孔所用的祭

① 《元史》卷二六《仁宗本纪三》。

② 碑藏苏州碑刻博物馆。

器、乐器，制作佾舞用的舞衣、冠、鞋等，聘请沪城文庙教苏州文庙、吴县文庙、长元县学文庙生员佾舞及礼仪等。从 1860 年至 1868 年近十年由于太平天国战争，苏州文庙祭孔停止。尔后恢复祭孔至清末。

二　唐宋时期苏州文庙释奠

唐宋时期苏州文庙称夫子庙或至圣庙，释奠礼每年举行两次，即在每年春、秋仲月的上丁日举行，连年不断，称丁祭。唐代苏州刺史刘禹锡《奏记丞相府论学事》：“今四海郡县咸以春、秋上丁有事孔子庙，其礼不应于古，且非孔子意也。”① 宋权参知政事郑仲熊云：“郡邑置夫子庙于学，以岁时释奠，盖自唐贞观以来未之或改。”② 北宋苏州州学教授朱长文《苏州学记》：“始，姑苏郡城之东南有夫子庙，所处隘陋。及文正公以天章阁待制守是邦，欲迁之高显，相地之胜莫如南园。南园者，钱氏之所作也，高木清流，交荫环匾，乃割其巽隅以建学。广殿在左，公堂在右，前有泮池，旁有斋室。是时学者才逾二十人，或言其太广。文正曰：‘吾恐异日以为小也’。于是召安定先生首当师席，英才杂遝，自远而至。厥后登科者逾百数，多致显近。”③ 以上史料说明苏州文庙始建于唐贞观，文庙原在苏州古城子城东南隅。北宋范仲淹守苏，将其迁往城南今址（原称南园，今沧浪亭以西处）。释奠礼在每年春秋仲月上丁日举行。

北宋时期苏州文庙祭孔史料已无流传，具体如何祭孔，不得而知。但从范仲淹为江阴文庙撰写的《景祐重建至圣文宣王庙记》碑刻来看，其祭祀活动的规模因是宋代苏州文庙祭孔的翻版。碑文写知江阴军范宗古修建江阴文庙后释奠“……若夫衮其服，庙其神，岂吾圣之心哉？盖后之明王尊道明德而不敢臣，故奉之以王礼，享之于太学，昭斯文之宗焉。仍命五等，咸得祀之成均。……惟先师之堂，前制未显……于军前南隅…建孔庙，堂焉巍奂，廊焉徘徊……乃圣乃贤，俨乎其位。阼阶以进，依然金石之音；彝器已新，灿乎俎豆之事。既严既翼，以享以时。礼乐行乎庙中，风教行乎化下。乃歌乃讼，以乐其成”④。

碑文载北宋景祐年间江阴知军范宗古迁建原江阴文庙于军前南隅（今江阴文庙所在地）。庙内孔子等圣贤各按其位排列，并开始用礼乐祭孔，各种礼器、祭器咸备，到了春秋两季就开始祭祀，从此，祭孔这种礼乐开始

① 《四部丛刊》本《刘梦得文集》。

② （宋）郑仲熊：《吴郡重修大成殿记》碑，藏苏州碑刻博物馆。

③ 朱长文：《苏州学记》，见明王縠祥编《苏州府学志》十二卷，苏州府学刻本，北京图书馆藏。

④ 《景祐重建至圣文宣王庙记》碑拓片，苏州碑刻博物馆藏。

在江阴盛行，并起到了教化作用。

北宋景祐年号一共四年，即景祐元年到景祐四年（1034—1037年），范仲淹于景祐元年（1034年）担任苏州知州，次年（1035年）建苏州文庙州学。景祐三年（1036年）范宗古将宋初建的江阴文庙迁建在现江阴文庙处。这篇文章是范仲淹因范宗古之邀所写。可见，范仲淹写这篇文章是将苏州文庙的祭孔礼仪移置到了江阴文庙。因此，通过它，我们可以窥见北宋苏州文庙祭孔的概况。

南宋时苏州文庙祭孔则有文献记载，每年春秋两季仲月丁祀。绍兴十一年（1141年）苏州知府梁汝嘉修缮苏州文庙后即释奠孔子。强调祭孔乃是尊教，这是教化所需，针对当时文庙祭祀条件简陋，不足以对孔子尊敬的缘故，于是筹款改建整修文庙和添置祭器乐器，祭孔环境和设施焕然一新。宋郑仲熊《吴郡重修大成殿记》："我宋有天下，因其制而损益之。姑苏当浙右要区，规抚尤大。更建炎戎马，荡然无遗，虽学宫于荆榛瓦砾之余，独殿宇未遑议也。每春秋展礼于斋庐，已则置不问，殆为阙典（遗憾）。今宝文阁直学士、括苍梁公来牧之明年，实绍兴十有一祀也，二月上丁，修祀既毕，乃惕然自咎，揖诸生告之曰：'天子不以汝嘉为不肖，俾再守兹土。顾治民事神皆守之职，惟是，夫子之祀，教化所基，尤宜严且谨，而拜跪荐祭之地庳陋乃尔，其何以揭虔妥灵？汝嘉也不敢避其责，曩尝去此弥年，若有所负，尚安得以罢软'自怒，复累后人乎？他日或克就绪，愿与诸君落之。'于是谋之僚吏，搜故府，得遗材逾千枚，取赢资以给其费，鸠工庀役，各举其任，几月讫功，民不与知。像设礼器，百用具修，至于堂室廊序，门牖垣墙，皆一新之，无复兵火凋残之象。……巍巍夫子，道侔天地，久而弥光，于今奉祀。中原云扰，俎豆靡余。旁风上雨，似窘厥居。两楹之奠，鲜克中礼。弗恭弗蠲，吾道是耻。玩岁愒日，孰为经营？奕奕斯庙，非公莫成。神栖孔严，遂不旧观。峨峨儒冠，载瞻咏叹。维昔僖公，实修泮宫。千载相望，蔚其高风。猗欤兹举，能使吴重。"① 建炎间，金兵入吴，庙学夷为废区，"绍兴十一年梁侯汝嘉重建礼殿……今总管师侯始至奠谒先圣先贤……增饰塑像而新其藻绘"②。

以上史料证明南宋初年，面对建炎兵难苏州文庙被毁，时任户部尚书、知苏州的梁汝嘉到任苏州后第二年重建孔庙大成殿，奠谒先圣先贤……增饰塑像，添置祭器礼器等史实。这块宋碑现藏苏州文庙（苏州碑刻博物馆）。增饰塑像，说明北宋时苏州文庙大成殿内已有孔子塑像、四配塑像和

① （宋）郑仲熊：《吴郡重修大成殿记》碑，苏州碑刻博物馆藏。
② 杨载：《平江路重修儒学记》碑拓片（元至治元年五月），藏苏州碑刻博物馆。

十哲塑像，南宋只是重新修饰而已。

三 元代苏州文庙祭孔释奠

元代虽说是蒙古族人统治中国，但是元代统治者却非常崇拜汉文化，尤其是孔子，对待孔子就像对待蒙古本民族的圣人一样，这可从苏州文庙祭孔中看出。宋末，蒙古灭金建立元朝，平江府（苏州）改作平江路，府学文庙称作平江路学文庙。大德十一年七月十九日平江路达鲁花赤（总管）接到皇帝圣旨，“孔子加号大成至圣文宣王”，于是在平江路学文庙刻《诏书加封大成》碑，现藏苏州文庙。

元代皇帝即位之初就下令各地郡国（县）修建庙学。前两浙都转运盐使朱虎主持苏州文庙大成殿整修，前后共五年，于大德二年竣工，并于当年戊戌秋八月三日丁巳举行释奠礼：“三日丁巳，郡侯戎益帅其长贰若属，诣新庙行释奠礼文武司之在郡者咸集。诸生骏奔走，执豆笾，六民聚观，谓有学未始有。侯成礼退。”① 平江路学文庙为了祭孔，重新制造了祭孔礼器、乐器、祭器等。至元二十九年十二月至三十年十一月由苏州路学教授李淦、方文豹新造礼器金属大尊二，著尊二，壶尊十二，牺尊十二，罍四，勺二十，爵一百七十二，坫二百零二，豆三百四十四，簠一百二十六，簋一百二十六，炉一，缶二，檠二十四，竹属篚十一，笾三百二十九，木属俎五十五，其余按照原来的规模。元贞元年十月完成制造。首尾共三年时间。其中至元癸巳象尊及铜豆刻李淦姓名。元贞元年铜爵、铜簠、铜豆俱刻两人姓名。②

元代平江路长官上任后第一站是到路学文庙拜谒孔子。郑元祐《重修平江路儒学记》（至正五年）载：平江路总管吴秉彝到平江（苏州）“首谒大成殿”，见殿宇破坏，“尊像自圣师以下，彩绘？剥……乃鸠工庀材，一新礼殿并两庑、戟门，自圣师以至从祀诸贤，冕衮圭珮，五彩焕发，如日丽天。重建外门，揭示文庙”。③

郑元祐《平江路总管周侯兴学记》（至正二十一年岁次辛丑三月既望）：“兀术过，吴学毁。宋既南渡，守臣相继，吴学复完，暨内附。其悉力以兴学养士……至正丙申（1356 年）岁，平章张公统兵入吴，适春丁，即命官以祭，躬谒圣师，升堂听讲，属郡守吴陵周侯安完学校，嵬延儒术……侯

① （元）燕公楠：《平江路儒学大成殿记》。

② （元）李淦：《平江路儒学祭器碑》拓片，藏苏州碑刻博物馆。

③ （元）郑元祐：《重修平江路儒学记》碑拓片，藏苏州碑刻博物馆。

以俸金设馔，躬起行酒，勉劳儆劝，朔望庙谒。”① 周侯即周仁，字义卿，元吴陵人，曾任太中大夫，平江路总管。元代为了祭孔的完美，还特意在大成殿南门处增设一“轩”，面阔三间，用于祭孔时演奏用。这在苏州文庙历史上属首次。恐怕在全国孔庙中也鲜见。注重乐和礼之间的关系，追求礼的庄重肃穆，乐的完美表现，从而将祭孔礼仪推进到了一个新的高度：“东南之学，莫盛于吴会矣。学之有殿，以崇祀也；殿之有轩，以合乐也。殿作于大德戊戌，修于延祐戊午……盖将七十年矣。郡守海陵王侯时虔奠谒，惕焉于怀，爰重改作，诞谋恢一。乃乘露台伉南甍（屋南门）增作新轩。起手于至正二十六年丙午之岁四月，至七月而讫功。其制三间，中广两丈……轩以殿崇，殿以轩邃……钟磬之悬，琴瑟之，搏拊之，陈箫管籥埙篪柷敔之列，秩乎其伦，粲乎其章，登歌合声，协律谐节，以达荐飨之熙。献酬陟降旋折，绰如裕如，所以昭格钦报者仪文咸具。……经生充贡，黔庶向慕。首戒弟子，肄成大成乐……凡圣贤大儒塐像，岁久湮昧，则重绘之。……释奠于先圣先师，尊其道，报其德，礼之隆者也；翕五声六音以致敬，享贯神明，章教化，乐之殷者也。古者，典教用乐，故乐正。崇四述。立四教以造士，升其贤秀，材而官之，内则臣工，外则民社，以是成人，驯致雍熙而人人有士君子之行。”②

四 明代苏州文庙祭孔释奠

明代重视儒家文化较前朝则有过之而无不及，这可从明代祭孔规格不断提升予以窥视。明洪武四年（1371 年）改八笾豆（地方文庙规制）为十笾豆（太学文庙规制，中祀规制）。史载苏州文庙在这一时期修孔庙，饰孔子、四配、十哲、两庑先贤先儒像彩绘。在明洪武朝，苏州文庙至少已有一百二十座塑像：孔子、四配、十哲、一百〇五位先贤先儒像，而且是彩塑。每逢春秋仲月上丁释奠如期举行。史载张冠于洪武十四年（1381 年）任苏州知府，为修孔庙将自己的禄米换成钱作为佣金而招工崇饰孔子等一百二十位圣贤塑像，尔后庄重祭奠。

明洪武十五年“春雷阳张侯（张冠，雷州人，洪武十四年任苏州知府）奉上命来守兹郡，隶事之三日，即“躬谒庙庭，而塑像历岁滋久，绘彩皴剥，类多残缺。侯……即以禄米募工塑彩，圣像、四配、十哲章服等威，绘彩焕丽，观者为之竦然。……正殿像设彩绘既完，而两庑从祀一百五位

① （元）郑元祐：《平江路总管周侯兴学记》碑拓片，藏苏州碑刻博物馆。

② （元）周伯琦：《建大成殿轩记》（元至正二十六年七月），见明王穀祥编《苏州府学志》十二卷，苏州府学刻本，北京图书馆藏。

亦欲一新……（侯）今得厚禄，唯岁时伏腊蒸尝之外有余资，但赒穷恤匮而已。今先生悉欲完诸从祀奚必裒财于众也？辄以禄米易钞得若干缗，市丹垩给工费，不逾月而告成。……重新庙貌，适钦明诏祀事云。初巍巍素王南面之尊，冕服威仪，猗欤盛哉！”①

明王直《苏州府重修儒学记》［大明天顺五年（1461 年）岁次辛巳冬十月吉旦］载苏州知府姚堂就任苏州知府后即“敬谒吾夫子庙而拜之，次及四配十哲两庑诸贤……复彩饰圣贤及历代诸儒神像，筑杏坛一区，立状元、解元二坊”②。以前苏州文庙无杏坛，此碑载是明天顺五年始建，并同时立状元、解元二坊。

成化十二年（1476 年）升孔子庙为大祀，笾豆十二，舞八佾。苏州文庙于当年仲秋上丁释奠，因是大祀规格，故场面宏大，仪式隆重。由于不是皇帝亲祭或派员祭祀，从礼仪的级别上来说苏州文庙这次祭孔仍属中祀③。明吴宽《苏州府重建文庙记》记录了这件历史重大事件：“孔子之道大如天地，与之相参，高如日月，无得而逾万世之下……盖比岁儒臣建清有欲加以笾豆、佾舞之数者，下群臣议议者亦谓此不足为孔子重轻，而朝廷竟从其请，行于天下，惟所以尊崇之者，无所不至其极也，诏下为丙申（1476 年）之秋，适吴县丞陶节、长洲县典史刘庆皆承命董役，以功完告，及丁祭之期，笾豆既成，佾舞斯列，而栋宇深广足以有容，观礼者美之。……礼行于斯，乐奏于斯，致尊崇于斯，固所以伸报本之私。”④ 到了嘉靖九年（1530 年）诏改大成殿为先师殿，改称孔子为至圣先师，不称王；改孔子、四配、十哲塑像为木主，另去四配王的称号，孔子父亲叔梁纥另建专祠以祭之，这就是明代嘉靖孔庙内有启圣祠的缘故。将孔子正式定为“至圣先师”而非先前的至圣文宣王。因此，祭孔的性质定位在古代中国祭祀对象天地君亲师的“师”上，而不是先前的“王”（君）上，这也是后来清代康熙皇帝将孔子称为“万世师表”的重要原因所在。嘉靖九年（1530 年），厘正孔子庙祀典，从佾舞和笾豆数量上正式恢复为中祀规格。苏州文庙也如此。

明代除定期整修苏州文庙外，还经常添置各种祭器、乐器、舞袍等祭祀用具用衣。明刘民悦《正乐舞修祭器乐器记》［明天启四年（1621 年）岁在甲子

① 王鸣吉记并书《苏州府学重修庙貌记》（明洪武十五年八月）。

② （明）王直：《苏州府重修儒学记》碑拓片（大明天顺五年十月），藏苏州碑刻博物馆。

③ 大祀、中祀的区别除了八佾和六佾、笾豆各十二、各十或各八之外，还有一点就是主祭者的地位，如果是皇帝或皇太子亲祭或皇帝委派特使主祭，加上八佾就是大祀，如果地方长官主祭，哪怕是用八佾、笾豆各十二，也只能算作中祀——笔者按。

④ （明）吴宽：《苏州府重建文庙记》碑拓片，藏苏州碑刻博物馆。

仲春既望]："天启岁癸亥，教授刘民悦六月履任，七月候学院孙公发落苏士于昆山。八月下丁，每事问，见歌无音，舞无节，钟磬无律，琴瑟笙箫无声，询之，则对以未习。考祭器则牲无俎，宰无床，供无案，盥濯无具。查据王、陈二志所载，笾二百七十七，豆二百九十六，爵一百五十五，勺八，坫二百三十九，簠一百二十九副，锡酒注六，觯三，大罏二，中罏三十一，篚二十，祝版六，烛台二百，立檠十六，挂灯三十二；祭桌三十四；酒罇架二；牲盘四；牲桶、牲床俱八；绫幔十一，釜八；乐器：钟大小凡三，琴瑟、笙、箫、埙、麾、旌、搏拊、柷敔、栒簴、树羽及龙凤流苏，编钟磬悬涤六十四；乐舞冠一百十四；皂履如之，革履一百十四；花袍七十八；中单七十八；舞衣三十六……又文庙祀典，经世宗肃皇帝釐正，易八而六，惟苏则或减或仍无定则焉。悦考制书，亟为申正，共得歌舞生八十有四人，通乐二人，合六佾也。通司都纪袁履贞恪恭厥职；禀悦令唯谨，从正月往后，日诣明伦堂，取《阙里志》所载歌声舞节，依字效图演习，旬有七日而后合度，独祭器之数，按元教授李淦所记及正德间司李蔡昂所志，嘉靖间胡、王二郡侯所铸款识，章章可稽，皆渐增益，独王志顿减，而教授陈琦翻刻志本，亦复仍之……修祭乐二器，于是丝竹匏土革木之属，凡三日而工咸具，则诸生王焕如实董之。郡侯寇公率僚属来观舞奏法，令整肃声容，略备门以内，自与祭执事青矜外无一人焉，祭之日亦如之。人谓天水胡侯至今适合百年之运，礼乐侍人而兴，岂虚语哉？"①

以上看出，明代苏州文庙祭孔之礼器、乐器种类多，数量齐备，可与曲阜孔庙比肩。祭孔乐舞则按照曲阜式样进行。方法上则是依字效图演习，然后再进行合度操练。对祭孔的每一细节均由时任苏州知府寇慎率僚属检查督促。

五 清代苏州文庙祭孔

清代主政中国后，沿袭明代尊孔礼制，有清一代尊孔祭祀如火如荼。清代顺治，康熙、雍正、乾隆、嘉庆、道光、咸丰、同治、光绪、宣统十帝都亲临曲阜孔庙或北京国子监孔庙祭孔并题匾于大成殿，这在历史上绝无仅有。清代苏州文庙祭孔活动和北京、曲阜孔庙一样如火如荼。

清顺治十五年，张能鳞任奉政大夫、提督江南苏松常镇淮扬徐学政等职，到苏州任上第一件事就是到苏州文庙拜谒孔子。修建文庙，并撰写碑文："自尧舜禹汤文武以及周公，以君相而兼师，故不必有师之名，而教自尊……自汉唐以来寓内郡邑咸设有庙，依庙附学，崇其俎豆，聿维

① （明）刘民悦：《正乐舞修祭器乐器记》碑，藏苏州碑刻博物馆。

隆矣！”①

清康熙五十七年（1718 年）岁次戊戌仲春谷旦，江南巡抚吴存礼抚苏到苏州文庙春祭、秋祭孔子。吴存礼，清奉天人。康熙年间任总理粮储提督军务巡抚江宁等处地方都察院右副都御史、江南巡抚。吴存礼释奠期间虔诚有礼住在苏州文庙内，并戒斋三天：“今天子临雍拜师，右文稽古，自山陬海澨……卉服之乡，无地而不建之学，盖文物声华薄云汉，三代以还未睹斯盛！而吴郡学宫常为十五国最，其间选造于乡，升于司马，不逾时而为禁近大臣、斧藻王猷者，项背相望，即老生宿儒，伏处堪岩窟穴，犹得以文采照灼于当世，岂非圣主久道化成，涵煦沐浴、蕴积于百年之深者乎？予自丙申春，奉命来抚兹土，凡春秋释典，皆宿斋戒，以观其车服礼器，与其师儒文学，盘辟上下于其间。”②

清代苏州文庙强调礼乐教化在祭孔中的作用，乾隆元年江苏布政使张渠，苏松督粮道姚孔鈵，道员赵弘恩、署苏州府事总捕、同知李正邦，府学教授储元升为营造释奠氛围组织整修文庙祭器乐器。

赵宏恩《重修苏州府文庙祭器乐器碑记》（乾隆元年岁在丙辰春三月）：“学校之有关于世道人心，夫人而知之，而其实不徒庙貌之焜煌，尤贵礼明而乐备。盖笾豆牺尊……鼓钟琴瑟……行礼者雍雍肃肃，奏乐者洒洒洋洋……世宗宪皇帝，首崇阙里，不惜数十万帑金鼎新庙林。今皇上重道尊师，重熙累洽，尊罍簠簋，气象淳如，美善兼至，秩乎执籥，秉翟之伦，冠裳肃穆，歌吹从客，观礼者于此见三代焉。……乙卯秋，予（赵宏恩，由岁贡捐道员，累官左都御史）于金陵学宫缮治庙宇，聘请曲阜学者修饬祭器乐器，选士肄司，数月而礼乐告成。予因以身学……复念姑苏大都会，宫墙之重不亚钟山，即以治江宁者治金阊。路愈熟，取资愈易，爰捐清俸，命司事检点于陈设雅奏间，诫之曰：‘礼器尚淳古，残者修，缺者补，毋任工作巧失创制初心。’乐不备，则声不和，汝其修虁，应均管箫，调箎簧，饬钟磬，音无夺伦俾，倡和清浊，始终相生。至于佾人则难乎言之矣。《周礼》有之，乐师教国子小舞，以屈伸俯仰，缀兆疾徐，非动止有度，无以合五音而整南北之威仪……丙辰春，以工成报功……羽毛金石，非历久不敝者也。礼乐欲其常新，则继起之功不能无望于后人。后之视今，亦犹今之视昔。”③

① （清）张能鳞：《重修苏郡儒学记》碑拓片（清顺治十五年岁在戊戌春），藏苏州碑刻博物馆。

② （清）吴存礼：《重修苏州府儒学记》碑拓片（清康熙五十七年岁在戊戌仲春谷旦），藏苏州碑刻博物馆。

③ （清）赵宏恩：《重修苏州府文庙祭器乐器碑记》（清乾隆元年）拓片，藏苏州碑刻博物馆。

闵鹗元《重修苏州府学记》（乾隆五十有四年岁次已酉孟冬月）："郡城为三吴都会，大府驻节之所，春秋释奠，俎豆孔虔，庙貌崇饰，罔敢不恪！……予（闵鹗元，兵部侍郎兼都察院右副都御史巡抚江苏等处地方提督军务兼理粮饷——笔者按）奉命抚吴，每朔望（农历初一，十五）瞻礼。"①

清代苏州文庙释奠祝文

1. 张玉书奉敕敬书《至圣先师孔子赞》（清康熙二十五年七月初四日）：

清浊有气，刚柔有质。圣人参之，人极以立。行著习察，舍道莫由。惟皇建极，惟后绥猷。作君作师，垂统万古。曰惟尧舜，禹汤文武。五百余岁，至圣挺生。声金振玉，集厥大成。序书删诗，定礼正乐。既穷象系，亦严笔削。上绍往续，下示来型。道不终晦，秩然大经。百家纷纭，殊途异趣。日月无逾，羹墙可晤。孔子之道，惟中与庸，此心此理，千圣所同；孔子之德，仁义中正，秉彝之好，根本天性。庶几夙夜，勗在今图，溯源洙泗，景躅唐虞。载历庭除，式观礼器。摛毫仰赞，心焉遐企。百世而上，以圣为归；百世而下，以圣为师。非师夫子，惟师于道。统天御世，惟道为宝。泰山岩岩，东海泱泱，墙高万仞，夫子之堂。孰窥其藩，孰窥其径？道不远人，克念作圣。②

2. 张玉书奉敕敬书《四子赞》，碑藏苏州碑刻博物馆（康熙二十八年闰三月十六日）：

颜子赞

圣道早闻，天资独粹。约礼博文，不迁不贰。一善服膺，万德来萃。能化而齐，其乐一致。礼乐四代，治法兼备。用行舍藏，王佐之器。

曾子赞

洙泗之传，鲁以得之。一贯曰唯，圣学在兹。明德新民，止善为期。格致诚正，均平以推。至德要道，百行所基。纂承统绪，修明训辞。

子思子赞

於穆天命，道之大原。静养动察，庸德庸言。以育万物，以赞乾坤。九经三重，大法是存。笃恭慎独，成德之门。卷之藏密，括之无垠。

① （清）闵鹗元：《重修苏州府学记》碑（乾隆五十四年），藏苏州碑刻博物馆。

② 碑藏苏州碑刻博物馆。

孟子赞

哲人既萎，杨墨昌炽。子舆辟之，曰仁曰义。性善独闻，知言养气。道称尧舜，学屏功利。煌煌七篇，并垂六艺。孔学攸传，禹功作配。①

六 祔祀名宦崇祀乡贤

苏州文庙释奠，除主祀孔子，四配配祀、十哲或十二哲及两庑先贤先儒从祀外，也同时祔祀本地名宦（祠），崇祀乡贤（祠）。遵循儒家“慎终追远，民德归厚”的教导，要求“祭如在，祭神如神在”，“吾不与祭，如不祭”，各祠由祀主之后裔族人有能力的一人为祠祝，每岁时祭奠由他主管。其中，主祀、配祀（配享）和从祀是国家礼制，祔祀和崇祀是地方民间礼制，这是区别所在。祔祀和崇祀由其有能力之后人具体负担。

苏州文庙有范公祠、胡公祠、况公祠、张公祠、汤公祠等名宦祠。范公祠祀北宋参知政事、苏州知州范仲淹，长子范纯祐、次子范纯仁、三子范纯礼、四子（实际上是五子，笔者按）范纯粹配享，宋元祐年间始建；胡公祠祀北宋教育家、宋代苏州州学第一任教授胡瑗，明弘治二年（1489 年）始建；韦公祠祀唐代苏州刺史韦应物，（原名叫集贤祠，宋代始建）；况公祠祀明代苏州知府况钟，清康熙四十八年（1709 年）始建；于清端公祠祀前两江总督于成龙，康熙四十六年（1707 年）始建；汤公祠祀清代江苏巡抚汤斌，康熙二十六年（1687 年）始建；张公祠祀江苏巡抚都御史张伯行，康熙五十六年（1717 年）建；陈公祠祀清代苏州知府陈鹏年，雍正六年（1728 年）建。乡贤祠祀商巫咸等二百零六人，明成化二年（1466 年）建。

古代苏州文庙祭孔总体庄严肃穆，但也有个别不符合规范的，下面这段史料说明清代顺治年间苏州府学教授程翼苍纠正前任祭祀不严肃，亲自监督佾舞的编排等。程翼苍是清代顺治年间苏州府学文庙教授，金之俊是明兵部右侍郎，后降清，任原官，康熙年间致仕。金之俊在碑中叙述程翼苍经营财力修整苏州文庙府学：“而优崇祀礼，前此执事大夫直弁髦（简直就是个废物），祭典牲酒酸瘠，登降咸即于嬉。君为创惩诸役之尤不恭者，凡典牢典礼、司祝、司仪，皆改署秀彦，亲之考西武之人，修其衣器，整洁莅祭，侯牧遂莫敢不肃恭，承事久且弥严”。②

张晓旭，原苏州碑刻博物馆副馆长，研究馆员

---

① 碑藏苏州碑刻博物馆。

② （清）金之俊：《吴郡学博前翰林翼苍程先生思碑》（清顺治十三年）拓片，藏苏州图书馆。

◇孔子庙的附祀建筑

◎ 孔喆

【摘　要】孔子庙是国家表彰孔子思想的礼制建筑，主祀孔子，并以历代儒家代表人物配享从祀。由于能够进入孔子庙主祀建筑内的人物数量极其有限，而封建国家又需要利用孔子庙的祭祀来巩固统治，它们明令在孔子庙内专门建造名宦祠、乡贤祠和忠义孝弟祠、节孝祠等附祀建筑，以树立榜样的方式来培养事君以忠、事亲以孝、使民以惠的忠臣孝子贤吏。

【关键词】名宦祠　乡贤祠　忠义祠　节孝祠　文昌祠　文昌阁　魁星阁　土地祠

文庙是国家表彰孔子思想的礼制建筑，之所以建造在各级校内，主祀孔子，并以历代儒家代表人物配享从祀，就是要按照儒家内圣外王的修行要求对士子进行成圣成贤的教育，但是能够成圣成贤进入文庙享受配享从祀的人毕竟太少，到民国初年，文庙奉祀最后才只有区区 173 人。封建国家举办教育的目的就是培养事君以忠、事亲以孝、使民以惠的忠臣孝子贤吏，为达到这个目的，就在培养官吏后备队伍的各级学校内为学子提供仿效的榜样，除奉祀先圣、先贤和先儒外，还附祀在本地为官清正廉洁、爱民教民惠民的官吏，本地出身有功于国家、社会的贤达和忠君孝亲、尊长爱幼的各界人士，同时也为了对普通民众进行忠孝节义等社会教化，国家明令在学校内建造名宦祠、乡贤祠和忠义孝弟祠、节孝祠。虽然国家只是要求在学校内建造名宦祠、乡贤祠和忠义孝弟祠，在城市内建造节孝祠，但是也有一些地方官员将名宦祠、乡贤祠和忠义祠、孝弟祠建造在了文庙内，甚至还有极个别的地方将节孝祠也建在了文庙内，所以本文将这些设在文庙的建筑都作为附祀建筑加以研究。

除此之外，文庙还有三种附祀建筑，一种是奉祀主管功名禄位的文昌帝君的文昌祠、文昌阁；一种是奉祀主管文运的魁（奎）星的魁（奎）星阁；一种是奉祀掌管庙学土地神祇土地神的土地祠。

一　名宦祠

名宦祠是奉祀在本地任职有业绩官员的专祠。

历史沿革

目前已知最早在学校奉祀的为官政绩突出的官员是北魏刘道斌，他任恒农太守时“修立学馆，建孔子庙堂，图画形象。去郡之后，民故追思之，乃复画道斌形于孔子像之西而拜谒焉”。刘道斌是北魏正光四年（523 年）死于岐州刺史任上的，此前就任恒农太守，由此可知在本地有善政官员附祀开始于公元 6 世纪早期。

北宋时孔子庙内虽然出现了奉祀国家礼制从祀以外人物的祠堂，如曲阜孔子庙和怀安县学文庙分别在景祐五年（1038 年）和嘉祐二年（1057 年）建造了供奉孟子、荀子、扬雄、王通、韩愈五人的五贤堂，但他们既非本地人又非曾在本地为官，既不能视为名宦祠也不能视为乡贤祠的先声。

建造奉祀名宦专祠是从南宋开始的。台州太守尤袤（1127—1194 年）在台州州学内建造了奉祀名宦毕士元、章得象的思贤堂，以后又建造了奉祀有功于学校的太守宗颖、黄章、朱江、唐仲友、江乙祖五人的颂僖堂。严州州学有名侯祠，奉祀任职本地有贤声的“宋广平、范文正、田諌议、张宣公、胡致堂、赵清献、潘养空”，还有世美祠，“以时郡侯之世界守者，奉祀父子均任职本地且有善政者”，“赵希朴，朝议大夫，淳祐三年八月初三日到任……前守师古子，父子皆有惠政，列于学之世美祠”①。庆元路学有合祀乡贤、名宦、有功于学诸人的祠堂，“郡生之先进杨公适、杜公醇、王公致、楼公郁、王公说以义理之学淑士风者也；忠肃陈公瓘始摄郡，晚著尊尧集于此，以忠节著闻天下者也；清敏丰公稷、侍郎高公闶、侍郎林公保、尚书汪公大猷皆此邦之显者也；郡守李公夷庚、仇公悆、赵公伯圭、岳公甫、程公覃、赵公师嵒、校官周公粹中皆有功于儒宫者也；士咸宗之，故列祠焉”。南宋时，学校内还出现了个人纪念祠堂，台州州学有谢丞相祠，常熟县在端平元年（1234 年）前就有吴公祠，安溪县学在端平年间遵照泉州太守真德秀的旨意建造了直讲祠，奉祀绍圣年间维修庙学的直讲张读，元和县学也在景定三年（1262 年）建造了纪念范仲淹的景文堂。就其性质说，这都属于名宦的范围。

元代时，学校内有了先贤祠的名称，至大年间的集庆路路学图中在庙

---

①（宋）郑瑶等：《景定严州续志》。

学的东北和西北隅各有一座先贤祠，“东祠明道先生，盖为道学之宗，而主上元簿也；西祠忠襄杨公，盖尝为建康倅而死节建炎者也”，奉祀的程颢和杨邦乂分别曾任上元主簿和建康通判，可以视为名宦。《延祐四明志》记载，庆元路学有先贤祠，“以奉乡里先政达官有功于学者”，也属于名宦。先贤祠奉祀的人物由于国家没有规定，各学奉祀人物的性质也不同，元至顺时丹徒县学先贤祠“奉祀濂溪、明道、伊川、晦庵、南轩五先生”，即宋代的周敦颐、程颢、程颐、朱熹、张栻五位理学家，既非名宦也非乡贤。镇江府学先贤祠之前有崇保祠奉祀有功于学校的县令，尊贤祠奉祀有教于民的先儒，“先贤祠本东西直舍，各三间，东曰崇报，以祀县令之有德于学者……西曰尊贤，以祀先儒之有教于民者，濂溪、明道、伊川、晦庵、南轩、漫塘、实斋、少阳八先生”，均属于名宦。

国家规定学校设置先贤祠始于明初。明洪武元年（1368年），朱元璋诏令“郡县访求应祀神祇、圣帝、明王、忠臣、烈士、久有功于国、遗爱及民者，载诸祀典”，第二年“令天下学校各建先贤祠，左祀贤牧，右祀乡贤”。当时是一座建筑，左侧奉祀在本地为官时政绩突出的官员，右侧奉祀本地的贤人。但是从方志记载看，各级学校并非是接到朝廷旨意后立即进行建设，而是根据各自的情况先后进行了建设。已知最早建设的是元和县学，洪武七年（1374年）建设了先贤祠，广东番禺县学于洪武二十五年（1392年）年添建了先贤祠，福州府学于永乐四年（1406年）将学厅改为先贤祠，江阴县学于弘治七年（1495年）添建，岳州府学文庙于嘉靖九年（1530年）、兴宁县学与乌程县学在嘉靖十三年（1534年）添建，石门县学嘉靖四十年（1561年）添建，南海县学在万历三十四年（1606年）添建，江苏沭阳文庙嘉靖末年才建设，而且还是将二祠安置在一座建筑内。

一祠两祀似乎不便，地方官员开始将二祠分设。成化二十三年（1487年）苏州府学“以乡贤分为名宦、乡贤各一祠”，永嘉县学于弘治十年（1497年）分建，辽阳州学正德十年（1515年）“续建名宦祠”，嘉靖八年（1529年）“增建乡贤祠”，嘉靖元年（1522年）寿昌县学建名宦、乡贤二祠，十五年（1536年）元和县学分建，三十九年（1560年），大理府学建名宦、乡贤祠。从天一阁藏明代方志关于庙学的资料看，大部分庙学都设立了名宦祠和乡贤祠，其中只有宁德县学、淄川县学还是一室二祠，福安、莱芜、蓝阳、龙溪、南康、宁德县学图中未见。到清代时，绝大多数学校都设立了名宦祠和乡贤祠。

附祀地方有善政官员和地方知名人士的祠堂明初名先贤祠，后来分开为名宦祠和乡贤祠，全国名称是统一的，清代依然，但是广东博罗县在明弘治十三年（1500 年）建造了合祀名宦和乡贤的祠堂却命名为仰高祠，不仅违背了制度，而且名称也是不恰当的。仰高名称一出自《诗经·车辇》的"高山仰止，景行行之"，司马迁曾援用以表达自己对孔子的仰慕之情，一出自《论语》的"仰之弥高，钻之弥深"，颜回以此表达对孔子人品和学问的敬仰，将奉祀地方名宦和乡贤的祠堂取名为仰高是高而过当的。

名宦祠的位置

名宦祠一般与乡贤祠对设，有的位于学校内，有的位于文庙内，有的既不在文庙内也不在学校内，而是建在他处。在明代，有的学校名宦祠和乡贤祠并不是成对设置。如皋学校二祠位于文庙西侧，名宦祠在前，乡贤祠在后；赣州、赣县两学共用一庙，名宦祠位于庙东府学一侧，乡贤祠位于庙西县学一侧。

在清代时，名宦祠和乡贤祠大多设在文庙内，其中大都设在大成门附近。有的设在大成门的东西两侧，有的设在大成门前面。设在两侧的又有两种情况：一种是紧接大成门如同大成门的耳房，如镇海县学、东流县学、揭阳县学和建阳县学文庙；另一种是在大成门左右为独立的建筑，如赣榆县学、鄞县县学、建平县学、代州州学和福宁州学文庙。位于大成门两侧的朝向有两种：一种是坐北面南，兴城的原宁远州学、抚宁县学、嘉定县学、泸州府学、东流县学、镇海县学、鄞县县学文庙、宿迁乡贤、仙游县学文庙、堂邑县学文庙等都是这种形式；另一种是坐南面北，祠门开在大成殿院内，这种形式比较少见，仅见于广西恭城文庙，近年宁阳文庙也是这种形式，但清光绪年间的庙图是向南辟门的。设在大成门前面的也有两种情况，一种是在门前与大成门垂直，如同大成门的两厢，如云南建水临安府学、江川县学、代州州学、永清县学、永嘉县学、平遥县学、定州州学、富顺县学、资州州学、永嘉县学、泾县县学和武威凉州府学等文庙；另一种是与大成门平行，在大成门前两侧略外，如辽宁兴城的宁远州州学文庙、韩城县学文庙等。设在文庙其他地方的比较少，乌程县学文庙设在了大成殿后的崇圣祠东西两侧。

名宦祠和乡贤祠不设在文庙的也不少。有的设在学校内，或在明伦堂两侧，如新昌县学；或在尊经阁两侧，如沭阳县学；或设在明伦堂后的尊经阁东西两侧，如乌程县学；或设在庙东侧，如淳安县学、许州州学、夏津县学；或设在庙西，如皋县学就设在了庙西训导宅的前面；或设置文庙东西两侧，如福州府学和福宁县学；有的设在学校外，历城县学设在了文庙的西侧。

名宦祠建筑

名宦祠、乡贤祠二祠建筑都比较简单，一般都是三间，单檐，灰瓦硬山顶。沧州文庙二祠分别位于大成门两侧，如同耳房，都是三间，灰瓦硬山顶。安福文庙二祠各三间，位于大成门两侧，左右与大成门连檐，前后出廊，硬山顶。赣县文庙二祠也是各三间，位于大成门两侧如同耳房，灰瓦硬山顶，向内一侧直接与大成门相接，不设垂脊。山西原太平县学文庙二祠位于大成门掖门再外，建筑低于掖门，掖门低于大成门，呈三级递减，虽然面阔三间，但开间很小，灰瓦硬山顶，都显示了二祠地位低微。堂邑文庙由于大成门两侧有掖门，二祠在掖门外，三间，灰瓦悬山顶。文昌文庙是独立的小院，位于大成门两侧，从外表看，一门两窗，似乎是建筑三间，其实只有一间。武宣文庙、临高文庙更为简单，只有一间，位于大成门两侧，硬山顶，向内一侧直接大成门山墙，连垂脊都没有，武宣文庙的黄瓦顶应该是近年新换的。萍乡文庙二祠也是各一间，只是大成门下甍的稍间。石门文庙二祠位于大成门两侧，分别与官员斋宿文官厅、武官厅连檐，前廊式木架，前出廊，绿瓦硬山顶。吉林文庙二祠分别位于大成门前，如同两厢，建筑各三间，灰瓦硬山顶。仙游文庙二祠位于大成门两侧，耳房式，面阔三间，悬山顶。兴城文庙二祠各三间，灰瓦硬山顶，前出廊，位于大成门两侧前面，坐北朝南，就朝向说是比较正式的。江阴文庙二祠各四间，灰瓦硬山顶，湖南宁远文庙二祠面阔五间，灰瓦硬山顶，规模比较大。富顺文庙二祠在大成门前，如同两厢，各五间，灰瓦硬山顶，穿斗式木架，前设廊，灰塑花脊，无垂脊。太原府学文庙二祠各五间，位于大成门两侧，灰瓦悬山顶，前出廊，规模比较大。大同文庙二祠均为五间，灰瓦悬山顶，檐下用三踩斗栱，并且位于大成殿两侧略后，就建筑等级说是最高的。

近年恢复的都江堰灌县文庙二祠均是独立的院落，祠门一间，灰瓦悬山顶，灰塑花脊，垂脊鸱吻加三只走兽，中柱间安门，并出撑栱擎檐。正祠三间，向内一端带耳房一间，向外一端与厢房连檐转角，厢房正面两间，南端带耳房一间，都是灰瓦悬山顶，是二祠中规模最大的。

二 乡贤祠

乡贤祠是奉祀本地贤人的专祠。

历史沿革

建造奉祀本地乡贤的专祠是从北宋开始的。绍圣初年，福州庙学建造了奉祀邑先贤陈襄、郑穆、刘彝、周希孟、陈烈的五贤堂，以后在政和、宣和、绍兴、乾道间陆续增加至十三人。南宋绍兴年间，同安主簿朱熹在同安县学建造了奉祀天文学家、药物学家邑人苏颂的苏公祠。台州太守尤袤（1127—1194 年）在台州州学内建造了奉祀乡贤罗适、陈公辅、陈良翰的三老堂。南宋时，庆元路学大约是在淳熙四年（1177 年）建造了奉祀乡贤杨适、杜醇、王致、楼郁、王说的五先生祠，王大猷增加六位郡守和一位教授，淳祐中再次增加七人，到元代时改为九先生祠，“以奉庆历、淳熙乡达九先生之祀”。南宋时，学校内开始建造个人的纪念祠堂，台州州学有邑人谢丞相祠，常熟县在端平元年（1234 年）前就有吴公祠。从奉祀对象看，都属于乡贤祠一类。

国家令奉祀乡贤也是从明洪武二年（1369 年）开始的，明太祖“令天下学校各建先贤祠，左祀贤牧，右祀乡贤”，乡贤与名宦合祀在一座建筑内。从成化间开始，乡贤祠逐渐独立，到清代乡贤祠几乎都是独立的建筑。

清代时，乡贤祠几乎都是与名宦祠对设，其位置、建筑绝大多数与名宦祠相同。

三　忠义祠

忠义祠、孝弟祠和忠孝祠是清雍正元年（1723 年）朝廷一次下令各地建造的，各地各级政府大都按照朝廷的旨意先后在学校内、学校附近甚至城市内外进行了建造，但是从各地的情况看，有的地方将忠义祠和孝弟祠合作忠孝祠或忠义孝弟祠，这三座祠堂（或两座祠堂）绝大部分或建造在学校内或学校外，但是也有个别地方建在了文庙内，所以本文只对造在文庙内的忠义祠、忠孝祠（忠义孝弟祠）和孝义祠进行研究。

有的文庙名忠义孝弟祠。海南文昌文庙忠义孝弟祠建造在大成门前东侧，名宦祠之南；上海崇明县学文庙“乡贤祠三楹在殿门西，忠义孝弟祠三楹在乡贤祠右”，忠义孝弟祠设在大成门西侧的乡贤祠西边；临淄文庙忠义孝弟祠也设在了大成门西侧的乡贤祠之西；河南辉县文庙忠义孝弟祠设在了大成门前左侧的名宦祠之南。

有的文庙名忠义祠。山东巨野文庙建在了大成门前西侧的乡贤祠之南，安顺府学文庙忠义祠建在大成门的右侧；陕西洛南文庙位于大成门西厢，乡贤祠南；云南江川文庙位于棂星门前东侧，与节孝祠相对，如同两厢；海州文庙是右庙左学的形制，大成殿后原来单辟一个院落，不设正房，东厢设名宦祠、乡贤祠，西厢设福神祠，朝廷令建忠义祠后就将忠义祠安置在西厢内，与福神祠各占一端。

有的文庙名忠孝祠。辽阳文庙忠孝祠建在了戟门前面，湘潭文庙忠孝祠建在大成门一侧，甘泉县学文庙在大成门前东侧建造了名宦祠，西向，在大成门前西侧建造了乡贤祠和忠孝祠，都是东向。恭城文庙忠孝祠设在大成门前东侧，与节义祠相对，两间，灰瓦硬山顶；嘉定县学设在文庙大成门西侧，大成门的东侧设立名宦祠和土地祠，西侧设立乡贤祠和忠孝祠。

云南江川文庙名孝义祠，于节孝祠同位于棂星门前，如同两厢。

不论是忠义孝弟祠，还是忠义祠、忠孝祠，一般都是小式建筑。文昌文庙忠义孝弟祠独立成院，有圆门通向庙内，建筑一门二窗，看起来三间，其实仅一间，建筑很小，绿瓦硬山顶；恭城文庙忠孝祠仅有两间，灰瓦硬山顶；江阴文庙忠孝祠虽然建筑三间，但开间很小，与乡贤祠和大成门掖门七间连檐，小式建筑，灰瓦硬山顶，瓦面为一仰一合，等级很低。

四　节孝祠

在文庙内设置节孝祠的比较少。文昌文庙节孝祠建在了大成门前的西侧，有额题“圣域”的圆门与庙相通；江川文庙设置了孝义祠和节孝祠，分设在棂星门门前东西；台南府学文庙节孝祠与孝子祠同室，位于大成门东侧，与西侧的名宦祠和先贤祠相对，如同大成门的两耳。

平山文庙名节烈祠，建在大成门西侧，先贤祠之南，与东侧的名宦祠和忠孝祠相对；辽阳文庙也名节烈祠，建在戟门前面。

黄岩文庙名孝友祠，建在了大成门前西侧，位于先贤祠之南。

恭城文庙名节义祠，位于大成门前西侧，与忠孝祠相对，如同大成门的两厢。

云南江川文庙节孝祠与孝义相对，位于棂星门前如同两厢。

不论节孝祠、节烈祠，还是孝友祠、节义祠，建筑都很简单，一般都是小式建筑。恭城节义祠两间，灰瓦硬山顶；文昌节孝祠独立成院，建筑三间，但规模很小，绿瓦硬山顶。

五　文昌祠

文昌祠最初出现在四川，它所奉祀的张亚子是越嶲人，他因报母仇居住在四川剑州的七曲山，晋朝时战死，在梓潼县立庙祭祀。

奉祀张亚子的祠堂在唐初已传入山西，李靖曾在应州建造，相传唐末李克用之母在祠内祈祷时见有金甲神人破壁而出，于是怀孕而生李克用。南宋时又传入江南，嘉熙年间，四川被蒙古攻占，许多四川人移居钱塘，蜀人牟子才等人于吴山建立了奉祀张亚子的庙宇梓潼帝君庙，上海也建立了梓潼祠。元朝末年，吴山文昌祠被毁，徐一夔发起重建，其疏文说“文昌祠在蜀之潼川，实司科举之事，宋南渡后有祠在吴山之巅，盖蜀士赴举者所创也。自经兵变，颓圮弗治，圣朝更化，首诏科举取士，乃者宾兴，而浙司得人为盛，此皆神明阴佑斯文所致”，将浙西科举兴盛归功于梓潼帝君。

文昌帝君既然主管人间的功名禄位，当然就受到追求功名禄位的读书人的信奉，许多地方纷纷设庙祭祀。宋代时，文昌祠多建在山上，还没有与学校拉上关系，贵州播州就建在了治东的凤山上。元代时文昌祠开始向文庙靠近，元至顺年间，镇江就有“文昌祠三间，在庙之东”。

明景泰五年（1454 年）皇帝曾赐额文昌宫。弘治初年，倪岳《正祀典疏》说：“道家谓梓潼以孝德忠仁显灵于蜀，庙食其地，于礼为宜，祠之京师不合祀典。至于文昌之星与梓潼无干，今乃合而为一，诚出傅会，所有前项祭祀伏乞罢免，仍行天下学校，如旧有文昌祠者亦合拆毁”，经朝廷同意，下令拆除学校内的文昌祠。但是，文昌帝君既然主管功名利禄，自然就有人信奉礼拜，所以，不久后又开始在学校内建造文昌祠。明代建在学校内的文昌祠很少，也许是受到弘治年间下令拆除的影响，在 30 所明代学校图中，只有思南府学、宿迁县学和泾县县学三所学校内建造了文昌祠，而且都是在庙东的学校院内。明代时已有文昌祠建在了文庙内，天顺元年（1457 年）余干县学“饬文昌祠于戟门左”，景泰年间惠州府学、嘉靖年间南宁府学也都有文昌祠在戟门左，都是将文昌祠建在了文庙大成门的东侧。

清代时在学校内设立文昌祠的比较多，河南省就有 17 所学校内建造了文昌祠，但是建在文庙内的文昌祠还是非常少，目前确知在文庙内的有安徽桐城县学文庙和甘肃镇番县学文庙。桐城文昌祠位于大成门东侧，祠堂三间，灰瓦硬山顶，小式建筑，西与土地祠相对，如同大成门的耳房。文献记载山西临汾县学在棂星门西，但是从清代汾阳县学宫图看，文庙内并无文昌祠。文献记载的五寨县学在棂星门东、甘州府学在泮池东、惠州府学在戟门左，恐怕也都是在文庙附近而不是在文庙内。

由于文昌主管功名利禄，当然受到士大夫们的崇奉，修建文昌祠也就成了他们的善政、善事。《池北偶谈》卷九记载，明代礼部尚书杨博命形家选择吉壤，形家认为蒲州东门外两阜蜿蜒，是个风水宝地，但杨博认为“此关阖郡文章科第，我曷为私之”，自己不能占用这个宝地，出于对全郡士子的关心，就在上面建造了文昌祠。后来他也得到了福报，五个儿子都出仕为官，长子官至户部尚书，四子的子孙也都官至詹事、翰林等显官。

六　文昌阁

文昌阁也是为奉祀文昌帝君的建造的建筑。初见于宋代，南康知军在南康府学建造了文昌阁，明清时许多学校都陆续添建，但绝大部分都建造在了文庙外，其中大都建造在文庙东或东南，这主要是从风水方面的考虑，但也有个别学校建在了其他地方，永和县学在文庙的西南，长治县学在学校的北面，天镇县学在学校的东北。建在文庙内的非常少，建水文庙将文昌阁与魁星阁分别建在了棂星门与大成门之间院子的东西两侧。建造文昌阁的目的就是使地方科举兴盛，文运发达。李茂英在清江“建文昌阁于学宫之左，规制壮丽，自是士子多登第者”①，罗仪则在三水县“开文明门，筑青云路，建文昌阁，自是邑士文学日兴”②。士子登第、文学日兴，不知是不是建造文昌阁后的必然。

七 魁（奎）星阁（楼、祠）

魁星又名奎星，本是北斗七星中的星名，有人说是北斗的第一至第四颗星，也有人说是第一颗星。古人认为魁星主管文运，从南宋开始在庙学内建造魁星阁。《景定续修严州志》记载：“魁星楼为一学伟观，前知州吴槃既勤朴斲，今侯钱可则始丹垩其上，以奉魁星，郡人方逢辰书其扁，其下为会食之所，始名育美，眉山杨栋为记，今改为登云。”检同书，吴槃为宝祐二年（1254 年）八月十三日到任，宝祐四年正月二十七日去任，由此可见魁星楼的建造很可能是在宝祐三年。魁星楼的位置，同书说“由殿门而东为肃仪位，为魁星楼”，应该是在文庙东。

魁（奎）星阁（楼）从明代开始大都向庙学靠近，与文昌阁一样，主要建造在文庙的东侧，以东南为多，如嘉靖时的淳安县学、南康府学、龙溪县学（名魁楼），乾隆时的鄞县县学、乌程县学、永清县学等，现存的魁（奎）星阁（楼）中，六合魁星阁建筑在大成门之东略北，不在文庙的范围以内。之所以如此，也是受风水学的影响。

据记载，魁星阁建造在文庙内的非常少，建水文庙和富源的原平彝县学文庙建在了大成门前甬道的东侧，但建水文庙的魁星阁已经不存，只有富源文庙的魁星阁还岿然独立。阁平面八角形，对角线 10.06 米，三层飞檐，高达 17.6 米。云南景东文庙现在介绍说魁星阁建于文庙中轴线上，泮池之后，棂星门之前，阁三层，第一层面阔三间，第三层六角形，攒尖顶，黄瓦，但是民国《景东县志稿》“景东厅学宫图”中该建筑名“文奎阁”，从此名看，不应该是奉祀魁星，而是藏书楼，如曲阜孔子庙的奎文阁。河北定州文庙魁星阁建在文庙大门的东侧院内，庙门东略北，院子的后部为

① 《江西通志》卷六十一。

② 《复社姓氏传略》。

崇圣祠，按理应该属于文庙的一部分，从文献记载看，魁星阁为明万历三十四（1606 年）重修，而崇圣祠为清雍正十年（1732 年）增建，最初此院应该不属于文庙。山西静升孔子庙是民间人士元代时自行建造的，清康熙元年（1662 年）在文庙的东南角建造了魁星楼，民国二十二年（1933 年）将楼由二层加高为三层。

广东德庆州学建有魁星祠，位于文庙西侧，前为尊圣义祠，后为魁星祠。祠堂三间，灰瓦硬山顶，是近年恢复的。

八　土地祠

土地祠，也叫后土祠，是祭祀土地神的祠堂。土地祠虽小却是中国最多的祠堂，上自官衙祠庙，下至穷乡僻壤的村落，无处不设，庙学也不例外。元至顺年间镇江文庙建有“地灵祠四间，在庑后西南隅”。①至大年间的集庆路路学图中在庙东学校内有土地祠，是一个独立的院落，有一门一殿，南向，奇怪的是，在庙西学校内还有一座土地庙，东向。到清代时，庙学内普遍建有土地祠，但绝大多数都是建造在学校的区域内，建造在文庙内的比较少。曲阜孔子庙在圣迹殿墙外侧，嘉定文庙位于大成门东侧，名宦祠之东。

土地祠建筑都非常简单，嘉定文庙土地祠三间，小式建筑，规模很小，与西侧的名宦祠和大成门东掖门连檐，灰瓦硬山顶，只有一间，位于大成门西侧。桐城文庙土地祠算是比较大，祠堂三间，位于大成门之西，与文昌祠相对，如同大成门的耳房。曲阜孔子庙是一个独立的院落，也不过一门一堂，门一间，祠堂三间。唯独国子监文庙土地祠规模最大，正祠三间，两侧耳房各两间，东西厢房各两间，大门一间，照壁一座。祠堂内，悬挂着国子监司业彭定求题写的对联“进学解成，闲官一席曾三仕；起衰力任，巨学千秋本六经”，典簿张璿题写的“泰山北斗”匾额和“贯日矢天，正气衍千秋之俎豆；驱邪辟异，精英振八代之文章”对联，祭酒孙岳颁题写的“浩气独存”匾额和“道统接邹鲁而后，功在千秋；儒修开濂洛之先，泽流多士”对联，助教嵩龄题写的“昭垂宇宙”匾额，祭酒法式善题写的“斯文在兹”匾额和“起八代衰，自昔文章尊北斗；兴四门学，即今俎豆重东胶”对联，助教金特赫题写的“优入圣域”匾额，伯阿庆题写的“忠直正大”匾额。小小的土地祠内竟然有六方匾额和四副对联，看来是以韩愈为国子监文庙的土地神，竟成了文章的化身。

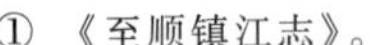

①《至顺镇江志》。

九 其他

有的庙学还有其他的附祀建筑，如云南建水庙学有奉祀造字仓颉的苍圣祠，奉祀流寓本地讲学十几年的“二贤祠”，但这些建筑都设在了学校内部，与文庙无涉，也就不作为文庙的附祀建筑进行研究了。

孔喆，孔庙和国子监博物馆副研究馆员

◇乾隆石经陈列位置变迁考略

◎ 王琳琳

【摘　要】 乾隆石经自乾隆五十九年（1794 年）刊刻后，一直陈列于北京国子监东西六堂内。1956 年为了给首都图书馆腾出更多的收藏和借阅空间，乾隆石经迁移至国子监与孔庙之间的堧垣。乾隆石经陈列位置发生了变化，这对石经的保护与利用也产生了重要影响。

【关键词】 乾隆石经　东西六堂　堧垣　陈列

一　东西六堂，儒家经典

清乾隆五十六年（1791 年），为勘正经典，统一教材，乾隆皇帝谕旨以蒋衡耗时十二年手书“十三经”为底本刻石，立于北京国子监，称为“乾隆御定石经”，简称“乾隆石经”或“清石经”。石经共 189 通，加上末一碑“圣谕及进石刻告成表文”共 190 通，约 63 万字。石碑均为圆首方座，高 305 厘米，宽 106 厘米，厚 31.5 厘米，碑额篆书“乾隆御定石经之碑”，钤乾隆御玺“表章经学之宝”和“八征耄念之宝”。碑文为楷书，两面刻字，每面分 6 部分刻写。乾隆石经是历代儒家经典碑刻中最为完整、规模最大的一部。

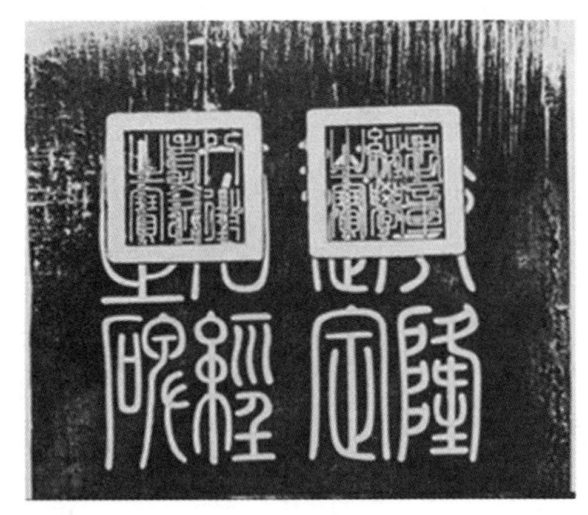

图 1　乾隆石经碑额拓片

（中国文化遗产研究院提供）

乾隆石经刊刻后，一直陈列于北京国子监东西六堂内。国子监东西六堂原为国子监学生上课的教室，位于国子监中院东西两侧：东边三堂，从北至南依次为率性堂、诚心堂、崇志堂；西边三堂，从北至南依次为修道堂、正义堂、广业堂。每堂 11 间，共计 66 间，统称东西六堂。雍正九年

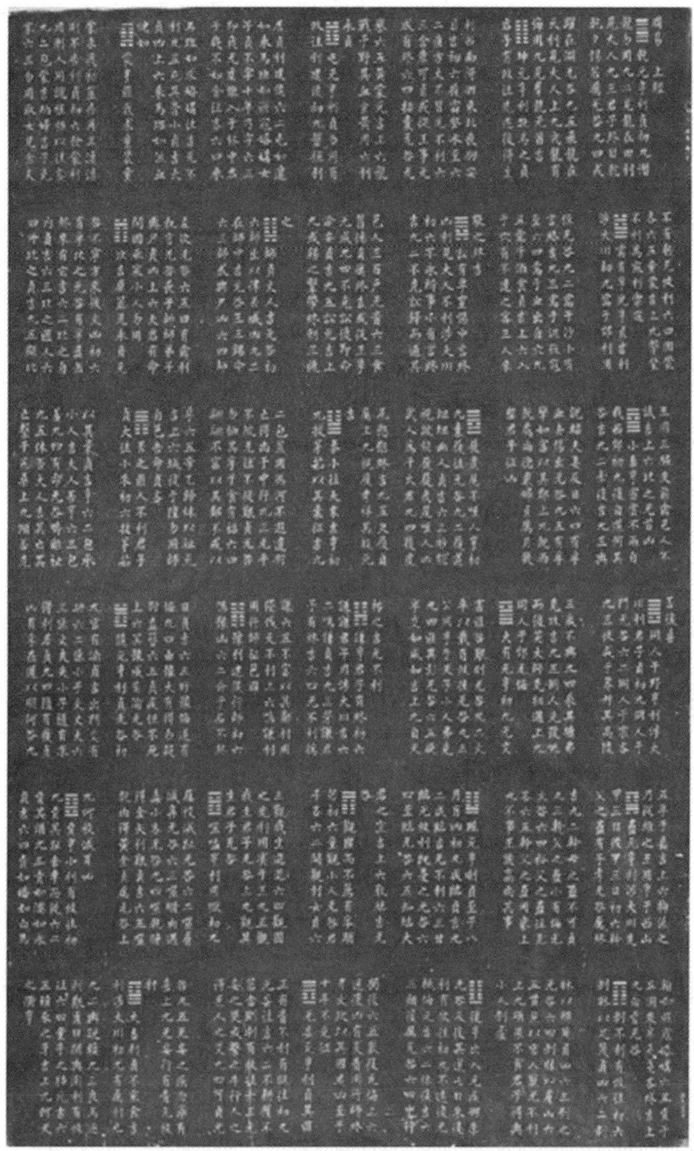

图 2　《周易》第一碑碑阳拓片

（中国文化遗产研究院提供）

(1731 年）国子监祭酒孙嘉淦上疏雍正皇帝《请给官房疏》：“查国子监门外方家胡同官房一所……而与国子监甚近，相去不过数步。仰恳圣恩，将此官房赏给国子监衙门。”① 雍正皇帝同意祭酒孙嘉淦的提议，将国子监南方家胡同辟为学舍，俗称南学。自此，南学为国子监学生学习的场所，路

① （清）文庆、李宗昉等纂修：《钦定国子监志》，郭亚南等校点，北京古籍出版社 2000 年版，第 1179 页。

北作为管理全国教育的机构称为北学。南学也有六堂，作为学生学习场所，而北学的六堂在乾隆石经刊刻后用于保存石经。

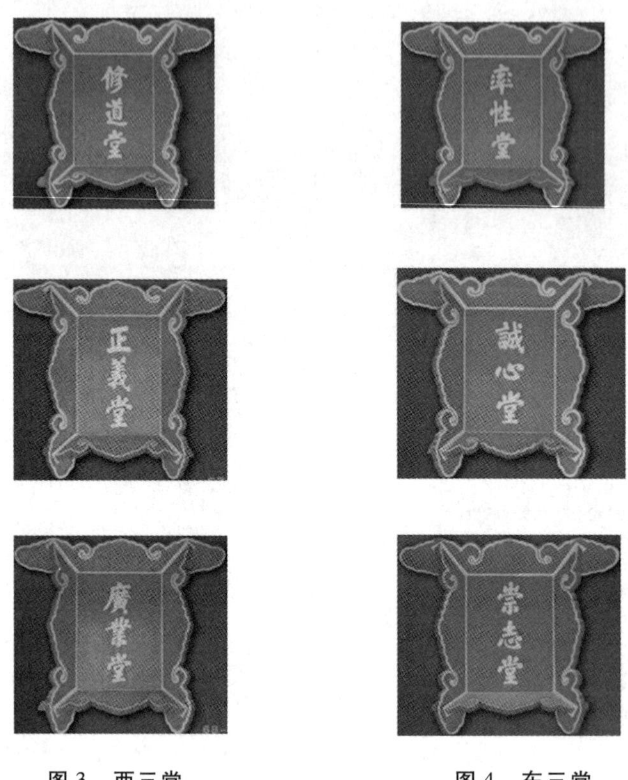

图 3 西三堂　　图 4 东三堂

因乾隆石经一直存放于国子监东西六堂室内，故保存完好，少有损坏。光绪十年至光绪十五年（1884—1889 年）宗室盛昱出任国子监祭酒，除了整顿教务，他还尤为重视国子监石刻的保护和传承：在东西六堂设置了栅栏，使乾隆石经得到更好的保护；委派国子监崇志堂学录蔡赓年（又名蔡右年）主持奏修乾隆石经。在《已故祭酒盛昱请付史馆列入儒林传据情代奏折》中有载：

> 本学石经，刻逾百年，当时蒋衡所书多据坊本，错讹不免，是以前大学士彭元瑞于乾隆间曾经派纂《石经考文提要》一书，进呈御览。前祭酒于到官之日，即行奏请谨依石经考文提要，重为修补，旋奉旨依议，遂率学官蔡右年等敬谨考核，一归是正，昭垂千古，安设栅栏，兼资保护。①

① 《已故祭酒盛昱请付史馆列入儒林传据情代奏折》，载《军机处录副奏折·文教类》，光绪二十五年十二月，中国第一历史档案馆藏。

图 5　清末国子监东三堂有护栏保护的乾隆石经

（中国文化遗产研究院提供）

道光版《钦定国子监志》记载了乾隆石经在六堂中排列情况：

> 《周易》六碑。第一碑，在修道堂左侧，南向；第二至第六碑，在修道堂，东向。《尚书》八碑，在修道堂，东向。《诗经》十三碑。在修道堂，东向。《周礼》十五碑。第一至第四碑，在修道堂，东向；第五至第十五碑，在正义堂，东向。《仪礼》十七碑。在正义堂，东向。《礼记》二十八碑。第一至第五碑，在正义堂，东向；第六至第二十八碑，在广业堂，东向。《春秋左传》六十碑。第一至第七碑，在广业堂，东向；第八碑，在广业堂右侧，北向；第九碑，在崇志堂左侧，北向；第十至第三十九碑，在崇志堂，西向；第四十至第六十碑，在诚心堂，西向。《春秋公羊传》十二碑。在诚心堂，西向。《春秋谷梁传》十一碑。在率性堂，西向。《论语》五碑。在率性堂，西向。《孝经》一碑。在率性堂，西向。《尔雅》三碑。在率性堂，西向。《孟子》十碑。在率性堂，西向。①

从六堂的老照片能够看出，石经是呈“品”字形排列：两碑在前，一碑在后位于两柱之间。根据记载及旧照，绘制出乾隆石经在六堂内的摆放示意图（见折页图）。

① （清）文庆、李宗昉等纂修：《钦定国子监志》，郭亚南等校点，北京古籍出版社 2000 年版，第 1042 页。

图6　清末国子监六堂陈列的乾隆石经

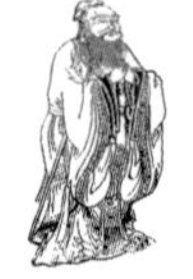

乾隆石经在东西六堂的陈列位置是非常科学的，不仅正正好好容纳了190通碑，而且品字形摆放保证了每通碑都方便观看，每通碑都不会被遮挡住。为了便于观看石经，还将作为教室的东西六堂去掉门窗，安装上栅栏，不仅保护了石碑，而且使观者不必凑近就能看到石碑。东汉的熹平石经是最早的官定儒家石经，刊刻后，天下学子闻讯，纷纷前来抄写，一时间车水马龙，道路拥堵，盛况可见一斑。儒家石经最重要的功能就是纠正流传已久的谬误，所以只有便于观瞻，才能起到规范经典的作用。乾隆石经在东西六堂陈列的方式充分体现了儒家石经的这一重要作用。

乾隆石经一直存放于国子监东西六堂室内，虽无大的破坏，但石经还是有些损坏。在民国时期修缮国子监档案中曾记载："民国二十一年（1932年）十月二十二日，孔庙事务员张清远呈报：修理国子监大和斋工竣，事计东西碑廊飞头两处、太学门、南学序飞头两处，计西碑廊礼记碑一通……"①民国二十三年（1934年）九月，国立北平研究院史学研究会编辑出版的《北平金石目》例言中载："国子监之石经，近因坍房，砸毁其一。"孔庙国子监乾隆石经中现存一通《礼记》石碑，该碑由铁条加固，碑身遗存铁锈。推断，两则资料应为一事，东西六堂坍塌砸毁的应是这通《礼记》石碑。

① 《天坛孔庙事务员王际森、张清远等人关于保护天坛坛墙禁掘墙砖、黄土调查箭厂空地承租事给坛庙管理所的呈》，北京市档案馆，J057—011—00289。

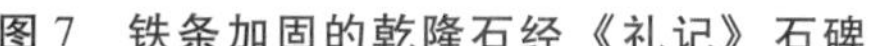
图 7　铁条加固的乾隆石经《礼记》石碑

二　境垣之间，碑石林立

中华人民共和国成立之初，孔庙国子监分别为机床厂和市总工会职工学校占用，这不仅不利于保护孔庙国子监两处古建筑群，而且对几百年历史的孔庙国子监有不同程度的破坏。虽然北京市人民政府有批示，要求迁出孔庙国子监，但并未奏效。直到 1954 年 8 月 19 日，时任北京市副市长吴晗向国务院总理周恩来汇报北京市古迹使用修整初步规划时，关于孔庙国子监问题，总理亲自过问、安排才得以处理。1955 年 4 月，机床厂迁出国子监；9 月，市总工会职工学校迁走。在孔庙国子监的使用规划中，孔庙部分作为"首都历史与建设博物馆筹备处"的展览厅，国子监部分作为"北京市图书馆"总馆。1956 年为了给图书馆腾出更多的收藏和借阅空间，将原六堂内的乾隆石经以及彝伦堂、敬一亭等处的所有碑刻，统一迁移至国子监与孔庙之间的境垣。

境垣是孔庙和国子监之间的一处狭长地带，在搬迁石经之前，负责此事的北京市文化局文物调查研究组经过实地勘察，做出具体方案，并上报文化局：

图 8　1956 年石经搬迁场景

关于国子监内全部石碑迁移的问题，我组派员勘察后，做出具体规划，请照附图内容，切嘱施工人员重视文物，在有计划有条理的部署下，妥慎地，依次序移置新地点。据了解，新地点地基松软，碑身高大笨重，请考虑妥善措施，勿使碑身下沉倾倒，致文物遭受损坏。在进行移置工作时，如有必要，可电知我组派员到现场照料。①

1956 年 6 月石经搬迁完成，文物调查研究组又上报文化局：

国子监乾隆石经迁移工作已大部完成，经我组派员前往视察，十三经石碑共 190 座（现已安好 164 座），计分五排，每排 40 座，面均向西，自南首往北顺序排列。其第二排与第三排之间，距离较宽，因地下有暗沟必须避开，遂形成西边两排，东边三排，中间留一走道之情形。在当时布置计划时，亦曾详加考虑，会同研究，因为大量碑刻移置于此一狭窄之地，且需避开暗沟，除如此排列之外，则无妥善办法，限于事实，不得不然。现在移置情形，俱与原计划蓝图相符。惟经过一次迁移，部分石碑不免有所损伤，例如在升吊之时，偶一不慎倒链之一端搭于碑石之上，几分钟的工夫即可将石碑的边沿磨去一块。此种情形如果施工单位很好的加以注意，

① “首都历史与建设博物馆修缮使用孔庙、国子监的计划、报告”，1956 年北京市档案馆藏，档案编号：011—001—00162。

亦可避免的，但伤痕大都在碑额之上，并未损及字迹，情形尚不严重。再刊刻石经重在摹拓，现在位置对于摹拓并无不便。我组并已掌握全部拓本，如愿参考时，即可送阅。除俟全部迁移完竣后检查外，特先报核。①

图 9 1956 年搬迁后的乾隆石经

堧垣是孔庙和国子监外墙之间的一处南北向狭长地带，地基松软，且地下有暗沟，客观环境并不适合陈列石碑。但为了给图书馆腾出空间，这些石碑也无更好的陈列地点。“计分五排，每排 40 座，面均向西，自南首往北顺序排列。其第二排与第三排之间，距离较宽，因地下有暗沟必须避开，遂形成西边两排，东边三排，中间留一走道之情形。”② 当时为避开暗沟在二三排留出较宽的距离，现在却成为游人观看石碑的过道。1956 年的搬迁石经以安置为主，并未顾及观看的方便。石经没有按照原有的“品”字形排列，纵横排列，虽然整齐，但不便于游人观看。所有石经均面向西排列，这就造成了游人在过道内观看东侧三排的石经是石碑的碑阳，而西侧两排看到的却是石碑的碑阴。当年设备简陋，仅有吊车、倒链，绝大部分工作需人工完成。有石碑边缘被倒链磨掉的情形，所幸伤及碑额，未损文字。“此种情形如果施工单位很好的加以注意，亦可避免的。”③ 搬迁后的

① “首都历史与建设博物馆修缮使用孔庙、国子监的计划、报告”，1956 年北京市档案馆藏，档案编号：011—001—00162。

② 同上。

③ “首都历史与建设博物馆修缮使用孔庙、国子监的计划、报告”，1956 年北京市档案馆藏，档案编号：011—001—00162。

乾隆石经长期裸露于室外，没有得到足够的重视和保护，据国子监退休老同志说，当年杂草丛生，没过膝盖，各种小动物经常出没。荒凉景象可见一斑。

图 10 加盖棚子的乾隆石经

20 世纪 80 年代首都博物馆曾为乾隆石经建造了一个简易石灰瓦棚，并做了水泥地面，乾隆石经不必再经受风吹雨淋，陈列环境有所改善。

三 现代展厅，保护利用

2011 年，遵循北京市政府下发的《关于大力推动首都功能核心区文化发展的意见》中“孔庙、国子监进行文化功能复兴，修建高规格、高品位、高质量的‘进士碑展示廊’，‘十三经碑林展示廊’”的意见，孔庙和国子监博物馆对乾隆石经陈列环境进行了全面的修缮整治，将荒草杂碑变为碑林展厅。

图 11 修缮后的乾隆石经展厅

此次修缮在最低程度扰动前提下，铺设地面，加盖顶棚，设置感应照明，增设空调设备，使乾隆石经的展示环境有了一个质的提升。为了便于游人观看石碑，在每通石碑上方都设置感应灯光，游人驻足观看某通石碑，则此通石碑上方的灯光会随之亮起，而其他处灯并未点亮，既减少了灯光照射对石碑的损害，也方便游人更清晰观看石经。

四　结语

乾隆石经自刊刻完成后分别陈列于国子监东西六堂和堧垣。堧垣最初陈列环境较差，经过博物馆的整治，陈列环境有了明显的改善。良好的陈列环境是对乾隆石经最大的保护。随着时代发展以及保护技术、理念的进步，采用三维立体扫描技术全部扫描石经，是对传统意义的石经展示方式的延展。

王琳琳，北京孔庙和国子监博物馆研究部主任，副研究馆员

◇北京孔庙清代进士题名碑考察刍议

◎ 张璟

【摘　要】北京孔庙进士题名碑是我国现存规模最大的进士题名碑林，包括元、明、清三代 191 通进士题名碑，其中仅清一代就有 114 通。进士题名碑是重要的历史文化信息载体，尤其对文化史、科举史、礼制、吏制等方面的研究具有重要参考价值。历经数百年的岁月变迁，它们均已有不同程度的病害，在保护的同时也亟须对文物信息进行采集、整理和研究。根据这一研究目的，本文采用了文物勘查与文献研究相结合的方法，尤其注重对文物本体的调查研究，这区别于既往相关研究重视“进士题名”而轻视“碑”的研究偏好。清代进士题名碑序列完整，数量大，形制具有多样性，碑文较元、明两代进士题名碑风化程度低，故本研究以其作为研究对象。通过认真细致的调查，掌握了清代进士题名碑的准确数量即 112 科共立 114 通，摸清了碑首、额题、碑身和碑座的形制及其演变，调查了碑首、碑身、碑座的材质，并对碑文体例进行了归纳。清代进士题名碑形制的演变从一个侧面反映了朝代的兴衰，进士科次的设立则对清代历史研究具有佐证作用。

【关键词】北京孔庙　进士题名碑　石刻文物　形制

绪　论

科举制度作为我国封建时代一种主要的人才选拔制度，自隋唐创立至清末废除，共延续了 1300 余年，其中最被推崇的当属进士科。进士题名则始于唐代雁塔题名。雍正二年（1724 年）十二月初四日清世宗谕礼部、工部、国子监：“进士题名碑，始于唐时。新进士榜后，于慈恩寺塔下题名立碑。自宋、明以至我朝，皆建碑于国学，按诸进士甲第先后，刻姓名籍贯于上，所以重科名也。”①

---

① （清）文庆、李宗昉等纂修：《钦定国子监志》（下册），郭亚南等校点，北京古籍出版社 2000 年版，第 1105 页。

宋代进士题名刻石于相国、兴国两寺，并非雍正所说的“建碑于国学”，然现已无存。截至今日，国内由国家建立①的进士题名碑仅存于北京孔庙②和河南省开封市博物馆两处。开封市博物馆存有我国唯一一通女真进士题名碑，立于金哀宗正大元年（1224 年）六月十五日，碑高 190 厘米、宽 60 厘米、厚 22 厘米③。北京孔庙所存元明清三代进士题名碑则是国内规模最大、保存最完整的进士题名碑林。北京孔庙一进院内共矗立着 197 通题名碑，另有明景泰五年进士题名碑因断裂尚未修复而暂存于孔庙东夹道一隅，其中进士题名碑共计 191 通。现存最早一通进士题名碑是元至正十一年（1351 年）辛卯科。

进士题名碑上所刻题名、题记（或首列制诰）、落款等文字信息是一份不可多得的进士和科举制度研究的历史文献，而进士题名碑作为不可移动文物则具有重要的历史价值。此前学界对北京孔庙这组进士题名碑林的研究主要集中在利用进士题名碑上镌刻的进士姓名、籍贯作为进士研究的佐证，而对进士题名碑的形制、材质、纹饰、内容体例等诸多方面很少涉及。为了填补这些研究空白，同时完善孔庙和国子监两处全国重点文物保护单位的“四有”档案，笔者着重从以上几方面对北京孔庙进士题名碑展开研究。鉴于北京孔庙的清代进士题名碑数量最多、序列最完整、形制具有多样性，本文以清代进士题名碑为研究对象。

一 北京孔庙清代进士题名碑的数量

北京孔庙内共有 118 通清代题名碑。自顺治三年（1646 年）丙戌科至光绪三十年（1904 年）甲辰恩科，清代共开进士科 112 次，其中顺治九年（1652 年）壬辰、十二年（1655 年）乙未两科为满汉分榜，各自立碑，因此共有进士题名碑 114 通。另有乾隆四年（1739 年）己未翻译科、乾隆十年（1745 年）乙丑翻译科、乾隆十三年（1748 年）戊辰翻译科、乾隆十六年（1751 年）辛未翻译科 4 通翻译进士题名碑。乾隆四十四年己亥翻译科未立题名碑。据《钦定国子监志》记载：“翻译乡、会试，自雍正元年，定于子、午、卯、酉年二月乡试，辰、戌、丑、未年八月会试。嗣后或举或停，或止准乡试而停会试。至乾隆四年八月，复举行会试。题名之有碑刻，自是科始。二十二年，仍议停止会试。四十四年，照旧举行，并奏准赐进

① 笔者按：除国家为每一科进士建立的题名碑外，各地也会为本地的进士立碑，多是集多个朝代、若干年科的进士题名在同一通碑上。

② 笔者按：历史上孔庙为国子监附属，历史文献一般记载进士题名碑的立石之处为“太学”“国子监”，但鉴于现今惯用“北京孔庙进士题名碑”的表述方法，因此本文采用此种表述。

③ 亚明：《〈女真进士题名碑〉研究述略》，《中原文物》1990 年第 4 期。

士出身。停其殿试。又奏准停止建立碑记。今翻译进士题名，故仅止四碑。详识于此。”①

综上，北京孔庙现存清代进士题名碑 114 通，另有 4 通清代翻译进士题名碑。

二　北京孔庙清代进士题名碑的形制与规格

碑刻一般由碑首、碑身、碑座三部分组成，本文也从这三部分介绍清代进士题名碑的形制，同时对碑首部分的额题及刻石尺寸进行介绍。

1. 碑首

清代进士题名碑的碑首有三种类型：圆首、方首和螭首。圆首饰有边框、线刻或浮雕云纹，与明代圆首形制相似；方首的纹饰种类有边框、云、云龙、卷轴、江崖、花卉等，部分碑首的碑阳、碑阴皆有纹饰，两面纹饰相同或不同。

自顺治三年（1646 年）丙戌科至康熙五十一年（1712 年）壬辰科，以方首为主，另有 3 通螭首，2 通圆首；自清康熙五十二年（1713 年）癸巳恩科至乾隆二十六年（1761 年）辛巳恩科，以螭首为主，唯乾隆十年（1745 年）乙丑科为方首，碑首四面饰有立体高浮雕云龙；自乾隆二十八年癸未科（1763 年）至末科皆为方首，其中乾隆三十四年（1769 年）己丑科的方首与其他碑相异，为抹直角。

图 1　清代进士题名碑碑首类型 1：螭首

① （清）文庆、李宗昉等纂修：《钦定国子监志》（下册），郭亚南等点校，北京古籍出版社 2000 年版，第 1106 页。

图 2 清代进士题名碑碑首类型 2：方首，饰有云纹、江崖

图 3 清代进士题名碑碑首类型 3：方首抹直角，饰有云纹、江崖

图 4 清代进士题名碑碑首类型 4：方首，四面立体高浮雕云龙纹饰

图 5　清代进士题名碑碑首类型 5：圆首，饰有边框、云纹

2. 额题

额题位于碑首，镌刻刻石全名。清代进士题名碑的额题从形制上主要分为横额和竖额两种类型，皆为篆书汉文，唯顺治九年（1652 年）（满洲）壬辰和顺治十二年（1655 年）（满洲）乙未两科进士题名碑的额题为满文、篆体汉文双语。进士题名碑额题的内容在不同朝代略有差异。

清代进士题名碑的额题内容多为“干支纪年＋科＋题名碑”，共有 71 通，约占全部清代进士题名碑的一半，其中横额 6 通。比较特别的是有 5 通进士题名碑无额题。详见表 1：

表 1　清代进士题名碑额题内容

类型	数量（通）	额题内容	年科	其中横额（通）
干支纪年＋科＋题名碑	71	己丑科题名碑	顺治六年（1649 年）己丑科等	6
干支纪年＋科＋进士题名碑	15	丁亥科进士题名碑	顺治四年（1647 年）丁亥科等	12
干支纪年＋年＋题名碑	1	己未年题名碑	乾隆四年（1739 年）己未科	0
干支纪年＋年＋恩科＋题名碑	11	丙辰年恩科题名碑	乾隆元年（1736 年）丙辰恩科等	1
干支纪年＋恩科＋题名碑	4	辛酉恩科题名碑	嘉庆六年（1801 年）辛酉恩科等	1
万岁＋干支纪年＋科＋题名碑	3	万寿 癸巳科题名碑	清康熙五十二年（1713 年）癸巳恩科等	1

续表

类型	数量（通）	额题内容	年科	其中横额（通）
敕建＋干支纪年＋科＋题名碑	2	敕建 癸卯科题名碑（横额）	雍正元年（1723年）癸卯科等	1
满汉双语	2	壬辰科进士题名碑	顺治九年（1652年）（满洲）壬辰科等	0
无额题	5	无	顺治三年（1646年）丙戌科	无
		无	乾隆十年（1745年）乙丑科	无
		无	清光绪二十四年（1898年）戊戌科	无
		无	清光绪二十九年（1903年）癸卯科	无
		无	清光绪三十年（1904年）甲辰恩科	无

图6　清代进士题名碑额题类型1：横额

图 7　清代进士题名碑额题类型 2：额题两列文字中间有竖写的“恩科”二字

图 8　清代进士题名碑额题类型 3：额题两列文字中间有竖写的“万寿”二字

图 9　清代进士题名碑额题类型 4：额题上部正中有横书的“敕建”二字

图 10　清代进士题名碑额题类型 5：满汉合璧

额题的位置一般在碑首，唯乾隆六十年（1795 年）乙卯恩科进士题名碑的额题位于碑身上沿正中，碑首虽留有额题位置却无字，异于其他进士题名碑。

3. *碑身*

清代 114 通进士题名碑，首身一体 72 通，首身分体 42 通，部分题名碑碑身的碑阳、碑阴两面或其中一面的四框有浮雕纹饰，内容包括缠枝纹、云龙纹等。

自顺治三年（1646 年）丙戌科至乾隆六十年（1795 年）乙卯恩科连续 63 科，除康熙五十四年（1715 年）乙未科和乾隆六十年（1795 年）乙卯恩科为首身分体外，61 通皆为首身一体。嘉庆至光绪末科，11 通首身一体，40 通首身分体，具体为：嘉庆、道光两朝共 27 科，其中 5 通首身一体，22 通首身分体；咸丰、同治两朝共 11 科，皆首身分体；光绪朝 13 科，7 通首身分体，光绪三年及最后五科共 6 通为首身一体。

4. *碑座*

清代 114 通进士题名碑的碑座基本上均露出地面，个别碑座有局部沉降现象。大部分碑座饰有高浮雕纹饰，纹饰内容为边框内飞龙、走兽、花卉等。纹饰的位置如下：54 通为四面有高浮雕纹饰，19 通的碑阳及两侧有高浮雕纹饰，10 通仅碑阳有高浮雕纹饰，1 通为碑阳、碑阴两面有高浮雕纹饰。唯康熙五十四年（1715 年）乙未科进士题名碑的碑座为须弥式（图 2—11），束腰、仰俯莲，根据性质及与碑身的比例疑为后人错配。

5. *尺寸*

根据吴苑《皇清进士题名碑记》中关于进士题名碑尺寸规格的记载：“其碑用青白石。高八尺二寸，阔三尺，厚七寸五分。座高二尺，阔四尺，

图 11　康熙五十四年（1715 年）乙未科进士题名碑碑座为须弥式，束腰、仰俯莲

厚一尺五寸。皆与前制相准。”① 但事实上，清代各朝各科进士题名碑的体量形制并不统一，即使同一朝代其高度、宽度、厚度也存在明显差异。

清代最高的进士题名碑是顺治三年（1646 年）丙戌科，高达 487 厘米；而最矮的则是光绪二十一年（1895 年）乙未科，仅有 232 厘米，高度还不及顺治丙戌科的二分之一。清代进士题名碑的宽度范围为 77—119 厘米，厚度范围为 20—78. 5 厘米。

三　北京孔庙清代进士题名碑的材质

经北京大学地球与空间科学学院王宪曾教授现场调查，进士题名碑的石料种类主要包括石灰岩、白云岩、辉绿岩、大理岩（部分为汉白玉）等种类。此次调查不仅针对碑身，还有碑首和碑座的石质，弥补了以往对进士题名碑石质调查的缺项。

清代进士题名碑碑身的石质以大理岩为主，兼有其他类型。

42 通首身分体的进士题名碑中，碑首材质有大理岩和辉绿岩两类，其中 30 通为辉绿岩。

碑座的材质有石灰岩、大理岩（部分为汉白玉）、辉绿岩等种类。首身分体的进士题名碑中碑首为辉绿岩的，大部分碑座亦为辉绿岩，远观全碑形成绿—灰—绿的色调（见图 12）。

需特别指出的是，此次调查中发现康熙十二年（1673 年）癸丑科进士题名碑碑身分为上下两段，以水泥衔接（见图 13）。上下两段材质不同，上

① 转引自江庆柏编著《清朝进士题名录》（上册），中华书局 2007 年版，第 19 页。

段材质为辉绿岩，下段材质为大理岩。上段的风化程度明显较下段严重，两段碑刻内容镌刻的笔体也存在差异。经核对进士题名录，证实上下两部分题名内容均为该科进士，且内容衔接，疑因历史原因碑身断裂后下段不存，后补。待笔者进一步研究后将另行撰文说明。

图 12 碑首、碑座材质为辉绿岩，碑身材质为大理岩

图 13 康熙十二年（1673 年）癸丑科进士题名碑：碑身分为上下两段，上段材质为辉绿岩，下段材质为大理岩

四　北京孔庙清代进士题名碑的碑文

进士题名碑的碑文包括碑阳、碑阴两部分。各朝各科进士题名碑碑阳的主要内容均为进士第次、姓名、籍贯。

清代进士题名碑的碑阳文字分为上下两部分。上为首列制诰一道，下为进士题名。

114 通进士题名碑中，除顺治三年、康熙十二年 2 通外，皆有首列制诰一道，制诰内容与殿试榜文一致。

各科首列制诰的内容大致相同，以康熙三年为例如“奉天承运 皇帝制曰康熙三年三月二十日策试天下贡士沈珩等二百名第一甲赐进士及第第二甲赐进士出身第三甲赐同进士出身故兹诰示 康熙三年三月二十一日。”自道光朝始，在年号纪年与策试日期之间增加了干支纪年，例如“光绪十二年丙戌科四月二十一日”。光绪朝“故兹诰示”“用兹诰示”两种用辞皆有。清早期、中期，大部分制诰后都有落款日期，道光朝至末科，除道光六年（1826 年）丙戌科外皆无落款日期。

制诰的书写格式如图 14 所示，为自右至左分行书写，“天”字换行，比“皇帝”抬高一格，“皇帝”换行，比其他内容抬高两格，其他内容为六字一行。

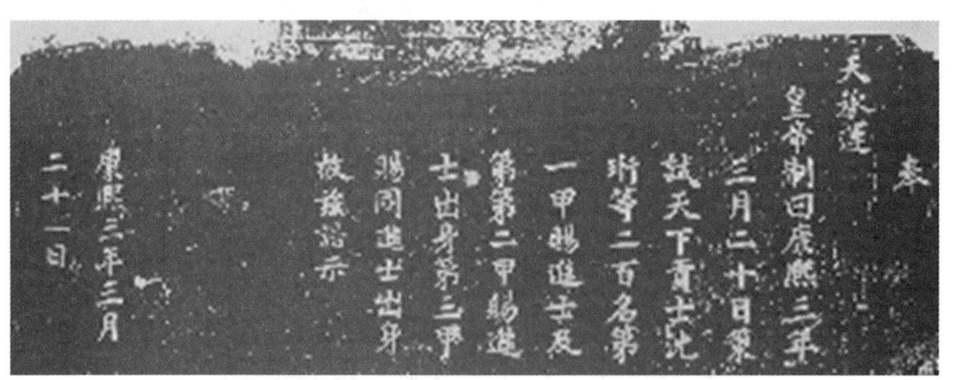

图 14　康熙三年（1664 年）甲辰科首列制诰一道

顺治九年、十二年满洲进士题名碑的首列制诰为满汉双语，右汉左满，内容上与其他各科清代进士题名碑基本相同，仅在“贡士”之前增加了“满洲”二字。

进士题名按照排名顺序自右向左书写，写满一排后换行。“碑头下横分为若干排，每排若干名，名下写某省某县人，每名一行，每行下空一格，

图 15 顺治十二年（1655 年）（满榜）乙未科首列制诰一道

不与下行人名相连。"① 唯顺治三年碑的题名为自上向下书写，与大部分明代进士题名碑的书写格式相同。行列数量因题名人数而异。题名内容为进士姓名、籍贯。顺治九年、十二年满洲碑的题名为满汉双语，右汉左满，自右至左分行书写。

第次的提法，各朝各科存在差异。如顺治三年、顺治九年碑为"赐进士及第第一甲三名、赐进士出身第二甲 × ×（人数）名、赐同进士出身第三甲 × ×（人数）名"，与明代相同；顺治朝其他各科、康熙朝、雍正朝为"第一甲、第二甲、第三甲"；乾隆、嘉庆、道光、咸丰等四朝为"第一甲赐进士及第、第二甲赐进士出身、第三甲赐同进士出身"，无具体人数；同治朝为"一甲三名，二甲 × ×（人数）名，三甲 × ×（人数）名"；光绪朝则初同乾隆朝的提法，后同康熙朝的提法。书写格式为第次比题名抬高一至两格，但光绪朝第次同康熙朝提法的各科，第次反倒比题名低若干格。以光绪三十年碑为例，"一二三甲字皆作一行，低一格写于人名之前。就此题名碑为例，如第一甲行后，提高一格写'刘春霖直隶肃宁人'，二名朱汝珍，三名商衍鎏，顺序排写之，是为赐进士及第者。第二甲第三甲写法皆同"②。

道光后期及以后的进士题名碑上，许多有书写、立石、刻字人的署名，署名位置或在题名结束后空地（见图 16），或在题名右侧，自上向下插空书写（见图 17）。光绪三十年碑上，碑末有"学部国子丞衙门典簿景格、哈卜齐显、高文彬立石"，则是因国子监已裁撤，立石归国子丞之故。

值得一提的是光绪十二年（1886 年）丙戌科进士题名碑题名右侧自上

① 商衍鎏：《清代科举考试述录及有关著作》，百花文艺出版社 2004 年版，第 144 页。
② 同上。

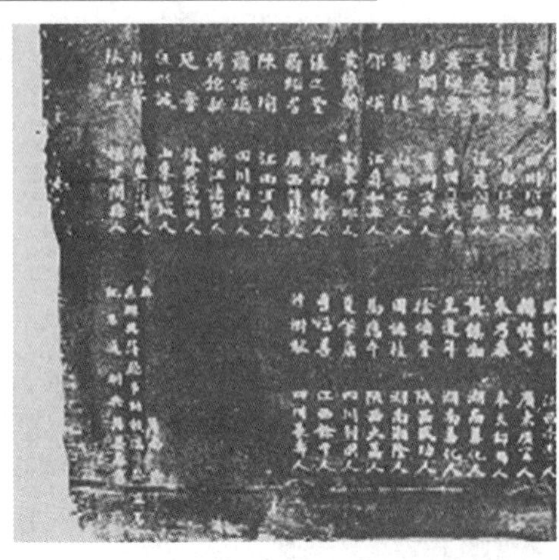

图 16　同治七年碑立石署名

图 17　光绪三十年碑立石署名

而下镌刻了立碑刊石人信息：

> 祭酒盛昱書　典簿高秀峰　麟瑞　駱騰衢刊石
> 钦差大臣東三省総督兼管三省将軍事務徐世昌補書
> 助教改補学部国子丞衙門典簿文鼐恩光 松廷景格重刊

这些名款说明现立于孔庙一进院内的光绪十二年进士题名碑为重立之碑，除此碑外还应有原碑一通。而北京孔庙一进院东侧一隅存放的残碑中，有两块残碑属于光绪十二年进士题名碑，包括大部分题名，题名下方空白处清晰镌刻着“祭酒盛昱書　典簿高秀峰　麟瑞　駱騰衢刊石”，则应为原碑。据查，负责重刊的四位官师，文鼐于光绪十五年秋至光绪三十一年冬、恩光于光绪五年秋至光绪三十一年冬、松廷于光绪五年冬至光绪三十一年冬、景格于光绪三十年夏至光绪三十一年冬在国子监任八旗助教①，且清光绪三十一年（1905 年）始设学部，国子监归入学部，因此重立的进士题名碑立碑时间应在光绪三十一年之间。至于重刊的始末笔者将另行撰文，兹不赘述。

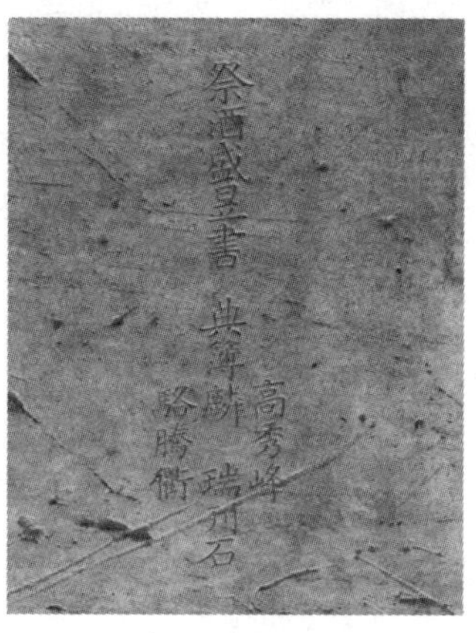

图 18　光绪十二年碑书、刊石名款

清代进士题名碑没有镌刻碑阴的制度，但笔者在调查过程中发现乾隆三十一年丙戌科进士题名碑的碑阴正中有局部磨平区域，上有文字，内容如下：

监督

助教协办监丞典簿事务岱起

助教协办监丞典簿事务福生额

① 高彦、白雪松等编著：《续修国子监志》，中国社会科学出版社 2015 年版，第 224—226 页。

据查《钦定国子监志》卷四十六官师志六·官师表：岱起为满洲正蓝旗人，乾隆二十四年任国子监八旗助教。福生额为满洲正黄旗人，乾隆二十八年任国子监八旗助教。据上述碑文，乾隆三十一年进士题名碑立碑时，此二人应为督造官员。

五 结论

本文对北京孔庙所存清代进士题名碑的形制、材质、碑文体例等方面进行了较为翔实的调查研究，为完善藏品信息、开展藏品保护及利用工作提供了基础资料。北京孔庙进士题名碑承载了丰富的历史信息，具有极高的历史价值、文献价值和艺术价值。鉴于进士题名碑经过了漫长的历史岁月，整体风化程度比较严重，亟须在保护的同时，对文物历史信息进行整理、留存，为后世留下宝贵的历史文化财富。

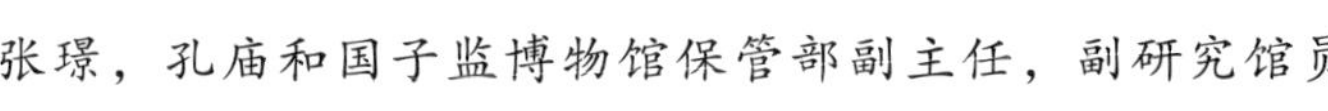
张璟，孔庙和国子监博物馆保管部副主任，副研究馆员

◇清代恩科进士题名碑初探

◎ 马琛

【摘　要】 孔庙和国子监博物馆内的198通进士题名碑是研究我国元、明、清三代教育制度重要的实物资料和信息载体，其中的26通恩科进士题名碑具有一定的特殊性。本文主要从统计、整理清代恩科进士题名碑入手，探讨清代恩科产生的原因以及对清代社会的影响作用。

【关键词】 清代　科举制度　进士题名碑　恩科

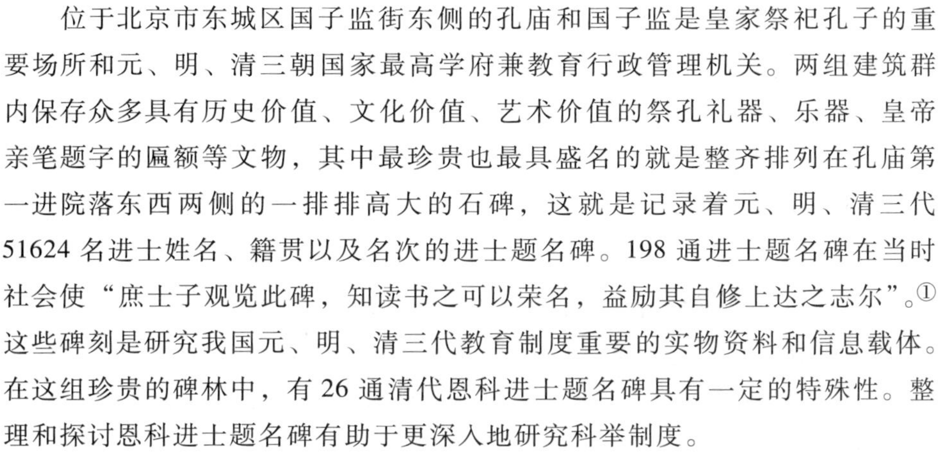

位于北京市东城区国子监街东侧的孔庙和国子监是皇家祭祀孔子的重要场所和元、明、清三朝国家最高学府兼教育行政管理机关。两组建筑群内保存众多具有历史价值、文化价值、艺术价值的祭孔礼器、乐器、皇帝亲笔题字的匾额等文物，其中最珍贵也最具盛名的就是整齐排列在孔庙第一进院落东西两侧的一排排高大的石碑，这就是记录着元、明、清三代51624名进士姓名、籍贯以及名次的进士题名碑。198通进士题名碑在当时社会使“庶士子观览此碑，知读书之可以荣名，益励其自修上达之志尔”。① 这些碑刻是研究我国元、明、清三代教育制度重要的实物资料和信息载体。在这组珍贵的碑林中，有26通清代恩科进士题名碑具有一定的特殊性。整理和探讨恩科进士题名碑有助于更深入地研究科举制度。

一　清代恩科进士题名碑概况

科举制度从隋炀帝大业三年（607年）开始实行，历经唐、宋、辽、金、元各个朝代，至明、清达到鼎盛、成熟阶段直至光绪三十年（1904年）举行最后一科进士考试，最终走向终结，在中国历史上延续达1300年之久。作为考试制度的科举能延续1000余年，这在中国历史上是绝无仅有的。“进士题名碑，始于唐时新进士榜，后于慈恩寺塔下题名立碑。自宋、明以

① （清）文庆、李宗昉等纂修：《钦定国子监志》，郭亚南等点校，北京古籍出版社2000年版，第1105页。

至我朝，皆建碑于国学，按诸进士甲第先后，刻姓名籍贯于上。凡所以重科名也。”① 科举考试的形成和内容随着历史的发展而不断地变化着。科举考试是历代封建王朝设科考试培养和选拔官吏的一种制度，是中国历朝历代封建统治阶级进行统治的一种有力工具，也是中国古代读书人苦读终身，跻身仕途并改变自己的社会地位和命运的主要途径。科举制在古代社会上占有崇高的地位，对当时的官僚政治、文化、教育和士人生活都有着重大影响。

清代沿袭了明代的科举考试制度，分文、武两科，科举乡、会试举行年份的规定，即每逢子、午、卯、酉年乡试，辰、戌、丑、未年会试。清代除特殊原因（如战乱、贡院被毁等）以外，一般严格遵行每三年举行一次乡、会试的开科取士的制度。清代科举考试自顺治三年丙戌科（1646 年）起至光绪三十年甲辰恩科（1904 年）止，在 258 年间，历经 9 位皇帝，共举办了 112 科考试，其中顺治 8 科（包括加科 2 科）；康熙 21 科；雍正 5 科；乾隆 27 科；嘉庆 12 科；道光 15 科；咸丰 5 科；同治 6 科；光绪 13 科。在这 112 科中，除了正科 84 次、加科 2 次以外，清代在延续了明代科举考试章程的基础上，皇帝又根据自身政治统治和利益的需要，在正常的三年一科考试之外，每逢遇到皇帝、皇太后寿辰，或者新皇帝即位等朝廷庆典的年份，皇帝都会下诏，特别增设乡、会试考试，称为“恩科”。清代恩科根据开科的缘由不同，又分为万寿恩科、登极恩科、太后万寿恩科等。《清史稿·选举志》：“有清以科举为抡才大典，虽初制多沿明旧，而慎重科名，严防弊窦，立法之周得人之盛，远轶前代。”② 清代光绪三十年甲辰恩科探花商衍鎏在他的著作《清代科举考试述录及其有关著作》中描述道：“乡试三年为一科，逢子、午、卯、酉年为正科，遇万寿登极各庆典加科者曰恩科。清万寿恩科始于康熙五十二年，登极恩科始于雍正元年，自后沿以为例。庆典适逢正科之年，则以正科为恩科。而正科或于先一年预行，其例如乾隆八旬万寿，以五十三年戊申预行正科乡试，五十四年己酉预行正科会试，而正科之己酉乡试、庚戌会试，皆改为恩科乡、会试者是。或于次年补行，其例如道光十一年辛卯五旬万寿，于次年壬辰补行正科乡试，癸巳补行正科会试，而正科之辛卯乡试、壬辰会试，皆改为恩科者是。至光绪二十八年壬寅补行庚子、辛丑恩正并科乡试，次年癸卯补行辛丑、壬寅恩正并科会试，则以一年并行两科，而仍以庚子、辛丑乡、会为恩，辛

① （清）文庆、李宗昉等纂修：《钦定国子监志》，郭亚南等校点，北京古籍出版社 2000 年版，第 1105 页。

② 《清史稿》卷一百〇八《选举志》。

丑、壬寅乡、会为正，其壬寅、癸卯之年不以科名，又将癸卯、甲辰两正科乡、会试改为恩科。”① 清代恩科乡、会试共有 26 科（详见表 1），开设恩科次数占整个清代开科总数的近四分之一，共赐 5821 名及第出身。从康熙五十二年（1713 年）首次加开乡、会试到光绪三十年甲辰恩科（1904 年）止，清代恩科历时 191 年，不仅开设恩科次数多，而且考取的进士也较多，成为清代科举考试的显著特点。

表 1　　清代恩科举会试

序号	编号	年代	名称	尺寸（通高×碑身宽×碑身厚）单位：厘米	碑刻描述 保存现状	进士人数及状元	恩科原因	孔庙院内位置
1	93	1713 年	康熙五十二年癸巳恩科进士题名碑	326×96×28	碑首为螭首，碑座为方座，正反面浮雕为福寿二字，两侧为祥瑞花草。碑额“万寿癸巳科题名碑”（篆书）。文字风化严重，仅少部分字尚可辨认，进士题名七列。	赐王敬铭等一百九十六名及第出身	本科为清圣祖六旬万寿恩科	西北
2	173	1723 年	雍正元年癸卯恩科进士题名碑	342×97.5×33	碑首为螭首，碑身阴阳为卷草纹，碑座正反为二龙戏珠方座，两侧为麒麟。碑额“敕建癸卯科题名碑”（篆书）。进士题名八列，风化严重，字迹模糊不清，仅存少量数字尚可辨认。	赐于振等二百四十六名及第出身	本科为清世宗登极恩科	东北

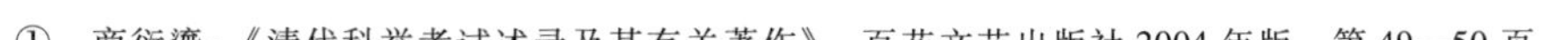

① 商衍鎏：《清代科举考试述录及其有关著作》，百花文艺出版社 2004 年版，第 49—50 页。

续表

序号	编号	年代	名称	尺寸（通高×碑身宽×碑身厚）单位：厘米	碑刻描述保存现状	进士人数及状元	恩科原因	孔庙院内位置
3	179	1737 年	乾隆二年丁巳恩科进士题名碑	364.5×94.5×29	碑首为螭首，碑身阴阳为龙纹，碑座为方座二龙戏珠，碑额“丁巳年恩科题名碑”（篆书）。进士题名八列，题名文字风化严重，大部分字模糊不清，仅存少量文字尚可辨认。	赐于敏中等三百二十四名及第出身	本科为清高宗登极恩科	东北
4	194	1752 年	乾隆十七年壬申恩科进士题名碑	337×96×29	碑首为螭首，碑座为方座，三面二龙戏珠，碑额“壬申科万寿题名碑”（篆书）。进士题名九列，风化较重，字迹模糊不清，仅存少量文字尚可辨认，碑身有明显裂痕，碑座背面中下方明显断裂。	赐秦大士等二百三十一名及第出身	本科为太后六旬万寿恩科	东北
5	191	1761 年	乾隆二十六年辛巳恩科进士题名碑	322.5×94×25	碑首为螭首，碑座为方座，前后二龙戏珠，左右祥云江崖。碑额“辛巳年恩科题名碑”（篆书）。进士题名八列，风化较严重，大部分字尚可辨认，碑阴有长条剥落，已修补。	赐王杰等二百一十七名及第出身	本科为太后七旬万寿恩科	东北

续表

序号	编号	年代	名称	尺寸（通高×碑身宽×碑身厚）单位：厘米	碑刻描述保存现状	进士人数及状元	恩科原因	孔庙院内位置
6	187	1771 年	乾隆三十六年辛卯恩科进士题名碑	334.8×96.2×26.5	碑首为方首祥云，碑座为方座，四面二龙戏珠，碑额“辛卯年恩科题名碑”（篆书）。进士题名八列，文字风化严重，大部分字尚可辨认，碑阴及两侧斧跺痕。	赐黄轩等一百六十一名及第出身	本科为太后八旬万寿恩科	东北
7	92	1780 年	乾隆四十五年庚子恩科进士题名碑	351×90×25	碑首为方首抹角祥云，碑座为方座。三面浮雕云纹海水江崖。碑额“万寿庚子科题名碑”（篆书）。碑身文字风化较重，字迹较模糊，尚可辨认，进士题名七列，碑阴及两侧斧剁痕。	赐汪如洋等一百五十五名及第出身	本科为清高宗七旬万寿恩科	西北
8	150	1790 年	乾隆五十五年庚戌恩科进士题名碑	318.5×83.5×25	碑首为祥云方首，碑座为祥云纹方座，碑额“庚戌年恩科题名碑”（篆书）。进士题名五列，文字风化严重，大部分字模糊不清，仅存少部分字尚可辨认，碑阴及两侧斧剁痕。	赐石韫玉等九十七名及第出身	本科为清高宗八旬万寿恩科。此年值清高宗八旬万寿，改为恩科，正科提前在乾隆五十四年己酉年（1789 年）举行	东北

续表

序号	编号	年代	名称	尺寸（通高×碑身宽×碑身厚）单位:厘米	碑刻描述保存现状	进士人数及状元	恩科原因	孔庙院内位置
9	152	1795 年	乾隆六十年乙卯恩科进士题名碑	310×77×17	碑首为祥云方首，碑座为浮雕神马负书方座，背面为披发狮子，两侧海马。碑额“乙卯恩科题名碑”（篆书）。进士题名五列，文字风化较轻，绝大部分文字清晰可见。	赐王以衔等一百一十一名及第出身	本科为清高宗禅位清仁宗之恩科	东北
10	153	1796 年	嘉庆元年丙辰恩科进士题名碑	316×83×23	碑首为祥云方首，碑座为祥云方座。进士题名六列，题名文字风化较重，绝大部分文字清晰可见。碑身两侧斧剁痕。	赐赵文楷等一百四十四名及第出身	本科为清仁宗登极恩科　兼正科	东北
11	155	1801 年	嘉庆六年辛酉恩科进士题名碑	344×92×26	碑首为方首祥云，碑座为方座，三面祥云。碑额“辛酉科题名碑”（篆书）。进士题名八列，碑身风化较严重，大部分字尚可辨认，碑阴及两侧斧剁痕，碑身有纵裂纹。	赐顾臯等二百七十五名及第出身	本科为清高宗九旬万寿恩科	东北

续表

序号	编号	年代	名称	尺寸（通高×碑身宽×碑身厚）单位:厘米	碑刻描述保存现状	进士人数及状元	恩科原因	孔庙院内位置
12	89	1809年	嘉庆十四年己巳恩科进士题名碑	332×93×25.5	碑首为云纹方首，碑座为方座，外包砌水泥，碑额“己巳年恩科题名碑”（篆书）。碑身断裂已修补，风化严重。进士题名八列，文字部分保存较好，绝大部分文字清晰可辨，碑阴及两侧斧剁痕。	赐洪莹等二百四十一名及第出身	本科为清仁宗五旬万寿恩科	西北
13	185	1819年	嘉庆二十四年己卯恩科进士题名碑	365.4×92.2×25	碑首为方首祥云，碑座为方座，正面为祥云，碑额“己卯年恩科题名碑”（篆书）。进士题名七列，文字保存较好，风化较轻，绝大部分字清晰可辨，碑阴及两侧斧剁痕。	赐陈沆等二百二十四名及第出身	本科为清仁宗六旬万寿恩科	东北
14	121	1822年	道光二年壬午恩科进士题名碑	288.5×90×31	碑首为方首祥云，碑座为方座，正面为祥云江崖。碑额“壬午年恩科题名碑”（篆书）。进士题名七列，文字保存较好，绝大部分字清晰可辨，碑阴及两侧斧剁痕。	赐戴兰芬等二百二十二名及第出身	本科为清宣宗登极恩科	西北

续表

序号	编号	年代	名称	尺寸（通高×碑身宽×碑身厚）单位：厘米	碑刻描述保存现状	进士人数及状元	恩科原因	孔庙院内位置
15	117	1832 年	道光十二年壬辰恩科进士题名碑	350×80×29	碑首为云纹方首，碑座正面为莲花方座，碑额“壬辰年恩科题名碑”（篆书）。风化严重，仅有极少数字尚可辨认，碑阴及两侧斧剁痕。	赐吴钟骏等二百零六名及第出身	本科因清宣宗五旬万寿，改正科为恩科。正科推迟至道光十三年癸巳科（1833年）举行	西北
16	114	1836 年	道光十六年丙申恩科进士题名碑	359×83×32	碑首为云纹方首，碑座为方座，正面祥云海水江崖。碑额“丙申年恩科题名碑”（篆书）。进士题名七列，文字清晰可辨，保存较好，碑阴及两侧斧剁痕。	赐林鸿年等一百七十二名及第出身	本科因太后六旬，改正科为恩科	西北
17	111	1841 年	道光二十一年辛丑恩科进士题名碑	369×85×29	碑首为方首花卉纹，碑座为方座，雕祥云，正面三山三云、福山，侧面杂宝，碑额“辛丑年恩科题名碑”（篆书）。进士题名七列，碑身风化较轻，大部分文字清晰可辨，碑阴及两侧斧剁痕。	赐龙启瑞等二百零二名及第出身	本科因清宣宗六旬万寿，改正科为恩科。正科提前在道光二十年庚子科（1840年）举行	西北

续表

序号	编号	年代	名称	尺寸（通高×碑身宽×碑身厚）单位：厘米	碑刻描述保存现状	进士人数及状元	恩科原因	孔庙院内位置
18	128	1845 年	道光二十五年乙巳恩科进士题名碑	349×82×30	碑首为祥云方首，碑座为方座，正反面为祥云，侧面为盘龙，进士题名七列，文字保存较好，风化较轻，字迹清晰可辨，碑座前左角断裂。	赐萧锦忠等二百一十七名及第出身	本科为太后七旬万寿恩科	西北
19	125	1852 年	咸丰二年壬子恩科进士题名碑	350.5×85×30.5	碑首为祥云方首，碑座为祥瑞花草方座。碑额“壬子恩科题名碑”（篆书）。进士题名八列，碑座风化严重且有断角，碑身风化较重，大部分字清晰可辨，碑阴及两侧斧剁痕。	赐章鋆等二百三十九名及第出身	本科为清文宗登极恩科	西北
20	49	1860 年	咸丰十年庚申恩科进士题名碑	352×86×30	碑首为方首抹角祥云纹，碑座为方座，正面牡丹和假山，背面祥云和江崖。碑额“庚申科题名碑”（篆书）。碑身下部进士题名八列，文字保存较好，尚可辨认，碑阴及两侧斧剁痕。保存较好，尚可辨认，碑阴及两侧斧剁痕。	赐钟骏声等一百八十九名及第出身	本科为清文宗三旬万寿恩科	西南

续表

序号	编号	年代	名称	尺寸（通高×碑身宽×碑身厚）单位：厘米	碑刻描述保存现状	进士人数及状元	恩科原因	孔庙院内位置
21	51	1863 年	同治二年癸亥恩科进士题名碑	352×83×30	碑首为方首抹角祥云和江崖，碑座为方座，正面荷塘，侧面祥瑞花草。碑额“癸亥科题名碑”（篆书）。碑首右上角残缺，碑横裂剥落。进士题名八列，文字部分保存较好，尚可辨认。碑阴及两侧斧剁痕。	赐翁曾源等二百名及第出身	本科为清穆宗登极恩科	西南
22	56	1876 年	光绪二年丙子恩科进士题名碑	350×83×25	碑首为方首抹角祥云纹，碑座为方座，正面牡丹，背面祥云和江崖。进士题名八列，字迹漫漶严重。碑额有字模糊。	赐曹鸿勋等三百二十四名及第出身	本科为清德宗登极恩科	西南
23	47	1890 年	光绪十六年庚寅恩科进士题名碑	321×85×22	碑首为方首抹角，二龙戏珠，碑座为方座，三面杂宝，背面祥云，碑额“庚寅恩科题名碑”（篆书）。碑身漫漶严重，仅最后一列文字尚可辨认。碑阴及两侧斧剁痕，两侧出铆。	赐吴鲁等三百二十六名及第出身	本科为清德宗亲政恩科	西南

续表

序号	编号	年代	名称	尺寸（通高×碑身宽×碑身厚）单位：厘米	碑刻描述保存现状	进士人数及状元	恩科原因	孔庙院内位置
24	64	1894 年	光绪二十年甲午恩科进士题名碑	236×80×22	碑首为方首抹角祥云，碑座为方座，碑额“甲午科题名碑”（篆书）。进士题名七列，碑身中下部剥落严重。	赐张謇等三百一十四名及第出身	本科为太后六旬万寿恩科	西南
25	62	1903 年	光绪二十九年癸卯恩科进士题名碑	380×85×26	碑首为方首抹角祥云，碑座为方座，碑额无字，墨痕较重。进士题名八列，文字风化较轻，保存较好。	赐王寿彭等三百一十五名及第出身	“光绪二十七年辛丑科值清德宗三旬万寿，原定改为恩科，正科则推迟一年，于次年（壬寅）举行，但因北京贡院于庚子被毁，二科均暂停，至本年始合并补行”①	西南
26	61	1904 年	光绪三十年甲辰恩科进士题名碑	321×85×27	碑首为方首抹角，二龙戏珠，碑座为方座，正面麒麟回头，侧面草龙，背面佛教八吉祥，碑额无字，墨痕较重。进士题名八列，文字部分保存较好，风化较轻。	赐刘春霖等二百七十三名及第出身	本科因太后七旬，改正科为恩科	西南

① 朱保炯、谢沛霖：《明清进士题名录索引》，上海古籍出版社 2006 年版，第 2865 页。

通过上述列表对于恩科碑基本资料的详细统计和梳理，能够使我们清晰地了解到恩科碑本体所反映出来的科举考试的重要信息，进而更有利于进一步加强科举制度的研究。

二　清代恩科产生的原因

对于古代知识分子来说，科举考试在历朝都是趋之若鹜的一件人生的重要事情，科举一直成为中国历朝历代培养和选任官吏的正途，它对古代政治、社会以及思想生活方面都产生了深厚的影响。

1644 年，满清入关，清代定鼎中原以后，天下初定，为了笼络汉族士大夫阶层，缓解满汉矛盾，为新王朝广收天下人才，自顺治三年（1646 年）开启了清王朝采用科举考试进行选官的手段并于顺治四年（1647 年）和顺治十六年（1659 年）增设了乡、会试，这两科称为“加科”。顺治朝共举行了 8 科科举考试，共赐进士 3064 人。尽管顺治朝扩大了录取名额并有两次加科，但是在康熙朝早期“缺少人多，候选壅积”① 的局面并没有好转。康熙中叶以后，科举人口持续增长，士子想凭借科举出仕的生员越来越多，竞争日渐激烈，但是，中第的概率递减。科举落第者的不满情绪逐渐高涨，以至于让许多士子看不到出仕的希望。“况乎乡、会科名，乃抡才大典，关系尤钜。士子果有真才实学，何患困不逢年?”② 康熙皇帝意识到士子“困不逢年”的客观事实暗藏着不安定因素和社会的潜在危机，皇帝笼络人心的主观愿望没有得到实现。

这时适逢康熙皇帝六旬万寿这样一个重要寿辰的契机，于是在康熙五十一年（1712 年），李长庚等人谨奏：“为太平声教日隆，多士欢腾益切，恭逢万寿之昌期，请举千秋之旷典，以祝圣厘，以扬文治事。钦惟我皇上乾元仁寿，久道化成，御宇五十一年，圣德神功超越千古，雨露深恩无所不被，而右文爱士，重道崇儒，作人之化，日盛月新，尤为史册所未有迩者。万几之暇，御制经书文字，包天罗地，内圣外王，允足垂教万世。复于新科会试中式进士亲加覆试，礼遇优隆，御制《西苑试士诗》以示奖励。普天率土无不踊跃欢忻。臣等乡、会试十五省士子云集京师，戴德如天，报恩无地。伏念康熙五十二年恭遇皇上万寿正诞，臣等身被皇上教育五十余年，今又躬逢盛事，千载一时，愿竭犬马之忱，敬效跻堂之祝，设立万寿经坛，鼎建万寿碑亭庆祝圣寿。其建亭之费，臣等公赴礼部彙缴。伏求皇上广覆载生成之量，扩天地父母之心，特于京闱开万寿乡科，礼闱开万

① 《清圣祖实录》卷一二。

② 《清圣祖实录》卷二〇八。

寿会科，钦命题目，亲加睿览，更请永为定例。以后每遇十年，皇上万寿正诞即加一科，以彰太平盛典，则光垂奕祼，照耀无穷矣。谨奏。”①《清圣祖实录》中记载：“礼部题、直隶各省举人贡监生员李长庚等，呈称康熙五十二年，恭遇皇上六旬万寿，普天胥庆，率土同欢。恭请特开万寿乡会科，以彰千载一时之盛。应如所请，照顺治丙戌科，特行乡试，己亥科特行会试例。于二月内举行乡试，八月内举行会试，以惬舆情，以彰盛典。得旨：造就人材，实为美事，著如所议行。”② 其后经过了主管官员上奏，礼部、兵部议覆，皇帝俞允等一系列严密的程序，康熙帝应允了李长庚等人的呈请，诏令在其六十寿辰之际，也即康熙五十二年（1752 年），特恩加开科举乡、会试，从而开创了清代历史上的首次恩科。（图 1）“康熙五十二年，癸巳，三月，戊寅朔，谕诸王、贝勒、贝子、公、大学士、九卿等：朕昨进京，见各处为朕六十寿诞庆贺保安祈福者不计其数。朕实凉德，自觉愧汗。从来帝王之治天下，罔不以民生为念。若为一己之私，即不能扩而充之矣。朕若先知，必令止之。今已成矣，难违众志，夜来思之达旦。朕为天下万国苍生之主，万姓安，即朕之安。天下福，即朕之福。若能祈祷雨旸时若、家给人足，则朕安寝饱食，可以却病延年。此朕之求福，非有妄想也。傅之各处，凡有祝延万寿者，必以雨旸时若、万邦咸宁为先。朕已老矣，有若无，实若虚，夙夜匪懈。履薄临深之念，与日俱增。岂敢自有满假乎？特谕。”③ 并规定“嗣后每遇十年，皇上万寿正诞即加一科，亿万斯年，永为定例，庶彰太平盛典，益收人才实效。谨题请旨”④。

康熙皇帝利用六十大寿的好时机，彰显皇恩，普天同庆，想方设法地变革取士政策，在“造就人材”的同时，也笼络士心，从而达到缓解社会矛盾、稳定社会安定的作用。

自康熙帝开创了恩科以后，随后清王朝又经过了多年的兴学校、育人才，文风日益兴盛，其后各朝代帝王无不争相效仿恩科考试制度，希望以此来增加录取名额，从而达到“鼓舞而振兴”士林的目的。

雍正帝在即位之初，就谕礼部、工部、国子监“朕即位之始。即开恩科。诚以科目一途，实关用人取士之要”⑤。这不仅证明了雍正帝对恩科的重视，也更明确增设恩科其目的是“用人取士”。“开恩科，广学额，崇重

① 王原祁等：《万寿盛典初集》卷三十三《恩赉六》。

② 《清圣祖实录》卷二百五十。

③ 《清圣祖实录》卷二百五十四。

④ 王原祁等：《万寿盛典初集》卷三十三《恩赉六》。

⑤ 《清世宗皇帝实录》卷二十七。

图 1　康熙五十二年癸巳恩科进士题名碑拓片

科目。”①

由此，“礼部遵旨议奏。雍正元年特开恩科。请于四月乡试、九月会试、十月殿试。其癸卯甲辰乡会试正科。改于雍正二年举行。二月乡试。八月会试、九月殿试”②。就此开创了登极恩科的先例。

乾隆帝即位之初，即开乡、会恩科，并谕曰“国家大典，首重抡才，我朝培养多年，人文日盛。是以皇考御极之初，于三年大比之外，特开乡会恩科，广罗俊乂，所以鼓舞而振兴之者，至为周备。今朕缵承统绪，照雍正元年特开恩科之例，举行兹典。乾隆元年，系丙辰会试正科，著于八月举行乡试。乾隆二年二月举行会试，以副朕兴贤育才之至意”。③ 乾隆皇

① 《清世宗实录》卷四十五。
② 《清世宗实录》卷二。
③ 《清高宗实录》卷三。

帝在全盘沿袭了康熙万寿恩科、雍正登极恩科制的基础上，乾隆还规定皇太后六十寿辰时也开恩科。“今岁恭逢圣母皇太后六旬万寿，慈福沾被，海宇同之。敬稽皇祖圣祖仁皇帝万寿，特开乡会恩科，广作人雅化。盖国家遇大庆，则必有殊常之恩。朕思以绍吁俊之鸿规，溥承欢之渥泽，于壬申年举行万寿恩科。三月乡试，八月会试，俾兹多士，共乐观光，以昭盛典。”① 由此，万寿恩科由皇帝寿辰扩展到皇太后寿辰，皇太后六十寿庆后，每遇十年正诞，也加一科，成为定制。另外在乾隆五十八年（1793 年），皇帝谕：“于六十一年归政，嘉惠士林之典，尤应预为举行，着于乾隆五十九年秋，特开乡试恩科，六十年春，为会试恩科。”② “至乾隆六十年，即当传位皇子，归政退闲。”③ 乾隆六十年，乾隆皇帝又开创了禅位增设恩科的先例，这也是清代唯一一次禅位的恩科。

其后的嘉庆、道光、咸丰、同治、光绪五位皇帝，在培养士子的现实条件下，一直谨遵执行，拥戴康雍乾三朝恩科的定例，恩科次数在清代开科总次数中的比重逐代增大，其比例由最初康熙首开恩科的 5% 增加到光绪时期的 38%（详见表 2）。由此可以看出，历代皇帝都非常重视恩科考试，利用“敷天洽庆”的盛典时机，来笼络读书人，以此达到巩固政权的作用。

值得一提的是，在光绪皇帝在位期间，又开创了亲政恩科的先例，“谕内阁：明年举行归政典礼，崇上皇太后徽号，普天率土，抃舞胪欢，多士如林，涵濡圣泽。允宜特开庆榜，俾遂观光。著于光绪十五年举行恩科乡试，十六年举行恩科会试”④。

表 2 **清代恩科统计**

年号	恩科次数	恩科录取人数	总开科次数	总录取人数	恩科次数所占比例（%）	恩科录取人数所占比例（%）
顺治	0	0	8	3064	0	0
康熙	1	196	21	4088	5	5
雍正	1	246	5	1498	20	16
乾隆	7	1296	27	5385	26	24
嘉庆	4	884	12	2821	33	31
道光	5	1019	15	3269	33	31

① 《清高宗实录》卷三百九十一。
② 《清高宗实录》卷一千四百二十七。
③ 《清高宗实录》卷一千八十一。
④ 《清德宗实录》卷二百六十二。

续表

年号	恩科次数	恩科录取人数	总开科次数	总录取人数	恩科次数所占比例（%）	恩科录取人数所占比例（%）
咸丰	2	428	5	1046	40	40
同治	1	200	6	1588	17	13
光绪	5	1552	13	4087	38	38
总计	26	5821	112	26846	23（平均值）	22

综上所述，清代恩科举行的原因分别为皇帝万寿、皇帝登极、皇太后万寿、皇帝禅位和皇帝亲政五类（详见表 3）。通过恩科考试，选拔出了更多人才，使清代科举制度日臻完善，从制度层面保证了科举的公正与公平。恩科之多，实为清代科举的一大特点。

表 3　恩科原因汇总

皇帝	皇帝万寿恩科	皇帝登极恩科	皇太后万寿恩科	皇帝禅位恩科	皇帝亲政恩科	恩科次数
康熙	1	0	0	0	0	1
雍正	0	1	0	0	0	1
乾隆	2	1	3	1	0	7
嘉庆	3	1（兼正科）	0	0	0	4
道光	2	1	2	0	0	5
咸丰	1	1	0	0	0	2
同治	0	1	0	0	0	1
光绪	1（兼正科）	1	2	0	1	5
总计	10	7	7	1	1	26

三　恩科在清代科举中的作用

科举制度具有强大的生命力，在中国历史上一直发挥着重要的作用。科举制度与社会的发展息息相关，它实现了政治统治和社会教育的密切结合，维护了社会的稳定。

清代统治在完成统一大业以后，十分注重完善科举制度，大量知识分

图2　光绪三十年甲辰恩科进士题名碑（61号）

子寒窗苦读，凭借科举考试金榜题名，踏上仕途，改变了自己的命运，实现了学而优则仕的理想。这其中，恩科的开设发挥了不可磨灭的作用。首先，统治者利用各类重大盛典的契机，彰显皇恩，举行恩科考试，拓宽了选拔人才的机会和途径，鼓舞并激励了士子们发奋读书并展示自己的才华，

孔庙国子监论丛（2017年）

图 3　咸丰二年壬子恩科题名碑（125 号）

调动进士子们学习的积极性，从而促进了整个社会文风的日益兴盛。其次，恩科考试缓解了因科举人口的不断膨胀而导致的名额不足的压力，消除了士子久试不第的不满情绪，缓和了统治者和士子之间的尖锐矛盾，从而强化了科举考试笼络士子、安抚士心，继而博取民心的作用。最后，统治者利用恩科考试这个最有效的手段，在稳定了人心的同时，巩固了清王朝的统治地位，使恩科成为当时统治者协调阶级利益的工具。

奉
天承運
皇帝制曰光緒三十
年甲辰 恩科
五月二十一日
策天下貢士譚
延闓等二百七
十三名第一甲
賜進士及第第
二甲賜進士出
身第三甲賜同
進士出身用兹
誥示

图 4　光绪三十年甲辰恩科拓片（61 号）

四　结语

进士题名碑是元、明、清三代科举考试制度最真实的历史见证物，是我国珍贵的历史遗存。作为能够跨越三个朝代、资料如此全面的进士题名

图 5　乾隆十七年壬申恩科进士题名碑碑首（194 号）

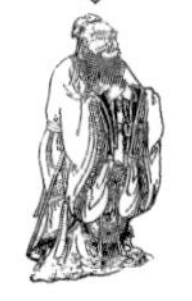

碑这样的专题碑群，在全国范围内可以称为孤品。本文主要以《清实录》有关恩科的记载为依据，结合《明清进士题名录索引》记录的进士数据，开展对清代恩科进士题名碑相关内容和保存现状的统计和梳理，希望通过对恩科特殊性的研究，达到丰富和深入研究进士题名碑和科举制度的目的。

马琛，孔庙和国子监博物馆馆员

◇传统建筑的空间记忆和文化传承

——以福建泉州府文庙为考察对象*

◎ 李双幼

【摘 要】 本文以文庙传统建筑为例，选取全国重点文物保护单位——泉州府文庙，详细阐述纪念性建筑如何从具象空间和仪式空间两个方面营造记忆的参照系统，延续它所要传达的儒家思想和礼乐文化。泉州府文庙既遵从古代大式建筑的营造规制，又适宜地运用了闽南传统建筑手法，它的空间营造和记忆延续是在政权力量和民间认同的双重心理驱动下进行的，乃至到现今，它仍然以历史文化遗产和公共活动空间的定位，发挥着重要的文化传承功能。

【关键词】 文庙 空间 礼乐 文化传承

记忆是对过去经验的再体验，记忆研究与认识历史、与文化认同有关。文化记忆理论认为通过客观化的媒介载体（文字、图像、仪式、纪念性建筑等）和制度化的交流渠道（观看、朗诵、庆祝等），可以在反复进行的社会实践中使历史在一定的框架下以记忆的形式与现实进行对接，从而实现知识的代际性延续。因此，跨越时代和地域的鸿沟建立记忆，需要依赖某种实践和媒介才得以实现。记忆的空间隐喻就在于以结构化的空间表征建立特定的物体参照系统，从而触发人们的“视觉联想”实现记忆的构建。纪念性建筑与某件重要事件有关的地点都能成为记忆之地，比如功德祠、纪念剧场和图书馆都是建筑式的记忆隐喻②。进一步说，作为对过去事件或人物表达哀思、怀念和崇敬的纪念空间，因为具有调动情感、引发思考、

* 本文为福建省社科规划基金 2016 年项目“文庙作为传统建筑的空间记忆与文化传承研究”（项目批准号：FJ2016C083）的研究成果。

② ［德］阿莱达·阿斯曼：《回忆空间——文化记忆的形式和变迁》，潘璐译，北京大学出版社 2006 年版，第 174 页。

唤起并塑造记忆的功能[①]，而在文化传承和社会认同中发挥重要作用。本文以全国重点文物保护单位——泉州府文庙为例，将其置于社会和历史变迁的视角下，从空间秩序的构建和空间实践的演变，体察其在记忆功能以及文化传承方面的重要作用。

一　建置和历史沿革

文庙因“文宣王庙”的简称而得名，作为祭祀孔子和孔门圣贤的祠庙也称孔庙，又因为常与地方官学和书院并置一体而被称为庙学、府（州）学、学宫、泮宫等。文庙之设，始于曲阜孔子家庙。东晋太元十年（385年），第一座京师文庙在江宁国子学建成，打破了此前祀孔仪式客居于学校而进行的格局，也成为孔庙走出阙里，与国学并设的滥觞之举。[②] 南北朝时期，北齐下诏“郡学则于坊内立孔、颜庙”[③]，开始了在地方学校建设孔庙的历史。唐贞观四年（630 年），唐太宗诏令天下“州、县学皆作孔子庙”[④]，从此正式在全国各州县构建起庙学体制。宋朝倾向文治，庙学建制在这一时期大为完备，至明朝则又迎来大发展时期，各地文庙建筑群体的大体轮廓基本定型。

泉州府文庙始建于唐朝开元（713—741 年）末年，址在衙城右（今泉州第六中学一带），时称鲁司寇庙。这也是福建地区最早兴建的孔庙。[⑤] 五代时，改称宣圣庙。北宋太平兴国初，郡守乔维岳迁于子城崇阳门外的三教铺，即今址。太平兴国七年（982 年），郡守孙逢吉“即庙建学”，庙学并设由此完成。祥符年间，郡守高惠连曾将府学迁于“西北四十余步”的育材坊。大观三年（1109 年），仍迁回现址。南宋绍兴七年（1137 年），郡守刘子羽重建左学右庙，庙学面貌整修一新。按照唐制规定，“二百人以上许更置县学”，“惟倚郭县皆不置”，紧靠州（府）城的倚郭县生员与州（府）城生员一起就读于州（府）学。南宋绍兴年间打破了倚郭县不设县学的限制后，刘子羽随即“附建（晋江县学）于府学之东，淳熙四年（1177 年），县令林奭移建于行春门内东仓隙地（今泉州军分区所在地）”[⑥]。因此

---

① 陈蕴茜：《纪念空间与社会记忆》，《学术月刊》2012 年第 7 期。

② 关于国学立庙的时间历史上有不同记载，详见董喜宁《孔庙祭祀研究》，中国社会科学出版社 2014 年版，第 39 页。

③ （唐）魏徵等：《隋书·卷九·礼志》，中华书局 1973 年版，第 181 页。

④ （宋）欧阳修、宋祁：《新唐书·卷一五·礼乐志》，中华书局 1973 年版，第 373 页。

⑤ 何振良：《略论孔庙与闽台文化交流》，《泉州师范学院学报》2010 年第 1 期。

⑥ （清）方鼎、朱升元：《晋江县志·卷四·学校志》，明朝洪武年间，因为被府衙占地，晋江县学又迁到行春门外衮绣铺的泉山书院，此时的晋江县学也即庙学，因为建有大成殿、明伦堂等建筑，是完整的文庙建制。

在府文庙历史上，曾有二十多年时间里是一庙两学制，即县学和府学同在一所文庙里。

此后，经过历代历任地方官员的扩建、重修和重建，如饰礼殿，设两庑，易庙门，修文昌阁，作棂星门，修贡院①，辟武斋，增小学，建六经阁，立先贤祠，增基高，作石桥于方池，建会馔堂、护学祠、会讲堂、祭器库、训导廨，增建号房，改建教授厅，设神厨宰牲所，辟射圃，疏河道通潮汐于方池，增置器物；等等，至清代，形成一个南临涂门街（原称通淮街），东至百源川池，西抵泮宫，北接打锡街，原有占地范围达一百多亩的庞大建筑群。府文庙的建制历史悠久，规制逐趋完整，至今仍保留了宋、元、明、清四个朝代的建筑形式，成为我国东南地区最大的文庙建筑群。在国庙—州庙—县庙的文庙三级规格中，府文庙属于州庙层级，它深刻影响了晋江、南安、安溪、永春、惠安、德化、同安、仙游②等县级文庙乃至台湾地区文庙的建置和发展。2001 年被列入全国重点文物保护单位，2017 年被列入“古泉州（刺桐）史迹”申报世界文化遗产的遗产点之一，其文物和历史价值不言自证。

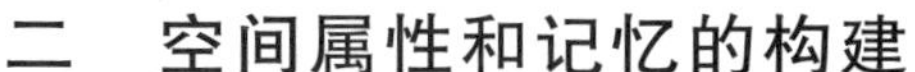

二 空间属性和记忆的构建

建筑物即是记忆的象征。文庙不仅是祭祀孔子和孔门圣贤的专门场所，也是古代施行教育的官学之地，它以特定的建筑符号、空间序列和仪式活动营造了神圣的记忆空间，向人们传达官方礼制和儒家思想，从而达到文化教育和社会形塑的记忆目的。泉州府文庙在空间秩序上呈现了庙学合一的传统规制，在建筑手法上体现了闽南传统建筑特色，在空间实践上表达了神圣空间的纪念意义，展示了传统建筑丰富的空间隐喻。

（一）庙学合一的空间秩序

在唐朝推行的庙学体制中，“县必有学，学必有庙”，庙一般依附于学而设，后来庙在建筑上逐渐独立，至宋代形成了庙学并立的建筑格局。庙和学既各自拥有专门的建筑又并立存在于城市格局之中，庙学合一成为传统学制的基本形态。从各地文庙的创设历史来看，有的先学后庙，也有的先庙后学；从布局形式来看，大致分前庙后学、左庙右学、右庙左学三种。泉州府文庙坐北朝南、先有庙后建学，建筑形制主要参仿山东曲阜孔庙，

① 南宋乾道年间，落成于肃清门附近（现西街菜市场一带），经过历史迁废，又于清朝乾隆四年（1739 年）移建至集贤铺（即府文庙北边，现打锡街旧鲤城区政府一带）。详参陈笃彬，苏黎明《泉州古代教育》，齐鲁书社 2005 年版，第 69、185 页。

② 行政区划史上，同安、仙游两县曾长期归泉州管辖。

现存建筑为清朝乾隆二十六年（1761 年）重修时的基本格局，右庙左学布局则是因为南宋时期南方地区普遍受到临安国学的影响，福建的建宁府文庙和泉州府文庙均采用这一布局。原本区隔庙与学的红墙经过历史变迁已经从中断开，形成了占地面积一万多平方米的文庙广场，从而打通了原来相对区隔的庙学空间，使之融合为一个视野阔达、围合完整、单元明确的建筑群落。

据乾隆二十六年的《泉州府学宫平面图》，府庙以大成殿为核心构成祭祀建筑群，中轴线上由南向北依次是庙门、洙泗桥、露庭、棂星门（现已废，遗址上辟有活动舞台）、露庭、大成门、泮池、泮桥、拜庭、露台、大成殿，金声、玉振两门分列大成门两侧，东、西两庑在大成殿与大成门之间分列左右，礼门、义路两门（现已废）分列在棂星门与大成门之间露庭的两侧。府学以明伦堂为核心构成学署建筑群，由南向北依次有学门（原在庙门左，现已废）、海滨邹鲁亭（现已废）、夫子泉、育英门（初时有藏书阁，建成尊经阁后即废）、学池、露庭、明伦堂、教授署（现已废），东、西斋分列露庭两旁，育英门门外广场通青云路，表示府学是培育英才之地。此外，崇圣祠位居大成殿东北侧（旧址在道南祠前、尊经阁后，万历十一年、乾隆二十六年皆有移建），名宦乡贤祠、福德祠、道南祠、训导署、尊经阁分布于府学东侧（这些祠署现皆已废），周边还有蔡文庄、陈紫峰、苏紫溪、何镜山、顾新山、庄龚若、李文节、蔡忠毅、周忠愍、詹思亭、洪文襄等十几座乡贤、名宦和状元祠（现存李文节祠、蔡文庄祠、庄龚若祠三座）。

府文庙典型地体现了我国传统建筑关于中轴和对称法则的强调，中轴是为体现权力和奢华，对称则与阴阳二分法有关。祭祀和教育双重功能依托在礼殿院落和讲堂院落两个主体上，并以此在空间和功能两个层面上进行秩序和层次的界定。以现在的建筑布局来看：大成殿、拜庭、两庑、大成门组成的祭祀空间和明伦堂、两斋、育英门组成的学署空间以左学右庙的组合形成对称之效，两者在各自单元内又分别以大成殿和明伦堂为轴心形成相对固定的空间序列；六柱五开间的庙门以恢宏气势标榜孔子功德和文庙圣域，又等同于棂星门的作用标志着庙学的入口；洙泗桥、露庭以及泮池、泮桥、学池、学桥作为次要建筑和空间转换点，以美观协调、层落有序的视域效果导引和烘托出人们的崇敬之意；崇圣祠是供奉孔子五代先祖的专用祭祠，彰显儒家孝悌伦理的建筑属性使其在整个文庙建筑系统中独具一格；乡贤、名宦和状元祠虽是附属建筑，重在以有功于当地、有功于圣门的德业或功业或学业，引导士人学子敬仰、追随先贤先哲的道德和功德，从纪念功能上讲是主殿的重要补充。整体来看，庙门、照壁、大成门、大成殿、泮池、育英门、明伦堂、崇圣祠等儒家建筑保存完整，构成了一个集入口、前导、祭祀、学署四种建筑类型于一体的文庙建筑群。

（二）建筑特色的地域考量

泉州府文庙始建于唐，兴修于宋，完备于明清，至今仍部分保留了宋构建筑，作为祭祀孔子和推广儒学教育的礼制建筑，它既遵从了全国统一的大式建筑规制，在建筑手法上又流露出福建和闽南传统建筑的地域特色。无论是从发展历史、规模体量和建筑特色，还是从对振兴地方文教的作用上看，它在福建乃至全国众多文庙建筑中都具有独特性，是南方文庙的重要代表。

从文庙的选址上看，根据中国的风水理论，文庙的空间营造事关地方科举的兴盛与否，因此相地择址是首要的大事。根据成一农和沈旸从《天一阁藏明代方志选刊》及《续编》的数据统计，全国各地文庙的选址方位中以东为最多，其次是东南、西。① 福建是风水理论中理气宗的发源地，讲究以阴阳五行八卦为根本择地相宅。泉州府文庙择址府城东南，正是从“水归东南”的堪舆角度考虑，因为东南巽位既是水口、门向，也是文昌位，“凡泮宫多居治廨之东南，取其文明之方乎”②，很多地方为祈祝文运而建的文昌阁、魁星楼也依此择址。唐时的鲁司寇庙在衙城右，地处偏西显然并非最理想，因此在北宋初福建兴起修建文庙的第一轮热潮时，府文庙即迁到子城南门——崇阳门外的东南之地，几年后又在庙旁建学，成为有宋一代福建省内第一个完成府级庙学构建的州级文庙。③ 这个位置是地方官员与堪舆家经过慎重考察，“卜云其吉”而选择的风水宝地，与周边的清源山、紫帽山、晋江等山水环境以及府城里的府衙、开元寺、元妙观等建筑人文相互协调。大中祥符四年（1011 年），府学曾往西北方向迁到四十余步之外的育材坊。尽管在此后 98 年间，泉州府保持着年均 3.81 人中进士的科举成绩，比之前的 50 年整整提高了 2.77 人的比例④，地方人士仍旧以“士气伊郁”“衣冠遂减畴昔”等各种理由，促使告老还乡的龙图阁学士柯述在大观三年（1109 年）主持迁复。直至绍兴七年（1137 年），又以“未仍旧

① 沈旸：《东方儒光——中国古代城市孔庙研究》，东南大学出版社 2015 年版，第 183 页。

② （元）企徽：《杜侯兴学记》全元文，卷五十八。

③ 福州文庙于唐大历八年（773 年）建州学，唐末、五代各地文庙因战乱多有废弛，福州文庙在宋朝统一后仍长期停废，直到北宋仁宗朝（1022—1063 年在位）始修。福建各地庙学始建情况可参见田志馥《宋代福建庙学的历史地理学分析》，经济管理出版社 2016 年版，第 50 页。

④ 林振礼：《宋代泉州府学、石笋变迁管窥》，《泉州师范学院学报》（社会科学）2006 年第 5 期。

贯”在原来基础上大兴修建工程。

从南北文庙的建筑艺术差异上看，南方文庙受干栏式建筑风格和气候影响，建筑比较高大，空间比较宽敞，多楹柱和走廊，装饰也比较华丽精美。① 泉州府文庙的东、西两庑以长条形的纵向延展拉长了祭祀院落的深度，泮池上的弧拱形梁式泮桥舒挺在院落之中，形成了气势庞大、环境美雅的廊院式围合。主体建筑大成殿采用抬梁穿斗混合的大式木架构造手法，突出而繁密的斗拱还饰以绚丽彩画，装饰功能已经超出了构件的支撑作用。府文庙总体上遵循了文庙建筑的朴素风格，但在细节处理上又不失雕琢功夫，在尾梁、墙脊、屋脊、台基、栏杆等地方，或雕饰以龙凤、花卉等奇花异兽，或以彩色碎瓷片粘结成“彩剪”。建筑外观以艳丽的红、黄两色为基本色调，红砖地面和红砖拼镶嵌的墙面迎合了闽南民间崇尚喜庆、追求吉祥的审美心理，是典型的闽南红砖建筑风格。墙体上的“出砖入石”，屋顶上的坡屋顶、燕尾脊等都极具闽南传统建筑特色，是宋代以来中原文化和闽南古建筑艺术的有机结合。

（三）神圣空间的纪念意义

宗教人类学在讨论空间时，认为神圣空间是实存的神明显现的地方，它既包含具象的空间（即使没有人来祭拜，这个空间的神圣性也不稍减损。Eliade，1957），也包括仪式的空间（一个普通空间在举行仪式的时间内，也是一个神圣空间。Brereton，1987）。② 文庙的祭祀功能决定了它的神圣性，庙学合一又决定了它融合祭祀场所和教育场所于一体的礼制建筑性质，它的空间表达以国家权力为保障，借助象征、文化习惯、阶序等系列机制构建、传达儒家的礼乐文化，进而发挥礼教作用。

祭祀作为中国礼仪制度的重要组成部分，是展示儒家礼乐文化的重要形式。古代祭孔礼仪有释奠、释菜、释褐、朔望祭、遣告、遣祭、行香、诞辰祭等，释奠是其中礼节最重、规格最高的祭祀活动，又因多于春、秋仲月的上丁日举行而称丁祭。释奠在古代国家祭祀体系中位居中祀（在宋、清时期曾两度升格为大祀），在国家行政等级中处于下游的州县则行小祀。现今，每年 9 月 28 日举行的诞辰祭③仍行释奠礼，并取代丁祭成为各地公认的祭孔大典。

府文庙首先于 2005 年恢复了中断百余年的入学祭先师仪式，通过传统

---

① 高文、范小平：《中国孔庙》，成都出版社 1994 年版，第 26—27 页。

② 张珣：《大甲妈祖进香仪式空间的阶层》，黄应贵：《空间、力与社会》，“中央”研究院民族学研究所 1995 年版，第 351—390 页。

③ 关于孔子的诞日说法不一，民国以来由于推行阳历，官方经过几次更改，最终确定在 9 月 28 日。详参朱文哲《符号、仪式与认同：民国时期的诞辰纪念》，《天府新论》2015 年第 4 期。

的入学礼仪：游泮、拜孔子、送红蛋、开笔礼等仪式，对学童进行尊师重教的传统文化教育。2009 年是孔子诞辰 2560 周年，全世界 34 个国家和地区在这年的 9 月 28 日首次以曲阜孔庙为主祭场，联合祭祀孔圣先哲。府文庙也在这天举行隆重的祭孔大典。释奠仪式包括祭祀和乐舞，两个部分结构交叉、相互附着。祭祀采用初献、亚献和终献“三献礼”，初献前众人就位迎神，初献后献祭者进行饮福受胙，终献后还要送神、彻豆、赐胙、瘗币、燔祝版，集中体现了儒家文化中天地人“三才一体”的理念。三献礼和饮福受胙是整体仪式的核心：三献礼分别由不同行政级别的官员担任献祭者和赞引者，进行祭祀孔子的正献礼和祭祀配享者的分献礼；以三次献礼表达典礼之隆重，展现至诚之崇敬，并借由奠币、奠爵、读祝等仪式跨越俗世与圣域的鸿沟，达至人与神祇的交通；而饮福受胙则象征着人接受了神祇之赐福。祭祀过程中，还在大成殿外的拜庭中配以八佾乐舞行礼演乐，乐器和文武舞生均按序设位，有序演奏。奏乐按清制分六章，分别是迎神之《昭平》、初献之《宣平》、亚献之《秩平》、终献之《叙平》、撤馔之《懿平》、送神之《德平》。八音雅乐传达了儒雅平和的礼乐气度，章赋歌辞则颂扬了孔子的卓越功德，舞蹈队形的左右对称和规则变换承袭了阴阳调和、“中和之乐”① 的美学观念，体现了儒家的中庸与和谐思想。乐以主和主顺，舞以主节主敬，在广大平和的音乐中演绎一个个进退谦让的舞蹈动作，象征着以一定的仪礼履行和实践着“和同”的礼乐治道规范。历代以来，释奠仪式均慎重其事，依一套严谨的仪节顺序进行，形成一种由浅入深的礼数。乱用品数、违逆程序都是不允许的。

祭孔仪式以活态的仪式操作，将儒家的社会秩序建设理念巩固于仪程范式中，以经典化的仪式形式为天下人作出礼仪的示范②。而在仪式之外的日常形态里，文庙则以特有的建筑表征宣示着对孔子和儒家思想的褒扬尊崇。比如，照壁又称作“万仞宫墙”，取自子贡“夫子之墙万仞，不得其门而入，不见宗庙之美，百官之富”的称颂；讲堂命以“明伦堂”，因为《孟子·滕文公上》提到古代学校之设“夏曰校，殷曰序，周曰庠。学则三代共之，皆所以明人伦也”，明伦是儒学的基础；泮池在明朝万历四十年（1612 年）改方形为半圆形，是为古代泮宫的正确形制；泮桥上横铺 72 条石板，隐喻孔门 72 贤，外行第 7 条石断为两截，象征了被逐的樊迟；“金声”“玉振”两门，出自《孟子·万章篇》：“孔子之谓集大成。集大成者，

① 江帆、艾春华：《中国历代孔庙雅乐》，中国国际广播出版社 2001 年版，第 110 页。

② 张璨：《祭孔礼乐文化的形态与价值传承研究——以浏阳文庙祭孔礼乐为例》，《湖南社会科学》2017 年第 1 期。

金声玉振之也”，说明孔子学说已达至尽善尽美。而文庙建筑艺术之“集大成者”当推祀孔正殿——大成殿。

作为文庙的主体建筑，大成殿位居中轴线的核心位置，体现了传统的“北屋居尊”“居中为尊”观念，它的建筑形制蕴含了国家一统的等级表征。面阔七间（35.3 米），进深五间（22.7 米），空间高度达 9 米，站在大殿入口处向殿内的最远水平视角和最高竖向仰角均为 30 多度，是理想的视域角度。殿身为斗拱抬梁式木结构，48 根古朴的白石柱匀称分布在殿内，既起承重作用又避免产生视觉冲突，横梁与纵架以宋元时期的“圆作厅”规制组合，斗拱和雀替繁复交替，饰以绚丽彩画。内檐保持了宋代真昂形制，铺作总高为柱高的 34%，比例为宋制。正殿前檐下有两根浮雕盘龙金柱和六根浮雕盘龙檐柱，造型生动优美，保存了古朴的宋代风格。殿顶铺黄琉璃瓦，为全国比较少见的宋代重檐庑殿式结构，这也是目前闽南地区唯一存留这种结构的建筑。在以建筑配置乾纲的礼制规范中，七开间数、龙雕柱、密集的斗拱、重檐庑殿式屋顶、黄琉璃瓦等高级建筑规格，无处不凸显了文庙建筑的礼制等级和官方身份，体现了对孔子的极度尊崇和对祭祀仪典的高度重视，也渗透着儒家思想主次尊卑、内外有序的社会主张。

殿内造像几经历史改动，现今供奉的是孔子木刻坐像，其余呈拱辰之势环绕孔位，四配列侍于东西两边的四个木龛中，十二哲塑像分列于四配之后，七十二贤木刻像则环列于大殿墙壁上。造像前的案桌上摆设有铜豆、铜簋、铜爵、铜象、铜牛尊等祭祀礼器，编钟特钟、编磬特磬、古琴古瑟、排箫洞箫、笙、建鼓唐鼓、埙等乐器则布设在四周空地。享祭者、祭祀礼器和乐器以及悬挂在檐下高处的历代帝王题匾安然有序地呈现于荦荦大殿之内，营造了一种位高极尊，以礼乐统筹条理的视觉氛围，令人身处其中即有肃穆之感，生发敬畏之心。

三　空间变迁和文化的传承

文庙入驻学校是传统政治与传统教育相结合的产物，特别自宋朝扭转唐朝的重庙轻学做法以来，各地庙学应运而生，文庙作为官学教育的组织机构不折不扣地传播着儒家思想。晚清以来，为挽救国势衰微，在中西“体用”的争论和政统道统之变中，尊孔读经随着儒家道统的败落而不再是士人学子奉为圭臬的求学之道，传统儒学随着科举制度的废除和新式学校的引进而遭受冷落，原本庙学合一的庙学制走向解体，文庙这一曾经的圣域之地也频作他用。但总结其历史变迁，它的建筑用途始终没有脱离官方藩篱，仍旧发挥着与文化教育和文化传承有关的作用。

（一）儒家正统思想下，官民共同维护文庙运转

“郡邑之设学宫，所以范天下之学术，一以洙泗为归也。学术本于洙泗，而人心由是而正，文章由是而纯，礼乐由是而兴。斯道得也。”① 祀孔仪式和儒学教育的有力推行，体现了文庙借助儒家思想进行礼乐教化的官方政治色彩，也在相当程度上暗合了民间对官方礼制和儒家思想的认同心理。

礼是为了规定事物的差别和秩序，礼制就是对这些差别和秩序的社会规范。独尊儒术的政权意志导向使孔子在逝后倍享尊崇，赐号从“先师”到“至圣”乃至封王（文宣王），文庙的修建、祭孔仪式的举行对于地方上来说都是重要的文教工程。文庙以规范化、制度化的方式将官员、文化精英和平民阶层拢聚一起。“夫州县长佐之吏，考绩于三载，必曰文庙有无增葺”②，文庙的修整与官员的政绩相挂钩，地方长官不仅要定期视学、祭孔，还要适时修庙，以确保教化得到有力的推行。泉州是宋元时期的“东方第一大港”，外国商人和宗教人士在此云集后得以在“城南”③ 居住，“化外之教”的清净寺、番佛寺（印度教）、基督教堂等也逐渐分立于城外四周，唯独文庙作为官设的郡庠与历史更为悠久的开元寺、元妙观等释道庙观同居郡城，儒家文化统领地方政教的治理理念得到官民的一致认同。南宋绍兴（1131—1162 年）初，有外国商贾贿赂官员，在庙学之前建层楼（清净寺），地方士子认为该层楼破坏了府城内的八卦巽位，影响了庠校科第人文，“乃群诉于部使者”，最后通判傅自得判决“化外人，法不当城居，立戒兵官，即日撤之，而后以当撤报”，清净寺由此迁建于罗城外濠，以“峙文庙青龙之左角，为府学增胜”。④ 这场中外文化的较量，最终以官民一致维护儒学的正统地位而告终。

自宋朝奉行尊孔崇文的政策，并先后在庆历、熙宁、崇宁年间发起了三次兴学运动，特别是学田、学官、师资、生员等配给制度的确定，推动了包括官学和书院在内的地方学校教育的发展。然而，在历代战乱发生和世代更迭失修后，却往往呈现出学毁庙存的现象，这又与科举制度兴盛所带来的民间对孔子祭祀的逐渐认同有关⑤。从文庙的运行经费来看，其来源主要包括朝廷拨赐的儒学粮、地方编排的徭役、现年里甲负担的纲银以及

① （清）乾隆版兴化府莆田县志《卷九・学校志》。

② （明）陈镐：《阙里志，卷一八・历代碑记》，山东友谊书社 1989 年版，第 972 页。

③ “胡贾航海踵至，富者赀累钜万，列局郡城南。”见《泉州府志》，卷七十五。

④ （宋）朱熹：《朱公文集，卷八十九・傅公行状》。

⑤ 成一农：《宋、辽、金、元时期庙学制度的形成与普及》，上海人民出版社 2006 年版，第 164—182 页。

或官置或官绅和师生捐献的学田。[①] 明清以后，随着民间力量在地方社会事务格局中的崛起，乡绅、商人甚至平民不仅主动参与到文庙的修建事务中，也更加积极地捐田捐租。清朝乾隆二十六至三十三年（1761—1768 年），府文庙的重修工程历时七年多才完成，从《修建庙学出入账目碑》查得共费银 17974 两多，除了柴花银 237 两多和惠安、安溪、同安、南安各县的解银 759 两多外，其余的 16977 两全部来自府城和晋江等县乡绅、平民和商铺的劝捐、开捐和认捐，人数多达 2500 多人，其中深沪渔船也缴银 210 两。四年之后，晋江国学生萧世芃为“念敬圣尊师”，又将祖上遗下的三块田租捐出，“充为文庙香灯之用”[②]。

（二）近代新式教育体制下，庙学制走向解体

同治元年（1862 年），恭亲王奕・奏设的京师同文馆开办，标志着中国教育近代化开始发轫。[③] 此后，随着戊戌变法（1898 年）、颁布学制（1904 年）、废除科举和设立学部（1905 年）、辛亥革命（1911 年）、祀孔典礼一度废止（1928 年）等系列变革，庙学制在近代学制的冲击下逐渐走向解体，“‘庙’的要素与儒教主义要素退为次要地位”[④]。总体来看，府文庙的传统儒学教育功能虽然自此废止，但根深蒂固的教育性质使其成为中、小学堂的首选之地，发挥新学教育功能，个别建筑还被征用作为行政办公场所或者其他公共活动场地。

光绪二十七年（1901 年）清廷诏令各州县改设小学堂之前，泉州地区就出现了不少由基督教会创办的新式小学，如铸英义塾（晋江安海）、培英女校等。癸卯学制出台和科举废除后，新式中、小学堂纷纷涌现，安溪、德化等县学就直接改办为新式学堂，府文庙也作为多所学校的校址继续发挥教育功能。学制颁布的第二年（1905 年），地方人士倡办的“泉州公立中学堂”经泉州府治批准，以蔡文庄祠作为校址设立，秋季，由于蔡文庄祠不足以容纳增多的生徒，移设到清源书院（今晋光小学）。民国元年（1912 年），泉州第一所公立中学——“泉州府官立中学堂”（泉州市第五中学的前身）由新府口左侯祠迁到贡院，并改称为“泉州中学校”。[⑤] 1921 年，以府文庙创办平民小学，后改为平民中学，再后来又复为平民小学，新中国

① 许莹莹：《明代福建府、州、县学研究》，博士学位论文，福建师范大学，2015 年。

② 《泉州文庙香灯田亩记》，载《泉州府文庙历代碑文集录》，海潮摄影艺术出版社 2009 年版，第 146 页。

③ 熊贤君：《中国近代教育行政史》，人民教育出版社 2014 年版，第 43 页。

④ 高明士：《中国教育史》，台湾大学出版中心 2006 年版，第 209 页。

⑤ 杨清江：《泉州府文庙修建大事记》，载《泉州府文庙历代碑文集录》，海潮摄影艺术出版社 2009 年版，第 182—201 页。

成立后又改为第二中心小学。而学署主体建筑明伦堂的命运更加多舛。根据当地文史研究者林胜利的回忆：五四运动反孔反礼教对文庙的波及很大，周围一些建筑物逐渐被改作他用甚至被拆除；明伦堂于1921年被一所中学借为校舍，1922年被北洋军阀部队征用作为军营，后来成为福建省国民抗敌自卫团闽南区司令部，1927年中共泉州特别支部又设在这里，1942年被改作为中山纪念堂，至中华人民共和国成立前夕，明伦堂已经破损不堪，乡贤祠也所存无几。

（三）中华人民共和国成立后，经过一段波动终显文物价值

中华人民共和国成立后，进驻的机构显然比民国时期更加多元，这一时期特别是“文化大革命”期间，因为被占作或改建作为他用，文庙建筑受到很大程度的破坏，空间因此更加挤压直，到改革开放之后才有所改观，入驻机构也以文教单位为主。其间，府文庙先后于1961年和1985年列为泉州市第一批文物保护单位和福建省第二批重点文物保护单位，其历史遗产价值开始得到重视。20—21世纪之交，市政府斥资1.28亿元、历时一年多实施府文庙广场复建专项工程，文庙建筑才算收归专用。2001年，府文庙历史文化建筑群升格为第五批全国重点文物保护单位。2017年，又被列入“古泉州（刺桐）史迹”申报世界文化遗产的遗产点之一。

据《泉州府文庙修建大事记》，这一时期除了平民小学（1955年改称第二中心小学）和泉州中学校（1957年迁到桂坛巷伯府埕新校舍）借驻外，还有《泉州电讯》报社、市文化馆及所属图书室（后升为图书馆）、市科技委员会等进驻。改革开放以后，入驻机构以文教单位为主，如泉州市科技协会、青少年宫、博物馆、文化馆、美术馆、打城戏剧团、南音乐团、文物商店等。1985年，被评为省级文物保护单位后，粮食仓库、图书馆、青少年宫、文化馆等20多家单位、公房和住户先后迁出。2000年以后，博物馆、中菜市场以及羽绒、木器、塑料厂、省五建第四分公司等也集体迁出。2002年，府文庙广场复建专项工程完工，修复庙内传统建筑，剥离庞杂机构，拆除、改造周围违章建筑物，拆并中菜市场等建成文庙广场，并成立府文庙文物保护管理处专门负责府文庙的文物保护管理工作，自此文物建筑保护工作走上正轨。

（四）在做好文化遗产保护的基础上，发展形成历史文化园区

新的历史时期以来，作为标志地方历史和人文昌盛的重要建筑，府文庙的保护工作从遗产本体和历史环境的多层次保护理念出发，制定了国保单位保护规划，严格实施“有保护范围、有保护标志、有记录档案、有保管机构”的“四有”保护。作为传统儒家文化的载体和象征，它又发挥了

传统文化资源的优势，有效对接市民日常活动，相较于古代相对封闭的空间活动，在社会教育和信息传播方面显示出大众化组织和社会化渗透的新动向，发展形成古色古香的府文庙文化园区。

首先，庙内开辟的“府文庙文物陈列馆”“泉州历史名人纪念馆”“泉州古代教育展览馆”，以展览和讲座的形式宣传、展示传统文化知识。从 2017 年开始，为配合“古泉州（刺桐）史迹”申报世界文化遗产，在原来三个展馆的基础上整合开辟了“四海人文第一邦——泉州教育史话”展示馆，提升展示了文庙的遗产价值和泉州的教育发展历史，而不定期举办的国学讲堂和其他各类展览，还突出了闽南文化、海丝文化、非物质文化遗产等方面的历史文化教育。

其次是打造兴学重教的特色活动。每年为纪念孔子诞辰而举行成年礼和拜师礼，春秋两季举行的“新学年·拜孔子·送红蛋”也深受中小学生的欢迎。从 2010 年开始设立了“泉州府文庙奖学金”，为每年度市里高考文、理科状元和中考状元，以及泉州艺术学校年度 10 名优秀特长生颁奖鼓励。

此外，文庙广场与周边的中山路历史文化街区、文化宫活动中心、涂门街繁华商业区融合一体，与市民的日常生活发生着积极而密切的联系，南音演出、文艺舞台、艺术展览、公益活动在这里常态举办，每年的元宵传统灯会和民俗踩街也如期在这里举行，传统文化与现代生活相互融合、社会活动空间共享畅通，使这里成为游客和市民欢迎的庙市广场、一个名副其实的文化园区。

综上，近代以来由于制度转型和思想转型，儒学的政治意识形态主导地位逐渐让位，文庙的礼仪教化和传统儒学教育功能也退居次要地位，但新式学堂和文教团体借址办学办公、文庙园区融入市民公共文化活动等情况，说明文庙的文教功能历久弥新，还将在新的历史时期发挥重要的文化传承作用。

李双幼，中共泉州市委党校理论研究室讲师

◇康熙御制至圣先师孔子赞碑及御制四子赞碑考

◎ 常会营

【摘　要】 北京孔庙作为元明清三代皇帝祭孔和演习礼乐的场所，具有重要的历史文化价值。康熙御制至圣先师孔子赞碑以及御制四子赞碑，便位于孔庙中院神路两侧，并列矗立。此两碑为康熙御制，大臣张玉书敬书。本文从康熙御制至圣先师孔子赞碑及御制四子赞碑的历史背景、碑文校释及历史价值三个方面，对康熙皇帝的这两块御制碑进行了较为详细的历史考证。它反映了有清一代皇帝继承古代特别是元、明、清初以来历朝历代皇帝对儒家、儒学的高度重视，以及对先师孔子、四配及众孔子弟子的极度尊崇。同时，它与康熙东巡亲诣阙里、祭孔释奠并视察孔庙、孔林密切相关，是有清一代皇帝亲诣释奠的历史见证。从建筑方面，它体现了清代康雍乾盛世的历史辉煌；我们可以从中看出康熙皇帝深厚的儒学底蕴，也可以欣赏到康熙重臣、时任文华殿大学士兼户部尚书的“太平宰相”张玉书的卓越书法造诣。

【关键词】 康熙　至圣先师孔子赞　四子赞碑

北京孔庙作为元明清三代皇帝祭孔和演习礼乐的场所，具有重要的历史文化价值。在北京孔庙内，除了中轴线上的先师门、大成门、大成殿、崇圣祠，前院的进士题名碑，最为吸引我们注意的，便是孔庙中院的黄瓦红墙、雍容华贵、气势恢宏的御碑亭了。孔庙的御碑亭一共 14 座，除了前院东侧明英宗御制新建太学御碑亭①外，其余 13 座，均为清代御碑亭，记载了康、雍、乾包括道光年间清代皇帝重修文庙、赞颂孔子及四配、御制释奠诗文以及清代平定边疆叛乱的文治武功。而这 13 座清代御碑亭，除了

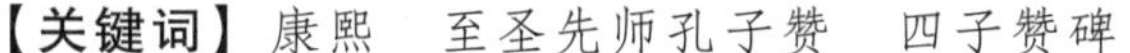

① 据《钦定国子监志卷五十四·金石志二·御碑》载：“英宗御制新建太学碑：正统九年三月立。旧在大成殿东庑。乾隆三十三年重修文庙，移置大成门外东南，有亭。”参见（清）文庆、李宗昉纂修《钦定国子监志》（下册），郭亚南等校点，北京古籍出版社 2000 年版，第 933 页。

前院西侧的乾隆三十四年（1769 年）重修文庙碑以及道光九年御制平定回疆告成太学碑，其余的均集中于孔庙中院。而康熙御制至圣先师孔子赞碑以及御制四子赞碑，便位于神路两侧，并列矗立。

图 1　康熙御制至圣先师孔子赞碑外景和内景

图 2　康熙御制四子赞碑外景和内景

根据《钦定国子监志卷五十四·金石志二·御碑》：

> 圣祖仁皇帝御制至圣先师孔子赞碑：康熙二十五年七月立，在大成殿甬路东，有亭。（文恭载《卷首》）御制四子赞碑：户部尚书、文华殿大学士、（臣）张玉书奉敕敬书。康熙二十八年闰三月立，在大成殿甬路西，有亭。（文恭载《卷首》）①

由此可知，康熙御制至圣先师孔子赞碑，于康熙二十五年（1686年）立，位置在北京孔庙大成殿甬路东侧，有御碑亭。而康熙御制至圣先师孔子赞碑及御制四子赞碑，是由时户部尚书、文华殿大学士张玉书奉御敕敬书，立于康熙二十八年（1689年）闰三月，位置在大成殿甬路西侧，亦有御碑亭。

张玉书（1642年7月22日—1711年7月3日），字素存，号润甫，江苏丹徒（今江苏镇江）人。生于明思宗崇祯十五年六月二十二日（1642年7月22日），卒于清圣祖康熙五十年五月十八日（1711年7月3日），年七十岁。张九徵次子，长兄为张玉裁。自幼刻苦读书，顺治十八年（1661年）进士，精《春秋》三传，深邃于史学。历任翰林院编修、国子监司业、侍讲学士。二十三年（1684年）授刑部尚书，调兵部尚书。二十九年（1690年）拜文华殿大学士兼户部尚书。康熙三十五年（1696年），随皇帝征噶尔丹叛乱。历官凡五十年，为太平宰相二十年。久任机务，直亮清勤，朝廷倚以为重。康熙十八年（1679年）主持修《明史》，先后出任《平定朔漠方略》《佩文韵府》（1704—1711年）、《康熙字典》的总裁官。他数度勘视河工，支持靳辅主持治河工程。康熙四十九年（1710年），告病辞官，仍慰留在朝，康熙五十年（1711年），以七十岁高龄随康熙至热河，病死塞外，谥文贞。玉书工作古文辞，称一代大手笔。著有《张文贞集》十二卷，《清史列传》行于世。②

由此来看，康熙皇帝贵为一国之君，且其书法效法董其昌，笔力雄浑，磅礴大气，冠绝有清一代皇帝，却让曾历任翰林院编修、国子监司业、侍讲学士，时任文华殿大学士兼户部尚书的“太平宰相”张玉书，来书写御制至圣先师孔子赞及御制四子赞碑文，可见康熙对其人品、学识、才能的器重，以及对其书法造诣的由衷青睐。将之刊立于北京文庙，并颁行天下

① （清）文庆、李宗昉纂修：《钦定国子监志》（下册），郭亚南等校点，北京古籍出版社2000年版，第924页。

② 参见陈海波《即墨文庙康熙二十五年“康熙御制〈至圣先师孔子赞〉碑”的研究》，http：//blog. sina. com. cn/s/blog_ 64b122d30102xevm. html。

直省学宫，传之后世，也是对其德行学问以及书法造诣的高度褒奖。而这一君臣合作完成的文化工程，也是极具文化意蕴和历史价值的。

下面，我们来了解一下康熙御制至圣先师孔子赞碑及御制四子赞碑刊刻的历史背景。

一 康熙御制至圣先师孔子赞碑及御制四子赞碑的历史背景

首先，康熙御制至圣先师孔子赞碑及御制四子赞碑的刊立，跟古代特别是元、明以及有清自开国以来皇帝对孔子、儒家、儒学、祭孔释奠的高度重视关系甚深。

中国古代祭孔的礼仪主要分为三种：释奠礼、释菜与释褐礼。释奠礼与释菜礼的历史都非常久远。释奠礼是祭祀礼的一种，它是古代在学校设置酒食以奠祭先圣先师的一种典礼。由于孔子生前学行为世人所重，且教育成就至高无上，影响深远，所以释奠的对象后来逐渐以孔子为主，释奠礼几乎成为祭孔典礼的专有名称，在孔庙所有祭礼中规格最高。“奠”即“陈设”“呈献”之意，在祭祀典仪中，陈设音乐、舞蹈，呈献牲、帛、酒等祭品，表示尊崇、敬仰之意。依据祭拜者身份的不同，释奠礼又分为皇帝亲诣释奠与遣官释奠两种。皇帝亲诣释奠是指皇帝亲自参加的祭孔典礼。祭拜者的帝王身份使亲诣释奠礼成为等级最高的祭孔仪礼，也是帝王尊孔重儒、尊师重教、垂范天下的重要举措。遣官释奠礼的主祭者不是皇帝本人，而是皇帝派遣的大臣代为行礼，以此方式表达皇帝对先师孔子的敬重以及对于儒家文化的推崇。

元代皇帝对于孔子、儒学、祭孔释奠是比较重视的。因为北京孔庙便是元代元成宗大德六年（1302 年）始建，大德十年（1306 年）建成的。而北京国子监则更早，始建于元世祖至元二十四年（1287 年），大德十二年（1306 年）修缮增建，元武宗至大元年（1308 年）建好。

元世祖至元十年（1273 年）三月，颁释奠文宣王祭器。又诏：外路提学教授官春、秋二丁不变常服，于礼未宜，自今执事官各依品序服公服，执手板。命中书省安排春秋释奠。据陶宗仪撰《南村辍耕录》卷二“丁祭”条：“内翰王文康公鹗……既达北庭，值秋丁，公奏行释奠礼。世祖说，即命举其事。公为祝文，行三献礼。礼毕，进胙于上。上既饮福，熟其胙，命左右均沾所赐。自是春秋二仲，岁以为常。盖上之所以尊师重道者，实公有以启之也。”① 至元三十一年（1294 年）七月，曾诏告中外崇奉孔子。

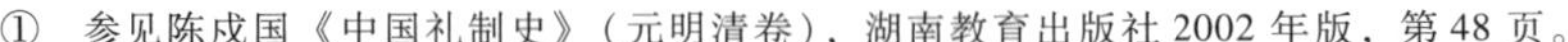

① 参见陈戍国《中国礼制史》（元明清卷），湖南教育出版社 2002 年版，第 48 页。

忽必烈说："元之入主中华也，尊崇孔子，典礼至隆。较诸前代，有加无已。故其版图日辟，远及欧洲，为我从来所未有。今者中外崇奉，虽异种遐方，皆沾圣泽。此西人所谓五百年后，孔教必普及全球也与。"元世祖的这番诏词是元代重孔教、兴礼乐的思想基础。

元成宗大德十年（1306 年），京师文宣王庙成，行释奠礼。牲用太牢，乐用登歌。制法服三袭。皇帝指令新立宫廷雅乐。命浙江行省制宣圣庙乐。秋八月，用于庙祀。其乐歌，仍宋之旧。又令翰林新撰乐章，不果用。按《元史》记载的元代雅乐共分五类，其中有"郊祀乐章""宗庙乐章""社稷乐章""先农乐章""宣圣乐章"（孔庙乐章）等①。

元大德十一年（1307 年），新即位的元武宗海山加封孔子为"大成至圣文宣王"，并差遣使者到曲阜孔庙，以"太牢"之礼施以大祭。（据明代郭鎜撰《皇明太学志》：元大德十一年加封圣号诏曰："盖闻先孔子而圣者，非孔子无以明；后孔子而圣者，非孔子无以法。所谓'祖述尧舜，宪章文武，仪范百王，师表万世'者也。朕纂承丕绪，敬仰休风，循治古之良规，举追封之盛典，加号大成至圣文宣王，遣使阙里，祀以太牢。於戏！父子之亲，君臣之义，永惟圣教之尊；天地之大，日月之明，奚罄名言之妙。尚资神化，祚我皇元。"按：元武宗至大元年即元成宗大德十一年。）

至大二年（1309 年）春正月丙午，大成至圣文宣王春、秋二丁释奠，用太牢。

至大三年（1309 年），置曲阜宣圣庙登歌乐。

当元武宗在位之际（约 1310 年），曾以孟子关于"孔子之谓集大成，集大成也者，金声而玉振者也"的思想精华，为当代固政体，化风尚的精神命脉。

延祐三年（1316 年）秋七月，诏：春、秋释奠于先圣，以颜子、曾子、子思、孟子配享。六年（1319 年）二月丁亥朔，日有食之，改释奠于中丁。

天历二年（1329 年）秋七月辛巳，遣使以上尊腊羊钞十锭，至大都国子监，助中秋上丁释奠。

此外，至顺元年（1330 年），元文宗还加封孔子父母、夫人及颜回、曾子、子思子和孟子，并刻石立于孔庙（今立于北京孔庙大成门前右侧）。

明清皇帝对于祭孔释奠皆非常重视，超越元代。从明成祖永乐帝到崇祯帝，从顺治帝到光绪帝，几乎每位皇帝都曾去孔庙（乾隆三十三年称先师庙）参加过释奠。其中，根据《钦定国子监志》的记载，明代十一位皇

① 参见江帆、艾春华《中国历代孔庙雅乐》，中国国际广播出版社 2001 年版，第 30—31 页。

图 3 元武宗海山“孔子加号碑”

帝曾十二次参加过祭孔释奠，几乎人均一次，嘉靖帝二次（注：永乐帝应在南京）。清代皇帝对于祭孔释奠重视程度更超过明代。从顺治帝到光绪帝（除了同治和宣统皇帝），几乎每位皇帝都曾来北京孔庙（乾隆三十三年称先师庙）参加过释奠。其中，顺治帝二次，康熙帝一次，雍正帝四次（不包括两次国子监告祭），乾隆帝十次（最多，不包括辟雍工成诣先师庙行上香礼一次），嘉庆帝六次（次多），道光帝三次，咸丰帝一次，光绪帝三次，八位皇帝共三十次之多。如此多的皇帝参与祭孔释奠，足以看出清代对先师孔子及其儒家思想之重视和推崇。根据《钦定国子监志》上的记载，明清两代一共有十九位皇帝参与过祭孔释奠，释奠次数达到四十二次之多。

图 4　元文宗加封四子碑

清代无论在释奠等级、释奠规模，还是在释奠次数上，都远远超逾前代。根据现有史料，单就释奠皇帝人数来说，明代为最多，除明太祖朱元璋、建文帝朱允炆、明仁宗朱高炽、明宣宗朱瞻基、明光宗朱常洛之外，几乎每位皇帝都曾参与过祭孔释奠，清代次之，元代几乎没有。① 而单就释奠次数来说，清代为最多，无论总数还是个人参与次数都位列第一，其中尤以乾隆帝为最多，其十次释奠的记录更是空前绝后，令其他皇帝难以企及。

① 至正八年夏四月乙亥，帝幸国子学。赐衍圣公银印，升秩从二品。定弟子员出身《元史·顺帝纪》。（笔者注：元代仅此一条，亲诣国子学，但未释奠）

嘉庆帝以五次位列次席，雍正帝以四次跻身三甲。①

1644 年，清王朝正式建立。在清王朝成立前后，皇帝其实都是非常尊崇孔子、重视儒学教育的。根据《清史稿·志五十九·礼三（吉礼三）》所载：

> 崇德元年（1636 年），建庙盛京，遣大学士范文程致祭。奉颜子、曾子、子思、孟子配。定春秋二仲上丁行释奠礼。世祖定大原，以京师国子监为大学，立文庙。制方，南乡。西持敬门，西乡。前大成门，内列戟二十四，石鼓十，东西舍各十一楹，北乡。大成殿七楹，陛三出，两庑各十九楹，东西列舍如门内，南乡。启圣祠正殿五楹，两庑各三楹，燎炉、瘗坎、神库、神厨、宰牲亭、井亭皆如制。
>
> 顺治二年（1645 年），定称大成至圣文宣先师孔子，春秋上丁，遣大学士一人行祭，翰林官二人分献，祭酒祭启圣祠，以先贤、先儒配飨从祀。有故，改用次丁或下丁。月朔，祭酒释菜，设酒、芹、枣、栗。先师四配三献，十哲两庑，监丞等分献。望日，司业上香。
>
> 九年（1652 年），世祖视学，释奠先师，王、公、百官，斋戒陪祀。前期，衍圣公率孔、颜、曾、孟、仲五氏世袭五经博士，孔氏族五人，颜、曾、孟、仲族各二人，赴都。暨五氏子孙居京秩者咸与祭。是岁授孔氏南宗博士一人，奉西安祀。
>
> 十四年（1657 年），给事中张文光言：“追王固诬圣，而‘大成文宣’四字，亦不足以尽圣，宜改题‘至圣先师’。”从之。
>
> 康熙六年（1667 年），颁太学中和韶乐。二十二年（1683 年）②，御书“万世师表”额悬大成殿，并颁直省学宫。二十六年（1687 年），御制孔子赞序、颜曾思孟四赞镵之石。揭其文颁直省。
>
> 五十一年（1712 年），以朱子昌明圣学，升跻十哲，位次卜子。寻命宋儒范仲淹从祀。

又根据《钦定国子监志卷二十五·礼志》：

① 参见（清）文庆、李宗昉纂修《钦定国子监志》（上册），郭亚南等校点，北京古籍出版社 2000 年 3 月版，第 377—394 页。

② 注：应为二十三年（1684 年）。参见《清实录·卷之一百十七》记载：“（康熙二十三年）十一月己卯，至大成殿。……特书万世师表四字，悬额殿中。”《清史稿·卷七本纪七》所载相同：“（康熙二十三年甲子十一月）戊寅，上次曲阜。己卯，上诣先师庙，入大成门，行九叩礼。至诗礼堂，讲易经。上大成殿，瞻先圣像，观礼器。至圣迹殿，览图书。至杏坛，观植桧。入承圣门，汲孔井水尝之。顾问鲁壁遗迹，博士孔毓圻占对甚详，赐官助教。诣孔林墓前酹酒。书‘万世师表’额。留曲柄黄盖。”

康熙八年（1669年）夏四月辛丑，圣祖仁皇帝视学，亲诣先师庙释奠。①

康熙二十三年（1688年），祭酒王士祯等请定先师祀典乐舞、笾豆，酌用成化、弘治年间仪。②（笔者注：释奠用八佾，笾豆各十二。）

崇德元年（1636年），皇太极改国号后金为清，建立清朝，定都盛京。此时，便已经于盛京建立孔庙，派遣大学士范文程致祭，以颜子、曾子、子思、孟配享孔子，并定春秋二仲上丁行释奠礼。清世祖定大原，又以京师国子监为大学，立文庙。顺治二年（1645年），定称大成至圣文宣先师孔子，春秋上丁，遣大学士一人行祭，翰林官二人分献，祭酒祭启圣祠，以先贤、先儒配飨从祀。月朔祭酒释菜，望日司业上香。

顺治九年（1652年），清世祖视学国子监孔庙，亲自释奠先师，王、公、百官，斋戒陪祀。前期，衍圣公率孔、颜、曾、孟、仲五氏世袭五经博士，孔氏族五人，颜、曾、孟、仲族各二人，赴京参与释奠。五氏子孙居京城者皆参与陪祭。该年顺治授孔氏南宗博士一人，前往西安，奉行孔子祭祀。

顺治十四年（1657年），给事中张文光对顺治说，追王固然是有诬圣人，而“大成文宣”四个字，也不足以穷尽圣人，应该改题“至圣先师”。顺治从之。因此，孔子的封号又由顺治二年（1645年）的“大成至圣文宣先师孔子”，改回到明嘉靖九年（1530年）的“至圣先师”封号。

康熙六年（1667年），颁中和韶乐于太学。史载，康熙八年（1669年）夏四月辛丑，康熙皇帝亲临国子监视学，亲诣先师庙释奠。二十三年（1684年），他又御书“万世师表”额悬挂于大成殿，并颁行全国直省学宫。二十六年（1687年），康熙御制孔子赞序、颜曾思孟四赞，刻之于石。接着抄录其文，颁行直省。

康熙五十一年（1712年），康熙因朱子昌明圣学，将朱子升跻十哲，位次卜子。不久，又命宋儒范仲淹从祀孔庙。

通过以上史料，我们可以窥知，康熙皇帝之所以亲自御制至圣先师孔子赞以及御制四子赞，与明代及清代开国以来对孔子、儒学的高度重视息息相关。皇太极、顺治皇帝对于孔子、儒学的高度重视，对于孔庙、国庙的建立修缮，对孔子封号的一再升格，对祭祀孔子的大力推崇，亲力亲为，对于康熙皇帝如此推崇赞颂孔子及四配，并将之刊刻于石碑，立之于国家

① （清）文庆、李宗昉纂修：《钦定国子监志》（上册），郭亚南等校点，北京古籍出版社2000年3月版，第381页。

② 同上书，第399页。

孔庙，并颁行天下各直省学宫，应该是有很大影响的。

其次，康熙御制至圣先师孔子赞碑及御制四子赞碑的刊立，应该与康熙二十三年（1684年）康熙皇帝的驾诣阙里有关。毕竟阙里是圣人孔子故里，阙里孔庙是孔子本庙，故皇帝亲自驾诣圣人故里、本庙祭祀，不仅与今之所谓朝圣相似，而且具有很强的政治文化意义。

在中国封建时代，一共有12位皇帝先后亲诣阙里祭祀孔子，两汉至唐期间就有8位，其中包括西汉高祖（前195年）、东汉光武帝（29年）、汉明帝（72年）、汉章帝（85年）、汉安帝（124年）、北魏孝文帝（495年）、唐高宗（666年）、唐玄宗（725年）。[①] 大中祥符元年（1008年）宋真宗过曲阜，拜孔庙，加谥孔子为“元圣文宣王”，赞颂孔子为“人伦之表”，儒学为“帝道之纲”［宋真宗《玄圣文宣王赞（并序）》］。清代康熙帝也曾亲诣曲阜祭孔，乾隆帝则去了8次之多。

康熙二十三年（1684年），康熙皇帝东巡途中驾诣曲阜。根据《清实录·卷之一百十七》记载：

> 己卯，上御辇，设卤簿，诣先师庙。至奎文阁前，降辇，步入大成门。至大成殿，乐作，上行三跪九叩礼。四配、十哲、两庑，从官分献。御制祝文曰：仰惟先师德侔元化，圣集大成，开万世之文明，树百王之仪范。永言光烈，莫不钦崇。朕丕御鸿图，缅怀至道，宪章往哲，矩矱前模。夕惕朝乾，覃精思于六籍；居今稽古，期雅化于万方。繄惟典训之功，实睹乂安之效。兹者巡省方国，至于岱宗。瞻望鲁郊，爰来阙里。空堂至止，恍闻丝竹之声；旧寝徘徊，喜动宫墙之色。车服礼器，宛然三代遗风；几杖册书，夐矣千秋盛迹。忾明灵之俨在，文治遐昌；肃禋祀以惟虔，精忱庶格！
>
> 遣国子监祭酒阿礼瑚祭启圣公。御制祝文曰：维公系本神灵，生称瓌伟，勇力闻于鲁国，皆道德所发皇。政事纪于鄹邦，悉文章所宣著。笃生圣子，代为帝师。寰宇崇岁祀之仪，不先父食；古今奉斯文之统，共指家传。兹值东巡，特临曲邑。溯二千年之教泽，孰非厚德燕贻。垂七十世之孙谋，如见神明陟降。用修彝祭之典，代以扈从之臣。泗水环流，知发源之有自；防山耸峙，占积庆之无疆。牲醴式陈，尚其歆格！
>
> 上幸诗礼堂。衍圣公孔毓圻率五氏子孙行礼毕，监生孔尚任、进讲大学圣经首节。举人孔尚鉝进讲易经系辞首节。上命大学士王熙，

① 孔德懋主编，刘厚琴著：《家族春秋》（《孔子家族全书》），辽海出版社2000年版，第93页。

宣谕衍圣公孔毓圻等曰：至圣之道，与日月并行，与天地同运。万世帝王，咸所师法，下逮公卿士庶，罔不率由。尔等远承圣泽，世守家传，务期型仁讲义，履中蹈和，存忠恕以立心，敦孝弟以修行，斯须勿去，以奉先训，以称朕怀。尔等其祗遵毋替。上又谕；初至阙里，祀典既成，意欲遍览先圣遗迹。其令衍圣公孔毓圻、山东巡抚张鹏、口北道孔兴洪、讲书官孔尚任、孔尚鉝等前引。上步至大成殿，肃瞻圣像。顾问衍圣公孔毓圻曰：像始于何年？孔毓圻奏曰：相传东魏兴和三年，兖州刺史李珽始塑像。上以次观颜子、曾子、子思、孟子像。又观礼器，有牺象云雷三尊。上问何代法物。孔毓圻奏曰：汉章帝元和二年亲祀阙里所留祭器。又观石刻吴道子画鲁司寇像。诣圣迹殿，周览图画、及凭几像、行教小影、立像、行像、诸石刻。顾问孔毓圻曰：何像最真？孔毓圻奏曰：惟行教小影、颜子从行者为最真，乃当年端木赐传写，晋顾恺之重摹者。上问西偏是何处。孔毓圻奏曰：前为金丝堂，后为启圣公祠。上敛容，驻望久之。上复至大成殿前，命大学士等宣谕曰：至圣之德，与天地日月，同其高明广大，无可指称。朕向来研求经义，体思至道。欲加赞颂，莫能名言。特书“万世师表”四字，悬额殿中。非云阐扬圣教，亦以垂示将来。又谕曰：历代帝王，致祭阙里，或留金银器皿。朕今亲诣行礼，务极尊崇至圣，异于前代。所有曲柄黄盖留供庙庭，四时飨祀陈之，以示朕尊圣之意。上出殿，问大成殿榜。孔毓圻奏曰：宋徽宗飞白书。至杏坛。孔毓圻奏曰：此先圣讲道之所。上览金臣党怀英篆杏坛二字碑、宋臣米芾书桧桓□寸赞碑及宋真宗君臣所制孔子与七十二弟子赞。观先师手植桧，孔毓圻奏曰：明弘治十二年，庙毁于火。桧在门殿之间，经火，枝叶尽脱，孤干独存。今又二百年矣。不枯不荣，其坚如铁，色亦如之，俗呼为铁树。前至奎文阁，孔毓圻奏曰：此历代藏书之所。皇上颁赐之书，皆藏其上。上问曰：何处是先师所居之宅，今尚有遗址否？孔毓圻奏曰：皇上所御讲筵之后，有鲁壁遗址。乃先圣燕居之所。上复入承圣门，观堂前太初石、唐槐及银杏树。升诗礼堂，孔毓圻奏曰：此当日鲤趋过庭，得闻诗礼之处。上于堂后观孔宅遗井，命汲水尝之。顾问鲁壁遗址，孔毓圻奏曰：昔秦始皇焚诗书，臣九世祖孔鲋，预藏《尚书》《论语》《孝经》诸书于壁中。至汉鲁恭王欲毁臣祖故宅，以广其宫。闻壁中有金石丝竹之声，发之得竹简古书。故后世名其堂曰金丝云。上诣孔林，于洙泗桥下马步行。至墓前酹酒，行三叩礼。上阅墓碑，问墓上是何草木。孔毓圻奏曰：孔林草木、皆当年群弟子，各自

其国徙植。种类繁多，不能悉辨。上问孔林周围几许。孔毓圻奏曰：共地一十八顷。今二千余年，族人日繁，祔葬无所。上曰何不开扩。孔毓圻奏曰：林外皆版籍民田，欲扩不能，尚望特恩赐给。上曰：即具疏来。孔毓圻等叩头谢恩。

又据《清史稿·卷七本纪七》：“（康熙二十三年甲子十一月）戊寅，上次曲阜。己卯，上诣先师庙，入大成门，行九叩礼。至诗礼堂，讲《易经》。上大成殿，瞻先圣像，观礼器。至圣迹殿，览图书。至杏坛，观植桧。入承圣门，汲孔井水尝之。顾问鲁壁遗迹，博士孔毓圻占对甚详，赐官助教。诣孔林墓前酹酒。书‘万世师表’额。留曲柄黄盖。”所载大致相同，相对简略。

当年康熙巡幸至曲阜，在阙里孔庙行祭孔大典，亲自向先师孔子行三跪九叩大礼。并御制祝文说：“仰惟先师，德牟元化，圣集大成，开万世之文明，树百王之仪范。永言光烈，莫不钦崇。”又派遣国子监祭酒阿礼瑚祭祀启圣公，即孔子的父亲叔梁纥，并亲制祝文。康熙帝幸曲阜孔庙诗礼堂，衍圣公孔毓圻曾率五氏子孙行礼，然后当时的国子监监生孔尚任为康熙帝进讲《大学》首章，颇为康熙帝所赞赏，后被破格提拔为国子监博士，其办公地点即在今国子监博士厅，并在任期内开始撰写不朽名作《桃花扇》，于康熙三十八年（1699 年）六月完成。

康熙帝在孔尚任等讲完后，命大学士王熙宣圣谕说，“至圣之道，与日月并行，与天地同运，万世帝王咸所师法，下逮公卿士庶，罔不率由”。因此，按照康熙皇帝本意，“万世师表”意思应为赞颂孔子是“万世帝王、公卿、士人乃至庶民学习的榜样”。

又根据《清实录》和《东华录》所载，康熙二十四年（1685 年）三月，副都御史张可前上书请将皇上历年政事纂集成书；又上疏请将康熙帝驾幸阙里御书“万世师表”额应勒石，颁给直隶各省府、州、县学悬挂，康熙帝同意了。

康熙皇帝之所以御制至圣先师孔子赞及御制四子赞，应该说与康熙二十三年（1684 年）东巡驾诣阙里孔庙、孔林，叩拜先师孔子及览孔庙遗迹息息相关。从“诣先师庙，至奎文阁前，降辇，步入大成门。上行三跪九叩礼。四配、十哲、两庑，从官分献”，又“上复至大成殿前，命大学士等宣谕曰：至圣之德，与天地日月，同其高明广大，无可指称。朕向来研求经义，体思至道。欲加赞颂，莫能名言。特书万世师表四字，悬额殿中。非云阐扬圣教，亦以垂示将来。又谕曰：历代帝王，致祭阙里，或留金银器皿。朕今亲诣行礼，务极尊崇至圣，异于前代。所有曲柄黄盖留供庙庭，四时飨祀陈之，以示朕尊圣之意”，以及“上步至大成殿，肃瞻圣像。顾问衍圣公孔毓圻曰：像始于何年？孔毓圻奏曰：相传东魏兴和三年，兖州刺史李珽始塑像。上以次观颜子、曾子、子思、孟子像”，可见其对先师孔子及四配的敬仰和尊崇。特别是由“上览金臣党怀英篆杏坛二字碑、宋臣米芾书桧桓□寸赞碑及宋真宗君臣所制孔子与七十二弟子赞”，可以推想，康熙皇帝之御制至圣先师孔子赞及御制四子赞，很有可能是受了宋真宗君臣所制孔子与七十二弟子赞影响。而他御制至圣先师孔子赞及御制四子赞，并让重臣张玉书书写，并将之刊刻于京师孔庙，并颁行天下直省学宫。在一定程度上，也是仿效宋真宗君臣之做法，昭示有清一代君臣对先师孔子、四配、七十弟子之推崇，丝毫不亚于前代君臣。

二 康熙御制至圣先师孔子赞碑及四子赞碑碑文校释

下面，我们来看一下康熙御制至圣先师孔子赞碑及四子赞碑碑文：

御制至圣先师孔子赞（并序）

盖自三才[①]建而天地不居其功。一中传而圣人代宣其蕴。有行道之圣，得位以绥猷[②]；有明道之圣，立言以垂宪。此正学所以常明，人心所以不泯也。粤稽[③]往绪，仰溯前徽[④]，尧、舜、禹、汤、文、武达而在上，兼君师之寄，行道之圣人也；孔子不得位，穷而在下，秉删述之权，明道之圣人也。行道者勋业炳于一朝，明道者教思周于百世。尧、舜、文、武之后，不有孔子，则学术纷淆，仁义湮塞，斯道之失传也久矣。后之人而欲探二帝三王[⑤]之心法，以为治国平天下之准，其奚所取衷焉？然则孔子之为万古一人也，审矣。朕巡省东国，谒祀阙里，景企滋深；敬摛笔而为之赞曰：清浊有气，刚柔有质。圣人参之，人极[⑥]

① 三才：指天、地、人。语出《易传·系辞下》：“有天道焉，有人道焉，有地道焉。兼三才而两之，故六。六者非它也，三才之道也。”又《易经·说卦》：“是以立天之道，曰阴与阳；立地之道，曰柔与刚；立人之道，曰仁与义；兼三才而两之，故《易》六画而成卦。”

② 绥：原义为挽手上车的绳索，引申为安抚、顺应之意。《诗·大雅·民劳》：“惠此中国，以绥四方。”猷：道，法则。

③ 粤稽：查考，考证之意。粤 yuè，助词。古与“聿”“越”“曰”通用，用于句首或句中。稽，查考。

④ 前徽：前人美好的德行。南朝宋颜延之《宋文皇帝元皇后哀策文》：“钦若皇姑，允迪前徽。”南朝梁沈约《奏弹王源》：“欒郤之家，前徽未远。”唐韩愈《谴疟鬼》诗：“祖轩而父顼，未沫于前徽。”清方文《田居杂咏》之六：“我质本浅薄，安敢望前徽。”

⑤ 二帝三王：指尧、舜二帝及禹、汤、文武三王。

⑥ 人极：纲纪，纲常，社会的准则。

以立。行著习察，舍道莫由。惟皇建极，惟后绥猷①。作君作师②，垂统万古；曰惟尧舜，禹汤文武。五百余岁，至圣挺生。声金振玉③，集厥大成④。序《书》删《诗》，定礼正乐。既穷象系⑤，亦严笔削⑥。上昭往绪，下示来型。道不终晦，秩然大经。百家纷纭，殊途异趣。日月无踰⑦，羹墙可晤⑧。孔子之道，惟中与庸⑨。此心此理，千圣斯同。孔子之德，仁义中正。秉彝⑩之好，根本天性。庶几夙夜，勖哉令图。溯源洙泗，景躅唐虞⑪。载历庭除，式观礼器。摛毫仰赞，心焉遐企。百世而上，以圣为归。百世而下，以圣为师。非师夫子，惟师于道。统天御世，惟道为宝。泰山岩岩，东海泱泱。墙高万仞，夫子之堂。孰窥其藩？孰窥其径？道不远人⑫，克念作圣⑬。

① 建极绥猷：建极：典出《尚书·周书·洪范》：“皇建其有极。”建，立也。极，中也。孔安国《传》云：“大中之道，大立其有中，谓行九畴之义。”原义为屋脊之栋，引申为中正的治国最高准则。绥猷：典出《尚书·商书·汤诰》：“惟皇上帝，降衷于下民。若有恒性，克绥厥猷惟后。”绥：原义为挽手上车的绳索，引申为安抚、顺应之意。猷：道，法则。故宫太和殿悬挂乾隆御笔“建极绥猷”御匾。“建极绥猷”含义为天子上对皇天、下对庶民的双重神圣使命，既须承天而建立法则，又要抚民而顺应大道。

② 作君作师：天降下国君和老师。出自《尚书·泰誓》：“天佑下民，作之君，作之师，惟其克相上帝，宠绥四方。”《孟子·梁惠王下》所载稍有出入：“天降下民，作之君，作之师，惟曰其助上帝，宠之四方。”据朱熹《大学章句序》：“盖自天降生民，则既莫不与之以仁义礼智之性矣。然其气质之禀或不能齐，是以不能皆有以知其性之所有而全之也。一有聪明睿智能尽其性者出于其间，则天必命之以为亿兆之君师，使之治而教之，以复其性。”

③ 声金振玉：即金声玉振。以钟发声，以磬收韵，奏乐从始至终。比喻音韵响亮、和谐。也比喻人的知识渊博，才学精到。《孟子·万章下》：“集大成也者，金声而玉振之也。金声也者，始条理也；玉振之也者，终条理也。始条理者，智之事也；终条理者，圣之事也。”

④ 集厥大成：语出《孟子·万章下》：“集大成也者，金声而玉振之也。金声也者，始条理也；玉振之也者，终条理也。始条理者，智之事也；终条理者，圣之事也。”意即孔子是中国古代文化的继承者和发扬光大者。

⑤ 既穷象系：指的是孔子作《易传》七种十篇。《易传》是《周易》的组成部分。对《经》而言，故曰《传》。亦称《十翼》。包括《彖传》上下篇、《象传》上下篇、《系辞》上下篇、《文言》《序卦》《说卦》《杂卦》。《史记》称《易大传》。旧传孔子所作。

⑥ 亦笔亦削：笔削，笔，书写记录；削，删改时用刀削刮简牍。语出《史记·孔子世家》：“至于为《春秋》，笔则笔，削则削，子夏之徒不能赞一辞。”后因以“笔削”谓历史著作。

⑦ 日月无踰：语出：《论语·子张》：叔孙武叔毁仲尼。子贡曰：“无以为也，仲尼不可毁也。他人之贤者，丘陵也，犹可踰也；仲尼，日月也，无得而踰焉。人虽欲自绝，其何伤于日月乎？多见其不知量也！”比喻孔子如日月一样，不可踰越。

⑧ 羹墙：语出《后汉书. 李固传》：“昔尧殂之后，舜仰慕三年。坐则见尧于墙，食则睹尧于羹。”后以“羹墙”为追念前辈或仰慕圣贤的意思。

⑨ 惟中与庸：中庸，据朱熹注，为不偏不倚、无过无不及之意。庸：平常。中庸之道是儒家的伦理道德准则，为常行之礼。

⑩ 秉彝：语出《诗·大雅·烝民》：“天生烝民，有物有则。民之秉彝，好是懿德。”毛传：“彝，常。”朱熹《集传》：“秉，执。”即持执常道之意。

⑪ 景：敬仰。唐虞：唐尧虞舜。

⑫ 道不远人：语出《中庸》第十三章：子曰：“道不远人，人之为道而远人，不可以为道。”即中庸之道距离人不远，如果一个人要践行中庸之道而远离人，则不可能真正践行中庸之道。

⑬ 克念作圣：语出《尚书·多方》：“惟圣罔念作狂，惟狂克念作圣。”意即圣人如果没有了“念”就会变成狂人，狂人如果能够克制“念”就能变成圣人。

御制四子赞：

复圣颜子：圣道早闻，天资独粹。约礼博文①，不迁不贰②。一善服膺，万德来萃③。能化而齐，其乐一致④。礼乐四代，治法兼备。用行舍藏⑤，王佐之器。

宗圣曾子：洙、泗之传，鲁以得之。一贯曰唯⑥，圣学在兹。明德新民，止善为期⑦。格致诚正⑧，均平以推。至德要道⑨，百行所基。

① 约礼博文：语出《论语·子罕》：颜渊喟然叹曰："仰之弥高，钻之弥坚；瞻之在前，忽焉在后。夫子循循然善诱人，博我以文，约我以礼。欲罢不能，既竭吾才，如有所立卓尔。虽欲从之，末由也已。"朱熹《论语集注》：博文约礼，教之序也。言夫子道虽高妙，而教人有序也。侯氏曰："博我以文，致知格物也。约我以礼，克己复礼也。"程子曰："此颜子称圣人最切当处，圣人教人，惟此二事而已。"

② 不迁不贰：语出《论语·雍也》：哀公问："弟子孰为好学？"孔子对曰："有颜回者好学，不迁怒，不贰过。不幸短命死矣！今也则亡，未闻好学者也。"朱熹《论语集注》："迁，移也。贰，复也。怒于甲者，不移于乙；过于前者，不复于后。颜子克己之功至于如此，可谓真好学矣。"

③ 一善服膺：语出《中庸》：子曰："回之为人也，择乎中庸，得一善，则拳拳服膺而弗失之矣。"

④ 能化而齐，其乐一致：语出周敦颐《通书》：颜子"一箪食，一瓢饮，在陋巷，人不堪其忧而不改其乐"。富贵者，人所爱也；颜子不爱不求，而乐乎贫者，独何心哉？天地间有至贵至爱可求而异乎彼者，见其大而忘其小焉尔。见其大则心泰，心泰则无不足；无不足，则富贵贫贱处之一也。处之一，则化而能齐，故颜子亚圣。

⑤ 用舍行藏：语出《论语·述而》：子谓颜渊曰："用之则行，舍之则藏，唯我与尔有是夫！"朱熹《论语集注》：舍，上声。夫，音扶。尹氏曰："用舍无与于己，行藏安于所遇，命不足道也。颜子几于圣人，故亦能之。"

⑥ 一贯曰唯：语出《论语·里仁》：子曰："参乎！吾道一以贯之。"曾子曰："唯。"子出。门人问曰："何谓也？"曾子曰："夫子之道，忠恕而已矣。"朱熹《论语集注》："唯，上声。参乎者，呼曾子之名而告之。贯，通也。唯者，应之速而无疑者也。圣人之心，浑然一理，而泛应曲当，用各不同。曾子于其用处，盖已随事精察而力行之，但未知其体之一尔。夫子知其真积力久，将有所得，是以呼而告之。曾子果能默契其指，即应之速而无疑也。"

⑦ 明德新民，止善为期：语出《大学》："大学之道，在明明德，在亲民，在止于至善。"二程朱熹认为《大学》为曾子所作。根据朱熹《大学章句集注》：程子曰："亲，当作新。"大学者，大人之学也。明，明之也。明德者，人之所得乎天，而虚灵不昧，以具众理而应万事者也。但为气禀所拘，人欲所蔽，则有时而昏；然其本体之明，则有未尝息者。故学者当因其所发而遂明之，以复其初也。新者，革其旧之谓也，言既自明其明德，又当推以及人，使之亦有以去其旧染之污也。止者，必至于是而不迁之意。至善，则事理当然之极也。言明明德、新民，皆当至于至善之地而不迁。盖必其有以尽夫天理之极，而无一毫人欲之私也。此三者，大学之纲领也。

⑧ 格致诚正：语出《大学》："古之欲明明德于天下者，先治其国；欲治其国者，先齐其家；欲齐其家者，先修其身；欲修其身者，先正其心；欲正其心者，先诚其意；欲诚其意者，先致其知；致知在格物。物格而后知至，知至而后意诚，意诚而后心正，心正而后身修，身修而后家齐，家齐而后国治，国治而后天下平。"朱熹《大学章句集注》："治，平声，后放此。明明德于天下者，使天下之人皆有以明其明德也。心者，身之所主也。诚，实也。意者，心之所发也。实其心之所发，欲其一于善而无自欺也。致，推极也。知，犹识也。推极吾之知识，欲其所知无不尽也。格，至也。物，犹事也。穷至事物之理，欲其极处无不到也。此八者，大学之条目也。"

⑨ 至德要道：语出《孝经·开宗明义》："先王有至德要道，以顺天下，民用和睦，上下无怨。"即孝道。

纂承统绪①，修明训辞。

述圣子思子：於穆天命②，道之大原。静养动察，庸德庸言③。以育万物④，以赞乾坤⑤。九经三重⑥，大法是存。笃恭慎独，成德之门。卷之藏密，扩之无垠⑦。

至圣孟子：哲人既萎⑧，杨墨昌炽⑨。子舆⑩辟之，曰仁与义⑪。

---

① 纂承统绪：纂承，继承；统绪，头绪；系统。此处应指曾子接续道统。

② 於穆天命：语出《诗经·周颂·维天之命》："维天之命，於穆不已。於乎不显，文王之德之纯。假以溢，我其收之。骏惠我文王，曾孙笃之。"於，叹词。穆，深远。此指天命幽远，不可探知。

③ 庸德庸言：语出子思《中庸》："君子之道四，丘未能一焉：所求乎子，以事父未能也；所求乎臣，以事君未能也；所求乎弟，以事兄未能也；所求乎朋友，先施之未能也。庸德之行，庸言之谨；有所不足，不敢不勉，有余不敢尽。言顾行，行顾言，君子胡不慥慥尔！"朱熹《中庸章句集注》：庸，平常也。行者，践其实。谨者，择其可。德不足而勉，则行益力；言有余而讱，则谨益至。谨之至则言顾行矣；行之力则行顾言矣。慥慥，笃实貌。言君子之言行如此，岂不慥慥乎，赞美之也。凡此皆不远人以为道之事。张子所谓"以责人之心责己则尽道"是也。

④ 以育万物：语出子思《中庸》："喜怒哀乐之未发，谓之中；发而皆中节，谓之和。中也者，天下之大本也；和也者，天下之达道也。致中和，天地位焉，万物育焉。"朱熹《中庸章句集注》："致，推而极之也。位者，安其所也。育者，遂其生也。自戒惧而约之，以至于至静之中，无少偏倚，而其守不失，则极其中而天地位矣。自谨独而精之，以至于应物之处，无少差谬，而无适不然，则极其和而万物育矣。盖天地万物本吾一体，吾之心正，则天地之心亦正矣，吾之气顺，则天地之气亦顺矣。故其效验至于如此。此学问之极功、圣人之能事，初非有待于外，而修道之教亦在其中矣。是其一体一用虽有动静之殊，然必其体立而后用有以行，则其实亦非有两事也。故于此合而言之，以结上文之意。"

⑤ 以赞乾坤：语出子思《中庸》："唯天下至诚，为能尽其性；能尽其性，则能尽人之性；能尽人之性，则能尽物之性；能尽物之性，则可以赞天地之化育；可以赞天地之化育，则可以与天地参矣。"朱熹《中庸章句集注》："天下至诚，谓圣人之德之实，天下莫能加也。尽其性者德无不实，故无人欲之私，而天命之在我者，察之由之，巨细精粗，无毫发之不尽也。人物之性，亦我之性，但以所赋形气不同而有异耳。能尽之者，谓知之无不明而处之无不当也。赞，犹助也。与天地参，谓与天地并立为三也。此自诚而明者之事也。"

⑥ 九经三重：九经，语出子思《中庸》："凡为天下国家有九经，曰：修身也，尊贤也，亲亲也，敬大臣也，体群臣也，子庶民也，来百工也，柔远人也，怀诸侯也。修身则道立，尊贤则不惑，亲亲则诸父昆弟不怨，敬大臣则不眩，体群臣则士之报礼重，子庶民则百姓劝，来百工则财用足，柔远人则四方归之，怀诸侯则天下畏之。……"

三重，语出子思《中庸》："王天下有三重焉，其寡过矣乎！上焉者虽善，无征。无征，不信。不信，民弗从。下焉者虽善，不尊。不尊，不信。不信，民弗从。"朱熹《中庸章句集注》：吕氏曰："三重，谓议礼、制度、考文。惟天子得以行之，则国不异政，家不殊俗，而人得寡过矣。"

⑦ 卷之藏密，扩之无垠：语出朱熹《中庸章句集注》：子程子曰："不偏之谓中，不易之谓庸。中者，天下之正道，庸者，天下之定理。"此篇乃孔门传授心法，子思恐其久而差也，故笔之于书，以授孟子。其书始言一理，中散为万事，末复合为一理，"放之则弥六合，卷之则退藏于密"，其味无穷，皆实学也。善读者玩索而有得焉，则终身用之，有不能尽者矣。

⑧ 哲人既萎：语出《礼记·檀弓上》：孔子蚤作，负手曳杖，消摇于门，歌曰："泰山其颓乎？梁木其坏乎？哲人其萎乎？"既歌而入，当户而坐。子贡闻之曰："泰山其颓，则吾将安仰？梁木其坏、哲人其萎，则吾将安放？夫子殆将病也。"遂趋而入。同载司马迁《史记·孔子世家》。

⑨ 杨墨昌炽：语出《孟子·滕文公下》："圣王不作，诸侯放恣，处士横议，杨朱、墨翟之言盈天下。天下之言，不归于杨，即归墨。杨氏为我，是无君也；墨氏兼爱，是无父也。无君无父，是禽兽也。"

⑩ 子舆：孟子，姬姓，孟氏，名轲，字子舆。

⑪ 曰仁与义：语出《孟子·梁惠王上》："王何必曰利，亦有仁义而已矣。"今北京孔庙国子监十三经碑林有康熙御书四大卧碑，其一便是为河南孟子游梁祠所书：昌明仁义。

性善①独阐，知言养气②。道称尧舜③，学屏功利④。煌煌七篇⑤，并垂六艺。孔学攸传，禹功作配⑥。⑦

三　康熙御制至圣先师孔子赞碑及四子赞碑之历史价值

康熙御制至圣先师孔子赞碑及四子赞碑，具有极为重要的历史文化价值。

第一，它反映了有清一代皇帝继承古代特别是元、明、清初以来历朝历代皇帝对儒家、儒学的高度重视，以及对先师孔子、四配及众孔子弟子的极度尊崇。

对于先师孔子的敬仰和推崇，这是自先秦春秋时期孔子去世以后便开始的。鲁哀公十六年（前 479 年）夏四月己丑，孔子卒，哀公诔之，称曰尼父。⑧ 史载，鲁哀公在孔子去世后第二年（前 478 年），已经开始祭奠孔子了。孔子死后第二年，鲁哀公下令在曲阜阙里孔子的旧宅立庙。将孔子生前使用的衣、冠、车、琴、书册等保存起来，并且按岁时祭祀。⑨ 一般认为，这是诸侯祭孔的开始。祭孔之礼，古代称为释奠礼。由于孔子生前非常重视教育，在教育事业上成就很高，影响极为深远，所以释奠的对象逐渐以孔子为主。

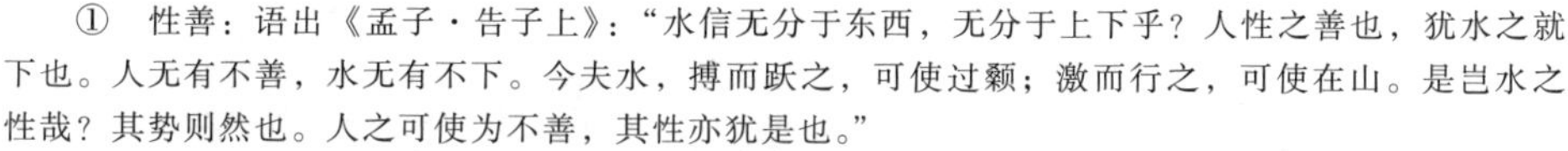

① 性善：语出《孟子·告子上》：“水信无分于东西，无分于上下乎？人性之善也，犹水之就下也。人无有不善，水无有不下。今夫水，搏而跃之，可使过颡；激而行之，可使在山。是岂水之性哉？其势则然也。人之可使为不善，其性亦犹是也。”

② 知言养气：语出《孟子·公孙丑上》：“敢问夫子恶乎长？”曰：“我知言，我善养吾浩然之气。”据朱熹《孟子集注》：“公孙丑复问孟子之不动心所以异于告子如此者，有何所长而能然，而孟子又详告之以其故也。知言者，尽心知性，于凡天下之言，无不有以究极其理，而识其是非得失之所以然也。浩然，盛大流行之貌。气，即所谓体之充者。本自浩然，失养故馁，惟孟子为善养之以复其初也。盖惟知言，则有以明夫道义，而于天下之事无所疑；养气，则有以配夫道义，而于天下之事无所惧，此其所以当大任而不动心也。告子之学，与此正相反。其不动心，殆亦冥然无觉，悍然不顾而已尔。”

③ 道称尧舜：语出《孟子·滕文公上》：“孟子道性善，言必称尧舜。”

④ 学屏功利：语出《孟子·梁惠王上》：“王何必曰利，亦有仁义而已矣。”

⑤ 七篇：《孟子》共七篇，分别为《梁惠王》《公孙丑》《滕文公》《离娄》《万章》《告子》《尽心》。各章又都分为上下两篇。

⑥ 禹功作配：应该是赞颂孟子在孔子道统之传上，如大禹一般功绩显赫，因此作为孔子配享，受人尊敬。

⑦ 以上至圣先师孔子及四子赞辞参见（清）文庆、李宗昉纂修《钦定国子监志》（上册），郭亚南等校点，北京古籍出版社 2000 年 3 月版，第 4—6 页。

⑧ （清）孙承泽：《春明梦馀录》（上册），北京古籍出版社 1992 年 12 月版，第 294 页。

⑨ 参见孔德懋主编，刘厚琴著《家族春秋》（《孔子家族全书》），辽海出版社 2000 年版，第 89 页。

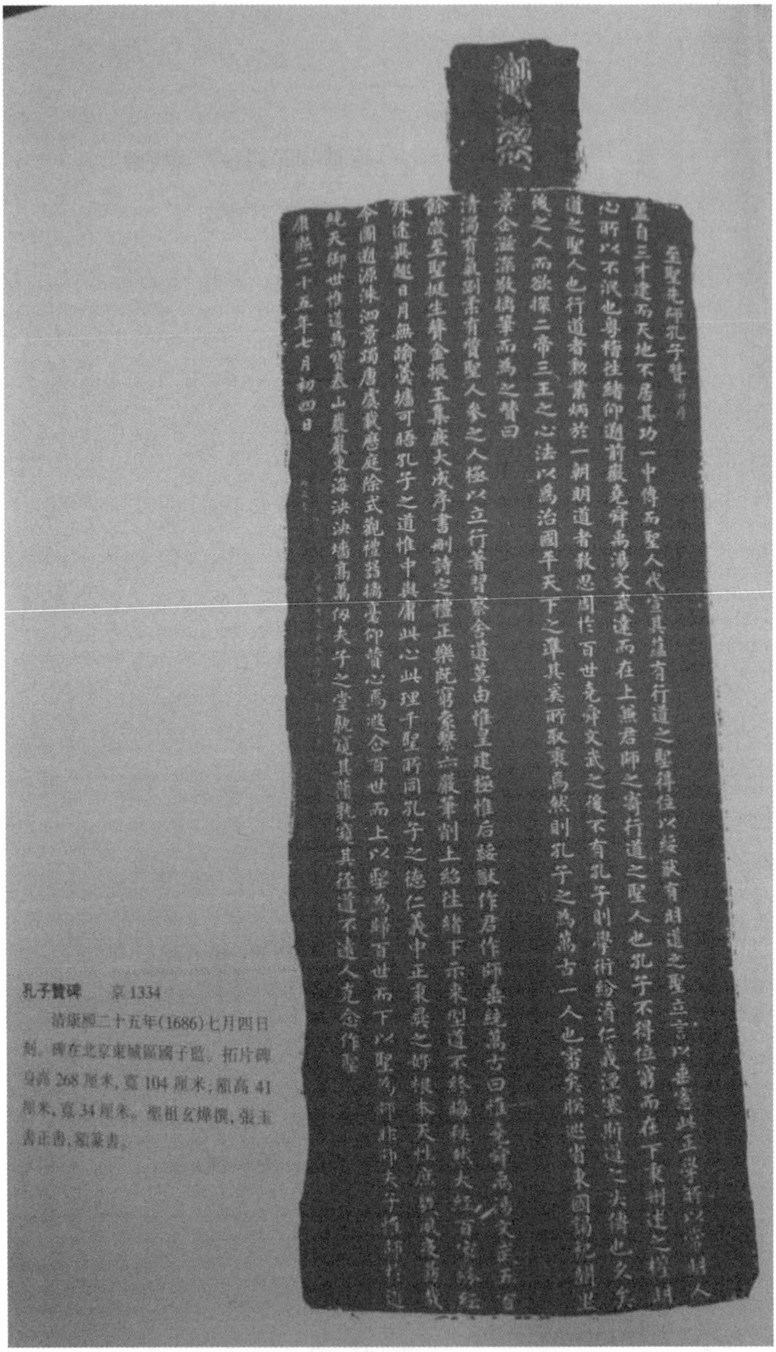

图 5　康熙御制至圣先师孔子赞碑拓片①

① 图片来源：徐自强主编：《北京图书馆藏中国历代石刻拓本汇编》第 64 册，中州古籍出版社 1989 年版，第 87 页。

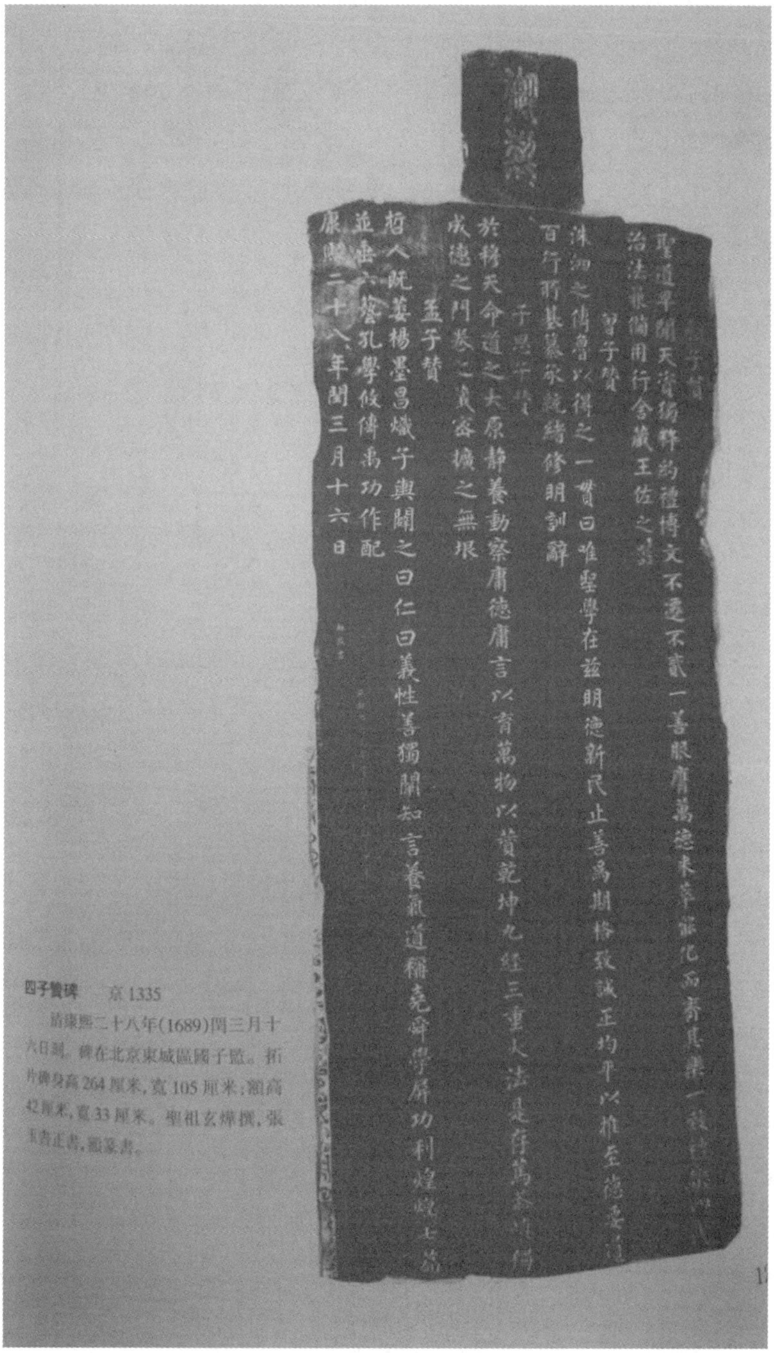

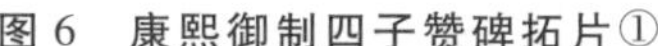

图 6　康熙御制四子赞碑拓片①

① 图片来源：徐自强主编：《北京图书馆藏中国历代石刻拓本汇编》第 64 册，中州古籍出版社 1989 年版，第 128 页。

两汉时期，国家对祀孔愈来愈重视，其规格和影响力亦是稳步上升。从周代的释奠先圣先师，到释奠的对象逐渐以孔子为主，到汉高祖的帝王祀孔，并加封先师之孙专主孔子祀事，到汉武帝的罢黜百家，独尊儒术，到汉元帝的封孔子子孙为侯，以奉祀孔子，到汉成帝时孔子后裔爵位世袭，到汉平帝时孔子后裔有国邑，到光武帝时帝王派遣特使祭孔，到汉明帝时中央政府所在地及各地方政府也都在学校中祀孔，祀孔成为全国性的重要活动；再到汉章帝祀以“六代之乐”祀孔，开创封建帝王用乐祭孔之先河；到灵帝时祀孔子，依社稷，春秋行礼，孔子享受和社稷神同样的规格；设置鸿都门学，画孔子及七十二弟子像。先师孔子凭借其道德和博学，在国家祭祀中的地位逐世而隆，其社会影响力也是与日俱增。国家祀孔在后代如魏晋南北朝、隋唐、宋金元、明清以得到了持续，其影响力也逐步扩大到东亚和东南亚诸多国家和地区。通过对孔子的封号如唐代的“文宣王”、宋代的“至圣文宣王”，到元代的“大成至圣文宣王”，到明代及清代的“至圣先师”，可以看出宋元明清的皇帝对孔子之尊崇到了无以复加的程度（但其间又有反复，如嘉靖帝废黜孔子封号谥号，仅保留“至圣先师”，顺治帝时又加封“大成至圣文宣先师”，后又改“至圣先师”。其尊奉规格亦有反复，主要在六佾与八佾、笾豆为十与十二之间，康熙年间曾一度拟用八佾祀孔）。

康熙皇帝御制至圣先师孔子赞及御制四子赞，正是对历史上历朝历代尊孔、祭孔传统的一种历史延续，特别是清初无论是皇太极还是顺治皇帝，都对孔子及儒学非常推崇，这也对康熙皇帝产生了重要影响。例如康熙六年（1667 年），颁中和韶乐于太学。二十三年（1684 年），他又御书“万世师表”额悬挂于大成殿，并颁行全国直省学宫。二十六年（1687 年），康熙御制孔子赞序、颜曾思孟四赞，刻之于石。接着抄录其文，颁行直省。这都是很好的例证。

第二，康熙御制至圣先师孔子赞碑及四子赞碑，与康熙东巡亲诣阙里、祭孔释奠并视察孔庙、孔林密切相关，是有清一代皇帝亲诣释奠的历史见证。

亲诣释奠指皇帝亲自参加的祭孔典礼。祭拜者的帝王身份使亲诣释奠礼成为等级最高的祭孔仪礼，也是帝王尊孔重儒、尊师重教，垂范天下的重要举措。而亲诣阙里孔庙释奠，更是有如朝圣一般，是国家政治文化的风向标。

康熙皇帝御制至圣先师孔子赞及御制四子赞，很有可能是受了在视察阙里孔庙时，所看到的宋真宗君臣所制孔子与七十二弟子赞影响。他御制至圣先师孔子赞及御制四子赞，并让重臣张玉书书写四子赞，并将之刊刻于京师孔庙，并颁行天下直省学宫。在一定程度上，也是仿效宋真宗君臣之做法，表明有清一代君臣对先师孔子、四配、七十弟子之推崇，丝毫不亚于前代君臣。

第三，康熙御制至圣先师孔子赞碑及四子赞碑，从建筑方面体现了清代康雍乾盛世的历史辉煌。

清朝自入关之后，历经顺治时期的王朝初建，平定天下，实现了政治社会局面的初步稳定。到康熙皇帝执政之时，随着剪除鳌拜等乱政大臣及羽翼，重振朝纲，乾纲独揽，实现了政治稳定和国家统一。随之，经济、社会、文化亦趋于发展繁荣。康熙御制至圣先师孔子赞碑及四子赞碑御碑亭重檐歇山，宏伟挺拔，黄瓦①红墙，分外壮观；碑身高大，碑体宽阔，龟趺昂然；海水江崖，烘云托月，气势非凡。整座碑亭及碑首、碑身、碑座及龟趺，无一不透射出盛世的雍容华贵和宏伟庄严。

第四，通过康熙御制至圣先师孔子赞碑及四子赞碑碑文，我们可以看出康熙皇帝深厚的儒学底蕴，将四书五经融会贯通，并能阐发其要旨。同时，也从侧面证明了清朝自入关后，积极学习汉族文化经典，至康熙帝时，已经达到了极高的学术文化造诣。其后雍正、乾隆、嘉庆等亦无一不是如此。

第五，通过康熙御制至圣先师孔子赞碑及四子赞碑碑文，我们不但可以欣赏到康熙皇帝对四书五经的精深造诣、优美辞章，同时，也可以让我们欣赏到康熙重臣、时任文华殿大学士兼户部尚书张玉书的卓越书法造诣。这样一部君臣合奏、共同演绎的集经书、骈赋、赞辞、书法于一体的碑刻书法作品，可谓珠联璧合，为北京孔庙国子监烙上了深深的历史印记，也给后世留下了浓墨重彩的辉煌一笔。

常会营，孔庙和国子监博物馆副研究馆员

① 其实康熙立碑之时为绿瓦，易盖黄瓦为乾隆三十二年（1737 年）之时。事见《钦定国子监志·庙志二·建修》：“（乾隆三十二年），又命先师庙碑亭并用黄瓦。谨案：大成殿墀，国朝建立碑亭十一座。凡骏烈鸿功，勒石太学者，并覆黄瓦。其康熙二十五年圣祖《御制先师孔子赞》，又二十八年《御制四贤赞》，雍正六年《御制丁祭诗碑》碑亭三座，均用绿瓦。至是监（臣）陆宗楷等言：三亭旧覆绿瓦者，皆圣德渊深，鸣谦协吉。以尔时文庙尚用绿瓦，不欲特示尊崇也。今自乾隆三年，特命至圣殿亭改覆黄瓦，列祖谟典，自应益著辉煌。宜并用黄瓦，以符体制。诏从之。三十三年，谕内阁：修葺文庙，现届落成。太学规模，式昭轮奂。”参见（清）文庆、李宗昉纂修《钦定国子监志》（上册），郭亚南等校点，北京古籍出版社 2000 年 3 月版，第 52 页。

◇《御制平定回部告成太学碑》所涉事迹及历史意义

◎ 黄茜茜

【摘　要】《御制平定回部告成太学碑》镌刻于乾隆二十四年（1759 年）阳历十一月，详细叙述了乾隆帝用兵回部的原因、争议、效果及其大致过程。对于研究清朝西北地区政治关系史及中国疆域史都非常重要，是我国边疆统一历史过程中的里程碑。

【关键词】回部　告成碑　武装叛乱　乾隆时期

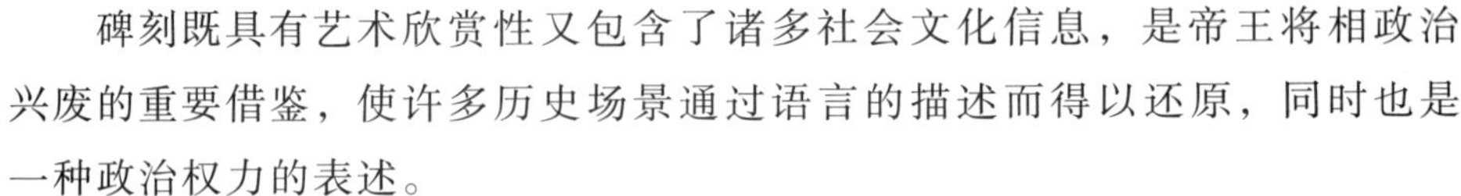

碑刻既具有艺术欣赏性又包含了诸多社会文化信息，是帝王将相政治兴废的重要借鉴，使许多历史场景通过语言的描述而得以还原，同时也是一种政治权力的表述。

乾隆皇帝晚年将其在位期间进行的战争归结为“十全武功”，做《御制十全记》一文：“十功者，平准噶尔为二，定回部为一，扫金川为二，靖台湾为一，降缅甸、安南各一，即今二次受廓尔喀降，合为十。”其中“定回部”一功，更是意义深远。

乾隆皇帝通过在太学立碑这一形式确立回部归附大清的历史事实并宣告清廷管理西北边疆的政治合法性。碑文与史书等文献资料相互印证，为平定回部的研究提供了第一手材料，具有十分重要的价值。

一　碑文浅释回部战争历史背景及起因

> 二酋大小和卓木者。以回部望族。久为准噶尔所拘于阿巴噶斯鄂拓者也。我师既定伊犁乃释其囚。以兵送大和卓木布拉尼敦、归叶尔羌。俾统其旧属。而令小和卓木霍集占、居于伊犁。抚其在伊犁众回。乃小和卓木、助阿逆攻勤王之台吉宰桑等。阿逆赖以苟延。及我师再入。阿逆遂逃入哈萨克。而霍集占亦即收其余众。窜归旧穴。此天恩

助顺者二也。准夷之事。前纪略见梗概。兹不复纪。纪兴师讨回之由。则以我将军兆惠在伊犁时。曾遣副都统阿敏道。往回议事。小和卓木、乃以计诱阿敏道而拘之。及我师抵库车问罪。彼携阿敏道以来援。至中途害之。及从行者百人。

此段碑文讲述了乾隆二十年（1755 年）清军打败达瓦齐，收复伊犁后便释放了被达瓦齐囚禁在伊犁的南疆伊斯兰教白山派与木布拉尼敦霍集占兄弟（即俗称的大、小和卓），并派兵护送大和卓木布拉尼敦返回叶尔羌统其旧部，留小和卓木霍集占居伊犁掌回务。木布拉尼敦布拉尼敦本欲集合所部归附清朝，说："我家三世为准夷所拘，蒙天朝释归，得统所部，此恩何可忘也。"主张归顺，"欲集所部听天朝指挥，受约束"。木布拉尼敦霍集占竭力反对，要"自长一方"。他说："我方久困于准夷，今属中国，则又为人奴。""若听朝廷处分，必召兄弟一人留质京师，如准噶尔之例。我祖宗世以此受制于人，今幸强邻已灭，无逼处者，不以此时自立国，乃长为人奴仆，非计。中国新得准部，反侧未定，兵不能来，即来，我守险拒之，馈饷不继，可不战挫也。"① 极力挑唆其兄大和卓木布拉尼敦反清，大和卓木布拉尼敦听从了小和卓木霍集占的蛊惑，与部分和卓、伯克决定叛清。木霍集占还"集其伯克、阿浑等，自立为巴图尔汗，传檄各城爰曼，集士马峙糗粮器械以待"。

乾隆二十一年（1756 年）九月，定边右副将军兆惠已听到消息，知木布拉尼敦和木霍集占有叛乱迹象，便派副都统阿敏道率索伦兵一百、厄鲁特兵三千前去招抚。当阿敏道率兵行至库车时，城中人诡告阿敏道说："厄鲁特吾仇，虑为害，撤还即纳降。"阿敏道中计，命厄鲁特兵后退，仅带一百名索伦兵进城，被木霍集占拘捕。②

乾隆二十二年五月，木霍集占杀害了阿敏道，公开举起了叛清的旗帜，大多数回城响应，"回户数十万皆靡"③，此事件也是致使乾隆皇帝决定武力解决回部问题的主因。

二　碑文所载乾隆年间平定回部战争的经过

彼犹逞其狂勃。抗我师颜。且敢冒死入库车城。乃雅尔哈善略无纪律。致彼出入自由。然我满洲索伦众兵士。无不念国家之恩。效疆

① 《啸亭杂录》第 6 卷，《平定回部始末》；《圣武记》第 4 卷，《乾隆戡定回疆记》。

② 《清史稿》第 315 卷，《阿敏道传》；《圣武记》第 4 卷，《乾隆戡定回疆记》。

③ 参见《清高宗实录》第 539 卷、第 543 卷、第 547 卷。

场之力。故能以少胜众。逆渠惧而兔脱。此天恩助顺者三也。知愤辕之无济。抡干材之可任。时将军兆惠以搜剿准夷余党。至布噜特布落。已款服其众。因命旋师定回部。于是克库车。存沙雅尔。定阿克苏略乌什。收和阗。师之所至。降者望风。直至叶尔羌城下。而我军人马周行万有余里。亦犹强弩之末矣。二酋以其逸待之力。统数万人。与我三千余人战。我师之过河者、才四百余。犹能斩将搴旗。退而筑堡黑水。固守以待。此天恩助顺者四也。万里之外。抱水救火。其曷能济。乃予以去年六月。即降旨派兵拨马。欲以更易久在行间者耳。故兵马率早在途。一趱进而各争前恐后。人人有敌忾之愤。此天恩助顺者五也。副将军富德及参赞舒赫德辈率师进援。以束行戈壁中。马力复疲。值狂回据险坐俟。颇有难进之势。夫援军不能进。则固守以待者危矣。而参赞阿里衮驱后队之马适至。夜捣贼营。我师内外夹攻。彼不知我军凡有几万。握炭流汤之徒。自相蹂躏。顾命不暇。于是解黑水之围。鹿骇獐惊。遁而保窟。我之两军。合队全旅。以回阿克苏。此天恩助顺者六也。既而彼料我必再入。泰山之压难当。乃于我师未进之先。携其部落。载其重器。跳而远去。而叶尔羌、喀什噶尔二城之旧伯克等遂献城以降。参赞明瑞、一邀之于霍斯库鲁克。副将军富德再陷之于阿勒楚尔。于是离心者面内。前途者反旆。二酋惟挈其妻孥及旧仆仅三百人。入巴达克山境。此天恩助顺者七也。人迹不通之地。语言不同之国。既已雀殴。宁不狼顾。其授我与否。固未可定也。然一闻将军之檄。莫不援旗请奋。整旅前遮。遂得凶渠函首。露布遥传。此天恩助顺者八也。夷考西师之役。非予夙愿之图。何则实以国家幅员不为不广。属国不为不多惟廑守成之志。无希开创之名。兼以承平日久。人习于逸。既无非常之人。安能举非常之事。而建非常之功哉。然而辗转辐凑。每以艰而获易。视若失而反得。故自缔始以逮定功。虽予自问亦将有所不解其故。而不敢期其必然者。故曰非人力也。天也。夫天如是显佑国家者。以祖宗之敬天爱民。蒙眷顾者深也。则以我后世子孙。其何以心上苍之心。志列祖之志。勉继绳于有永保丕基于无穷乎。系以铭曰。二酋偝德。始乱为贼。是兴王师。报怨以直。伊犁既平。蕞尔奚屑。徐议耕辟。徐议戍设。以噢以咻。伊予本怀。岂其弗戢。图彼藐回。彼回不量。怒臂当车。戕我王臣。助彼狂狙。始攻库车。偾辕败事。用人弗当。至今为愧。悖逆罪重。我武宜扬。易将整师。直压彼疆。阿苏乌什。玉陇和阗。传檄以定。肉袒羊牵。二酋孽深。知不可活。狼狈相顾。固守其穴。桓桓我师。周行万

里。马不进焉。强弩末矣。以四百人。战万余虏。退犹能守。黑水筑堡。间信达都。为之伤悼。所幸后军。早行在道。督敕速援。人同怒心。曾不两月。贼境逼临。贼境逼临。彼复徼隙。马继以进。贼营夜斫。出其不意。贼乃大惊。谓自天降。孰敢锋撄。大鞣大膞。如虎搏兔。案角陇种。谁敢回顾。黑水围解。合军暂旋。整旅三路。期并进焉。贼侦军威。信不可支。挈其妻孥。遁投所依。所依亦回。岂不自谋。岂伊庇猿。而受林忧。利厥辎重。无遗尽掠。遣其都丸。遂来献馘。讵惟献馘。并以称臣。捧赍表章。将诣都门……

这段碑文描述了战争的过程，即乾隆二十二年（1757 年），乾隆命令兆惠为定边将军，负责平定回部叛乱。并令富德、阿里衮、舒赫德等人协办军务。乾隆鉴于兆惠正在追捕阿睦尔撒纳叛军，便先派兵部尚书雅尔哈善率大军进军回部。乾隆二十三年五月，雅尔哈善率清军一万行至库车，遇到叛军的顽强抵抗。库车叛军头目阿卜都克勒木率千余骑兵加上城内回众，凭借该城倚山而筑、地形险要，城墙又用沙土坚实密筑，清军大炮轰击不倒，因此抗拒不降。雅尔哈善命部下招降无效后，即命清军将库车城四面包围，随后发起攻击。木霍集占得知库车被围后，率八千人马越阿克苏戈壁来援，清军在城南截击叛军，杀死援军上千人，木霍集占也被打伤后逃进库车城。雅尔哈善无计可施，只好采取长期围困的办法，试图将守敌困死城中。新降清的维吾尔人提醒雅尔哈善防敌突围，主张在城西鄂根河和北山通戈壁处设伏兵擒敌，可惜未被采纳。数日后，木霍集占果然乘夜黑从城西涉鄂根河逃走。几天之后，叛军头目阿卜都克勒木也乘夜逃走，仅剩老弱妇稚出城投降。乾隆得知库车之役的结果，大怒，将雅尔哈善、哈宁阿、马德胜和顺德讷四人处死，命令兆惠赴南疆，全权指挥平叛。① 虽然库车之战失利，但清廷显示出了军事实力和平叛的决心。

兆惠接到乾隆的命令后，率军急速奔赴库车时，木霍集占已退守叶尔羌。兆惠因此一路顺利，经阿克苏，该城首领颇拉特降；至和阗，曾经擒获达瓦齐的乌什首领霍集斯也派人迎接清军入城。乾隆闻讯，立刻宣布封木霍集斯公爵，赏戴双眼孔雀翎。木霍集斯之降，使乾隆对平叛的前景盲目乐观，以为擒获木霍集占指日可待。他甚至命令定边右副将军车布登扎布回游牧地休息，不必参加平叛。特别是当乾隆得知木霍集占率兵撤退时，随行人马仅有三千左右，叛军士气低落，沿途毁弃军器，宰杀马驼，怨声

① 曹凤祥：《清朝统一新疆说略》，《安徽广播电视大学学报》2002 年第 4 期。

载道等情形后，更认为“贼党俱已离心，大功自可立奏”。他不顾天气严寒、清兵连续作战等不利因素，谕兆惠“桥梁虽毁，我兵或浮渡或拴筏无不可者。兆惠宜努力前行，乘回众离心，渠魁自当就缚”①。兆惠所率虽有上万清军，由于库车、和阗、阿克苏、乌什等城需分兵守卫，兵力已减去大半。乾隆却鼓励兆惠驱兵急进，“叶尔羌、喀什噶尔相继投诚，亦未可定”②。在这种急于求胜的思想指导之下，当兆惠率四千清军行至叶尔羌时，就陷入叛军重围之中。

十月初三日，兆惠率清军至叶尔羌城外。为对抗清军，叛军方面由木霍集占守叶尔羌，木布拉尼敦守喀什噶尔，以互相支援。木霍集占先已将“村庄回众粮草”移入城中，严守以待，又诱骗城民说，“大兵尽剿回人，伯克霍集斯已被杀”，煽动回民抵抗清兵。木布拉尼敦领马步兵一万余人，驻于离喀什噶尔城一站路的当噶勒齐。据兆惠估计，“城内厄鲁特、布噜特、伊犁回人有马者五千余名，步行人甚多”③，叛军在人数上大大超过清军。且叶尔羌城比库车城大几倍，四面有十二个城门，兆惠所带清军仅能围城一面，且清军从乌什长途行军一千五百里来到叶尔羌，已人困马乏。

十月初六日，兆惠派兵二千名，令明瑞率前队，自己率中队，总兵高天喜领后队，向叶尔羌城发起进攻。兆惠指挥清军攻城，木霍集占在城内督令回兵开枪反击，同时，派四五百骑兵从两个城门内冲出袭击清军，兆惠率清军血战，多次杀退回兵。傍晚，兆惠率兵返回黑水营驻地。

十月十三日，当兆惠得知木霍集占的牧群在城南山下的时候，留下一部分兵坚守黑水营，他亲自率一千多将士驰赴城南。当兆惠率军过黑水河桥时，桥忽折断，清军四百多人掉入水中。木霍集占领骑兵数千人、步兵上万人从城内冲出，向清军杀来。兆惠沉着指挥“师且战且涉水，士卒殊死战，五昼夜杀贼数千人”④。兆惠在率军冲杀时，脸、颈多处负伤，所骑战马几次中枪毙命，几次更换，将士阵亡上百人。靖逆将军纳穆扎尔得到黑水营被围的消息后，亲自和参赞大臣三泰等带领巴图鲁侍卫奎玛岱以及士兵二百多人前来增援黑水营。夜晚，回兵三千多人突袭黑水营。兆惠率军勇猛反击，纳穆扎尔、三泰、奎玛岱等战死。清军伤亡惨众，无力再战。形势严重，兆惠派兵杀出一条血路，奔至阿克苏向舒赫德求援。舒赫德立即向乾隆奏报黑水营军情危急。乾隆谕令舒赫德将阿克苏所有马匹，立即

① 《清高宗实录》第 572 卷。
② 《清高宗实录》第 575 卷。
③ 《清高宗实录》第 574 卷。
④ 《清史稿》第 313 卷。

解往黑水营；又授阿里衮、舒赫德等人为参赞大臣，谕令，“无论何队兵丁，惟择马力有余者作速前往”，以尽快解兆惠之围。并将兆惠轻敌深入的失误归于自己，说“向来轻视逆回，乃朕之误”，“此盖数年以来，平准噶尔，降左右哈萨克、东西布鲁特，实为极盛之会，而默默中有此佳兵之警”①，实事求是地做了自我批评。并封兆惠武毅谋勇一等公，赐红宝石帽顶、四团龙补服，以鼓舞士气。

十一月初十，富德获悉兆惠军危急，立即派副都统鄂博什、玛常，侍卫额勒登额等率兵五百名先行，随后，他亲率五百名战士，瑚尔起带领三百名战士，以及马匹器械，往援黑水营。十二月二十五日，富德率军和舒赫德援军在巴尔楚克相会，合军救援黑水营。“舒赫德以阿克苏通叶尔羌、喀什噶尔要隘应设卡伦，命令回人办纳粮米。上嘉之，授副督统。”②

乾隆二十四年（1759年）正月初六，富德、舒赫德等率军至呼尔满，木霍集占率领骑兵五千多名迎战。清军和回军交锋，杀退了回军。初九日，富德、舒赫德率军行至卡伦，正赶上阿里衮率军赶到。清军会合后，兵分两路向回军发起猛烈的进攻，斩杀回军上千人，木布拉尼敦受伤后，与木霍集占一起败逃。③ 这时，兆惠听到围外密集的枪炮声，知道援军已到，就乘夜选士兵千余名，制备云梯，火烧回兵军营，斩杀回兵上千名。兆惠率军冲出重围，和富德、阿里衮、舒赫德军会师，返回阿克苏修整，从二十三年十月十三日被围至二十四年正月十四日，长达三月之久的黑水营之困终于解围了。乾隆有诗《黑水行》，反映黑水之围的激烈战斗和危险情形：“蜂屯蚁聚张数万，三千余人守从容。”赞叹黑水营孤军固守三个月，终能化险为夷的事迹。

乾隆二十四年（1759年）六月初，兆惠和富德率大军由乌什、和田两路并进，阿桂率军驰赴霍斯库鲁克和富德进攻小和卓霍集占据守的叶尔羌城。六月十一日，兆惠领兵进攻大和卓木布拉尼敦占据的喀什噶尔城。清军前往征讨之前，大小和卓已把叶尔羌、喀什噶尔回民迁移巴达克山。在兆惠和富德率军追剿大小和卓木的途中，乾隆谕令“大兵进剿，唯欲擒获布拉尼敦、霍集占，与回众无涉”④。六月十四日，兆惠率军进入喀什噶尔后，留阿里衮率军驻守喀什噶尔。兆惠、富德、阿桂则领兵继续前进。六月十八日，兆惠、富德、阿桂率军到达叶尔羌时，回人击鼓奏乐，犒赏将

① 《清高宗实录》第575卷。
② 《清史稿》第313卷。
③ 《国朝耆献类征初编》第24卷。
④ 《清高宗实录》第564卷。

士头号酒，迎接清军入城。

随后，兆惠留驻叶尔羌，命令富德、阿桂领兵继续追剿大小和卓木。六月下旬，清军追击大小和卓木至帕米尔高原，几经鏖战。第一场战斗是明瑞率九百余骑追剿大小和卓，进抵霍斯库岭。小和卓木霍集占率兵六千多人负隅坚守，清军势不可当，大败回军，回军伤亡五百多人。大小和卓木带领残存的回兵越岭溃逃。富德、明瑞、阿里衮三军会合追剿回军。第二场战斗在七月七日打响，富德率清军四千人，追击叛军至阿尔楚。富德率军为中路，明瑞、阿桂为左翼，阿里衮、巴禄为右翼，攻取了左右山顶，三路出击，杀死叛军数千人。七月十日发生了第三场战斗。富德和阿桂领军追至伊西洱库尔淖尔，分两路进击。小和卓木霍集占领回兵一万多人准备决一死战。兆惠、富德、阿桂率兵分路堵截，阿里衮率军遥射北山回兵。山路崎岖，回兵辎重家属堵塞山路，溃不成军，叛军军心动摇。在这种情况下，“我两军分扼其走路，贼无所遁”①。富德等率清军一直追击到巴达克山部所属的叶什勒库勒诺尔山。一面发起进攻，一面令归降的木霍集斯等伯克打起回旗招降，顿时“降者蔽山而下、声如奔雷，小和卓手刃之不能止也”②。清军“共计收获贼众一万二千余人，军器二千余件，驼骡牛羊万余”③。大小和卓等仓皇逃往巴达克山中，最后跟随他们走的只有“妻孥旧仆三四百人”。不久，又与巴达克山首领苏勒坦沙发生矛盾。苏勒坦沙便领兵数千将大小和卓擒获处死，大和卓的尸体因被盗未见。随后将小和卓首级献交清军，同时遣使表示归附。至此，延续数年之久的维吾尔封建贵族、反动宗教首领大小和卓所发动的叛乱至此平息，新疆重新统一于清朝中央。

三　清政府平定回部战争之后

……奏凯班师。前歌后舞。尸逐染锷。温禺衅鼓。露布至都。正逮初阳。慈宁称庆。亚岁迎祥。郊庙告成。诸典并举。皇皇太学。丰碑再树。丰碑再树。敢予喜功。用不得已。天眷屡蒙。始之以武。终之以文。戡乱惟义。抚众惟仁。布惠施恩。寰禹共喜。古不羁縻。今为臣子。疆辟二万。兵出五年。据实书事。永矢乾乾。勒石大成殿阼阶前。

---

① 魏源：《圣武记》第 4 卷，《乾隆戡定回疆记》。

② 同上。

③ 《清高宗实录》第 595 卷。

乾隆二十四年（1759年）十月二十三日富德的奏折至京，呈报巴达克山苏勒坦沙送献“霍集占首级，全部纳款捷音”。[①] 乾隆帝十分高兴，下谕宣示中外，封赏有功人员，定边将军、一等武毅谋勇公兆惠，加赏宗室公品级、鞍辔，授一子为三等侍卫；富德被封一等靖远成勇侯，戴双眼孔雀翎，授一子为三等侍卫；参赞大臣一等公明瑞、阿里衮，赏戴双眼孔雀翎，参赞大臣舒赫德等官员，交部从优议叙；参战士卒赏给两月钱粮；叶尔羌等城兵丁赏一月钱粮。贝勒霍集斯伯克，抒其所见，尽心协助将军、大臣成功，加封为郡王品级，贝子鄂对伯克加封贝勒品级。

十月二十四日，乾隆帝以西师成功始末，颁《御制开惑论》，晓示中外，十一月初五日，宣读《御制平定回部告成太学碑文》。[②]

四　清政府统一回部后所采取的措施

清政府统一天山南北广大区域后，为促进统一的多民族祖国的发展，做了长期不懈的努力，采取了许多措施，主要有以下几个方面。

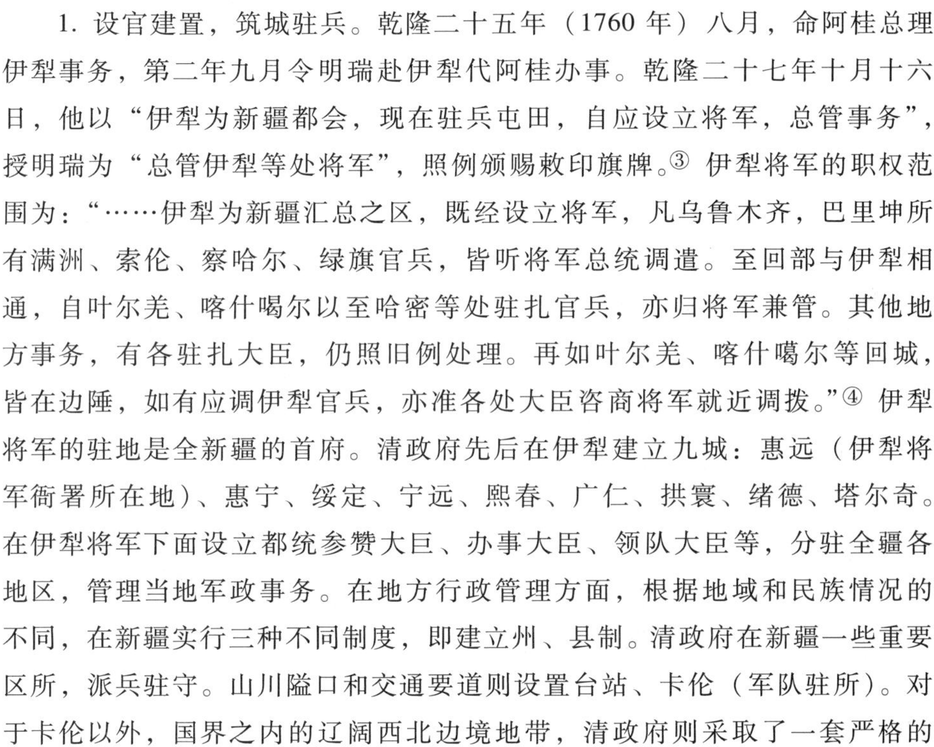

1. 设官建置，筑城驻兵。乾隆二十五年（1760年）八月，命阿桂总理伊犁事务，第二年九月令明瑞赴伊犁代阿桂办事。乾隆二十七年十月十六日，他以“伊犁为新疆都会，现在驻兵屯田，自应设立将军，总管事务”，授明瑞为“总管伊犁等处将军”，照例颁赐敕印旗牌。[③] 伊犁将军的职权范围为：“……伊犁为新疆汇总之区，既经设立将军，凡乌鲁木齐，巴里坤所有满洲、索伦、察哈尔、绿旗官兵，皆听将军总统调遣。至回部与伊犁相通，自叶尔羌、喀什噶尔以至哈密等处驻扎官兵，亦归将军兼管。其他地方事务，有各驻扎大臣，仍照旧例处理。再如叶尔羌、喀什噶尔等回城，皆在边陲，如有应调伊犁官兵，亦准各处大臣咨商将军就近调拨。”[④] 伊犁将军的驻地是全新疆的首府。清政府先后在伊犁建立九城：惠远（伊犁将军衙署所在地）、惠宁、绥定、宁远、熙春、广仁、拱宸、绪德、塔尔奇。在伊犁将军下面设立都统参赞大巨、办事大臣、领队大臣等，分驻全疆各地区，管理当地军政事务。在地方行政管理方面，根据地域和民族情况的不同，在新疆实行三种不同制度，即建立州、县制。清政府在新疆一些重要区所，派兵驻守。山川隘口和交通要道则设置台站、卡伦（军队驻所）。对于卡伦以外，国界之内的辽阔西北边境地带，清政府则采取了一套严格的

---

① 《清高宗实录》第599卷。

② 周远廉：《乾隆皇帝大传》第七章第二节。

③ 《清高宗实录》第619卷。

④ 《平定准噶尔方略续编》第19卷。

巡边制度。每年定期派出官兵从伊犁、塔城、科布多等地出发，规定路线，到边疆上进行巡逻和会哨。①

2. 屯田移民。天山地区因人烟稀少，又多不习农耕，农业生产十分落后，清政府从康熙末年起，便开始屯垦田地，派土默特兵一千，于苏勒厄图、喀喇乌苏等处创屯，后陆续增屯吐鲁番、鄂尔坤等地。乾隆二十五年（1760 年）起，舒赫德、阿佳、明瑞于伊犁等处大兴屯田，无论是招募迁移回民到伊犁等处屯垦，还是将免死之犯人遣往种地，都是有益于民的政策。“东自巴里坤，西至伊犁，北自科布多，南至哈喇沙尔”，兵屯、回屯、民屯、旗屯、犯屯、户屯等各类屯田蓬勃发展。②

在《清高宗实录》卷六一二中记载：“……且朕规划此事，更有深意。国家生齿繁庶，即自乾隆元年至今二十五年之间，滋生民数，岁不下亿万，而提封止有此数，余利颇艰。且古北口外一带，往代皆号岩疆，不敢尺寸逾越，我朝四十八部，子弟臣仆，视同一家。沿边内地民人，前往种植，成家室而长子孙，其利甚溥，设从而禁之，是厉民矣。今乌鲁木齐、辟展各处，知屯政方兴，客民已源源前往贸易，茆舊土銼，各成聚落，将来阡陌日增，树艺日广，则甘肃等处无业贫民，前赴营生耕作，汙莱辟而就食多，于国家牧民本图，大有裨益。……今办理屯种，亦祇因地制宜之举，而无识者又疑劳民，朕实不解，且付之不必解，而天下后世，自有公论耳。”

这道谕旨表明，乾隆皇帝不仅把屯田当作“资兵食”解决军粮供应的重要手段，还用来改善回人的生活，振兴回部，克服了人多地少的困难，为内地汉民开辟广阔的谋生途径，是一项富国利民的好政策。③

3. 轻徭薄赋。清政府统一回部后，实行与内地相同的轻徭薄赋政策，尤其是在息兵初期，赋税减免更多。乾隆二十四年（1759 年）七月定边将军兆惠奏定喀什噶尔及其所属城村赋役制度：喀什噶尔大小十城和七村庄，人口数十万，过去噶尔丹策零时定额每年纳钱六万七千腾格（一腾格准清朝制钱五十文或银一两），其中，种地之鄂尔托什人等纳粮四万零八百九十八帕特码，一帕特码折清官石四石五斗，计十八万四千零四十一石，纳棉花一千四百六十三察喇克，一察喇克折清官秤十斤，计一万四千六百一十三斤，纳红花三百六十五察喇克，折清秤三千六百五十斤，共计折钱二万

① 董维慎：《清政府平定“回部”及其在新疆施政述略》，《西北第二民族学院学报》（哲学社会科学版）1991 年第 1 期。

② 《清高宗实录》第 1493 卷。

③ 周远廉：《乾隆皇帝大传》第七章。

一千余腾格；克色克、绰克巴什人等纳钱二万六千腾格、商贾牧养人等纳钱二万腾格，皆以本色折纳。此外又有商人金、铜税和园户果税。边界贸易回人征税十分之一，外来贸易之人征二十分之一。现在酌量减赋，种地人每年交粮四千帕特码（折一万八千石）、钱六千腾格，棉花、红花照旧输纳，征金十两、葡萄千斤交内务府，贸易税依旧课收取，其余零星杂税概行蠲免。第二月，兆惠又奏定叶尔羌及其所属立十七城村的赋税。这一地区有三万户十余万人，先前噶尔丹策零时，年交贡赋十万腾格，此外还有金税、贸易缎布牲等税，霍集占入城后又额外科敛，“回人生计甚艰”，因此，从七月起，止征杂粮一千四百帕特码和一万二千腾格。① 此后，清政府统一制定了全回疆赋役制，原回人旧制征粮是十分取一，“载在经教”，现减少为二十分取一。买卖牲畜之税，亦照旧例减少，本地回人贸易征二十分之一，外来部落商人贸易收三十分之一。②

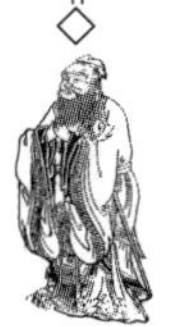

五　战争胜利原因

在《御制开惑论》中，用3000多字概括了从乾隆十九年（1754年）到乾隆二十四年（1759年）这五年间，清朝从策划到战争结束的情况，与《御制平定回部告成太学碑》集合起来就是乾隆皇帝对用兵准、回二部的基本总结，详细叙述了乾隆帝用兵准部、回部的原因、争议、效果及其基本过程。而从这些记叙中可以提炼出战争取得胜利的因素。

1. 力排众议，坚持用兵。对于乾隆帝统一和建设西北地区的宏伟事业，不少大臣很不理解，因为他们认为“沙漠辽远，牲畜凋耗，难驻守”。大学士史贻直早在乾隆二十二年（1757年）十月就提出捐弃伊犁的主张。大学士陈世倌特上专折，以“粮饷、马力、将帅”三个难题，反对继续用兵。乾隆帝予以一一驳斥，坚决排除浅见庸议的干扰，选任了阿桂、舒赫德、明瑞和伊勒图等人来贯彻执行他建设西北的方针。并特下坚持用兵平乱的谕旨，谕告中外说：“……已传谕将军等，令于附近有城之处，酌量驻营，俟马匹调齐，乘春和膘力壮健，以需继进。特恐选懦无知之徒，闻尔时援师克捷解围，势同破竹，辄谓可以罢兵息事，则大不然。毋论逆酋前此辜恩反噬，害我王臣，难逭天诛，即去冬官兵渡河进剿，辄敢悍然抗拒，稔恶更深。今虽全师整暇如故，而元凶罪大恶极，凡我大清国臣民，当无不人人切齿，使以一战得志，妄语洗甲韬戈，不但军纪国威难于中止，且于政体亦甚有关系。佳兵之戒，朕所深凛，而天讨有罪，自古无可逭之王章。

① 《清高宗实录》第593卷。

② 《清高宗实录》第595卷。

且当我国家全盛时，兵力现俱充裕，又何不可执言声罪之理。……计其成功，迟亦不出夏秋间耳。若徇首鼠两端之浮论，姑息了事，朕实耻之，断断不可为也。可将此通谕中外知之。"①

过了两个多月，四月二十五日，在大军即将出发征回之前，乾隆帝又以阅读《圣祖实录》所载，康熙帝训斥臣僚惟图保身，贻误国事，反对平三藩、征准之例，下谕说："盖彼时臣工内，即有囿于己私惟图安逸之习气，故皇祖神谟独断，毅然办理，是以每遇用兵，罔不克捷。朕御极以来，曾屡降谕旨，力除此习，即如数年来，办理军务，大臣中不愿者居多，亦因朕指示督催，始能剿杀敌众，所向无前，阅时未久，即平定准噶尔。……著传谕八旗大臣官员等，嗣后各除便己求安之私意，惟知训练兵丁，务使技艺娴熟，不失满洲旧习，庶兵丁皆成劲旅，而风俗日以还淳，于国家之事大有裨益矣。"②

乾隆帝连降谕旨，斥责畏难俱战的庸碌之臣，在思想上扫除了危害进军的障碍，为使三军奋勇前进，创造了良好条件。

2. 牢记前鉴，善于总结。当十一月十三日看到舒赫德第一次报告兆惠受挫的奏折时，乾隆皇帝谕告军机大臣："兆惠领兵深入，虽未免有轻贼之心，亦恐朕责其怯懦，若当日令伊暂驻阿克苏，候兵马齐集，当不至此，然于现在情形，亦未为失策，朕岂肯加之责备。"③ 改变了轻视回军，急于求成的想法。第二天，他又谕告军机大臣："看来办理回部，必须整齐兵力，于来年回人收获时再行进剿"，命将"铸成炮位及办造之物料、工人"，以及所有骆驼米面，速解前方，"多多益善"。④ 过了八天，十一月二十一日，兆惠托舒赫德缮写转呈的奏折，送到了皇帝面前。兆惠除报告了十月十三日作战经过、官兵伤亡、敌军合围等情形以外，还承认自己犯了轻敌之错，请求处治。兆惠奏称："臣等前因阿克苏、乌什既定，擒获渠魁，机不可失，遂不暇计兵多寡，马力如何，轻敌妄进，臣兆惠罪实难逭。"⑤

乾隆帝看过此奏后，下了一道长谕，除再申用兵回部之因以外，着重讲到轻敌之事，其中有这样一段话：

"……迨我师已得库车，将军兆惠勒兵前进，风声所过，如阿克苏、乌计等城，皆相继倾心归化，其回部大头目霍集斯伯克等，复向官军投顺。愿效前驱。惟贼首霍集占奔窜叶尔羌。是以将军兆惠率师乘机直入。彼时

① 《清高宗实录》第 581 卷。
② 《清高宗实录》第 585 卷。
③ 《清高宗实录》第 574 卷。
④ 同上。
⑤ 《清高宗实录》第 575 卷。

若令兆惠暂且留驻阿克苏城，俟后队到齐，然后并力进取，则自此发旨到日，已属不及。然此则不过身处局外者事后好为议论则可耳，揆诸用兵机宜，兆惠尚为有进无退之良将也。……向来之轻视逆回，乃朕之误，又何忍以妄进轻敌为兆惠之责乎。此盖数年以来，平准噶尔，降左右哈萨克、东西布噜特，实为极盛之会，而默默中有此佳兵之警，上天仁爱之意，朕实钦承感谢矣。"①

乾隆帝将兆惠失败的原因引咎于自己"轻视逆回"，并对将领士卒慰谕劝解，宽其畏过怕责之心，对激励三军以利再战，定将起到很大的作用。

十一月二十二日，他又谕示军机大臣：兆惠得到派去的四千健锐营、索伦、察哈尔兵的接济，如一时不能剿灭霍集占，则回到阿克苏，计其身边的四千兵，健锐营等四千兵，新遣的西安满兵二千，以及厄鲁特达什达瓦兵一千和绿旗兵四五千，共一万五六千名兵士，于明春齐集进剿。这样一来，在得知黑水营被围后的十天内，乾隆帝就果断地对先前轻敌冒进的错误决策作了自我否定，转而采取认真对待、谨慎从事、大军征剿的正确方针，从而对扭转战局夺取胜利奠定了基础。②

3. 亲理军务。《圣武记》中对乾隆皇帝指挥征战这样描述道："前代方略专持本兵，我朝悉禀庙算。羽檄交驰，立时批答，虽午夜必起披览，召见军机大臣，指示曲折，万里如禁闼。"③ 可以看出兴兵以来，五年内乾隆帝日夜操劳，军务繁忙时，"运筹乙夜"，举凡用兵与否，征讨方针、政策与策略，将帅的任用，粮饷、马匹、器械的筹备和运输，等等，他都一一过问和决策。仅《清实录》所载关于用兵的上谕，就有几百道。

4. 赏罚严明。乾隆皇帝敢于惩治劣帅庸弁，敢于擢用猛士勇将，基本上做到了赏必信罚必严。绿营兵高天喜，以军功陆续升为保宁堡守备，二十二年随参将迈斯汉往援副将军兆惠，风雪道梗，单骑往探，奋欲赴援，为迈斯汉所阻，帝知其情后，诏革迈斯汉职，以高代为参将，第二年升至西宁总兵，授领队大臣，年底战死黑水营。乾隆帝闻悉，赋诗悼惜，赞其为绿旗中第一人，图形于紫光阁，亲书赞同说：爪牙之将，用不拘资，感予特达，授命何辞百战百进，义弗旋踵，怒则血赤，是为血勇。呜呼！听鼓鼙之声，则思将帅之臣；听磬声，则思死封疆之臣。④ 富德以一贯奋勇冲杀，十余年内，由护军升至定边右副将军，兼任都统、尚书、领侍卫内大

① 《清高宗实录》第 575 卷。

② 周远廉：《乾隆皇帝大传》第七章第二节。

③ 《圣武记》第 11 卷，《武事余记》。

④ 《清高宗实录》第 575 卷；《清史稿》第 314 卷，《高天喜传》。

臣、御前大臣，封一等靖远成勇侯，图形紫光阁。兆惠因两次被困，坚守出围，征服回部，五年之内，由办理粮运的侍郎荣任定边将军，升为尚书、都统、领侍卫内大臣、协办大学士，封一等武毅谋勇公，加宗室公品级，图形紫光阁，后配享太庙，其子扎兰泰娶高宗第九女和硕和恪公主，授额驸，袭爵。对怯战畏敌、因循苟且、贻误军机之人，乾隆帝严加惩治。五年内，他先后逮问定西将军、一等公策楞，参赞大臣玉保，定西将军永常，将定边左副将军、尚书、领侍卫内大臣、二等公哈达哈与定西将军、尚书，协办大学士、二等公达尔当阿革职削爵，罚充披甲，诛死靖逆将军觉罗雅尔哈善，勒令参赞大臣、都统、二等公哈宁阿自尽。这对严明军纪，激励将帅和三军官兵，增强军队战斗力，克敌取胜，起了重大的作用。①

六　战后的新疆

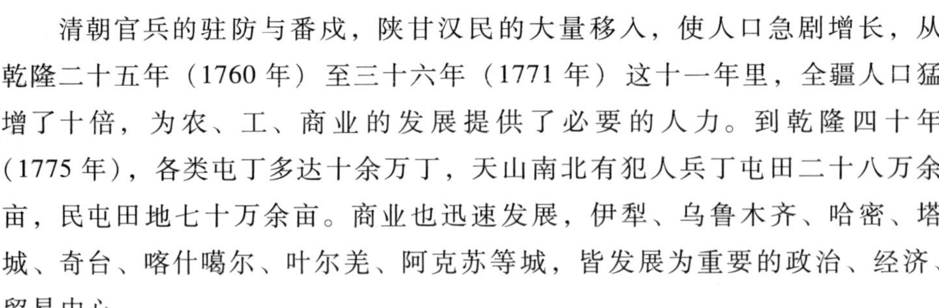

清朝官兵的驻防与番戍，陕甘汉民的大量移入，使人口急剧增长，从乾隆二十五年（1760 年）至三十六年（1771 年）这十一年里，全疆人口猛增了十倍，为农、工、商业的发展提供了必要的人力。到乾隆四十年（1775 年），各类屯丁多达十余万丁，天山南北有犯人兵丁屯田二十八万余亩，民屯田地七十万余亩。商业也迅速发展，伊犁、乌鲁木齐、哈密、塔城、奇台、喀什噶尔、叶尔羌、阿克苏等城，皆发展为重要的政治、经济、贸易中心。

其次，交往变得频繁，互利互助。过去，准、回地区与内地常起争端，基本上处于隔绝状态，现在同隶清政府管辖，汉民大量移入，满、汉官兵来此驻戍，蒙、维、满、汉各族人员之间，频繁往来，同居共处，互易有无，加强了新疆各族人民向往国家统一的凝聚力，对于清代统一多民族国家的巩固与发展，是一种积极的推动力量。

清朝统一准、回各部后，虽然由于一些满、汉、维吾尔族官员胥吏的贪赃枉法、为非作歹，以及少数地方分裂主义分子的作乱，新疆地区此后曾发生过一些战争，但大体上仍是处于和平的环境，故史学家称赞乾隆帝用兵及建设之效说，自此“中外一家，老死不见兵革”。②

史学大家魏源对乾隆帝用兵准、回之成效，在《圣武记》中做了如下评述，“……计兵屯、回屯、民屯、旗屯共十余万丁，统于乌鲁木齐提督。自官田外，余地听民自占，农桑阡陌徭赋如内地。……国家提封百万，地不加增，而户口日盛，中国土满人满。今西域南北二路地大物齑，牛、羊、

① 周远廉：《乾隆皇帝大传》第七章第二节。

② 魏源：《圣武记》第 4 卷，《乾隆戡定回疆记》。

麦、面、蔬、蓏之贱，浇植贸易之利，金矿、铜矿之旺，徭役赋税之简，外番茶、马、布、段互市之利，又皆什佰内地。边民服贾牵牛出关，至则辟汙莱，长子孙，百无一反，是天留未辟之鸿荒，以为盛世消息尾闾者也”。新疆统一的现实令清人对新疆的态度与观念，突破了过去中央王朝以中原为中心的狭隘思想，使新疆各民族共同获得了“华夷一体”和各民族平等的观念，使清政府的统治在新疆得到广泛的政治认同。

七 战争后的反思

“兵刑为致治之原，衣食乃教化之本。”欲使边疆无患、不动兵戈，需“平日抚驭之方，务在持其大体，不事烦苛，诚信相孚，恩威并济，专防微而杜渐”①；更需“相地土形势，顺其夷情风俗，措施得宜，乃为久远安全之计”②，迫不得已，兵戎相见，仍应以尽量减少损失为进兵依据。

关于战争的回忆与反思，已经远不止于战争中人性的泯灭与坚韧、罪恶的生成与蔓延、灾难的深重与抗争等那些司空见惯的层面，它涉及一个民族的性格与文化塑造，涉及对战争的认知。在这样一个好了伤疤忘了疼的年代里，回忆的质地尤为重要。而对战争的反思比单纯的回忆更重要。但如何将因战争而导致的损害减少到最低程度，对如何稳定、巩固战后边疆地区局势等问题可以给予总结，得出经验教训。

以下是《御制平定回部告成太学碑》碑文和《御制开惑论》原文，附录于此以飨读者：

建非常之功者。以举非常之事。举非常之事者。以藉非常之人。然亦有不藉非常之人。而举非常之事。终建非常之功者。则赖昊苍笃贶。神运斡旋。事若祸而移福。机似逆而转顺。顺天者昌。逆天者亡。故犁准夷之庭。扫回部之穴。五年之间。两勋并集。始迟疑犹未敢信。终劼劬以底有成。荷天之龙在兹。畏天之鉴益在兹。爰叙其事如左。达瓦齐之就俘也。伊犁已大定矣。无何而阿睦尔撒纳叛。彼其志。本欲藉我力以成己事。时也人心未定。佐饔者尝。一蜮肆狂。万狙应响。蜂屯蚁杂不可爬梳。畏难者群谓不出所料。准夷终不可取。并有欲弃巴里坤为退守谋。然予计其众志不齐。将有归正倒戈者。于是督策将帅之臣。整师亟进。既而伊犁诸台吉宰桑。果悔过勤王。思讨逆贼以自赎。此天恩助顺者一也。二酋大小和卓木者。以回部望族。久为准

① 《清代档案史料丛编》第十四辑，第180页。

② 《清高宗实录》第533卷。

噶尔所拘于阿巴噶斯鄂拓者也。我师既定伊犁乃释其囚。以兵送大和卓木布拉尼敦。归叶尔羌。俾统其旧属。而令小和卓木霍集占居于伊犁。抚其在伊犁众回。乃小和卓木助阿逆攻勤王之台吉宰桑等。阿逆赖以苟延。及我师再入。阿逆遂逃入哈萨克。而霍集占亦即收其余众。窜归旧穴。此天恩助顺者二也。准夷之事。前纪略见梗概。兹不复纪。纪兴师讨回之由。则以我将军兆惠在伊犁时。曾遣副都统阿敏道。往回议事。小和卓木乃以计诱阿敏道而拘之。及我师抵库车问罪。彼携阿敏道以来援。至中途害之。及从行者百人。彼犹逞其狂勃。抗我师颜。且敢冒死入库车城。乃雅尔哈善略无纪律。致彼出入自由。然我满洲索伦众兵士。无不念国家之恩。效疆场之力。故能以少胜众。逆渠惧而兔脱。此天恩助顺者三也。知愤辕之无济。抡干材之可任。时将军兆惠以搜剿准夷余党。至布噜特布落。已款服其众。因命旋师定回部。于是克库车。存沙雅尔。定阿克苏略乌什。收和阗。师之所至。降者望风。直至叶尔羌城下。而我军人马周行万有余里。亦犹强弩之末矣。二酋以其逸待之力。统数万人。与我三千余人战。我师之过河者才四百余。犹能斩将搴旗。退而筑堡黑水。固守以待。此天恩助顺者四也。万里之外。抱水救火。其曷能济。乃予以去年六月。即降旨派兵拨马。欲以更易久在行间者耳。故兵马率早在途。一趱进而各争前恐后。人人有敌忾之愤。此天恩助顺者五也。副将军富德及参赞舒赫德辈率师进援。以束行戈壁中。马力复疲。值狂回据险坐俟。颇有难进之势。夫援军不能进。则固守以待者危矣。而参赞阿里衮驱后队之马适至。夜捣贼营。我师内外夹攻。彼不知我军凡有几万。握炭流汤之徒。自相蹂躏。顾命不暇。于是解黑水之围。鹿骇獐惊。遁而保窟。我之两军。合队全旅。以回阿克苏。此天恩助顺者六也。既而彼料我必再入。泰山之压难当。乃于我师未进之先。携其部落。载其重器。跳而远去。而叶尔羌、喀什噶尔二城之旧伯克等遂献城以降。参赞明瑞一邀之于霍斯库鲁克。副将军富德再陷之于阿勒楚尔。于是离心者面内。前途者反旆。二酋惟挈其妻孥及旧仆仅三百人。入巴达克山境。此天恩助顺者七也。人迹不通之地。语言不同之国。既已雀殴。宁不狼顾。其授我与否。固未可定也。然一闻将军之檄。莫不援旗请奋。整旅前遮。遂得凶渠函首。露布遥传。此天恩助顺者八也。夷考西师之役。非予夙愿之图。何则实以国家幅员不为不广。属国不为不多。惟廑守成之志。无希开创之名。兼以承平日久。人习于逸。既无非常之人。安能举非常之事。而建非常之功哉。然而辗转辐凑。每以艰而获易。视若失而反得。故自缔始以逮定功。虽予自问亦将有所不解其故。而不敢期其必然者。故曰非人力也。天也。夫天如是显佑国家者。以祖宗之敬天爱民。蒙眷顾者深也。则以我后世子孙。其何以心上苍之心。志列祖之志。勉继绳于有永保丕基于无穷乎。系以铭曰。二酋偕德。始乱为贼。是兴王师。报怨以直。伊犁既平。蕞尔奚屑。徐议耕辟。徐议戍设。以噢以咻。伊予本怀。岂其弗戢。图彼藐回。彼回不量。怒臂当车。戕我王臣。助彼狂狙。始攻库车。偾辕败事。用人弗当。至今为愧。悖逆罪重。我武宜扬。易将整师。直压彼疆。阿苏乌什。玉陇和阗。传檄以定。肉袒羊牵。二酋孽深。知不可活。狼狈相顾。固守其穴。桓桓我师。周行万里。马不进焉。强弩末矣。以四百人。战万余虏。退犹能守。黑水筑堡。间信达都。为之伤悼。所幸后军。早行在道。督敕速援。人同怒心。曾不两月。贼境逼临。贼境逼临。彼复儌隙。马继以进。贼营夜斫。出其不意。贼乃大惊。谓自天降。孰敢锋撄。大鞣大膞。如虎搏兔。案角陇种。谁敢回顾。黑水围解。合军暂旋。整旅三路。期并进焉。贼侦军威。信不可支。挈其妻孥。遁投所依。所依亦回。岂不自谋。岂伊庇猿。而受林忧。利厥辎重。无遗尽掠。遣其都丸。遂来献馘。讵惟献馘。并以称臣。捧赍表章。将诣都门。奏凯班师。前歌后舞。尸逐染锷。温禺衅鼓。露布至都。正逮初阳。慈宁称庆。亚岁迎祥。郊庙告成。诸典并举。皇皇太学。丰碑再树。丰碑再树。敢予喜功。用不得已。天眷屡蒙。始之以武。终之以文。戡乱惟义。抚众惟仁。布惠施恩。寰禹共喜。古不羁縻。今为臣子。疆辟二万。兵出五年。据实书事。永矢乾乾。勒石大成殿阼阶前。

《御制开惑论》原文：

以西师成功始末。御制开惑论。宣示中外。谕曰：巴达克山素勒坦沙等归诚。逆贼霍集占授首。于办理回部。固告成功。而平定准噶尔全局。亦于此大定。昨已降旨宣谕中外。王大臣等躬逢国家景运昌隆。殊勋捷奏。当与朕同心感庆。敬迓天庥。而朕于颁师奏凯时。回念前事。转深祇惧。非仅为履满思谦之虚语也。准噶尔一部。久外生成。自我皇祖皇考时。屡兴挞伐。未既厥绪前杜尔伯特车凌、车凌乌巴什等方款关内附。在庸庸无识之徒。生际昇平日久。方皆狃于便安。谓可拒而不纳。殊不思堂堂天朝。抚驭方夏。如达瓦齐之蠢然一物。

缚致京师。以降王豢养数载。亦朝臣所共见者。岂有俨然视如敌国。至不敢受其降人之理。然彼时朕以任事乏人。尚未即决策兴师也。厥后阿睦尔撒纳等各部来降者。叩关踵接。实繁有徒。于义固有难辞。而处之偏隅。又足为喀尔喀贻患。势不得不经理游牧。返之故地且上苍锡祚垂禧。予以经画边陲之事。俾朕继述我祖宗未竟之志事。而朕敢惑于浮议。不勉思敬以承之乎。今统计用兵。不越五载。内地初不知有徵发之劳。而关门以西。万有余里。悉入版图。如左右哈萨克。东西布噜特。及回部各城。以次抚定。现在巴达克山诸部落。皆知献俘自效。捧檄前驱。以亘古不通中国之地。悉为我大清臣仆。稽之往牒。实为未有之盛事。即朕始愿。亦不敢望其遂能至此也人情可与乐成。难与虑始。在久安长治之余。亦势所必有。然忧盛危明。正当动色交儆。此番遐方绥靖。我将军参赞以及一介执戈之士。无不得娴行阵。于国气人才。深有裨益。然非朕力为振作。信赏必罚。以淬励之。其谁不畏难苟安。而坐希无事之福乎。今即饮至告功。而日有万几。宵旰畴咨。又何能自释敬事之怀。有一日之可逸者。即前此军务方殷。运筹乙夜。曾不废令节燕飨之文。忧愁二字朕惟于望雨悯农用之。于军务亦未至于忧愁困苦如众人之所畏者。兹虽大告武成。亦惟永怀图易思艰。以为昭受凝承之本。又岂可恣意求逸耶。然如去冬兆惠深入回地。猝尔被遮。设非朕先时各路派兵。运饷在道。何由集事神速。便若转圜。此一节朕不自谓洞烛先几。而深荷天地祖宗眷祐。默牖朕衷实惬于怀。于此益信天人感应之符。捷如影响而钦承景命。我君臣当益交勉之军营在事诸臣。昨已加恩优叙。至同朕办理军务者。惟大学士傅恒与朕一心。日夜不懈。前因伊犁平定。赐加双公。曾涕泣固辞。今伊子福灵安尚非披坚执锐之岁。而即能奋勇行阵。屡著勤劳。实惬朕望。著赏给福灵安头等侍卫。以著酬庸之典。大学士来保年近八十行走不懈。及诸军机大臣官员。日夜随侍候报。钞录一切。均著勤劳。大学士傅恒、来保及军机大臣并军机处行走官员。著交部一并议叙。仍将此旨通行晓谕知之。御制开惑论曰：夫人情有所弗概于怀者。则不能无惑。况西师之役。决机于午夜之密勿。驰檄于绝域之阻阂。语言泮不相同。风俗夐然各别。是安能人人而告之。以祛其疑。故事以问明。理以答晰。因仿四子讲德之遗意。作开惑论。其辞曰：有春秋硕儒者是古卑今循规蹈矩。喜宽衣博带如鲁诸生。厌突梯脂韦、若楚公子。闻信天主人欲有所缔构挞伐。虽不敢面折其非。而每退有后语也。既而定伊犁。俘名王成旧志。辟新疆兵不血刃。而归马于华

孔庙国子监论丛（2017年）

山之阳。乃造于臻成大夫之席曰：唉有是哉。有是哉。走怀杞人之忧有日矣。夫守在四夷。其德莫恢佳兵不祥。其理莫赅。今所见者迥异乎所闻。则是秦皇不必筑长城。而汉武不必悔轮台也。曷以启予蒙乎。大夫曰：子不闻长卿之言乎。非常者固常人之所疑也。无何阿逆叛群凶应。如蜩如螗曰枭曰獍。断驿掳牧奋臂以逞。一二只行野宿者。或致戕其身命。于是硕儒复过大夫之间曰：如何如何。果不出吾所讶。宜亟罢是役。祸庶少辑。大夫曰：子姑俟之。于时师重进。渠远跳。顺者抚。逆者劓。先是喀尔喀有青滚杂卜者。狴狡佥回之馯獟也。以收杜尔伯特四部时。曾贾其牛羊。用赐新抚乃藉以煽惑众喀尔喀。且欲私通阿逆之丑虏。阿逆既窜。罪人斯得。喀尔喀众。以休以息。然彼时将帅之臣。追阿逆于哈萨克。为其所卖。同时准噶尔宰桑之在役者。皆习为盗而惯军诈者也。见而轻之。既罢役。则相率为乱。欲复其旧制。而耻为我臣。是和起被欺于辟展。兆惠战出于济尔哈朗之所因也。硕儒曰：吁。是盖祸结兵连。吾不知何日之息肩矣。尔其重整四甄。夹攻两路。阿逆复自哈萨克窜归。适遇我师。又仓皇而遁去。盖自是哈萨克亦面内归化。欲助我以擒阿逆。而阿逆乃只身入俄罗斯境。穷极伏冥诛之故也。豺狼不可以犬豕畜。鸱鸮不可以鸡鸭育。是反覆喜乱之徒。再存之再不知感。且残贼为奸焉。是惟翦刈灭之而已。更不可以仁义化迁。乃欲姑息了事者。又以为不杀降人。夫不杀降人可。留降人之马。而与之足力以受其愚。则大不可满福之遇难以及助二回。酋与我抗衡皆此沙喇斯玛呼斯二鄂拓之所构祸也。至库车之稽勳。实偾辕于逍遥。更将申律。旗鼓一新。遂长驱直入而功垂成于崇朝。黑水之守。主客众寡之势。虽愚者亦知其漂摇。以三千余人。敌数万众而搜穴得米。掘井得泉。贼铳著木。取铅丸数无万。反以击贼。无不中贼之酋豪。于是两军相合。贼乃遁逃。及穷追异域驻旅驰檄。献馘称臣。遂成耆定之功高。臻成大夫乃进春秋硕儒而诏之曰：两大部落。不为不强。周二万余里。不为不广。五年成功。不为不速。前歌后舞。不为不祥。子徒见始事之秋。选愞畏葸者之腾口。是所谓人然亦然。人否亦否者也。且师旅征伐之于国。犹雷霆霜雪之于天。非霜雪则万汇烦嚣之气不荡涤。非雷霆则四时湮郁之气不卺宣。非师旅征伐则梗我王化者。无以詟伏惩创。不敢抗干。是以诘戎扬烈。益当廑于重熙累洽之年也。子独不见达瓦齐之懵懵乎。设云事慎首祸。礼不纳叛。是俨然以外夷弑君者为敌国。岂不辱我君哉。硕儒曰：岂谓是哉。阳舒阴惨。生民大情。离忧合欢。品物同性。绝者不可复属。死者不可

复生。损兵折将。无补功成。大夫曰：吁。子所谓执迷而不悟者矣。成大事者不顾小谋。图大全者宁辞小害。示应于近者远有可察。托验于显者微或可概。且子亦知损兵折将之由乎。彼或内怯于心。外受人诒。决机不审。迟疑擿埴而自贻伊悔。岂主人之罪哉。若夫虎臣罴士。折冲宣力。马超囊足。姚期摄帻。渴赏捐躯。实不乏人。而一闻如是者。午夜为之酸心。举案为之忘食。虽刻木结蒲。无以加兹。而且赏延后昆。太常纪绩。如子所云。则汉祖唐宗拨乱草创之初。宁无一人结缨死绥者哉。礼记听磬声则思。又何以云乎。故非沉几不足以图功。非果断不足以定业。彼其狼狈相顾。潜包祸谋者。以螳螂之斧。御隆车之辙。不自竿量。何异苇苕之鳺鷯。是以王师屡入。霆奋席卷。如举炎火而爇飞蓬。覆汤泉而沃白雪。子何不度以全局。待以岁月。而为是无稽之说哉。硕儒曰：若仆者乃隙中观斗。井里窥天。以今日应机底绩论之。何妨再迟数年。愧矣服矣。豁然悚然。大夫曰：未也。子姑听之。夫食椹怀音。非纳叛臣。奖蹙优遇。欲集其勋。密敕周防。先示戚亲。操刀必割。折戒逡巡。子云应机。亦非至论。三隙可乘。未兴大军。加徵增算。何曾于民。凡有水旱。无不恤赈。运输给价。防其蚀侵。甘肃岁赋。豫免庚辰。两部永靖。并及其邻。哈萨布露。枭瞷文身。无不内属。慕义归仁。鸿庸爰建。千古未闻。若子者所谓菽麦未辨。安足以知我信天主人哉。信天主人乃召大夫硕儒而告之曰：若二子者所谓楚既失之。齐亦未为得也。夫顺天者昌。逆天者亡。故粤宛犹不逆时气。而奉若者岂可恃力而夸张。且屡危而屡夷。愈变而愈康。钲鼓一动。遂定二方。凿空二万余里。蒇事五载已央。使畏难而中辍。未必不致祸而受殃。浮议者方且谓老成之言臧也。在易师之上六曰。大君有命。复之上六曰。迷复有眚。今得以利用御冠。由颐有庆。是不亦大幸乎。夫获此幸者。宜思何以获此幸于昊苍。方将矜矜惴惴。凛凛皇皇。陨越是惧。奚暇计之二子之短长也哉。

黄茜茜，孔庙和国子监博物馆馆员

◎国民党第二十五师驻扎国子监及孔庙原因初探

◎ 董艳梅

【摘　要】1933 年的长城抗战，是日本发动“九一八事变”后，中国军队和日本侵略军队在华北地区进行的大规模战斗。长城抗战在中国抗战史上不仅占有重要地位，也有着非常重要的研究价值和意义。2017 年，是中国人民取得抗日战争胜利 72 周年，也是长城抗战爆发 84 周年。本文就 84 年前国民党正规军第二十五师在古北口抗战的原因、经过，及后撤到北京城内短暂驻扎在孔庙和国子监的史实资料进行探究，让人们了解长城抗战的历史，也让人们了解孔庙和国子监这两组近 700 年的古代建筑群在抗战期间经历动荡得以保存的原因。

【关键词】长城抗战　古北口　国民党二十五师　孔庙国子监

一　长城抗战历史背景

1931 年 9 月 18 日晚，日军炸毁了沈阳东站柳条湖附近的一段铁轨，反诬陷是中国军队所为，向中国军队进攻。这就是日本帝国主义大规模武装侵略中国的开端。

日本帝国主义想吞并中国蓄谋已久，早在 1868 年明治天皇取得政权后，在日本全面推行具有西方资本主义性质的全面西化和现代化的政治改革，使国内的综合国力大大加强，特别是中日甲午战争和日俄战争后，日本迅速成为称雄亚洲的一个强国。但是，日本国内由于皇权日益膨胀，藩阀势力、新兴财阀垄断市场经济，农民土地被兼并的矛盾日益尖锐，为了转移社会矛盾，日本走上了侵略扩张的军国主义道路。1927 年，日本内阁首相田中义一主持召开了所谓的“东方会议”，制订了吞并中国称霸亚洲和世界的侵略计划。田中义一在写给日本天皇的秘折中明确写道：“惟欲征服支那，必先征服满、蒙，如欲征服世界，必先征服支那。”① 充分暴露了他们欲侵略中国的野心。

1931 年 6 月，日本间谍中村震太郎在中国东北进行军事间谍活动，被中国军队处死。日军就以此为借口，准备大规模武装进攻我国东北，妄图实现占领中国东北三省的阴谋。

当时中国是国民政府时期，以蒋介石为首的国民党一手控制。蒋介石为了消灭人民的革命力量，集中大批兵力对中国共产党领导的工农红军和革命根据地进行大规模的军事“围剿”，对日本军队的入侵采取了妥协退让政策。“九一八事变”后，蒋介石指示当时任东北局局长的张学良，对日本军队在东北的军事挑衅采取不抵抗策略。到 1932 年 2 月，日军只用了 5 个月的时间，就侵占了辽宁、吉林、黑龙江三省。三省的铁、煤、大豆、高粱、森林等资源全部落入日本人手中，3000 万同胞遭受日军铁蹄践踏。面对侵略，东北人民自发组织了东北义勇军进行抵抗。但义勇军由于受自发组织的局限性，很难形成统一指挥。日本侵略军占领东北后，挟持了被废黜的清朝末代皇帝溥仪并把他扶上皇帝宝座，于 1932 年 3 月 1 日建立了伪“满洲国”。1932 年 1 月 28 日，日军向上海淞沪发动了战争。面对侵略，中国人民奋起抵抗。驻守上海的第十九路军奋起抗战，沉重打击了日本侵略者的气焰。1933 年 1 月，日军再向天下第一关山海关和万里长城发动了进攻。当时负责华北地区防务的是任东北军首领和国民政府军事委员会北平分会代委员长的张学良。

驻守北平地区防务的张学良由于执行的是蒋介石的“不抵抗政策”，对日本侵略军的进攻采取的是一再的退让策略，使山海关防御出现危机，整个华北地区岌岌可危。面对危机，张学良派亲信何柱国防守山海关，派兵到滦东、热河和长城沿线各关口防守，并请求调中央军北上。应张学良的请求，国民党第三十二军商震部（晋军）开赴滦河以东地区，支援何柱国部守山海关；调第五十三军万福麟部（东北军）开赴热河，与热河省主席汤玉麟加强热河防御；国民党第二十九军宋哲元部（原西北军改编而成）开赴北平以东，进驻长城喜峰口地区；东北军王以哲部（不久改编成第六十七师）开赴长城古北口；第五十九军傅作义部（晋绥军）担任察哈尔东部防务。1933 年元旦，日军用炮火进攻山海关南门，守军进行了顽强抵抗，揭开了山海关和长城抗战的序幕。经过 3 天激战山海关沦陷。1933 年 1 月 10 日，中华苏维埃共和国临时政府及工农红军革命军事委员会宣言发布，

① 复旦大学历史系中国近代史教研组编：《中国近代对外关系史资料选辑》，上海人民出版社 1977 年版，第 143 页。

号召全国人民“开展武装民众的民族革命战争，发对日本及一切帝国主义!”① 国民纷纷谴责国民党政府，要求停止内战，坚决抗日。在舆论的压力下，国民党政府1月24日，在华北驻军的国民党高级将领宋哲元、冯治安、张自忠、商震等联合向蒋介石发电报，请求他亲自北上指挥对日作战。蒋介石迫于压力，在复电中明确表示一定北上与他们共生死。但是，不到三天，蒋介石就从南京到江西指挥对红军的第四次“围剿”战争。3月1日，热河失守。三天后，承德、冷口失守，日军开始向喜峰口进攻。3月7日，张学良引咎辞职，南京国民政府任命何应钦担任北平军分会主任。面对北平告急的危急时刻，国民党调中央军徐庭瑶部的第二十五师、第二师、第八十三师开赴古北口，以抗击日本侵略军。

长城上的古北口，是承德通往北平的最近的关口，地理和军事地位极为重要。当时驻守在此关口的是国民党东北军王以哲部的一一二师。面对日本侵略军的大举进攻，国民党紧急抽调正在徐州、蚌埠一带的蒋介石的嫡系部队十七军三个师赴古北口。

二　国民党中央军第二十五师古北口抗战

第二十五师接到北上抗日的命令后，派遣副师长兼七十三旅旅长杜聿明先期北上北平，随后全师于3月7日、8日到达通县集中。由于古北口形势危急，北平军分会命令该师立即向古北口进发。为了避免白天被日军发现，他们采取了夜间急行军，10日到达古北口南城，11日日军占领了古北口北城。关麟征指挥杜聿明在古北口北城坚守，自己亲自率领一个旅的兵力在龙儿峪与日军厮杀，坚守三天后，关麟征受伤。13日清晨，黄杰师长率领第二师增援并接替了南天门的主阵地，与其他增援部队一起作战。二十五师在苦战三天后撤走。在这场战斗中，二十五师伤亡四千余人，后撤时仅有二千余人。长城抗战官兵，用自己的血肉之躯筑起了一道民族自卫的长城。如率领西北军的宋哲元在喜峰口、率领第二军团的商震在冷口、关麟征在古北口，都英勇地抗击日本侵略军。他们抗击日本侵略军的贡献将载入中国人民抗战历史史册。

三　民国期间孔庙和国子监的维护管理

坐落于北京安定门国子监街的孔庙和国子监，始建于元代，是元、明、清三朝国家兴办教育机构等级最高的学校及教育管理机构。国子监是国家

① 《苏维埃中国》，中国现代史资料编辑委员会于1957年7月翻印，第55页。

举办的教书育人的学校。孔庙则是祭祀中国古代教育家、思想家和儒家学派创始人孔子的庙宇。从东汉永平二年（59 年），国家下令所有郡县学校都要祭祀孔子，到唐贞观四年（630 年）国家下令在州县学校一律都要建立孔庙供师生瞻仰和祭祀。孔庙建立在学校里，所以又称“文庙”。“庙学合一”成为中国古代教育机构的固有形式和建制。现存的孔庙和国子监占地面积 50000 多平方米。

孔庙和国子监，民国期间曾作为中国历史博物馆筹备处和历史古迹对外开放。历史博物馆筹备处期间，孔庙和国子监的管理工作由民国政府的教育部负责，其搬离后由内务部的坛庙管理所管理。虽然历史博物馆筹备处在国子监办公期间，将许多文物变成了历史博物馆藏品收藏携离外，一些不可移动的碑刻和祭祀先师孔子时大部分所用的礼、乐器等文物，都被内务部坛庙管理所收藏管理。1935 年，由时任北平市市长袁良亲自挂帅的旧都整理文员会及其执行机构北平文物整理实施事务处成立后，修缮北平的古代建筑就由他们负责。国子监及孔庙的修缮保护工程时有发生，使这座古老建筑群保护和保存下来。

四　国民党中央军第二十五师进驻孔庙国子监初探

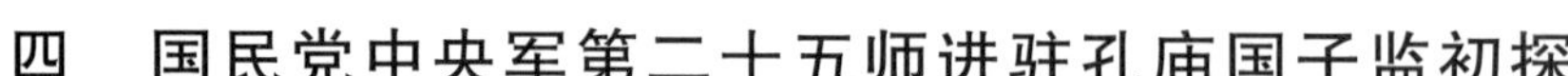

民国二十二年（1933 年）三月二十日，从古北口撤下来的国民党第二十五师 2000 多名官兵闯进孔庙和国子监，并驻扎了三天。他们进入孔庙和国子监主要做了三事：一是闯进孔庙崇圣祠、国子监建筑里面驻扎；二是取木材建筑构件烧火；三是想撬库房进入，都被当时负责孔庙国子监日常管理机构——坛庙管理所人员记录在案。

国民党中央军第二十五师官兵进驻孔庙和国子监的住宿及用木材烧火事件，从当时孔庙的管理员张清远给内务部坛庙管理所的呈文中解读，呈文：“查二十二年三月 20 日突有区属派警偕同二十五师散兵前来孔庙国子监看房占驻，业经呈报在案。该项军队当晚即行开来，约二千余名系由前线退回，不相统属、不服官长约束。所有国子监全部、孔庙之崇圣祠均行住满。二十三日方行开去。惟住庙时期适值天寒，该兵士等搜取木料烘火御寒，以致将国子监绳愆厅、博士厅，东南、西南两序本所存放木料之所全行打开，取木燃烧。（职）一面监视、一面预防火患。开走之后即饬庙户用水浇灭。计驻军三日，所有孔庙国子监损失分别建筑、器物两项开列详细清单一件。”① 报告记录了第二十五师进驻孔庙国子监的时间、人数，还

① 1933 年“孔庙、国子监驻军损失情形”，首都图书馆藏。

记录了这些官兵闯入并驻扎三天的所为。

第二十五师从长城抗战怎么移到北平城里了呢？原来，长城抗战期间，正值蒋介石调用40万兵力在江西对中央苏区发动第四次“围剿”。由于蒋介石发动第四次“围剿”调用了大量兵力，无法为长城抗战增兵，指示何应钦与日本侵略军进行消耗性抵抗。这就决定了国民党要想获取长城抗战的胜利根本是不可能的事情。随着战争时局变化，何应钦把固守古北口的精锐部队秘密抽入北平城中。

为了防止军队进入古建驻扎，早在同年二月七日，内政部奉行政院命令陆海军总司令发函，请求他们下令不许军队占住北平坛庙，可惜，没有起到阻拦军队驻扎坛庙的作用。

国民党中央军第二十五师在孔庙国子监驻扎三天，孔庙国子监建筑和物品有不同程度受损。表1、表2是张清远呈报的孔庙国子监建筑物、器物受损清单。

表1　　建筑物损失清单①

序号	地点	损坏内容	备注
1	孔庙大成殿正门	玻璃1方	
2	国子监彝伦堂	后窗户拆损2块	
3	辟雍亭外	隔扇损失2扇栏杆损失4节	
4	辟雍亭内	宝座栏杆损坏龙头1件、龙堵头2件	
5	西碑廊	木栅栏损失2扇又栅木11根	
6	东碑廊	栏杆损失3扇	
7	南序西房	损失2扇隔扇	
8	南序东房	损失1扇隔扇	
9	西碑亭	损失栏杆3面	
10	东碑亭	损失栏杆3面	
11	绳愆厅南厨坊	损失窗户4槽	
12	绳愆厅东茶房	损失隔扇4扇、门1件	
13	绳愆厅北茶房	损失隔扇2扇	
14	印房	损失窝风隔1扇、风门1件	
15	彝伦堂内更衣室	损失隔扇6扇、帘架1槽，全室木隔断全毁	
16	博士厅厨房	损失隔扇3扇、帘架1槽	

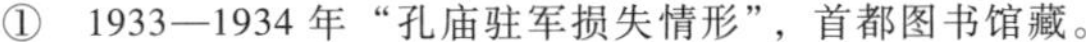

① 1933—1934年“孔庙驻军损失情形”，首都图书馆藏。

续表

序号	地点	损坏内容	备注
17	博士厅北厨房	损失隔扇 2 扇	
18	博士厅	损失窗户 7 扇、隔扇 2 扇、帘架 1 槽	
19	博士厅南厨坊	损失隔扇 2 扇	

表 2　**器物损失清单**

序号	地点及器物名称	损失情况及数量	备注
1	崇圣祠正殿	花香案损失 4 件、祝桌 1 件、平头笾豆案 1 件、撰桌 3 件	
2	绳愆厅	纬帽 55 件（原有 60 件）、铁门灯 2 件、祝版亭 2 件、八仙桌 2 件、木床 5 件、大板凳 1 件、公事案 2 件、长方桌 1 件、木柜 1 件、松木枕 2 件、檩 14 件、木踏跺 1 件（原有 4 件）	
3	国子监东南序	破窗户 2 扇、窝风隔 1 扇、破木条 10 块	
4	国子监西南序	椽子 30 根、檩 2 根、柱子 1 根、长板 2 块、木条 2 块、破望板 1 小堆	
5	国子监东茶房	窗户 23 扇、风门 3 个、隔扇 1 个、柱子 1 根、踏板 3 块	
6	茶房东间	柱子 4 根、椽子 9 根	
7	博士厅	柁檩柱大小 5 根	
8	印房	连 4 椅子 2 件均残破	

清单里面提到了许多建筑物门窗、木条被第二十五师官兵进驻孔庙国子监后拿去烧火用了。据当年参加长城抗战的老兵郑洞国在《我的戎马生涯郑洞国回忆录》中有提及参加长城抗战官兵装备的情况：“一些部队开赴前线时，连军饷、服装、武器都尚无着落。譬如，第二十五师 2 月 25 日由徐州出发时，3 月份的伙食费还没有领到。该师只得临时在地方上借了 10 万元，部队才能开拔。当时北方还是冬季，尤其是古北口一带都为冰雪所覆盖，可我们的部队到达时，许多士兵还穿着草鞋，根本没有防寒服装，幸亏北平各界民众大力支援，始基本解决了部队的防寒困难。”① 这段描述的情形与 3 月 27 日内政部坛庙管理所呈报军委分会关于《呈报孔庙国子监

① 郑洞国：《我的戎马生涯郑洞国回忆录》，团结出版社 2008 年版，第 83 页。

驻军损失情形仰祈》的这份报告中提及的烧火缘由相吻合，报告内容提道：“3 月 20 日第二十五师官兵约二千余人突然前来占驻。当时进驻部队仅有 2 名副官带队，士兵不服长官约束。国子监全部及孔庙的崇圣祠全部占满，秩序零（应为凌）乱。三月二十三日方开去。惟驻庙时期适值天寒，该兵士等攫（有强力取得之意）取木料烘火御寒，以致将国子监绳愆厅、博士厅等处门窗及本所存储木器全行取用燃烧，尤以国子监损失情形较重。计驻军三日所有两处损失分别建筑、器物两项开列详细清单，请鉴核等待前来所有损失情形。经复查相符查天坛、先农坛等处历次驻军，此往彼来视同传舍，值此军。此时期阻止极为困难。惟查孔庙曾经钧部会同军政、教育二部通行各军不得占驻在案，故近年以来并无军队占驻。此次驻军，经职所援案制止未发生效力，正拟函知地方军事长官商办。（其）间该军已行开拔，惟临行时并声言地上铺草不得移动，不日仍有军队来驻等语，倘再有军队开来。职所自当会同地方军事长官设法制止并拟请。钧部预行咨军事委员会北平分会转饬（整顿之意）各军嗣后不得占驻孔庙范围内房屋，以符会令而保全文化古迹。”① 第二十五师从古北口撤到北平并进驻孔庙国子监后用木材烧火的原因就是为了取暖。庆幸的是在北平坛庙管理所的工作人员的提醒和看护下，没有酿成火灾！

他们怎么还要撬开库房进入呢？同年 3 月 30 日，内务部北平坛庙管理所电函北平军分会的关于阻止孔庙国子监驻军燃火和强开库房行为的报告中有陈述，报告说：“陆军第二十五师部队占驻孔庙国子监，损害情形业经呈报在案。昨夜该师忽又闻来两堂迁入内占驻并折木料燃火，更欲强开库房。贱所……竭力阻止，除以备文军分会及卫戍司令部请予制止并亲往接洽。”又“调查孔庙国子监等处前于二十九日下午七时由安定门车站开来二十五师步兵营占驻国子（监）。南学序所存之木料又打开燃烧椽子等物二十余件。该两营兵于今晨上午八时，由崔营长统领开走。……三十日晚七时，由安定门又开二十五师步兵两连，连长陈、董二人即占驻国子监。又于今上午七时，八十三师军械处副官石某来看驻崇圣祠，现已经找人打扫。……午后七时，又开来宪兵一营，黄营长看房。黄培垣营长带来占驻孔庙西庑”②。文中的“昨夜”应该是指 3 月 29 日夜。这份报告虽然提及部队想强开库房被阻止，但没有交代他们想做什么，相关材料也不多，无从妄下定义。孔庙国子监自 3 月 20 日有驻军以来，不停歇地有驻军开来，实在是不堪重负。

为了改变现状，坛庙管理所几次呈文给内务部、北平军委会等部门，

① 1933 年“孔庙、国子监驻军损失情况”，首都图书馆藏。
② “孔庙驻军损失情形”1933—1934 年，首都图书馆藏。

反映并呼吁驻扎的军队尽早离开，使古文化遗产免受损毁。这是 3 月 30 日内务部给北平军委会要求制止驻军的军稿：北平孔庙国子监为我国古迹文化场所和中外人士观瞻的场所。近来，“朱哲光率队二千余人入内驻扎并折损门窗、烧燃内存木料。阻止无效。径开走后昨晚又闻来两堂入内居住，仍有取用内存木料烧火情形……还强迫打开存储祭器的库房。如此行为……有碍观瞻且易滋危险。”① 4 月 4 日，张清远又呈文报告新情况，内容：“查孔庙国子监等处。国子监驻之二十五师军队已经完全开走。当即视查一切东南序所存之木料。椽子燃烧二十一件，檩柱仍存大小二十七根。孔庙驻之第二三营部军医处，现移驻国子监。现又八十三师军械处已占驻崇圣祠。”② 4 月 9 日，北平军委分会回复二十五师移驻北苑。民国二十二年（1933 年）四月十二日，国民政府发布了由蒋中正、何应钦签署的“国民政府军事委员会北平分会布告”，布告提及“国子监及孔庙原系文化机关亟应严加保护，以重古迹。近自各部队调防以来，特有占用国子监及孔庙情事，殊失公家保持文化本旨。兹自布告之日起，无论任何部队採择防所，概不许占用国子监及孔庙房所，以重文化。如敢故违，定予究惩绝不姑宽。除已令本市公安局嗣后代部队寻觅房间，不得占用文化机关外，仰即遵照勿违，切切此布”③。4 月 15 日，内政部收到了布告内容，并决定制作木牌公示严禁孔庙驻军。

五　小结

在热河沦陷后，华北及平津危机的情况下，蒋介石在全国人民抗战呼声日益高涨的压力下，派国民党中央军赴长城沿线抗战。国民党中央军第二十五师在古北口英勇抗击日本侵略者。师长关麟征亲自在战场上指挥并中弹负伤，全师官兵伤亡 4000 余人。第二十五师的古北口抗战被永远载入中国人民抗日斗争的历史史册。但是，第二十五师撤到北平进驻孔庙和国子监的所为，国民政府相关管理部门及坛庙管理所的看庙者对岗位的尽职尽责的态度和保护古建筑的做法，都同样被写进了孔庙和国子监的历史。

董艳梅，孔庙和国子监博物馆馆员

① “禁止在孔庙国子监内驻军的报告”，1933 年，首都图书馆藏。

② “孔庙驻军损失情形”，1933—1934 年，首都图书馆藏。

③ “禁止在孔庙国子监内驻军的布告”，1933 年，首都图书馆藏。

◇形宗八股 游戏于文

——论游戏八股文的另类存在

◎ 邹鑫

【摘 要】游戏八股文脱胎于正宗八股文，却有着截然不同的语言风格，是八股文体的一种另类存在方式。本文专于介绍游戏八股文的特征：剖析一篇游戏八股文范文来解析游戏八股文的结构和语言风格；详述《西厢》制艺的来龙去脉来阐述游戏八股文的历史、发展和成果。希望读者通过此文对游戏八股文有初步的认知并激起阅读或深入研究的兴致，再或对科举、八股文的研究提供一种借鉴。

【关键词】八股文 游戏 俗文学 科举

游戏八股文是诞生于明清之际，极为特殊的一种文体。它从用于科举考试的正宗八股文中衍生出来，或与之有密切关系。在文体形式、结构上与正宗八股文一致或极为相似，但在语言、文风上却与正宗八股文大相径庭，充满了游戏的味道。其对明清小说、戏剧等民俗文学创作也有着深刻的影响。相较于正宗八股文的“正经”，游戏八股文自有一股“邪劲”，此处的“邪”并非贬义，而是一种独特的气韵。探究游戏八股文或许对研究科举对社会意识形态的影响，以及八股文的文学价值有所裨益。

一 游戏八股文的文体特征和语言风格

游戏八股文是今人约定俗成的说法，以区别于正宗八股文，明清时并无此命名。其范畴包括八股制艺、融入八股文要素的小说体、融入八股文要素的戏曲体、融入八股文要素的诗歌体。应用于科举考试的正宗八股文源于宋元时期的科举采用的经义，又称制义。而书写一篇八股佳作除了要有深厚的经史功底，还需有高超的行文技艺，所以明清文人又称八股文为制艺。游戏八股文正是延伸了八股文的技艺，在文学创作中绽放了独特的魅力。因脱胎于正宗八股文，游戏八股文继承了八股文语句对偶、排比的形式和转承顿挫、裁对整齐的语言特征，所以读游戏八股文颇感八股之韵律。而“代圣贤立言”这一八股文重要特征却变成代文中或剧中人物立言，所代言的对象也三教九流、天上地下无所不包。这可以说是对八股文体限制的一种突破。作游戏八股文者不乏八股文高手，自小受八股文写作的训练，熟练运用八股文写作技巧。在备考进阶之余撰写游戏八股文是一种创作欲望和能量的释放。因不受正宗八股文写作要求的约束，留存至今的游戏八股文篇幅有限，但其内容丰富，题材多样。在语言风格上主要有具以下几点：一是俗。游戏八股文是一种俗文学，多取材于民间，表现社会风俗，如《急来抱佛脚》《秀才人情半张纸》《扶小娘儿过桥》《瘌痢头上放毫光》等，看题目就很俗。在写作的语言上也很俗，多是浅显的文言伴口语，通俗易懂，言之有物，更能表达作者的想法和意图。二是讽。讽是游戏八股文的灵魂，对民间俗语的提炼加工，对现实生活的情节捕捉，凝练出游戏八股文独特的讽喻艺术，表达的是对社会现象的不满和嘲讽。如《和尚拜丈母第一遭》《师姑养儿子众神着力》《猢狲戴帽儿学为人》《老虎拖蓑衣没人气》等篇幅都酣畅淋漓地表达了对丑陋现象的嘲讽和批判。三是谐。如果评价正宗八股文的语言是庄重规矩，那游戏八股文的语言离不开诙谐幽默、插科打诨、欲擒故纵、正话反说、冷嘲热讽，总之透着尖酸刻薄，让人读罢忍俊不已，却有如出一口恶气般的舒畅。当然，过犹不及，一些游戏八股文写得过于低俗不堪，难登大雅之堂。

有些游戏八股文的游戏意味更甚，特列举几篇题目及其破题、承题即可看出其戏谑文风及作者对人情世故的揶揄，对世态炎凉的审视。

题目	破题	承题
冯妇	人以妇名，即知其不丈夫矣。	血气用事，略无刚肠，其巾而帼者耶？身为妾矣，骄悍存心，随人愚弄，其鸠而笄者耶。
怕老婆的都元帅	惧内无双者，性所同也，帅所独也。	甚矣，怕老婆者多，而元帅更怕，都元帅则犹怕者也。人独何故而称此元帅乎？
钟馗着鬼迷	制鬼者而为鬼制，处之亦无如何矣。	夫钟馗，制鬼者也，一旦为鬼迷焉，非无可如何之事哉？
秀才人情纸半张	极言寒士之情，薄而又薄矣。	夫纸代人情，固已薄矣，而半张则尤薄者也，是之谓秀才之菲敬。

续表

题目	破题	承题
王髯笑柄	势利起于家庭，至王三胡子而已极矣。	夫同一侄也，而有饭有不饭，则以秀才、童生故。谓非势利之起于家庭哉？
巧妻常伴拙夫眠	有足为巧妻解者，虽伴眠亦可无憾焉。	夫妻而曰巧，拙夫非其伦矣，而胡为眠竟常伴也？讵非天哉！
嘲某入学	得之为有财，与其进也。	甚矣！彼以其富，故进之。有为者亦若是，何必读书？

这种文体和语言风格不仅限于对世俗人物的揶揄，也应用于对政治人物、政治事件的批判，如清末八股制艺《嘲军机章京》以“解渴则清茶一碗，消闲则画烛三条”嘲讽昏庸官员的无所事事。民国时的八股制艺《筹安会》以“会有以筹安名者，以欲改君主也”破题，指出“未享筹安之福，先遭筹安之殃，是筹安适以搅乱也，何竟有恢复帝制之举哉！”揭露杨度等人筹谋复辟帝制的野心和严重后果。再或对行业行为的观察和揭露，如《交易制艺》“夫交易亦贵乎公道耳，乃中人于此觅利焉，其贪狠之心，谁得而禁之?”《戏馆制艺》“甚矣，逢场作戏，何地不可做也？乃入馆而看之，则更安且适焉。宜乎闺门内外之盛行哉”。《赌场制艺》“今夫赌之为害，大矣哉！破钞费财，更甚于吃酒嫖娼之事；倾家荡产，必入于偷儿乞丐之流”。《习医四书文》“甚矣！不幸而有疾，是则可忧也，医来，则足以杀其躯而已矣，哀哉！”《入学四书文》“夫子之墙数仞，得其门者或寡矣。君子深造之以道，犹恐失之。今之学者，何人也？行之而不著焉，习矣而不察焉，居移体，养移气，嘐嘐然，出入是门也”。《道士四书文》“甚矣！士志于道，必有可观者焉。阉然媚于世也者，为其贼道也。人皆信之，何哉?”从清末至民国，通过八股制艺对社会现象和政治事件评判成为一种文化现象。

还有一种被称为分咏体诗钟的特殊文体，作者运用八股文中“截搭题”的方法将不相干的事务联系到一起，或摘古诗名句，或仿五绝七律。看题目牵强附会，风马牛不相及，而读起来却合辙押韵，天衣无缝。如《告示·放屁》“官衔有例起头大，文字无凭下气通”。《胃病·花船》“停杯投箸不能食，载妓随波任去留”。《杨贵妃·近视眼》“承欢侍宴无闲暇，对影闻声已可怜”。《科甲翰林·聋子》“一朝选在君王侧，终岁不闻丝竹声”。这些诗玩弄文字，叙事抒情，借古喻今，一言即彰事物特征，文人游戏意味很浓，故也归入了游戏八股文类。

二 游戏八股文文体解析示例

研习一种文体要从阅读原作入手。不读原文不足以领会游戏八股文的气韵，也不能体会“游戏八股”之意。游戏八股文是一个文体大类，内容较杂，今人往往把一些历史上流传下来“不入流”的，带有八股文要素的文章、戏曲、诗歌等并入此类。如戏剧《东郭记》、小说《七十二朝人物演义》、诗歌《论语诗》等。这些作品都融入了八股文要素或受到了八股文写作的影响，但已与八股文面貌有了很大的差别，在结构识别上会存在障碍。入手游戏八股文，还是应选择比较正规的类八股文体的文章读起。所以，特采集了一篇篇幅适中、结构清晰、股法明确的游戏八股文作为示例范文解析。

厘正文体上谕书后

圣朝崇国学，国本不摇也。（破题）

夫文体，固与国体攸关者也，厘而正之，不綦要欤！（承题）

且夫八股之学，创自有宋，盛于有明，至本朝而斐然可观，灿然大备，固文章之极轨，郅治之鸿规也。乃自喜事之徒，鄙为无用，趋时之士，弃焉如遗。圣人有忧之，光复典章，厘正文体，煌煌硃谕，炳日星焉。君子曰：是之谓女中尧舜。（起讲）

夫人皆知废八股复八股之说之是非矣，曾亦知八股文之文体，固何在乎？（入题）

八股为孔教之真传，待后守先，直延尧舜禹汤之一脉。点窜典谟之字，出入风雅之辞，语贵不离宗。愿志士名流，唐宋以来书勿读，可无妨矣。八股为圣朝之定制，震古烁今，直合文章经济为一家。局则拟行世之文，调则效登科之稿，言之如有物。恐矜奇好异，朝廷从此法难宽，可勿正哉！（起股）

论坐言起行之理，儒士精神虚耗，八股诚足以误人，似也，而不然也。彼则谓大而能通天人之奥，小亦足包格致之精，苟能养到功深，儒将名臣，由此其选，所谓学有本源者视此也。彼习非所用之言，老成者早鄙为惑世之妄谈矣。挽既倒狂澜，不几赖彤廷之厘剔乎？论拘文牵义之为，学子固执鲜通，八股或足以病国，似也，而不然也。彼则谓出虽无济世之良才，处可为安贫之愿士，苟能读书守分，人心风俗，即有所裨，所谓学无浮慕者视此也。观民可使由之语，有国者早奉为驭才之妙术矣。作中流砥柱，不仰藉深宫之订正乎？（中股）

士习之衰不可回也：声光化电，甘师巧艺之为；西地爱皮，竟效横行之字。棼棼泯泯，谬夸有用材焉，恨不能令读八股耳！（后股）

今得圣母当阳矣，讲求正学，纶綍频宣，语好新奇，功令有所必黜。吾知培闾左之佳子弟，蔚朝右之贤公卿，在此一举也。列祖列宗，在天之灵，实式凭之已，圣治之隆之万不可替也。金陈张罗，颁为程式，谭林杨宋，在所诛锄。穆穆皇皇，群上无疆颂焉，何莫非重视八股哉！

今又懿旨下降矣，诰诫试官，禀承有自。鉴衡偶舛，磨勘之咎难辞，吾知保四千年中国之文明，壮四千万士林之元气，恃此一策也。周公、孔子，斯文未丧，保佑命之已，猗欤盛矣哉！文明以正，有道万年，他邦人士，行将拭目俟之矣。（束股）①

此文严格按照八股文的程式写就，对偶工整，排比整齐。而内容却是表达了对厘正文体上谕的不屑，也透露了对时局和国运的担忧，反话正说，寓谐于庄，句句戳心。八股文的形和游戏八股文的神巧妙地结合，很好地体现了游戏八股文的形神气韵。游戏八股文的范围很宽广，有的作品形式、结构上并无明显的八股文特征，没有分股对偶，但其融入了八股文的一种或几种文章要素，在语意上具备游戏趣味，不同于一般的文学作品，也都可归入游戏八股文类。

三　游戏八股文的经典之作——《西厢》制艺

八股文是综合性最强的一种古代文体，包含着丰富的文学因素，游戏八股文是其文学因素的无限放大。体现游戏八股文的文学价值当首推《西厢》制艺。《西厢记》是我国古典戏剧杰作，词句优美，传唱不绝。《西厢》制艺是将八股文的固定形式和《西厢记》的爱情传奇相结合，从《西厢记》唱词中取题，用八股文的方式代《西厢记》人物立言，其结构起承转合，其句式两两相对，严谨整一的形式与绣口锦心的内容和谐统一。② 《西厢》制艺以清初尤侗的那篇《怎当他临去秋波那一转》为首端，其后有多个版本的《西厢》制艺问世，由于出自民间，所见版本也并非善本，具体写作年代和作者也众说纷纭，所以对《西厢》制艺的考证是比较复杂的事情。尤侗的《怎当他临去秋波那一转》代张生立言，篇幅不长，却用八股文体将张生与莺莺千回百转的情感揣摩得淋漓尽致，以细腻的笔触烘托出青年

① 徐珂：《清稗类钞》（四），中华书局1984年版，第1640页。

② 王颖：《〈西厢〉制艺考论》。

男女热恋时敏感多愁的思绪。此文一出，声名广播，被称为八股奇文，顺治帝闻此事也索书观览，并亲加批点“风流婉媚，咳唾皆芳。有此锦心绣口，乃许做《西厢》文字。不然，是唐突题目也”。不过是文人情思所至的游戏之笔，不成想得到了皇帝的赏识，并赐才子称号，刺激了清代文人对《西厢》的重视，纷纷效仿，同时代的黄周星就一口气写下了六篇《怎当他临去秋波那一转》分别是其一，此作总写大意；其二，此作拈“怎当”二字；其三，此作拈“一”字；其四，此作拈“转”字；其五，此作拈“他”字；其六，此作拈“那”字。总称《秋波六艺》，另辟蹊径，别具一格。康熙时期的文人钱书将《西厢记》中的经典语句拟作题目，创作了全剧本《西厢》制艺，收录于康熙四十二年（1703 年）刊刻的《雅趣藏书》。钱书的《西厢》制艺共计 20 篇，每篇均以八股文手法写之，分别为：

［惊艳］《怎当他临去秋波那一转》
［借厢］《待飏下教人怎飏》
［酬韵］《隔墙儿酬和到天明》
［闹斋］《我是个多愁多病身怎当他倾国倾城貌》
［寺警］《笔尖儿横扫五千人》
［请宴］《我从来心硬一见了也留情》
［赖婚］《他谁道月底西厢变做梦里南柯》
［琴心］《中间一层红纸几眼疏棂不是云山几万重》
［前候］《这叫做才子佳人信有之》
［闹简］《晚妆楼上杏花残》
［赖简］《金莲蹴损牡丹芽》
［后候］《亲不亲尽在您》
［酬简］《难道是昨夜梦中来》
［拷艳］《立苍苔只得绣鞋儿冰透》
［哭宴］《昨宵今日清减了小腰围》
［惊梦］《惨离情半林黄叶》
［捷报］《一寸眉心怎容得许多颦皱》
［寄衫］《治相思无药饵》
［求婚］《偷韩寿下风头香》
［团圆］《愿天下有情人都成了眷属》

通过题目能感受到《西厢》制艺的“俗文学”气质，那是一种婉转而又直白，敢于抒发的情感宣泄。是不拘于封建礼教，不囿于条条框框的文字表达。这与正统的科举八股文有着天壤之别。不同于剧本、小说注重故事情节的发展，《西厢》制艺更善于抒情，根据情节发展和特定场景揣摩剧中人物心意。制艺与《西厢记》结合并非偶然，八股文与戏曲看起来没有交集，实际上两者是最为接近的代言体，有共同的特点和创作手法，明清文人也多认为熟读《西厢记》“能活文机”，利于八股文的写作。清代戏曲理论家焦循将八股文的构架与戏曲相比，认为破题、开讲等于曲之引子，提比、中比等于曲之套数，夹入、领题、出题、段落等于曲之宾白。① 清初奇人金圣叹对《西厢记》情有独钟，其以独到的观点并以八股手法评点《西厢记》，使金批《西厢》广受欢迎，得到了文人的追捧，成为清代最流行的《西厢》版本。所以后人将《西厢》制艺多附在了金批《西厢》后，使《西厢》制艺得到了广泛的传播。今所常见的清代《西厢记》版本有40种，其中金批《西厢》有35种，而各种《西厢》制艺则散见于十几种金批《西厢》之中。② 清代文人为考取功名，自幼研习八股文法，是最为熟悉的文体，以刻板保守的八股文法写才子佳人的风流韵事是自觉为之，是以文为戏，是一种情感的宣泄，同时考虑到制艺的作者多为科第不中或生活窘迫的中下层文人，所以也可以看作对科举文体的不敬和自我才华的展示。自《西厢》制艺出现之后，八股文所包含的内容就不仅是“四书五经”和代圣贤立言，它还可以有其他内容，其他思想。这就说明八股文体不再被科举所垄断，它的功能扩大了。这也给许多文人开拓了一个放松心情，施展才华，发挥想象的文学空间。③

四 结语

今天，我们探究游戏八股文的意义何在？我想一是对了解正宗八股文有很大的帮助，因为相较于科举考试的八股文，游戏八股文的语言更加浅俗，比较直白，无须熟读《四书》便可理解，利于读者对八股文内容和形式的把握。通过阅读游戏八股文可以逐步了解八股文的结构、韵律、行文规律等主要特征。游戏八股文可谓文心活跃的八股文，从此入手，由浅入深的对八股文有全面的了解。如果再深入些，对作者承题立意，同一题目从不同角度阐述的技艺多加考察，就会更懂八股文。相较于直接从正宗八股文入手恐怕会有不同的感悟和收获。

① 焦循：《易余籥录》卷十七，《丛书集成续编》子部第91册。
② 王颖：《〈西厢〉制艺考论》。
③ 同上。

二是认识八股文形式与内容的关系。一部佳作或一篇好文往往是形式与内容和谐统一。八股文之所以给人以死板无趣的印象就在于内容上从"四书"选题和"代圣贤立言"的限制。作者下笔的局限性太强，文思受到束缚，几百年来，形式与内容被反复咀嚼压榨，其精气神早已被掏空，再难出新意与灵光，故文体的形式美最后已然被忽略。游戏八股文是自由创作的成果，其佳作在选题创作中能够两者兼顾，使形式与内容相得益彰，表现了作品的美感，可谓八股新篇。反过来说，其实八股文这种文体也是有形式美的，股法与句法充满了灵活性，也在追求形式与内容的完美关系。

三是认知明清以来科举制度、考试内容与士人思想的博弈。在晚明特殊的经济、政治条件下，一股及时行乐、娱乐文化的思潮助长了游戏八股文的产生和发展。时代变迁和个人境遇刺激知识分子对传统的如科举制度确立的权威不是绝对地服从，而是希望有所突破，能够表达自己的思想，对社会、对政治、对人物表达自己的观点，评判是非，针砭时弊。从明末至民初，士人的这种反抗精神一直延续，虽然在专制高压的文化政策下有所压制，但从未消亡。

游戏八股文并无高深的意境，也无特殊的意义，只是文人游戏于文的消遣。但它证明，如果抛开政治色彩、科举制度，八股文还可以以另一种方式存在，也谈不上钳制思想、误国害人，甚至在文学创作上还占得一席之地。这利于我们对科举制度衍生的八股文有更为客观的认识和评价。

邹鑫，孔庙和国子监博物馆研究部副主任、馆员

◇清代临雍讲学流程

◎ 白雪松

【摘　要】临雍讲学属于中国古代“五礼”中的嘉礼，清代通过这一盛大典礼的举行，显示最高统治者对教育的重视，体现其以文治天下的国策。本文以乾隆五十年（1785 年）临雍讲学为典型案例，具体厘清清代临雍讲学前人员安排及物资筹备、讲学过程、讲学完成后的事宜等全过程。

【关键词】临雍讲学　乾隆五十年　法驾卤簿

临雍讲学始于汉代，就是皇帝亲自到太学莅临“辟雍”讲学，以表明其对教育的重视，并宣示其教化天下的目的和宗旨。明代和清初，皇帝讲学是在国子监的彝伦堂设座。乾隆登基后于乾隆四十八年（1783 年）下诏命刘墉、和珅修建辟雍殿，并于次年建成。乾隆五十年（1785 年）春，乾隆皇帝在辟雍举办了盛大的“临雍讲学”典礼。此后，嘉庆、道光和咸丰皇帝皆曾于辟雍举办临雍讲学。清代临雍讲学典礼的流程，以乾隆五十年（1785 年）春二月乾隆皇帝临雍讲学最为典型，此后的嘉庆、道光、咸丰历次临雍皆沿袭定例。

一　讲学前的准备工作——人员安排及物资筹备

清代皇帝即位之初，都要到国子监视学或临雍，以显示统治者重视教化。临雍讲学的地点是在国子监辟雍殿，时间则由钦天监选择吉日（一般都在当年二月）①。辟雍尚未建成前，清代皇帝讲学时都是在国子监彝伦堂设座，举行讲学典礼称“视学”；辟雍建成后，皇帝于辟雍殿举行讲学典礼称“临雍”。国子监现存辟雍是乾隆皇帝特地为讲学构建的建筑，之后的皇帝也都沿袭临雍讲学的传统。

① 几次临雍讲学的时间为：乾隆五十年二月、嘉庆三年二月、道光三年二月和咸丰三年二月（均为农历）。

临雍讲学之前，有两个重要的职能部门，要为这次讲学筹备相关物资，以及当天礼仪安排等预做参考。这两个部门一为内务府，二为国子监。

内务府登记备案：包括进讲官、侍班的王公大臣等。进讲官不仅有满汉之别，而且其所属机关也各不相同。翰林院大学士和国子监祭酒两种身份，分别由翰林院、国子监向皇帝奏报、登记。侍班的王公大臣，多有职衔，皇帝临雍旨意下达之后，他们主动报名，一般来说是每个部门的正职来参加，除非其因公差等不便，则由副职代替。起居注官也是由翰林院派送、上报。这些人员的姓名及其职称需要写在一张单子上，抄写一份给内务府预备。

国子监造册备案：咸安宫、宗人府、内务府，满、汉教习，以及咸安宫、景山官学十五岁以上官学生，在京的进士、举人、贡监生等，都到部报名、造册送国子监。他们多为尚未获得功名的人员。此外，需在国子监注册的还包括国子监各学官，如祭酒、司业、五经博士等。

《钦定礼部则例》卷二十六《仪制清吏司·临雍》详细记载了临雍前对听讲人员的规定，并要求相关部门将符合标准的人员名单及其职衔上报给国子监等部门注册。这个名单册，一方面关系到临雍讲学当日班次排列，另一方面也成为讲学之后的领赏依据。

1. 参加临雍讲学的人员

（1）进讲官、侍班人员、记注官

进讲官、侍班人员、记注官都是讲学时允许在殿内听讲的王公、大臣。进讲官共四位，一为随同皇帝前来的官员，即满、汉大学士各一人，为朝廷一品大员；二为国子监的即满、汉祭酒各一人，官阶仅为从四品。侍班人员则包括王、公八人，衍圣公一人，大学士、六部尚书、左都御史、通政使司、大理寺卿、詹事府詹事，满、汉各一人。若其中有人有出差等事的，则派侍郎、副都御使、通政使司副使、大理寺少卿、詹事府少詹事替补。皇帝临雍讲学的圣旨分别发送到各衙门，并要求各部门将参加者的名单及其职衔全称上报。这些人员是临雍讲学最为重要的配角，是站在殿内壮大声势最为重要的队伍。由于他们多为中央政府各衙门中的正职，是维持整个帝国系统正常运行最为关键的群体，皇帝讲学所要宣扬的崇儒重教的治国思想，是需要他们贯彻下去的。记注官则是负责记录这一盛况的官员。

顺带指出的是，乾隆五十年（1785 年）的四位进讲官分别为：大学士伍弥泰（蒙）、蔡新（汉）、祭酒觉罗吉善（满）、邹奕孝（汉）。

（2）圣贤后裔

这一类人员由身份最为尊贵的“衍圣公”带领。“衍圣公”是给孔子嫡系后裔的世袭封号，开始于西汉元始元年（公元元年），当时平帝为了张扬礼教，封孔子后裔为褒侯。之后的千年时间里，封号屡经变化，到宋仁宗至和二年（1055 年）改封为衍圣公，后代一直沿袭这个封号。乾隆五十年（1785 年）讲学时担任衍圣公的为孔子七十二世后裔孔宪培。衍圣公负责引领孔氏家族中优秀后人观礼。其中曲阜籍贯的不能超过十二人，衢州籍的不能超过八人，总共不得超过二十人。

然后便是元圣（周公）后裔，四配、十二哲后裔、世袭五经博士，要求其各带领族中两名优秀者，赶往京师陪同观礼，名额同乾隆三年（1738 年）四配后裔不超过八人、十哲后裔不超过十人的规定。其中周公后人，规定从山东东野、山西姬姓的周公后人中挑选。四配后人，是指颜渊、子思、曾参、孟轲几位重要孔门弟子的后人。十二哲，是指闵损（子骞）、冉雍（仲弓）、端木赐（子贡）、仲由（子路）、卜商（子夏）、有若（子若）、冉耕（伯牛）、宰予（子我）、冉求（子有）、言偃（子游）、颛孙师（子张）、朱熹（元晦），而朱熹的后人则指定由婺源、建安两地分别派送。其名单都由衍圣公造册上交相关部门，若找不到相关圣贤后裔，则宁缺毋滥。这些圣贤后裔中，若已在京为官，或者在京候选为官，或为在京举人、贡监生等，则都允许到太学观礼。

五经博士则包括翰林院五经博士与太常寺五经博士两种，是世袭职衔。清顺治元年（1644 年），“议定衍圣公袭封由长子承袭，主子思子祀事五经博士由衍圣公次子承袭，主圣泽书院祀事太常寺博士由衍圣公三子承袭，颜曾孟仲五经博士、程朱五经博士俱以嫡派子孙承袭”①。清代又规定衍圣公下属翰林院五经博士十五员：孔氏北宗一员，祀中庸书院；南宗一员，祀南方孔子庙；颜子、曾子、孟子、闵子、冉子（伯牛）、冉子（仲弓）、端木子、仲子、言子、卜子、颛子、有子、东野氏各一员。五经博士为正八品京官，均可以挑选族中两位优秀者聆听讲学。

由于这些人来自京内外各地，皇帝临雍讲学的谕旨宣布后，需要分别抄送给相关部门。山东等地巡抚得旨后，负责寻找联系圣贤后裔，并催促其赴京；在京各衙门得旨后，若其部门有相关后裔，则负责报送；衍圣公则负责统计各地确定来京的后裔人员名单，并最终负责上报给皇帝，为聆听讲学的圣贤后裔登记造册。

（3）官学师生

听讲人员除了官员以外，还有国子监的师生。老师则包括所有满、汉

① 《清文献通考》卷八十四《职官考》，四库本。

学官，主要是国子监祭酒、司业、监丞、博士、助教、学正、学录、典簿等。其中国子监生员中主体部分为六堂在读生员。此外，还有已经在国子监肄业的进士、举人、贡监生，在京的进士、举人、贡监生等。北京地区的各个学校，也必须派出师生代表参加，如咸安宫、景山官学的官学生。国子监实行分堂教学，依据学生级别不同，设立六堂（率性、修道、诚心、正义、崇志、广业诸堂）为讲习之所。乾隆年间，仿宋名儒胡瑗苏湖教法，分经义、治事分斋教学，力主经世致用。乾隆五十年（1785 年）讲学时，以六堂师生的说法，指代当时国子监的全体师生。官学师生都由国子监祭酒带领。师生名单由国子监造册登记，主要是作为讲学当天排列位次，以及讲学后的恩赏依据。这个册子对于国子监中尚未获得功名的生员来说尤为重要，因为讲学之后往往有扩大乡试录取名额的规定。

（4）执事人员、外藩使臣及其他

还有一些执事人员、外藩使臣也在听讲人员之列。其中执事人员包括了侍仪给事中、纠仪御史，主持仪式、引导礼仪的鸣赞官、赞引官、对引官、前引大臣、后引大臣等，也包括表演歌舞的乐工、舞师，负责保卫工作的侍卫，皇帝仪仗队等相关成员等。其中侍仪人员的作用十分重要，他们需要掌握一切讲学礼仪，负责排列班次，引导众人行跪拜礼，引领进讲官、王公大臣进入内殿等礼仪，并为皇帝宣读御制等。他们得以近距离接触皇帝、大臣，并且有纠正个人礼仪错误的权力。可以说，这些人的引导能力，成为决定了讲学是否能够井然有序进行的重要因素。

乐工、舞师及侍卫的功能也不可忽视。整个讲学过程中，需伴有不同的乐曲与舞蹈。这些乐工、舞师对所需表演的乐曲、舞蹈往往十分熟悉，因为许多其他祭祀仪式也会用到相关乐曲。但为了确保讲学当日临场不乱，他们仍会事先排演数次。侍卫则更是身肩重任，由于讲学当日，人员鱼龙混杂，且皇帝贵为九五之尊，与众人如此接近，其安全问题则是侍卫人员十分头疼的问题。

《大清会典》规定，外藩使臣来京，若遇到临雍大典则可随行。乾隆皇帝是清朝历史上第一位临雍讲学时恰逢外藩使臣来朝的皇帝。乾隆五十年（1785 年）临雍，朝鲜使臣来朝，也随同皇帝来到国子监，其班次是在甬道之西，百官之末。乾隆五十年（1785 年）临雍讲学的意义之一也在于此，即向邻邦展示了当朝学术风气之盛。

2. 讲学前的物资筹备

（1）场地物资及恩赏物品

殿内宝座、几案。殿内需要摆放一个宝座，三个几案，且几案上需要摆放相应的书籍。据《钦定礼部则例》载，武备院负责摆放皇帝宝座，鸿胪寺负责在宝座前摆放一个放置经书的几案，又在宝座之下偏南处，东西两边分别摆放两张讲案。[①] 又据《钦定大清会典事例》载，乾隆五十年（1785 年）临雍典礼，讲案以及铺在讲案上的案布，由内务府将专为文华殿预备的讲案、案布移过来摆放。[②]

国子监生官员，以及肄业学生需事先准备诗册，在临雍第二天上呈给皇帝。辟雍殿内进讲各官以及侍班的王、公、衍圣公、大学士、九卿、詹事、起居注等官员坐的毡垫，由内务府铺设。步兵统领衙门负责将从东华门到成贤街，凡是皇帝经过的道路都打扫干净。讲完后赐茶，由内茶房、光禄寺照例预备。礼成后在礼部赐宴衍圣公以及五经博士、执事官等官员的宴席，由光禄寺事先预备。礼成后恩赐衍圣公等官员的冠服则交给工部置办，赏赐银两则交由户部领取。

（2）乐舞及仪仗

辟雍殿外，乐部在辟雍殿的台阶下预备中和韶乐，在太学门内摆放丹陛大乐，在大乐之东设丹陛清乐，由乐部和声署安排。中和韶乐是祭祀历代帝王专用的祭祀乐舞，它包括祭祀乐曲七段，讲学用到的主要有道平之章、盛平之章两段。舞蹈分为三段八十八式，初献用武舞，亚献、终献用文舞，以体现祭祀礼仪的庄重。据《钦定大清会典图》记载，中和韶乐需要用到的乐器有编钟、编磬、镈钟、特磬、建鼓、琴、瑟、箫、笛、排箫、篪、埙、笙、搏拊、麾、柷、敔等，同时需要乐舞生伴舞，左、右文舞各三十二人，武舞各三十二人，分列于乐悬之前。左、右节各二，执节者四人，分立于舞前以引舞。丹陛大乐是一种宫廷音乐，在重大的典礼仪式上进行演奏。它是按规定的乐器进行演奏的，乐器有大鼓、方响、云锣、箫、管、笛、笙、杖鼓、拍板等二十多件，重大典礼时，丹陛大乐乐队设在门里东西两檐下，在王、公和文武百官就位时和向皇帝行叩礼时进行演奏。

乾隆五十年（1785 年）讲学之前先祭孔，由工部在大成殿台阶下设置皇帝更衣用的帷幄，銮仪卫准备皇帝的仪仗队。皇帝出行的仪仗，一般包括旗、伞、扇、兵器等。《清会典》《清实录》《清史稿》等都有关于皇帝出行卤簿的描述，即皇帝出行仪仗。由于皇帝仪仗队伍浩大，本文单辟章节做一介绍。

① 《钦定礼部则例》卷二十六《仪制清吏司·临雍》，嘉庆二十五年刻本。

② （清）昆冈、李鸿章等：《钦定大清会典事例》（光绪朝）卷一千九十六《国子监·典礼·临雍》，光绪二十五年重修本，第 984—994 页。

二 皇帝讲学出行的仪仗——法驾卤簿

清代负责掌管皇帝车驾仪仗的机关是銮仪卫，皇帝临雍讲学的出行仪仗也是由銮仪卫负责保管和备办。

清朝皇帝出行，其卤簿分为大驾卤簿、法驾卤簿、銮驾卤簿、骑驾卤簿。按定制，法驾卤簿用于祭祀方泽、太庙、社稷、日月、先农各坛、历代帝王庙、先师各庙。既然祭孔和临雍连贯进行，显然其中皇帝临雍讲学用的也是法驾卤簿。法驾卤簿具体规格如下：

金辇一、礼舆一、导盖一、拂尘二、提炉二、香合二、盥盆一、唾壶一、水瓶二、马杌一、交椅一、仪刀二十、櫜鞬二十、豹尾枪二十、殳四戟四、九龙曲盖四、翠华盖二、紫芝盖二、九龙盖二十、五色花盖十、五色龙盖十、方伞八、寿扇八、双龙扇十六、单龙扇十六、孔雀扇八、雉尾扇八、鸾凤扇八、长寿幢四、紫幢四、霓幢四、羽葆幢四、信旛四、绛引旛四、豹尾旛四、龙头竿旛四、教孝表节旌二、明刑弼教旌二、行庆施惠旌二、褒功怀远旌二、振武旌二、敷文旌二、纳言旌二、进善旌二、金节二、仪锽氅四、黄麾四、八旗骁骑纛二十四、八旗护军纛八、八旗前锋纛八、五色金龙纛二十、仪凤旗一、翔鸾旗一、瑞鹤旗一、孔雀旗一、黄鹄旗一、白雉旗一、赤乌旗一、华虫旗一、振鹭旗一、鸣鸢旗一、游麒旗一、驯狮旗一、白泽旗一、角端旗一、赤熊旗一、黄罴旗一、辟邪旗一、犀牛旗一、天马旗一、天鹿旗一、青龙旗一、白虎旗一、朱雀旗一、神武旗一、江渎旗一、河渎旗一、淮渎旗一、济渎旗一、东岳旗一、西岳旗一、南岳旗一、北岳旗一、中岳旗一、土星旗一、木星旗一、金星旗一、火星旗一、水星旗一、角宿旗一、亢宿旗一、氐宿旗一、房宿旗一、心宿旗一、尾宿旗一、箕宿旗一、斗宿旗一、牛宿旗一、女宿旗一、虚宿旗一、危宿旗一、室宿旗一、壁宿旗一、奎宿旗一、娄宿旗一、胃宿旗一、昴宿旗一、毕宿旗一、觜宿旗一、参宿旗一、井宿旗一、鬼宿旗一、柳宿旗一、星宿旗一、张宿旗一、翼宿旗一、轸宿旗一、甘雨旗四、乾风旗一、坎风旗一、艮风旗一、震风旗一、巽风旗一、离风旗一、坤风旗一、兑风旗一、五色雷旗五、五色云旗五、日旗一、月旗一、门旗八、金鼓旗二、翠华旗二、五色金龙小旗二十、出警旗一、入跸旗一、钺六、星六、卧瓜六、立瓜六、吾仗六、御仗六、引仗六、红灯六、玉辂一、金辂一、木辂一、象辂一、革辂一、宝象五、导象四、静鞭四、仗马十、后护豹尾枪十、仪刀十、橐鞭二十、黄龙大纛二。①

这些设施和銮仪卫中具体执事的人员排列顺序如表 1 所示。②

表 1　　法驾卤簿

法驾卤簿		
名称	数量	排序
导象	1	001
宝象	1	002
云麾使	2 人	003
治仪正	1 人	004
静鞭	1	005
治仪正	1 人	006
前部大乐	—	007
革辂	1	008
木辂	1	009
象辂	1	010
金辂	1	011
玉辂	1	012
云麾使	1 人	013
治仪正	2 人	014
卤簿乐	—	015
冠军使	1 人	016
整仪尉	2 人	017
引仗	6	018
御仗	6	019
吾仗	6	020
立瓜	6	021
卧瓜	6	022
星	6	023
钺	6	024

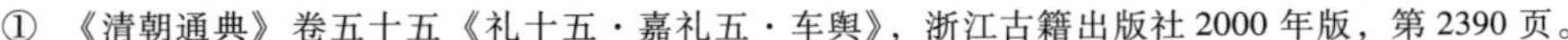

① 《清朝通典》卷五十五《礼十五·嘉礼五·车舆》，浙江古籍出版社 2000 年版，第 2390 页。
② 据《大清会典》整理。

续表

法驾卤簿		
名称	数量	排序
出警入跸旗	各 1	025
云麾使	1 人	026
整仪尉	2 人	027
五色金龙小旗	20	028
翠华旗	2	029
金鼓旗	2	030
门旗	8	031
日月旗	各 1	032
五云旗	5	033
五雷旗	5	034
八风旗	8	035
甘雨旗	4	036
列宿旗	28	037
五星旗	5	038
五岳旗	5	039
四渎旗	4	040
神武旗	1	041
朱雀旗	1	042
白虎旗	1	043
青龙旗	1	044
天马旗	1	045
天鹿旗	1	046
辟邪旗	1	047
犀牛旗	1	048
赤熊旗	1	049
黄羆旗	1	050
白泽旗	1	051
角端旗	1	052
游麟旗	1	053
彩狮旗	1	054

续表

法驾卤簿		
名称	数量	排序
振鹭旗	1	055
鸣鸾旗	1	056
赤乌旗	1	057
华虫旗	1	058
黄鹄旗	1	059
白雉旗	1	060
云鹤旗	1	061
孔雀旗	1	062
仪凤旗	1	063
翔鸾旗	1	064
五色龙纛	20	065
前锋纛	8	066
护军纛	8	067
骁骑纛	24	068
云麾使	2人	069
治仪正	2人	070
整仪尉	2人	071
黄麾	4	072
仪锽氅	4	073
金节	4	074
进善纳言旌	2	075
敷文振武旌	2	076
褒功怀远旌	2	077
行庆施惠旌	2	078
明刑弼教旌	2	079
教孝表节旌	2	080
龙头旛	4	081
豹尾旛	4	082
绛引旛	4	083
信旛	4	084

续表

法驾卤簿		
名称	数量	排序
羽葆幢	4	085
霓幢	4	086
紫幢	4	087
长寿幢	4	088
云麾使	2 人	089
治仪正	2 人	090
整仪尉	2 人	091
鸾凤赤方扇	8	092
雉尾扇	8	093
孔雀扇	8	094
单龙赤团扇	8	095
单龙黄团扇	8	096
双龙赤团扇	8	097
双龙黄团扇	8	098
寿字扇	8	099
云麾使	1 人	100
治仪正	2 人	101
整仪尉	2 人	102
赤方伞	4	103
紫方伞	4	104
五色花伞	10	105
五色九龙伞	10	106
黄九龙伞	10	107
紫芝盖	1	108
翠华盖	1	109
九龙黄盖	1	110
銮仪使	1 人	111
云麾使	1 人	112
治仪正	2 人	113
整仪尉	2 人	114

续表

法驾卤簿		
名称	数量	排序
戟	4	115
殳	4	116
豹尾枪	20	117
弓矢	20	118
仪刀	20	119
云麾使	1 人	120
治仪正	2 人	121
整仪尉	4 人	122
仗马	10	123
冠军使	1 人	124
云麾使	1 人	125
金杌	1	126
金交椅	1	127
金水瓶	2	128
金盥盘	1	129
金唾壶	1	130
金香盒	2	131
金炉	2	132
拂尘	2	133
云麾使	1 人	134
治仪正	2 人	135
武备院设黄龙伞盖	—	136
侍卫处设提炉	—	137
奉辇銮仪使	2 人	138
扶辇冠军使	1 人	139
云麾使	1 人	140
治仪正	2 人	141
整仪尉	2 人	142
玉辇	1	143
黄龙大伞	1	144

由表中可以看出，銮仪卫中有一套由銮仪卫冠军使、云麾使、治仪正、整仪尉等组成的严密的管理保驾事务系统，具体负责仪仗队伍的运行。法驾卤簿虽较大驾卤簿次一等，但其排场之大、规格之高，也足以凸显清廷对临雍讲学的重视。

三 典礼的大体流程——临雍讲学

整个临雍讲学大体可分为七个部分：驾临、排班、升座、行礼、进讲、赐茶和礼成。七个部分又各有具体的环节，前后衔接、一气呵成。①

1. 驾临

皇帝法驾卤簿出东华门，卤簿仪仗奏导迎乐禧平之章，进国子监街西口，至先师门停，皇帝乘舆直至大成殿阶下东边的御幄。皇帝先行礼祭祀先师孔子，然后至彝伦堂更换衮服。

2. 排班

王公、大学士以下各官，衍圣公率五经博士、各氏后裔，祭酒、司业率所属官及肄业诸生、各学教习、进士、举人、贡生、监生、官学生，均先至辟雍南边，分东西班按顺序站立。起居注官、侍仪给事中、御史各按指定位置站立。

3. 升座

礼部堂官至彝伦堂恭请、引导皇帝至辟雍，此时鸣钟鼓。皇帝由泮水外进辟雍殿并升座，此时中和韶乐奏盛平之章。东西两边的礼部堂官、前引大臣跟随至辟雍殿前廊下分两侧站立，侍卫站于阶下，也分东西两侧朝南站立。音乐停止，鸣赞官赞：“齐班！”

4. 行礼

丹陛大乐奏丹陛大乐庆平之章，鸿胪寺官分别引王公、衍圣公、大学士以下各官，分东西两班排序站立，肄业诸生各随班末。鸣赞官赞行二跪六叩礼。

音乐停止后，鸿胪寺堂官二人分别引领进讲官四人由南桥升阶由左右门进入辟雍殿按指定位置站立，又鸿胪寺堂官二人分别引领王公、衍圣公、大学士、九卿詹事等官由东西桥升阶由左右门进入辟雍殿按指定位置站立。鸿胪寺堂官退到殿外东西檐下站立。皇帝赐讲官座，王公、大臣各按位站立。

---

① 《钦定国子监志》卷二十四《辟雍志·临雍·临雍仪注》，北京古籍出版社 2000 年版，第 372 页。

5. 进讲

鸣赞官赞："进讲！"满、汉大学士先后讲《四书》，讲完后由皇帝阐发《书》义，皇帝讲时听讲各官及诸生皆跪听；然后满、汉祭酒先后讲《经》，讲完后由皇帝阐发《经》义，此时听讲各官及诸生再跪听。

讲毕，进讲官偕王公、衍圣公、大学士以下各官退到桥南，各按原位北面站立。此时奏丹陛大乐庆平之章，鸣赞官赞："跪！叩！兴！"行三跪九叩礼。

6. 赐茶

音乐停止，满汉大学士、祭酒、王公、衍圣公及以下各官仍由左右门入辟雍殿，按原位站立。国子监司业以下各官及师生至国子监街排序站立。

奏丹陛清乐君师兼之章，皇帝赐进讲各官及王公、衍圣公、大学士、九卿詹事等官茶，以上各官都行一跪一叩礼。赐茶完毕，音乐停止。鸿胪寺堂官引导王公、大学士以下各官自左右门出，至桥南分东西班排序站立。

7. 礼成

礼部堂官奏："礼成！"中和韶乐奏道平之章。皇帝下宝座出辟雍殿，乘舆出太学门，音乐停止。祭酒、司业率所属官及进士、举人、诸生跪送。

笔者整理临雍班次（坐北朝南向）如表2所示：①

表2　**临雍班次**

辟雍殿内			
宝座			
案（左书右经）			
左边		右边	
讲案（书）		讲案（经）	
进讲大学士（蒙汉各一人）	正一品	进讲祭酒（满汉各一人）	从四品
王（满二人）	补服图案身前身后五爪正龙各一团，两肩五爪行龙各一团	王（满二人）	
公（满二人）	身前身后四爪正蟒各一方	公（满二人）	
衍圣公	正一品	兵部（满汉各一人）	从一品

① 据《大清会典》整理。

续表

辟雍殿内			
宝座			
案（左书右经）			
左边		右边	
讲案（书）		讲案（经）	
内阁大学士（满汉各一人）	正一品	刑部（满汉各一人）	从一品
吏部（满汉各一人）	从一品	工部（满汉各一人）	从一品
户部（满汉各一人）	从一品	都察院（满汉各一人）	正三品
礼部（满汉各一人）	从一品	大理寺（满汉各一人）	正三品
通政司（满汉各一人）	正三品	起居注官（四人）	从四品
詹事府（满汉各一人）	正三品		
辟雍殿外			
前排		前排	
礼部堂官	正五品	礼部堂官	正五品
礼部堂官前引大臣	正五品	礼部堂官前引大臣	正五品
侍卫		侍卫	
鸿胪寺鸣赞	从九品	鸿胪寺鸣赞	从九品
后排		后排	
给事中（二人）	正五品	御史（二人）	从五品
鸿胪寺鸣赞	从九品	鸿胪寺鸣赞	从九品
桥外			
鸿胪寺鸣赞（二人）	从九品	鸿胪寺鸣赞（二人）	从九品
东班行礼位		西班行礼位	
祭酒（满汉各一人）	从四品	司业（满汉各一人）	正六品

续表

辟雍殿内			
宝座			
案（左书右经）			
监丞（满汉各一人）	正七品	博士（满汉各一人）	从七品
助教三人	从七品	助教三人	从七品
学正二人	正八品	学正二人	正八品
学录一人	正八品	学录一人	正八品
典簿二人	从八品	典籍一人	从九品
国子监监生		国子监监生	

笔者按：1. 第一排进讲大学士和进讲祭酒按离皇帝御座远近排位，其余皆前后站位。除进讲大学士伍弥泰为蒙古族外，其余前排者皆为满族，后排者皆为汉族。

2. 殿外东班行礼位的祭酒位置要予以保留。祭酒先要率国子监师生排班站位恭候皇帝升座，皇帝入殿升座后，才会按进讲程序随大学士入殿进讲，讲毕还要退回原位。

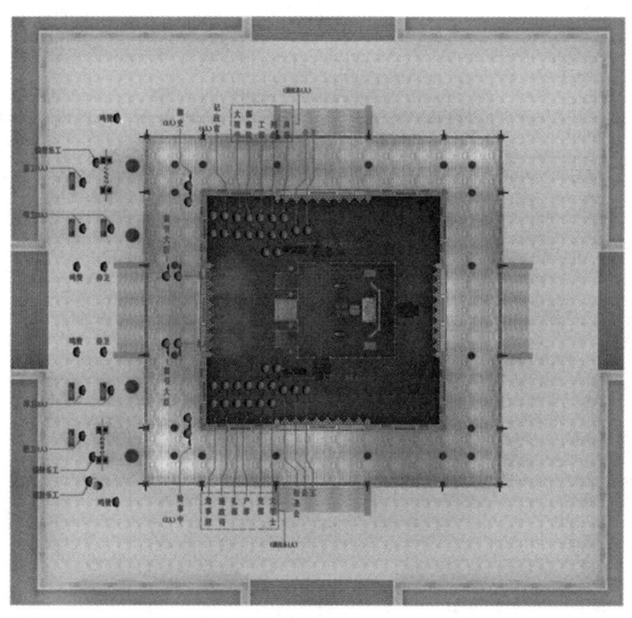

图 1 临雍讲学殿内平面位置示意图

四 讲学后的诸多事宜——恩赏有加

1. 次日上表谢恩与赐宴

临雍讲学次日，衍圣公、国子监师生上谢恩表，都察院、工部在午门

外设几案等候。黎明时分，衍圣公率五经博士、各氏后裔，国子监祭酒率所属官，恭进谢恩表文。都察院派监礼御史二员，工部官备黄长案、黄缎桌套，鸿胪寺设黄案于午门外正中。鸿胪寺官引进长安左门，至午门外黄案前跪，置表于黄案上，行三跪九叩礼，然后听从安排。礼部官员收下表文，并送内阁收藏。之后，在礼部设宴，恩赏衍圣公、祭酒、司业、五经博士、各氏后裔，以及礼部、太常寺、光禄寺、鸿胪寺各执事官。

2. 御论刊刻与颁行全国

按照惯例，礼成之后三日内，内阁需拟定御论一篇，交给国子监颁布发行。《钦定大清会典事例》载，乾隆五十年（1785年），皇帝要求作两篇御论，尤其重视其中的治国之道。① 国子监负责刊刻，共装潢一百五十本上呈，并颁发给在京各衙门、官学，以及各省学政，由学政转发给地方各学师生，以供地方生员诵读。从御制刊行可以看出，乾隆五十年（1785年）临雍讲学的影响之大。一方面，讲学直接面向听讲众人，除了京师的各位王公大臣、在京进士、举人、贡监生员等外，还有来自京外的圣贤后裔，甚至来自境外的朝鲜使臣；另一方面，通过刊刻皇帝讲学的御论，将本次讲学的影响以自上而下，自中央而地方的渠道，逐级传播，全面扩散。事实上，这也是中央政府通过讲学御论，向地方生员诏示其选拔人才的取向，并以此达到在知识界统一思想的目的。

此外，御制刊行后，除了要发给指定的单位（如学校等）以供诵读外，还有部分是作为恩赐之物，赏赐给本次听讲者。如乾隆五十年（1785年）临雍讲学后，将本次讲学皇帝的两篇御论赏赐给衍圣公、五经博士，以及圣贤各氏后裔。接受恩赏的人，将此视为一种荣耀。

3. 恩赏听讲众人

赏赐形式有赐宴、实物（包括冠服、砚墨、御制）、金银，也有其他形式，如有职官的，著记录一次，可以作为日后升迁等的标准；没有职位的可以优先获取职位，如参加考试、入监读书等优先权。恩赐宴席交给光禄寺办理；赏赐冠服则交给工部置办；赏赐银两则交由户部领取。

此外，乾隆五十年（1785年）讲学之时，恰逢春雨，许多听讲大臣及师生均被淋湿，皇帝考虑当年冬春以来雨水不够，幸得甘霖，喜不自胜，因而额外加赏。《钦定大清会典事例》载，这次祭孔典礼以后，恰逢春雨，十分欣喜，皇帝考虑到执事官以及众臣衣服多被淋湿了，允许扈从、王公

① （清）昆冈、李鸿章等：《钦定大清会典事例》（光绪朝）卷一千九十六《国子监·典礼·临雍》，光绪二十五年重修本，第984—994页。

大臣、衍圣公，以及文武官员，都记功一次。[①]《钦定礼部则例》载，乾隆五十年（1785 年），听讲的肄业学生，以及进士、举人、贡监生、荫生、八旗官学教习、官学生共三千零九十三名，都赏给银一两，各加赏绸一匹。[②]此后遇雨加赏也成定例，后世咸丰皇帝讲学前也曾考虑遇雨问题，“是日如遇雨，着照乾隆五十年加赏例加赏”[③]。

（1）衍圣公及圣贤后裔

《钦定大清会典事例》载，乾隆五十年（1785 年）临雍讲学以后，皇帝赐衍圣公（孔子嫡派后裔）貂冠朝服，皇帝亲自写的文章两篇，徽墨两盒，貂皮四张；赐五经博士、圣贤各氏后裔，各御论两篇，缎、徽墨、貂皮两件。[④] 乾隆五十年（1785 年），聆听临雍讲学的圣贤后裔中，孔子后裔七人，五经博士二十人，各氏后裔三十八人。并规定衍圣公带来陪同祭祀的观礼的各氏后裔，有官职的都记功一次，贡监生都准许参加吏部入职考试，廪生、增生、附生、监生准许作为恩贡生，增附生准许作为监生。各人执照，都由礼部发送。

此次圣贤后裔陪同祭祀的人员为：曲阜五人，衢州二人；元圣后裔为山东东野氏二人，山西姬氏二人；山东肥城有子后裔二人；朱子后裔，婺源一人，建安一人。乾隆五十一年（1876 年）奏准，各氏后裔陪同祭祀按例都是贡生。按照乾隆三年（1738 年）的例子，观礼的贡生，都准许参加入职考试，陪同祭祀的武生、俊秀、奉祀生，都准许入监读书，入监读书者达三十七人，三月肄业。

临雍讲学后的恩赏对圣贤后裔来说收益良多。在参加讲学之前，圣贤后裔或许是地方一秀，且即使他们拥有圣贤血脉，也未必能在残酷的科举考试中脱颖而出。相比之下，来京亲自聆听皇帝的临雍讲学则是一个极好的跳板。这是因为登记在册的圣贤后裔一旦来京聆听讲学，往往在讲学后就能获得入监读书的机会。这个机会是万千学子可遇而不可求的。进入国子监读书，意味着可以参加顺天府的科举考试。在古代，学子只能于籍贯所在地参加科举考试，但全国各地录取名额是有差异的，顺天府作为京师所在地，其录取名额远远超出外地。然而国子监中的学生是个例外，虽然籍贯并非顺天府，但一旦取得入监读书资格，就自然而然地拥有了顺天府

① （清）昆冈、李鸿章等：《钦定大清会典事例》（光绪朝）卷一千九十六《国子监·典礼·临雍》，光绪二十五年重修本，第 984—994 页。

② 《钦定礼部则例》卷二十六《仪制清吏司·临雍》。

③ （清）昆冈、李鸿章等：《钦定大清会典事例》（光绪朝）卷三百九，《礼部·视学·临雍》，光绪二十五年重修本，第 984—994 页。

④ 同上。

考试的机会，许多高官贵族更是想方设法让自己的子弟入监读书，其中圣贤后裔则拥有这一先天优势。而临雍讲学之后的恩赏则是这一优势的体现。

（2）国子监师生

乾隆五十年（1785年）讲学以后，赐国子监祭酒、司业各两匹缎，祭监丞、助教等官一匹缎，比起以往来说有所增加。肄业学生，以及进士、举人、贡监生、荫生、八旗官学教习、官学生共三千零九十三名。又因春雨，观礼学生被加恩赐绸，共得绸三千零八十八匹。皇帝又下宣谕，这次祭孔典礼完成以后进行了讲学典礼，诸生观礼，环立于门外桥上，按理应该广施恩泽，以昭示此次典礼之盛，因而允许在乾隆五十一年（1786年）丙午科顺天府乡试皿字号卷内，扩大顺天府乡试十五个名额，以彰显皇帝对学校教育以及人才培养的重视。

（3）扈从大臣及执事官

凡是陪同祭祀观礼的官员，都加恩赐。除了执事官无须再讨论外，现任的官员都记录一次。候补候选的，在补官当天，各记功一次。记录可以作为下次考绩升迁的重要依据。又礼部设宴，恩赏当日陪同祭祀及听讲的礼部、太常寺、光禄寺、鸿胪寺、各执事官。此外，朝鲜使臣也随同观礼的，赐大缎两匹、八色丝两匹。

五　小结

皇帝讲学是为了彰显统治者崇儒重道，为的是笼络士子，巩固国本。乾隆五十年（1785年）的临雍讲学是历史上规模最大的一次，不管是场面的隆重还是听讲的人数和范围，都力求做到尽善尽美。讲学之后文臣还将讲学礼仪编成规范，写入会典，作为事例。如此的重视程度可以看出，乾隆皇帝是把创建辟雍和临雍讲学当作自己功德圆满的象征。举办临雍讲学的典礼，即是表达皇帝本人和国家政权重视教育、宣扬教化的一种形式。盛大的排场、隆重的礼乐，都是为了显示统治者对教育的重视。厘清临雍讲学的整个流程，可以使读者领略那个年代庄严而隆重的仪式感。

白雪松，孔庙和国子监博物馆研究部副主任、副研究馆员

◇祭酒翁同龢对内班学生的管理

◎ 李晓幀

【摘　要】 国子监的内班学生，即指国子监的住校生，他们主要在“南学”学舍内生活、学习。翁同龢任职国子监祭酒时，正处清政府大力整顿国学之际，翁同龢也开始了对国子监的治理，他尤其重视对内班生的管理，制定了一系列规章制度，激发学生的向学之心，逐渐改变学习风气，为光绪时期的国子监改革奠定了良好基础。加之，最后一批琉球学生于此时入监读书，并与内班学生同居于“南学”，翁同龢非常重视他们教学工作，派选教习，督促课业，也使得“南学”内文风渐兴。

【关键词】 翁同龢　南学　国子监　琉球学馆

翁同龢是咸丰六年（1856年）状元，清末名臣，他于同治六年（1868年）十二月至同治九年（1870年）七月任国子监祭酒一职，在任职期间整顿吏治，整肃学风，尤其是加强对内班学生的教学管理，使得国子监的教育水平逐渐摆脱道、咸时期的衰落趋势，有所提高。

一　国子监的内班学生

清朝，国子监的坐监学生分内、外两班，外班学生为走读学生，内班生为住校的学生。内、外班之分始于清雍正八年（1730年），雍正皇帝议准，“每年赏银六千两，以为饭食之费”①。当时考虑到经费使用和学生分配的问题，将国子监学生分设内、外两班。雍正时期的内班生并无定额，至乾隆二年（1737年）才规定学额为“肄业贡监生，每堂在内三十名”②，国子监内班学生共为180人，但之后，内班生的学额不断被削减，至道光年间只余130人，“内班率性、修道、诚心、正义四堂各二十二名，崇志、广业

① 光绪《大清会典事例》卷1098，《国子监·六堂课士规制》。

② 同上。

二堂各二十一名”①。

雍正九年（1731 年）时，因国子监内的学舍破旧，为了解决外省拔贡人数太多无处居住的问题，管学大臣孙嘉淦向皇帝奏准，将“将毗连国子监街南官房一所赏给本监，令助教等官及肄业生等居住”②。此后，国子监的内班生就居住在“南学”。南学建筑坐北朝南，与国子监平行，门上悬额“钦定学舍”，主体建筑包括公所和六堂，公所是祭酒、司业办公的地方，南学六堂的设置与国子监内的六堂相同，都为率性堂、修道堂、广业堂、诚心堂、正义堂、崇志堂，是内班生主要学习和生活的地方。

乾隆时期，国子监对于内班学生的管理非常严格，孙嘉淦曾提出的《太学条规疏》③，主张采用“宋儒胡瑗经义、治事分斋”的教学方法教导学生，但实施不久，祭酒赵国麟便提出新的《南学条规》，主张“讲习时艺”，并奏请颁发《钦定四书文》。虽然两位管学大臣的教学理念不同，但目的都是提高学生，尤其是内班生的教学质量，在《清史稿》中曾将孙嘉淦改革时期的国子监描述为“师徒济济，皆奋自镞砺，研求实学”④，足见当时国子监的兴盛。

但在内忧外患的时局下，清政府逐渐忽视对国子监的管理，加之战争的破坏、国库空虚等诸多原因，国子监的教学质量的急剧下降，内班学生也失去了原有的水准。嘉庆时期国子监的内班生还可延续前朝的学风，发奋图强，修习课业，但与前朝已有差距，道光时期内班生的教学工作已得不到基本的保障，表现为南学学舍破损严重却得不到及时修葺，清政府只在道光十三年（1833 年）和道光三十年（1850 年）对“南学”进行过两次大修⑤，且每次都为“学舍难以使用”才得以修葺，学舍的破旧直接影响学生的教学质量，国子监文风渐衰。咸丰时期，内班学生的境遇更为凄凉，原本定额六千两的赏银到咸丰四年（1854 年）实发仅为一千二百两，使内班学生生活窘迫，无心向学。

同治时期，战事稍缓，清政府开始整顿吏治、督促改革，迎来“同光中兴”的时代。清政府重新开始重视国子监，重视对内班学生的教育。同治元年，慈禧太后下旨督促国学教育，“以国学专课文艺，无裨实学，令兼

---

① （清）文庆、李宗昉等纂修：《钦定国子监志》卷 11，郭亚南等校点，《学志三・员额》，北京古籍出版社 2000 年版，第 167 页。

② 光绪《大清会典事例》卷 1098，《国子监・六堂课士规制》。

③ （清）文庆、李宗昉等纂修：《钦定国子监志》卷 12，郭亚南等校点，《学志四・考校》，北京古籍出版社 2000 年版，第 195 页。

④ 《清史稿》卷 106，《选举志一》。

⑤ 高彦、白雪松等编：《续修国子监志》卷 3，《学志・修建》，中国社会科学出版社 2015 年版，第 32 页。

课论、策。用经、史、性理诸书命题，奖励留心时务者”①。同治二年（1863 年），国子监为学风，从学生的管理、奖赏等方面制定了具体措施，如“大课点名时，六堂助教、学正、学录上堂识认肄业生，有顶冒者，指明扣除其考取新班……”“大课从优酌奖，一等一名四两……”② 等，在经费方面，国子监也得到政府的很大支持，“肄业生膏火奖赏等项，由户部每年发给银两三千两”③，还特为内班生提供了煤炭银。翁同龢任国子监祭酒时，也正处于清政府对国子监的整顿之际。

二 对内班生的整顿措施

翁同龢任职后，发现国子监内班生的学习状态非常松散，有时参加考试的学生仅有十几人，而所呈递的卷子也多是文理不通，鉴于这种情况，翁同龢开始对内班学生进行一系列整顿。

1. 严肃学规

翁同龢最先解决的是监生们“期满”与“补班”的问题。国子监规定“在监贡、监生肄业三年期满”④，即国子监生的学期为三年，三年期满后可通过历事、参加乡试、出任教职等方式各寻出路。但翁同龢发现此时的国子监内有一些期满却仍留国子监的学生，更为严重的是存在书吏与满当月勾结从中牟利的问题，“近来书吏与满当月沟通舞弊，已满者留空名，候馆未补者勒使费而低昂”⑤。翁同龢大为光火，当日便斥责了他们，并勒令“将各堂内班年满者开除十七名，即日将未补班补足，又将外班补去三十余名，于是未补者仅十数人矣”⑥。针对舞弊一事，翁同龢也制定出相应的规章：“划一印格，每人一叶，先书名姓履历，下分十二月，凡三格，足三年之数，每考一课即令填写，如此则一览了然，无从作弊。”⑦ 此制度一经制定就得到国子监其他官员的认可，并刊刻印发。对于“期满”问题的整治，一则可维护国子监的教学体制，防止官吏用其谋取利益。二则可以提高学生的进取之心，避免学生存有拖沓学业、延误学期的心理，鼓励他们的努力修习学业。

而“补班”的问题，翁同龢刚任祭酒不久，便已发现，“同治八年

---

① 《清史稿》卷 106，《选举志一》。

② 光绪《大清会典事例》卷 1098，《国子监 · 六堂课士规制》。

③ 同上。

④ （清）文庆、李宗昉等纂修：《钦定国子监志》卷 13，郭亚南等校点，《学志五 · 甄用》，北京古籍出版社 2000 年版，第 216 页。

⑤ （清）翁同龢：《翁同龢日记》第 2 卷，中华书局 2012 年版，第 714 页。

⑥ 同上。

⑦ 同上。

（1869年）二月初四，绳愆厅专管肄业诸生补班等事，而考到录取册籍书吏还诸其家，因而高下其手”①。在学生“补班”一事上，若书吏未尽职责进行申报，对学生的影响很大。按照规定，每月初一，各省贡、监生考到，交卷时会让其填写愿补内班还是外班的“志愿书”，还会让其上报寓所居住地，以便等候“补班”。在《钦定国子监则例》② 中详细记录着“补班”的情况，若内、外班有缺额，需要“补班”时，将于当月二十六日定好缺额呈堂存案，待到下月初一，根据学生参加考试的多寡来决定“补班”者，若数目相同，就按照考到时的名次依次“补班”。可见，各类文书档案都是由书吏负责存档呈递的，若书吏不恪尽职守，则会导致学生“补班”不畅，直接影响内班生的生源质量。翁同龢查明此事后，严厉地责备了涉事的官员和书吏。

翁同龢对于以上两项问题的整顿，解决了国子监学生的更新问题，摆脱过去滞怠的情况，为之后内班招收优秀学员提供了空间，同时也是激发学生读书热情的一项举措，让他们不再终日不思进取。而且为了更好地督促学生学习，翁同龢制定了“两次考附三等者，内班降外，外班退去”③ 的规定，通过惩戒的方式让他们专心于学业。

2. 整顿学风

作为清代的最高学府，国子监有完整的教育体系。首先，内外班生都要听教官讲述四书五经的内容，包括“会讲、复讲、上书、复背”四个过程，周而复始，加深考生对知识的记忆和理解。其次，国子监定期举行考试，检验学生课业，包括季考、月课、堂课、小课、大课等。国子监的“课”就指考试，在这些考试中，大课最为重要，“每月望日，堂上官论课，是曰‘大课’。课以四书艺一篇，五言八韵诗一首”。④ 望日即每月十五日，堂上官包括管学大臣、满汉祭酒、满汉司业等教官，通常为祭酒、司业轮流出题。考试结束后，按等次决定学生的奖惩，一等和二等第一名发银奖励，其余二等和三等者无奖无惩，最末等者扣膏火银和坐监时间。照此法实施，国子监学生应多为通文达理者，但其实不然，翁同龢发现国子监的学风散漫，学生学业不精。一是参加考试学生的人数较少，“大课”考试参与者多则两百余人，少则一百七十余人，与两百五十名的学额有差距，若

① （清）翁同龢：《翁同龢日记》第2卷，中华书局2012年版，第705页。

② 《钦定国子监则例》卷8，《绳愆厅·肄业》，沈云龙编《近代中国史料丛刊三编第四十九辑》，文海出版社1989年版。

③ （清）翁同龢：《翁同龢日记》第2卷，中华书局2012年版，第752页。

④ （清）文庆、李宗昉等纂修：《钦定国子监志》卷12，郭亚南等校点，《学志四·考校》，北京古籍出版社2000年版，第189页。

是遇到临时举行的加考，应考者更少，少则十几人，多则仅为五十余人。二是学生的答卷质量不高。翁同龢在《日记》中多次提到所收试卷难以评出优等者，还曾经发出感慨，“连日阅肄业生卷，题故难，而纰缪者更甚于前，可恨也”①。

对于这种情况，翁同龢实感无奈，但也做了一些努力，如不定期举行加课，所出题目除经题、诗题外，还包括策论，同治八年三月所出的题目就包括：“南漕河海并运策”；“蚕市”七律；“羲尊解”，“蓟门烟树赋”，以题为韵；“玉堂阴合手栽花”，得“花”字，七言八韵；“姚江学派论”；“织文鸟章”，四句经文。② 自同治九年五月开始，翁同龢就开始注重对“南学”的考察，也就是内班生的考察，在其任内举行过两次，但两次考试参加者不多，第一次为四人，第二次为八人。这次考试题目更为灵活，除《四书》《五经》，翁同龢还注重考查学生对时政的理解，曾出考题“七省海口形势说”。

翁同龢整顿学风的另一个举措，就是培养学生的礼仪道德，教导他们“尊师重道”。翁同龢制定出“每拜一庙，传一堂肄业生随同行礼，不到者记过”③ 的规定，其目的是让学生们拜谒“先师孔子”，尊师重礼。翁同龢也教导学生要懂得尊重和敬爱自己的老师，让他们于“朔望日共同行礼”④，且要先拜谒对自己有教导之恩的助教等人。

3. 制定学额

在翁同龢任期内，他推动了制定“南学学额”一事。同治九年三月初一，翁同龢着手拟定《南学章程摺底》，十一日翁同龢再次提出这一想法，并与满祭酒宝森等人共同商讨，但宝森认为不需要定南学章程，也无须定南学学额，翁同龢则认为“若缺不定，将来恐上下其手”⑤。翁同龢说服众人后，于十五日又再次商讨《南学章程折》的具体内容，宝森等人提出应往南学轮流派“住学官”。

但可惜的是，在之后的《日记》中并未有《南学章程折》是否递交或已被奏准的记载，笔者也未找到此折的原件，只从《光绪朝大清会典事例》中录出如下内容：“九年奏准，雍正八年，设立南学一所，诸生肄业其中，人材称盛，道光二十九年复加整顿，住学者百余人，嗣后经费屡裁，章程数改。今奉旨全复赏银旧额，经费既充，拟就肄业生中考选文行稍优者定

① （清）翁同龢：《翁同龢日记》第2卷，中华书局2012年版，第761页。
② 同上书，第712页。
③ 同上书，第739页。
④ 同上书，第737页。
⑤ 同上书，第791页。

四十名额缺，令其居住南学，严立课程，优加廪饩……如不守学规，随时汰除，并派助教一员住学稽查。……如旷误及约束不严，查出从严参处，仍责成当月官帮同查察。”① 其中“定四十名额缺居住南学”与“派助教一员住学稽查”的规定与前文《南学章程折》提到的内容较符合，故推断这一规定是在翁同龢的大力推动下而最终制定的。在《日记》中曾记有“同治九年六月朔，示期九月初一招考各省员监愿住学者”②，笔者推断这次考试应就是为录取 40 名南学生而设置的。

南学学额和规章的制定，大大改变了南学的教育结构，有效提高了南学的教育水平，尤其是在光绪年间，造就了很多人才。在齐如山先生《中国的科名》一书中曾提到，当时的人们以“国子监南学出身”为荣，认为这批人极有学识，而对于“监生”却极为贬低，认为他们是不学无术者，这里的“南学出身”应该就是指这 40 名南学的住校生。可见，翁同龢的这项举措为国子监打造出一个“重点班”，效仿宋明，培养人才，使国子监重新获得了人们的认可。

三　对内班生的保障措施

翁同龢任职于国子监时，国子监的经费较咸、同两朝已有很大提高，前文提到咸丰时期国家发给国子监的经费只有一千二百两，同治二年提升至三千两，此时国子监还有照费的补贴，但经费短缺问题却没有得到解决。原因有二：一是外省学生来监人数增多，且有琉球学生入监读书，国子监的开支增多。二是国子监的照费收缴存在问题，翁同龢曾查出照费“亏银五百五十九两四钱四分”③ 的情况。在《日记》中曾记录一事，“所司请各项杂款，余曰‘士子膏火尚未如额，矧此等乎?’”④ 可见，当时的国子监经费并不宽裕，而翁同龢更注重将银两使用在提高学生待遇和督促学生学习方面。

鉴于此种情况，翁同龢推动了“将国子监赏银恢复到咸丰前旧额”一事，“九年为始，每年发给实银六千两”⑤，又借由琉球士子入监读书之际，向朝廷申请经费，补贴南学，“又津贴琉球官学银五百两，俟琉球官生归国，仍提归南学，酌添学额”⑥。经费的增加给国子监的教学活动提供了基

---

① 光绪《大清会典事例》卷 1098，《国子监・六堂课士规制》。
② （清）翁同龢：《翁同龢日记》第 2 卷，中西书局 2012 年版，第 808 页。
③ 同上书，第 750 页。
④ 同上书，第 798 页。
⑤ 光绪《大清会典事例》卷 1098，《国子监・六堂课士规制》。
⑥ 同上。

本保障，翁同龢对国子监的各项整顿得以开展。

在学校经费的利用上，翁同龢以保障内班生的教学质量为主。一是提高学生和老师的待遇，督促其专心于学业，解决后顾之忧。同治九年规定，可居住南学的40名学生，每月膏火银为五两，而其余内班生膏火银仅为一两。这一做法既保障了40名南学学生的生活无忧，又对其他学生起到激励作用。同时还规定派住南学，负责管理南学学生课业的助教，每月薪水十两，即每年俸银一百二十两，而在当时普通助教的年俸仅为四十五两，祭酒的年俸也只有一百〇五两。二是整修学舍，保证教学活动的正常进行。前文提到，南学学舍曾于道光三十年被修缮过，在咸丰朝与同治朝初年都未查到有对南学修缮的记录，直到同治九年才由翁同龢再次提出“南学报修”一事，此时据上次维修已过去20年，南学房屋已有破损。对于“维修南学”一事，翁同龢与同人几经讨论，并且亲自到南学实地考察，评估分析，最终敲定维修费用：建筑修缮费用为四百五十两，桌椅板凳糊饰费用为一百七十两，共计六百二十两。南学的维修工作翁同龢派助教文郁负责，文郁是满洲正蓝旗人，同治四年至光绪二年在国子监助教一职，翁同龢曾评价他为“人甚好”。这次维修历时三个月，六月初翁同龢亲至南学验收维修工程，并给出了“率性堂尚宽绰，修道堂屋大而少”的评价。

四　翁同龢对琉球学生的管理

琉球，即今日的日本冲绳地区，明朝封其属地称之“中山国”。“琉球学馆”始设于明洪武五年（1372年），中山国为了与明朝建立友好邦交，并学习明朝的先进文化，“特派王公贵族子弟来明读书，琉球中山王遣子入学”①。明朝灭亡后，这一制度便停止实施，直至康熙二十三年（1684年），中山国王托使臣上书言“愿令陪臣子弟四人赴京授业”②，康熙二十七年（1688年）中山国送四名子弟入监读书。

清朝，琉球国共送九批士子来北京入监读书，翁同龢任祭酒时正值最后一批琉球学生入学报到。“琉球学馆”位于敬一亭右西厢，琉球学生本应居住在此，但咸丰十年（1860年）英法联军攻入北京后驻扎在国子监一带，导致国子监的诸多学舍瘫痪，国子监内的“琉球学馆”也不再使用，因此这批学生入监后应生活在“南学”内的“琉球学馆”。在民国文献《孔庙国子监纪略》一文中记有“南学（即钦赐学舍），旧有缅子、回子、琉球等

① （清）文庆、李宗昉等纂修：《钦定国子监志》卷18，郭亚南等校点，《学志·外藩入学》，北京古籍出版社2000年版，第297页。

② 同上。

馆，皆海外留学之所，琉球馆中有匾曰‘中山沐泽’，下署琉球学生公立。惜自清宣统间拨扫师范学校，古迹尽毁”[①]。琉球古称中山国，且在光绪三十二年京师第一师范学校在南学旧址成立，可见文中所言非虚，也证实这批琉球学生确实与内班生一起同住在南学内，故将翁同龢对琉球学生的管理在此一同梳理。

同治八年九月二十六日，“琉球使臣向文光、林世爵来谒文庙，礼部司官来将事。又官学生葛照庆、林世功、林世忠等三人入学，行廷参礼，入台三揖”[②]。本次琉球国贡入国子监的士子应为四人，并每人配有伴读一人，但是士子毛启祥与跟伴雍廷基都因病死于途中，故在《日记》中记录入监学习者仅为三人。作为入监读书的仪式，琉球学生先要入孔庙拜谒孔子，后再向学官行“廷参礼”，即“庭参礼”，是一种下级对上级的礼仪，一般新生见教官都要行“庭参礼”。作为祭酒的翁同龢在台上接受了琉球士子的行礼，他非常重视这次入学，对各位士子的学识进行考察，并评价他们为“稍通华言，颇能楷书”。在日记中，他详细表述了琉球士子衣着情况，“其人衣冠类僧，衣淡紫，冠正赤”[③]。此时他们所穿着的应是琉球本国服装，查《钦定国子监志》中所记，琉球学生入学应着生员服，但未赐服者可穿本国服装。

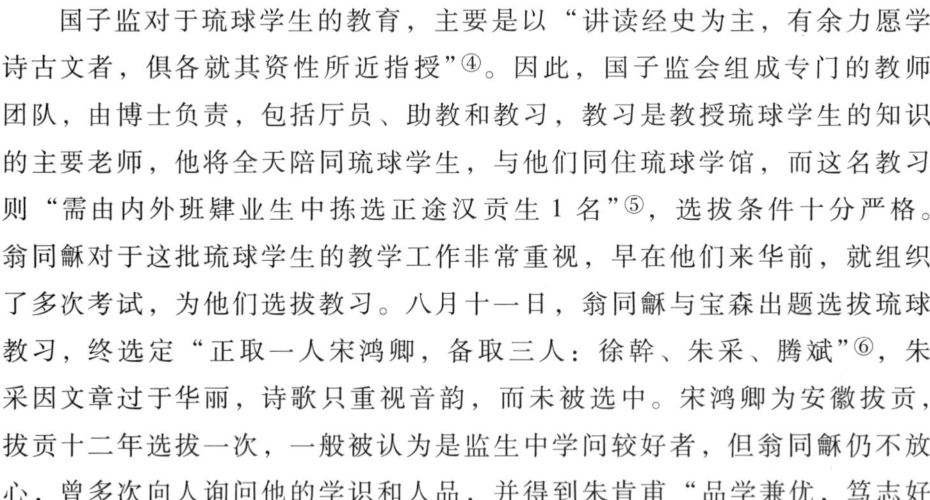

国子监对于琉球学生的教育，主要是以“讲读经史为主，有余力愿学诗古文者，俱各就其资性所近指授”[④]。因此，国子监会组成专门的教师团队，由博士负责，包括厅员、助教和教习，教习是教授琉球学生的知识的主要老师，他将全天陪同琉球学生，与他们同住琉球学馆，而这名教习则“需由内外班肄业生中拣选正途汉贡生1名”[⑤]，选拔条件十分严格。翁同龢对于这批琉球学生的教学工作非常重视，早在他们来华前，就组织了多次考试，为他们选拔教习。八月十一日，翁同龢与宝森出题选拔琉球教习，终选定“正取一人宋鸿卿，备取三人：徐幹、朱采、腾斌”[⑥]，朱采因文章过于华丽，诗歌只重视音韵，而未被选中。宋鸿卿为安徽拔贡，拔贡十二年选拔一次，一般被认为是监生中学问较好者，但翁同龢仍不放心，曾多次向人询问他的学识和人品，并得到朱肯甫“品学兼优，笃志好

① 内政部北平坛庙管理所编：《孔庙国子监纪略》，内政部北平坛庙管理所1933年版。

② （清）翁同龢：《翁同龢日记》第2卷，中华书局2012年版，第750页。

③ 同上。

④ 《钦定国子监则例》卷17，《学志·琉球学》，沈云龙编《近代中国史料丛刊三编第四十九辑》，文海出版社1989年版。

⑤ 同上。

⑥ （清）翁同龢：《翁同龢日记》第2卷，中华书局2012年版，第743页。

学”的评价。宋鸿卿虽人品、学识皆优，但这名琉球教习却最终改选他人，“九月二十三日，新取琉球教习，备取第三，腾斌”[①]，《日记》中并未对这次改选的原因进行交代，但对琉球教习选拔一事的多番考量，足见翁同龢对于琉球学生教育的重视。按照规定十月初一琉球学生需与其他监生一同行礼，故滕斌率领葛照庆、林世功、林世忠三人到孔庙谒孔子。翁同龢也询问了他们的课业情况，三人作《入学述怀》诗一首，其中“万里观光吴季子，四时习礼鲁诸生”得到翁同龢的赞赏，评价他们“颇通诗词”。

翁同龢除了关心琉球学生的教学情况，还关心他们的生活。同治八年九月，翁同龢就与同人商议了“琉球馆津贴事”一事，将他们的生活和学习安排妥帖。同治九年六月，翁同龢得知葛肇庆生病后，又亲至琉球馆看望他，并在文中记有“状类虚损，前日行文请太医来诊，服药不济，荐徐济川诊脉”[②]。据查徐济川为四川名医，专治疑难杂症，颇为出名。

翁同龢对于琉球学生的殷殷期盼，皆表达于他在入学当日对琉球学生的一番嘱咐之中“诸生远来，固是感慕皇上威德，亦以讲求圣贤道谊，第一读正书，务正学，至起居饮食有不宜者即以闻”[③]。

五 结语

翁同龢对国子监学生的整顿，主要目的在于提高国子监整体的教学质量，恢复国子监培育人才的职能。他的整顿理念从最初的内、外班共同治理，逐渐转变成以培养内班学生为主，他减少内班生的学额，提高内班生待遇，兴修学舍，都是为了培养一批博闻通识、博古通今的优秀人才。但非常可惜，各项措施刚刚制定，翁同龢就被调离国子监，在《日记》中他以“拳拳于璧水者，以南学一切规模未立耳”[④]，表达了遗憾之情。虽然此时翁同龢对内班生的管理还未见成效，但他制定的各项规章改变了国子监过往的学风，使士子一心向学，为光绪时期国子监的再次繁荣，奠定了基础。

李晓皞，孔庙和国子监博物馆研究部馆员

---

① （清）翁同龢：《翁同龢日记》第2卷，中华书局2012年版，第750页。

② 同上书，第808页。

③ 同上书，第750页。

④ 同上书，第815页。

◇国子监丁香花探析

◎ 马天畅

【摘　要】孔庙国子监作为元、明、清三代皇帝祭祀孔子的场所和中央最高学府，历史上藏有许多珍贵的建筑、文物及植物。自古便有诗人托物言志、寄意于景，笔者经查阅资料发现，国子监的丁香花在现存几本《国子监志》中均有记述，史上更有两方以丁香花为题的石刻存于此处。本文旨在查阅史实资料探析国子监丁香花为何年所植，植树者有何寓意，在此期间有何经历，国子监中的古人与丁香有何渊源，以及国子监两方丁香花诗刻的历史发展等。

【关键词】石刻　丁香　探析

四月过半，正值清明谷雨之季，国子监太学门内的两株丁香花竞相开放，花朵小巧可爱，香味清馨淡雅。一紫一白两株丁香花，在庄严华丽的琉璃牌坊和辟雍大殿下显得颇为素雅高洁。笔者始见，在感受丁香花香之余不禁有些不解，国子监中多为槐、柏，查阅国子监中树木种植的相关记载，“东厢敬思堂前藤花二株，丁香二株”① 的字句在满篇的“柏树”“槐树”中尤为突兀，且现有资料中关于国子监丁香花及诗刻的记述颇为零散稀疏，近来研究资料也几乎空白。于是笔者查阅史实资料并写下此文，以国子监史存两方丁香花诗石刻（明王同祖书丁香花诗刻、清谢履忠集王羲之书丁香花诗并序诗刻）、清周清原雍试作《太学白丁香诗》、清翁孝浚等作《国子监敬思堂补植丁香华图》诗卷为线索，对国子监丁香的历史做一梳理，并浅析国子监丁香的种植意义。

---

① （清）文庆、李宗昉纂修：《钦定国子监志》卷 82，《志余・辍闻》，北京古籍出版社 1998 年版，第 1504 页。

一 明王同祖书丁香花诗刻

1. 丁香花诗刻原文记述及诗句浅析

《钦定国子监志》卷六十四，金石志十二·诸刻：

丁香花诗刻

司業王同祖書，嘉靖壬寅四月刻石。同祖，南直隸崑山進士。時以編修擢任司業。跋云：龍石許公者，即許成名也，山東聊城進士。水南張公者，即張袞也，南直隸江陰進士。先後同官祭酒。石背刻萬曆癸丑，關中李元春追和詩並跋。在御書樓下。

原作許成名

不見花開已六年，重來相對更相憐。
花因笑我今仍去，我獨看花一莞然。
疎影淡籠春檻月，暖香晴拂禁城煙。
浮生踪跡原無定，海鶴江鴻萬里騫。

和作張袞

仙苑栽培自昔年，上林芳色轉堪憐。
不愁花樹常為主，但寄萍踪亦偶然。
春晚軒窗看爛漫，晝長庭院起雲煙。
我來公去遙相憶，天漢雲槎獨望騫。

和作並跋王同祖

東華塵土漫經年，坐對名花靜可憐。
細雨一庭香自發，春風三月興悠然。
時飄壁水流丹藻，更倚蓬山生紫煙。
最羨羽儀雙綵鳳，每從霄漢想高騫。

大司成公廨後有丁香一株，閱歲已久。龍石許公再莅辟雍，不踰年，擢南少宰。因俯仰今昔，嬰情去來，對花賦詩，興致高遠。今大司成水南張公覽而和之。金玉竝奏，雅音春容，不可及已。祖忝先後佐二公，周旋輒次韻，并手書登石，置之壁間，以識一時盛事云。

追和詩並跋李元春

名花培植始何年？玉署相看倍可憐。
不與國色争奇麗，自爾天香出澹然。
疎影騰霞横絳帳，緑蔭浮座散青煙。
倚闌斜日鳥啼静，仙禦鶴鳴遶夢騫。

堂東厢舊有丁香花，大司成龍石許、水南張二公相繼唱和。少司成王公次韻，手書登石。萬曆癸丑春，以司計從事成均，依韻賦和，興仰止于思耳。

许成名所作诗句以“年”“怜”“然”“烟”“骞”为韵，而后三首唱和附之，四首古诗对仗工整。这种与原作韵脚用字相同，且顺序完全一致的唱和，即为次韵，也称作步韵，这种唱和是比较常见的一种形式。

2. 丁香花诗刻其碑详谈

丁香花诗，原作为许成名所写，后有张衮、王同祖、李元春和作并跋。诗刻为王同祖所书，明代嘉靖壬寅年（1542 年）四月刻石，石背刻为李元春追和诗并跋，明万历癸丑年（1613 年）春季刻。

张衮与许成名两位大人曾先后任命为国子监祭酒，王同祖为司业曾与两位祭酒同期任职。又从跋中可知许成名因复职国子监祭酒（因母亲去世，故丁忧①，后服阕②复职），同年被提拔为南少宰③，感慨今昔，赏丁香花有所感，因此作诗。王同祖刻石以记事。后人关中的李元春，见此诗刻，颇为仰慕向往，依照诗句的韵脚，也和诗一首并作跋，于明万历癸丑年（1613 年）春手书并刻石。

这方丁香花诗刻原藏于东北隅的御书楼下。后御书楼坍塌尽毁，诗刻被移到棂星门内，于清光绪庚子年（1990 年）与赵松雪临定武兰亭乐毅、老彭观井等石刻一并遗失④。又有国立历史博物馆成立之初，馆藏文物国学旧存石刻中也并无提及王同祖丁香花诗刻。两条历史信息相互佐证可知，这方石刻确实遗失，但由于遗失的具体时间只在一处查询得到，故存疑，待进一步研究。

---

① 丁忧：原指遇到父母或祖父母等直系尊长等丧事，后多指官员居丧。

② 服阕：即守丧期满，除服。阙：终了。

③ 少宰：即吏部侍郎的别称，明清时期常用。

④ 内政部北平坛庙管理所编：《孔庙国子监纪略》，内政部北平坛庙管理所 1933 年版，第 17 页。

3. 丁香花诗刻相关历史人物生平

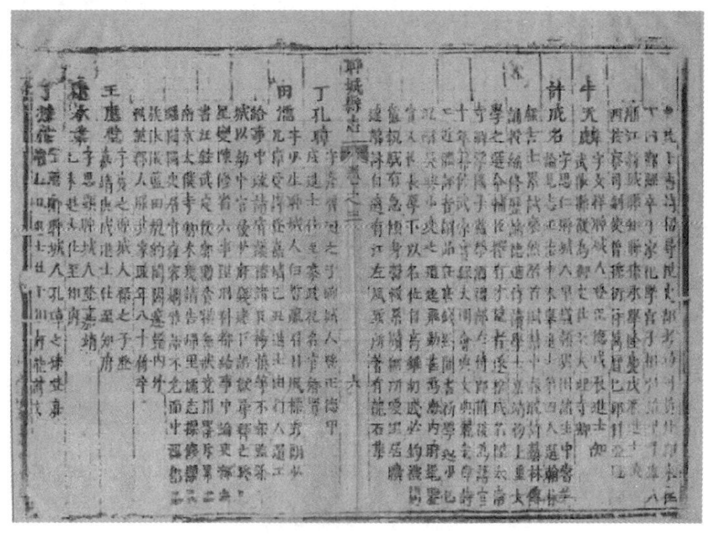

图 1 康熙癸卯年《聊城县志》

许成名，字思仁，聊城人。生年不详，卒于明嘉靖辛亥年（1551 年），赐祭葬。早岁颖异，困诸生中，尝著论见志。明正德六年（1511 年）辛未科举进士，第二甲第一名，选翰林庶吉士。授编修，历谕德，进侍读学士。嘉靖初，上重文学之选，命辅臣择有才望者，遂推成名升太常寺卿，掌国子监祭酒、礼部左侍郎。前后为讲官十年，纂修《武宗实录》《大明会典》。文典丽宏伟，诗工近体，诗品在唐人钱起、刘长卿之间。书法初研习王羲之，后沉迷赵孟頫，遒逸飞动甚为海内时髦鉴赏。天性长厚，不以名位自高，虽幼贱，必钧礼闾党，亲戚有急，倾身营救。累牍无所爱，里居旷达，觞咏自适，有江左风致。所著有《龙石集》①。

张衮，字补之，生卒年不详，江阴人。明正德十六年（1521 年）辛巳科举进士，第二甲第七十六名。官至南京光禄寺卿。在谏垣②时，颇多建白。所著有《张水南集》。

王同祖，字绳武，弘治十年（1497 年）生人，嘉靖三十年（1551 年）去世，享年五十五岁，南直隶苏州府昆山（今属江苏）人。文徵明甥。其诗清丽，有唐人风，善草隶。明正德十六年（1521 年）辛巳科举进士，第二甲第九十名。选庶吉士，散馆后授翰林院编修，累升任国子监司业。嘉靖二十一年（1542

---

① 何一杰：《聊城县志》卷三，清康熙二年刻本，第 6 页。

② 谏垣：指谏官官署，即专职进谏官吏的办公场所。《明史·列传第 68》：“（张宁）久居谏垣，不为大臣所喜。”

年），上疏进言因忤逆皇上，被贬罢官。著有《五龙山人集》。

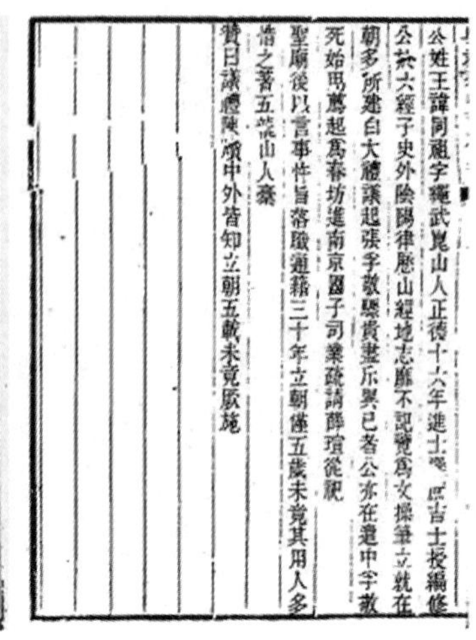

公姓王諱同祖字繩武崑山人正德十六年進士選庶吉士授編修
公於六經子史外陰陽律曆山經地志靡不究覽爲文操筆立就在
朝多所建白大禮議起張孚敬顯貴甚斥異己者公亦在遣中宇敖
死始與萬超爲春坊進南京國子司業疏請薛瑄從祀
聖廟後以言事忤旨落職避藉三十年立朝僅五歲未竟其用人多
惜之著五龍山人集
贊曰議禮陳疏中外皆知立朝五載未竟厥施

图 2　王同祖半身像及其生平①

李元春，盩厔（今为“周至”，属陕西）人，万历四十年任国子监典簿②。其余不详。

二　清周清原雍试作《太学白丁香诗》

1.《太学白丁香诗》原文及浅析

《钦定国子监志》卷八十二，志余二・辍闻：

康熙間，太學生周清原有詩名。大學士馮溥見其雍試諸作，目為奇才。詩以贈之曰：

尊酒高齋話夕曛，斗間佳氣識厖文。
十年閉戶遲遊洛，千里過都早不羣。
春草已看傳白傅，飛花定見詔韓君。
九重側席今方切，振筆蓬山為爾欣。

後清原果以博學鴻詞③授翰林。清原雍試諸作，有《太學白丁香

① 顾沅、孔继尧：《吴郡名贤图传赞》，清道光九年刻本。

② （清）文庆、李宗昉纂修：《钦定国子监志》卷四十八，《官师志八・官师表》，北京古籍出版社 1998 年版，第 886 页。

③ 博学鸿词：即博学宏词，也称博学鸿儒。清康熙、乾隆年间重设因避乾隆讳而改为博学鸿词科。梁启超《变法通议・论科举》：“昔圣祖高宗两开博学鸿词，网罗俊良，激厉后进。”

詩》，句云："月明有水皆為影，風静無塵別递香。"一時傳誦都下，上達宸聰①。比官翰林，召見，上猶誦其詩句奬之。

《钦定国子监志》卷八十，艺文志十四·诗赋：

太學白丁香詩　雍試②作周清原

翠靄輕籠靚素妝，枝頭點點綴寒光。

月明有水皆為影，風静無塵別递香。

一自宫墻容弱質，漫隨桃李鬬濃芳。

獨憐淡冶當春暮，應許栽培向玉堂③。

原文大意为：监生周清原在雍试所作的诗非常有名，大学士冯溥见到以后颇为赞赏，并给他赠诗一首，其意思大概是说他日后必会步步高升，仕途无量。后来周清原博学鸿词科中果然高中。周清原雍试的诗句中，有一首《太学白丁香诗》中的"月明有水皆爲影，風静無塵別递香"。尤为著名，一时间轰动全国，康熙召见后诵读此诗，受奖赏。

文中的博学鸿词科，即博学宏词科。科举考试制科的一种，是在科举制度之外，笼络知识分子的一种手段。唐开元年间始设，叫作"博学宏词"，用来考试提拔能文之士。宋时此科仅偶尔实行且较冷落，宋神宗后，因考试重经义、策论，考生语文水平降低，朝廷缺少起草诏、诰、章、表等应用文书之人。于是在宋高宗绍兴三年（1133 年）重置此科。清乾隆年间，因"宏"音近清高宗名而改为"鸿"。清康熙与乾隆时曾两次举试（1679 年与 1736 年）。"不论已仕未仕，令在京三品以上及科道官员，在外督抚布按，各举所知，朕将亲试录用"④，到北京考试，考取后便可以任官。

在《钦定国子监志》中，虽对《太学白丁香诗》并无详细时间记载，但从原文可推测，此诗作于康熙己未年（1679 年）三月前，即清康熙年间博学鸿词科考前。故早于谢履忠丁香花诗并序。因此可考证，康熙己未年前国子监丁香花仍存，且为白色。

2. 周清原其人

周清原，字浣初，一字雅楫，号且朴，江南武进人。国子监生。其性

① 宸聪：皇帝的听闻。

② 雍试：监生每一季度一次小试，年终考大试。

③ 玉堂：汉侍中有玉堂署，宋以后翰林院亦称玉堂。明代内朝首辅大臣李东阳有诗名《院中即事》，诗曰："遥羡玉堂诸院长，酒杯能绿火能红。"

④ 《清实录》第 4 册，《清圣祖实录》卷七十一，中华书局 1985 年影印本。

至孝。英敏好学，尝言盛世文章当高华沉博，不屑碎文璅语。由左春坊左中允董讷荐举，于康熙己未，试博学鸿词，考取一等第九名，授翰林院检讨。视学浙江，端士习，正文体，振拔单寒。历迁副都御史，迎驾潞河，圣祖仁皇帝尝顾谓亲王曰："此朕新授副都御史也。"事亲极孝，疏请清狱省刑，又请直省遵京师例，设立育婴堂，俱报可。迁工部侍郎，命修《历代纪事年表》，未竟卒，复命其子嘉梓续成之。① 著有《雁宕山游记》②。

三　清谢履忠集王羲之书丁香花诗并序诗刻

图3　谢履忠集王羲之书诗刻（正面）

1. 谢履忠丁香花诗并序原文及浅析

《钦定国子监志》卷六十四，金石志十二·诸刻：

谢履忠集王羲之書詩刻：

司業謝履忠有《丁香花詩》，集王羲之書《聖教序》《興福寺》二碑字為之。康熙五十七年刻石。在御書樓下。

《詩并序》謝履忠

太學東序，相傳有丁香一株。前明大司成③，龍石許公復領成

① 光绪《武进阳湖合志》，光绪十二年刊本。

② 李集等：《鹤征录》卷一，《四库未收书辑刊》影印嘉庆十五年刊本，北京出版社2000年版，第2辑第23册，第571页。

③ 大司成：祭酒的别称。

均[1]，因出為南京少宰，感維今昔，對花寄興，形之於詩。自後同聲仰步者，有司成張水南、司業王前峯諸公，備鐫於石。歷世久遠，詩石尚在，詢其丁香，遂不復識其處矣。夫萬物興替何常？揚之則顯，匿之則晦。千古靈區異境，古人開之，後人忽而不理，歸於烟飛雲滅者，豈可勝道！及今得睹斯石，猶見古人。味其遺言，唯恐墜地。乃與大司成花西坡、李南屏、司業登宣之諸先生探究是事，循圖相基，重起屋宇三間，更植丁香數本。時當春莫[2]花開，素苞繁萼，騰彩敷華。自公之暇，羣賢濟濟，撫景言情，曠如奥如，致足樂也。闡昔聞而啓將來，獨非流風相續之一機乎？忠夙窺翰墨之林，兹以教導為業，思步先達之清塵，冀增學宫之雅趣。爰綜《聖教序》半截碑[3]字，集為五言古詩，并引其端，以紀日月。

謬典國子教，宏道慙明時。
石室契前哲，往跡勞夢思。
名花植幽境，風月朗四垂。
遐哉歷百年，獲睹翰墨遺。
懷賢引同志，鑑古尋高基。
排日翦荒穢，庭宇曠東維。
非無衆卉麗，丁香夙所期。
一朝復清觀，心儀良在兹。
餐霞仙侶接，問業諸生隨。
早春見苞茂，還憑化雨滋。
勝事常不朽，遊息端有資。
願言躡軌躅，將使來者知。

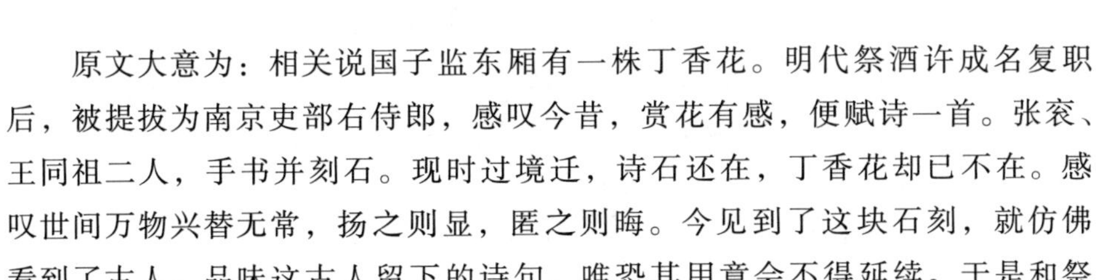

原文大意为：相关说国子监东厢有一株丁香花。明代祭酒许成名复职后，被提拔为南京吏部右侍郎，感叹今昔，赏花有感，便赋诗一首。张衮、王同祖二人，手书并刻石。现时过境迁，诗石还在，丁香花却已不在。感叹世间万物兴替无常，扬之则显，匿之则晦。今见到了这块石刻，就仿佛看到了古人。品味这古人留下的诗句，唯恐其用意会不得延续。于是和祭

① 成均：古时官设最高学府的泛称。

② 莫：通“暮”，傍晚或夜晚之意。

③ 半截碑：《兴福寺半截碑》。为唐代兴福寺僧人大雅等集东晋书法家王羲之行书所刊碑刻。因出土时仅存下半截，故称“半截碑”。

酒花西坡、李南屏①，司业登宣之几位先生探究这件事，照着图重建了三间房子，又补植了几株丁香花。正是花开之时，看着绿叶衬托小花朵，欣欣然。古今相系，难道不是把风俗教化流传下去的一种手段吗？翻阅书法大家之帖，以教导为本，思慕古人的高尚品格，增加国子监学生的雅趣。现集《圣教序》《半截碑》之字，并作五言诗，刻于石，以纪日月。

2. 谢履忠集王羲之书诗刻其碑详谈

这方石刻为谢履忠写诗并序，并集王羲之二帖为成碑。王羲之为东晋著名书法家，有“书圣”之称。其书法兼善隶、草、楷、行各体，精研体势，心摹手追，广采众长，备精诸体，熔于一炉，摆脱了汉魏笔风，自成一家，影响深远。风格平和自然，笔势委婉含蓄，遒美健秀。故诗刻具有一定的历史和艺术价值。

这方石刻原藏于东北隅的御书楼下。后御书楼坍塌尽毁，1912 年国立历史博物馆在国子监筹建成立，以“搜集历代文物，增进社会教育”② 为宗旨，将国子监旧存约 57127 件文物③收入其库房，其中就有这方谢履忠集王羲之书诗刻。之后民国年间其拓片曾出版发行，定价五角④。据悉，这方石刻已被定为三级文物，存于现中国国家博物馆，即民国年间的国立历史博物馆。

3. 谢履忠其人

谢履忠，字昆皋，昆明人。清康熙三十五年（1696 年）丙子科中解元，康熙四十二年（1703 年）癸未科第三甲第三十四名进士，选翰林院庶吉士。因故与丙戌科庶吉士同于康熙四十八年四月十一日散馆，授职翰林院检讨，官至左春坊谕德⑤。

四　清翁孝浚等作《国子监敬思堂补植丁香华图》诗卷

朱家溍先生曾写过一篇关于这幅试卷的小记，里面详细记述了丁香图并题并详谈了诗卷中的三家题诗。这篇小记发表于《紫禁城》杂志，后出版的《故宫退食录》（上、下）和《故宫藏美》也均有收录其中，但《紫禁城》版的小记中有诗卷图片资料，而后的两版中仅有文字记述了，且记

---

① 李周望（1668—1730 年），字渭湄，号南屏，清直隶蔚州（今张家口蔚县大蔡庄）人。

② 《教育部历史博物馆规程》（1927 年 10 月 15 日），中国第二历史档案馆编：《中华民国史档案资料汇编》第三辑，《文化》，江苏古籍出版社 1991 年版，第 283 页。

③ 历博图书馆：《中国历史博物馆史略》，《中国历史博物馆馆刊》1989 年第 13、14 期。

④ 李文裿：《北平学术机关指南》，北平图书馆协会 1934 年版，118 页。

⑤ 王学深：《清代云南解元群体研究》，《昆明学院学报》2012 年第 1 期。

述中朱家溍先生并未说明这幅诗卷的来历，故诗卷从何而来，现存哪处也就不得而知了。

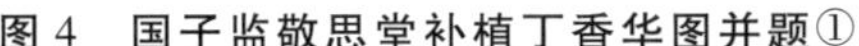

图 4　国子监敬思堂补植丁香华图并题①

翁孝濬画丁香图，纸本，纵一尺五分，横二尺五寸②。画中有一紫一白两株丁香花。画卷左侧自题：成均后堂旧有丁香花，相传为前明嘉靖壬寅岁所植。康熙间，司业谢公补植之，诗石具存。松岑大司成③二兄同年，官兹七载，桥门辟水，广萃英贤，课校之余多所厘正。适于道光壬寅补植是花于敬思堂，以仍其旧。紫白各一株，春风嘘拂、芬馥署斋。承学之士即此可想见大司成栽培乐育，为百年树人之意，非徒留心掌故聊供娱玩而已，因写生以纪其事。时壬寅季夏④之月，姚江玉泉愚弟翁孝濬，仿白云外史画法并识。

“引首”叶东卿⑤隶书“国子监敬思堂补植丁香华图”十二字。款署：道光壬寅季冬，松岑大司成属⑥题，弟叶志诜。“后幅”诸名家题诗，有花沙纳、陆元纶、奎照、锡祉、吴钟骏、叶志诜、许乃普、王广荫、杜尘、

① 朱家溍：《国子监敬思堂补植丁香图诗卷》，《紫禁城》1991 年第 5 期。

② 同上。

③ 松岑大司成：指祭酒花沙纳。花沙纳，字毓仲，号松岑。

④ 季夏：夏季的最后一个月，即农历六月。

⑤ 叶东卿：指叶志诜。叶志诜，字东卿，晚号遂翁、淡翁。国子监典簿。

⑥ 属：有“邀请”之意。“及饮酒酣，夫起舞属丞相，丞相不起，夫从坐上语侵之。”——《史记·魏其武安侯列传》。

彭邦畴、潘曾莹、潘曾绶、李宗昉、赵光、祝庆蕃、穆彰阿、祁寯藻、潘世恩、贾桢、朱凤标、福济、慧成、方朔、陈官俊、宋炳文、魁福、倭什讷、胡宝晋、朱善旂、李士棻共三十家诗。[①] 朱家溍只取三家题诗作叙述，来说明这幅诗卷的故事。

敬思堂补植丁香花诗并序。国学东厢，旧有丁香花一株。前明嘉靖间，大司成龙石许公赋诗寄兴，张水南、王前峰诸公和韵，镌石传为掌故。国朝康熙五十七年，司业昆明谢公复补植数本以继前脩。仆于道光丙申岁承乏[②]成均，摩挲石刻，问前代灵根久经销歇，即谢公遗植亦复无存。于以叹卉木之微，虽托根得地，犹不能保其长茂，而前辈清尘、学宫韵事徒湮没于风雨为可感也。壬寅三月爰命补植二株，以复旧观。考前刻在嘉靖壬寅四月，今道光壬寅四月，相距三百年而岁次适符，殆亦有数存其间耶？仆不敏，非敢希踪先躅庶几诒诸同志，俾知续流风而存故迹，亦吾侪守官者之责也夫。爰倩同年翁玉泉农部绘图纪事，并追和前韵而系之以诗曰：

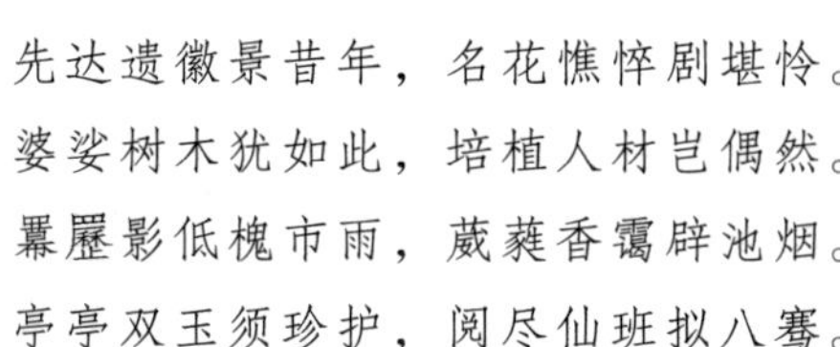

先达遗徽景昔年，名花憔悴剧堪怜。
婆娑树木犹如此，培植人材岂偶然。
羃䍦影低槐市雨，葳蕤香霭辟池烟。
亭亭双玉须珍护，阅尽仙班拟八骞。

款署“长白花沙纳”。

衔冰虚署未经年（余于辛丑六月补司业，十二月迁侍讲，时在楚北学任），遥溯流风着意怜。

多士如林原不易，名花得地岂徒然。
圜桥璧沼分新荫，翠柏苍藤共暮烟。
又是槐黄好时节，披图逸兴为高骞。

款署“松岑二兄同年大人雅正，桐轩弟朱凤标”。

松岑性沉毅，无所嗜好，幼与余从师受经课艺之暇，惟爱花如命。昔年随侍先君子官蜀时，学舍之前隙地盈亩，即手植各卉，红绿纷披，色香馥郁，试之瓶隐，置之案头，时一摩挲，每有心旷神怡之趣，性有花癖，童时已然。迨乙酉，登贤书，捷南宫，入翰林，跻卿贰，一有余闲惟花是务。尝记其散署回家，遇售竹者于路，即招其随归议价，

① 朱家溍：《国子监敬思堂补植丁香图诗卷》，《紫禁城》1991年第5期。

② 承乏：指承继空缺的职位，后多用作任官的谦词。

甫下车不暇除冠服，命僮种之，暑气蒸溽不计也。丙申官祭酒至癸卯始迁官，课士八年如一日。其间标名桂林，驰声杏苑者固不乏人，然成就后学，此学官之职也，姑不具书。惟喜其补种丁香花二株，不仅为学官韵事，且与前代默合，足垂永久。是爱花之心至斯始畅，树木如此，其培植人才之意不可想见哉？余不文，始纪实以志。

款署"岁在乙酉小阳七日，陟廷兄倭什讷书于松江节署之江天一览"。钤"倭什讷印"及"陟廷"二印。①

从题诗中可知，祭酒花沙纳在清道光丙申年（1836年）于国子监任职，而那时石刻尚在，前代补植的丁香花却已影灭迹绝了。清道光壬寅年（1842年）三月，祭酒花沙纳又补植两株丁香花于敬思堂前，以延续古人风流雅趣，意在表达百年树人的栽培之感。一紫一白，适逢春季，花香满监。为了秉承先人的意愿，同时也是为官的责任，于是祭酒花沙纳邀请户部的翁孝浚来作一幅画，并邀请叶志诜作引首，自己则和前代诗韵合作一首并题。

五 国子监的御书楼

图5 御书楼于东北隅

① 朱家溍：《国子监敬思堂补植丁香图诗卷》，《紫禁城》1991年第5期。

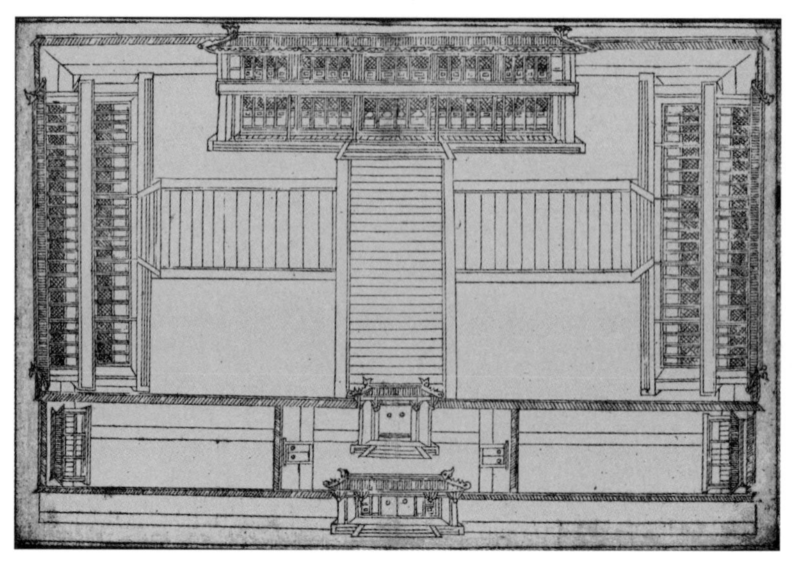

图 6　御书楼

御书楼是太学收藏钦定墨刻、书籍、碑刻的场所，由典籍掌管。《钦定国子监志》载：“典籍：掌本监书籍、碑石、版刻。凡颁赐御制书、钦定书、钦定墨刻及经、史、子、集各种，存贮御书楼，俱以类分椟而谨藏之。”①

“御书楼在国子监公署东北隅”，即大成殿与崇圣祠的夹角处，现官书院胡同所在。“正楼五间，南向……东西向厢楼各五间……楼之前为二门，门西小屋数椽。又前为大门，门均南向。缭以周垣，上檐下廊，庭中植槐，东西各二株。典守者司筦鑰而以时启闭之。”② 民国年间，御书楼坍塌尽毁，之后也并无修缮重建等措施，故现已见不到旧时之景。传言，孔庙旁边的官书院胡同便是因御书楼而得名。

御书楼下原还有一方敕修御书楼碑，后流落至朝阳区将台路，于 2004 年的一次拆迁中被发现，现存于国子监。碑文曰：“乾隆二十四年四月諭旨，次年八月立石。下刻經筵講官、兵部左侍郎、正白旗滿洲副都統、兼國子監事務，教習庶吉士臣觀保，祭酒臣宗室良誠，祭酒臣全魁，祭酒臣陸宗楷，司業臣博卿額，司業臣吉泰，司業臣朱堪，司業臣盧𣪍，助教臣陳孝泳篆額。學錄臣馮秉忠書丹。”御碑在御书楼下，东向。③ 这方敕修御

① （清）文庆、李宗昉纂修：《钦定国子监志》卷四十二，《官师志二·典守》，北京古籍出版社 1998 年版，第 653 页。

② （清）文庆、李宗昉纂修：《钦定国子监志》卷九，《学志一·学制图说》，北京古籍出版社 1998 年版，第 118 页。

③ （清）文庆、李宗昉纂修：《钦定国子监志》卷五十四，《金石志二·御碑》，北京古籍出版社 1998 年版，第 927—928 页。

书楼碑的回归，填补了国子监御书楼一段空白的历史，对国子监历史的研究有着重要意义。

六　结语

综上所述，关于国子监丁香花的历史线索已较清晰，详见附表。丁香花一开始为何会存在于国子监，由于缺乏相关史料记载，现已无从考证。但笔者猜想，也许是偶然，也许是必然。自古文人墨客便喜托物言志、寄情于景，而丁香花素雅高洁，花香清新淡雅，自然便成为他们咏颂的对象。古来丁香花在文学中多为忧愁、哀怨、情人诉相思的意象出现，但在国子监咏颂丁香花的诗句中，文人则以丁香花超尘脱俗、情致高雅的特点为意象，抒发个人希望仕途顺利的畅想。丁香花三生于国子监，三灭亦于此，可以说丁香花对于国子监的监生及老师都是一种特殊情怀的存在。

关于史存的两方丁香花诗刻，一方下落难寻，一方存于他处，于国子监来讲，确是遗憾。想来历史上多少名胜古迹、珍贵文物，因年代更迭、战争祸乱流离失所，不复存焉。而现在太学门内的两株丁香花，大概也不是清时祭酒花沙纳所补植的那两株了吧。

古人植丁香花于国子监，有百年树人为国家栋梁之意，与国子监作育人才的理念相互契合。笔者认为，将古人延续下来的风流教化继续传承下去，也是对体现国子监作为三朝育人场所的一种表达。

附表　　国子监丁香花相关历史文物及古诗

<table>
<tr><th>名称</th><th>年代</th><th>相关人物</th><th>存放地点</th><th>所反映的国子监丁香花线索</th></tr>
<tr><td rowspan="2">丁香花诗刻</td><td>明嘉靖壬寅四月</td><td rowspan="2">许成名、张衮、王同祖、李元春</td><td rowspan="2">御书楼下①，于清光绪庚子年（1990年）遗失②</td><td rowspan="2">明嘉靖丙申年（1536年）前丁香花便已存在，一株，相传在太学东序，即敬思堂</td></tr>
<tr><td>明万历癸丑春</td></tr>
</table>

① 梁国治：《钦定四库全书·史部·钦定国子监志》卷四十九，《金石志·诸碑》。

② 内政部北平坛庙管理所编：《孔庙国子监纪略》，内政部北平坛庙管理所1933年版，第17页。

续表

名称	年代	相关人物	存放地点	所反映的国子监丁香花线索
《太学白丁香诗》	清康熙己未三月前①	周清原		清康熙年间为白丁香花，数量及位置无记载
谢履忠集 王羲之书诗刻	清康熙戊戌七月	谢履忠	御书楼下②，于民国被国立历史博物馆带走③	前树已无，补植数株，于敬思堂
《国子监敬思堂补植丁香华图》诗卷④	清道光壬寅	花沙纳、叶志诜、朱凤标、翁孝浚等	不可知	前树已无，道光壬寅三月补植两株，一白一紫，于敬思堂前

马天畅，孔庙和国子监博物馆助理馆员

① 详见前文“二清周清原雍试作《太学白丁香诗》”推测。
② 梁国治：《钦定四库全书·史部·钦定国子监志》卷四十九，《金石志·诸碑》。
③ 李守义：《民国时期国立历史博物馆藏品概述》，《中国国家博物馆馆刊》2012 年第 3 期。
④ 朱家溍：《国子監敬思堂補植丁香图诗卷》，《紫禁城》1991 年第 5 期。

◎馆藏《孔子圣迹图》版本考

◎ 绳博

【摘　要】孔子圣迹图是古代孔子画像的一种，它用图像的方式再现了孔子一生的事迹和相关的历史事件。孔庙和国子监博物馆现藏有三个版本孔子圣迹图，分别是：明正统九年张楷作；清同治十三年孔宪兰刻本；民国二十三年北平民社影印版。在本文中，通过梳理前人对孔子圣迹图起源和版本系统划分的梳理，对照本馆所藏孔子圣迹图，对其在各个历史时期的传播状况进行了比较和分析。

【关键词】圣迹图版本　张楷　孔宪兰　李炳卫

一　孔子圣迹图的形成与发展

孔子圣迹图作为古代孔子画像的一种，以叙事性方式再现了孔子一生主要事迹和相关历史事件。“传圣贤之謦欬者，具于书；传圣贤之形迹者，具于画”［孙毓修（1871—1923年）：字星如，号留庵，江苏无锡人］，孔子圣迹图在明中叶集中出现，并且在明清两代持续流传，最终进入了作为国家祭祀制度重要所在的孔庙内，显示了圣迹图在古代社会和传统文化中所具有的重要意义。

《孔子圣迹图》取材于孔子生平事迹中最富有历史意义的片断，通过栩栩如生的画面，让读者直观、形象地了解孔子生平及其思想。因此，画面具有广阔的叙事空间，蕴含丰富的故事性，整体看来它们都以时间为经、具体事迹为纬。这些画作篇幅比例、绘制方式、绘制材料、图文作者等各不相同，但其最大的共性是通过历史编年体例来展现孔子的生平事迹和先圣教诲，并辅之简要的文字说明互为补充，达到图文并茂的艺术效果。

梳理《孔子圣迹图》的发展，我们发现，在传承理念上，就是将儒家文化理念以直观的形式加以宣扬，深入民众生活的角落细节；在传承方式上，努力利用现有条件，开拓新的文化传承方式，不拘泥以单调的形式和内容来作为一种文化的传承和弘扬。在传承目的上就是传承方法和手段要与文化内涵相挂钩，两者相辅相成，在文化的传承弘扬中注意与生活实践相结合，做到言之有物。民俗和文化理念不可脱节，以一种直观可见可感的方式拉近传承者与百姓的距离，使民众易于接受儒家思想。

二 研究成果回顾

历代对于《孔子圣迹图》传承和完善不胜枚举，如在《幸鲁盛典》中记载："圣门纪载之书，见于历代经籍之志者，有《孔志》、《阙里祖庭记》、《东家杂记》、《孔子世家谱》、《孔氏编年》、《孔氏实録》、《孔圣图谱》"等；《文渊阁书目》中著录有："《孔圣图谱》一部三册"；《千顷堂书目》卷三中著录有：《孔圣图谱》三卷。注曰："元大德年间孔子五十三代孙津刋，一图谱、二年谱、三编年。"民国时的《海源阁书目补遗》子部《圣庙祀典图考》五卷，《孔孟圣迹图》二卷（崇圣祠考一卷，清顾沅辑，清道光刻本）六册。

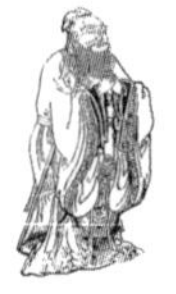

清代纪昀主编的《四库全书总目提要》卷五十九，史部十五"不着撰人名氏。据卷首《樊维城序》盖衍圣公家所刻。维城为万历己未进士，则此书出于明季也。即《圣迹图》旧本而前增以伏羲、神农、黄帝、尧、舜、禹、汤、文、武、周公十像后附以颜、曾、思、孟林庙八图。虽以《图赞》为名，而仅图前有说数行，无所谓'赞'，尤不可解"；卷五十九，史部十五"旧本题元程复心撰。复心字子见婺源人。皇庆癸丑江浙行省以所撰《四书纂释》进于朝，授徽州路教授。致仕，给半俸终其身。是编以《论语》各章分隶于《孔子年谱》之内，而又杂采《左传》诸事附会之。如云：九岁见季札观乐于鲁，三十五岁从昭公出亡，留齐七年。此因旁文而牵合孔子者也。又云：五十三岁孔子聘于齐，执圭鞠躬如也云云。此因《论语》而妄生旁文者也。又云：六十三岁厄于陈蔡，不得已浮海，至楚曰道不行乘桴浮于海云云。陈蔡之间何由浮海，郢都又岂海道可通？尤梦呓之语，可资笑噱者矣。至所分隶之《论语》以《子钓而不纲》章为三十一岁，以《子以四教》章、《子所雅言》章、《子罕言》章、《子不语》章、《自行束修以上》章为三十四岁，以《八佾》、《雍彻》诸章为三十五岁，以《君子食无求饱》章为四十三岁，《道千乘之国》章为四十八岁之类，不可殚数，均不知其何所据而云然。复心师朱洪、范友、胡炳文，虽亦讲学之家，原不究心于考证，然不应缪妄至于如是。考篇末辨季本《圣迹图考》之妄。本，王守仁之弟子，元人何自见其书。殆明季妄人所为，而传录者伪题复心之名欤"①。

① （唐）王维撰，四库家藏：《史部典籍概览（一）》山东画报出版社2004年版，第300页。

明代赵用贤撰《赵定宇书目》著录：“《卮言》一本，并《名媛玑囊》一本，《丛书》八本，《诗学权舆》四本，《收鉴》二本，《剪灯丛话》六本，《孔子圣迹图》一本，《辍耕录》四本”；清末民初缪荃孙则说：“明吴嘉谟撰。嘉谟，杭州人，仕履无考。取《家语》之文以《圣迹图》襄入。例云：标题何以称孔圣？《集览》曰：素王之风，孔圣之风化也。故以孔圣标之。而曰《家语图》者，从安国之旧名而增其图耳。又云：先圣历年事迹，杂见传、记诸书者，多为牵合附会，莫可知非。《孔子家语》、《孔氏世谱》及《史记》载孔先圣历年事迹尤为详解。现谨据其史论，逐续以《圣迹图》成绘四十余幅，而以意按之于后，以便考古者稽之。图系新都程伯阳起龙给刻手亦工。《四库》未著录。”

现代关于《孔子圣迹图》的研究成果有：沈津的《〈圣迹图〉版本初探》，周惠斌的《〈孔子圣迹图〉版本概述》，对现存《孔子圣迹图》版本作了简单的概述和回顾；王裕昌的《〈孔子圣迹图〉赏析》；孔祥胜、上官茂峰的《〈圣迹之图〉考析》；侯丽的《创作新版〈孔子圣迹图〉的选题及意义》；颜炳罡的《创作新版〈孔子圣迹图〉的选题依据及当代意义》；文宜《第三届全国〈孔子圣迹图〉创作理论与实践研讨会纪要》；萧玉的《黄衍光藏〈圣迹图〉小考》；河北美术出版社出版的《孔子圣迹图》——《中国古代版画精品系列丛书》第一辑；魏新文的《孔子“仁学”审美意识的再现——浅议明代彩绢版〈孔子圣迹图〉的艺术价值》；江继兰的《儒文化鸿篇巨制：新版〈孔子圣迹图〉》《稀世珍品〈圣迹图〉问世始末》；李云所作《孔子“圣迹图”绘刻与收藏初探：记北京大学图书馆藏〈圣迹图〉》；郭秀阁的《写绘本〈圣迹全图〉》；江继兰、侯丽、郭洁丹的《新版〈孔子圣迹图〉草图面世》；侯丽的《新版孔子圣迹图的艺术表现特色》等。

三 现存圣迹图版本介绍

存世的孔子圣迹图有诸多版本，计有木刻本、彩绘本、石刻本、珂罗本、影印本等多种。

木刻本《圣迹图》。据现在掌握的史料和有关研究者的分析来看，目前我们所能看到的最早的“孔子圣迹图”始于明代。明正统九年（1444 年），监察御史张楷依据《史记·孔子世家》中记述的孔子史实，旁采《论语》《孟子》等，辑成《圣迹图》，反映孔子生平的 29 件事，并撰写了每幅图的说明和赞诗，木刻传世。其后，弘治十年（1497 年），何廷瑞等又新增 9 件事，共计 38 幅后重新刻印，但新增 9 图有说明而无赞诗。据现代著名学者郑振铎先生考证，他所珍藏的《孔子圣迹图》即此种木刻本，他编印《中国古代版画丛刊》时，就选印了明正统刻本《圣迹图》，并在跋语中对其艺术价值作了高度评价。

彩绘绢本《圣迹之图》。它的绘制主要也是根据《史记·孔子世家》，且文字多用原作，选择的是孔子生平中比较重要的行迹，有文有赞，但无题目。《圣迹之图》共36幅图，每页宽66.2厘米，高41.4厘米，画心宽57至62厘米不等，高近33厘米，无款，作者及绘制年代不详。其图前有二跋，其一为雍正七年（1729年）跋，认为出自明代成化、弘治（1465—1505）年间。由于其相隔年代相对较近，这一说法比较可信。但此册彩绘本中，著名的“礼堕三都”“韦编三绝”“论穆公霸”“五乘从游”“灵公郊迎”等故事都没有反映出来，于理不合，故推知这一彩绘本的原本可能没有完整地被保存下来，今存的只是残本。

石刻本《圣迹之图》。最早的“孔子圣迹图”石刻本始于明万历年间。据《圣迹殿记》记载：“阙里故有圣迹图若干幅，在枣梨……散在各庑。”万历十九年（1591年），山东巡按御史何出光提议将木刻改为石刻，并于孔庙隙地创建“圣迹殿”加以保存。次年，山东按察副使张应登按部都曲阜，又建议增加“克复传颜”“孝经传会”“合葬于防”“过庭诗礼”“望吴斗马”“杏坛植桧”“三垅植楷”7图，将原稿增至112图。石刻各宽60厘米，高38厘米，上面既有孔子事迹画面，又有标题及文字说明，曲阜儒学生员毛凤羽汇校，维扬画工杨芝作画，吴郡章草刻石，至万历二十年十二月告成。相传，其画图底稿为宋人画本。今曲阜孔庙圣迹殿内仍陈列有120块刻石，其中，总题目“圣迹之图”篆书1石，文字9石，画幅110石。

珂罗本《孔子圣迹图》。民国三年（1914年）十一月初，上海商务印书馆采用珂罗版形式，开创了近现代史上出版发行《孔子圣迹图》的先河。画宽13.5厘米，高19厘米，工笔重彩，画法细腻，人物逼真，装帧精美。从该书的序言中可知，它是依据明万历石刻本临摹而成，为保持原画风貌，画中“纤悉不可改”。

影印本《孔子圣迹图》。民国二十三年（1934年）三月，北平民社出版。

此外，《孔子圣迹图》在明嘉靖时期有翻刻正统木刻版本；明崇祯时期有吕维祺的木刻本，计105幅图，郑振铎称之为“气魄很大，笔力雄劲”。清乾隆七年又摹其翻刻；民国十二年，曹锟又曾命人摹乾隆本以工整水墨绘制，并为之题字“万世师表”，于民国十三年由昌明圣学刊印。清康熙、乾隆、嘉庆时期，也都先后沿袭前述种种版本翻刻过《孔子圣迹图》的木刻本。

清同治初年，王羲之六十三世孙王敬曾从书肆得明刻本《孔子圣迹图》，计六十幅图，“解衣质钱赎之以归，装裱珍藏五十余年后重印千册，以启大众尊圣之心”，民国四年，财政部印刷局曾据此翻印为竖16开本。

同治十三年（1874年）又有孔宪蓝刻本。中华人民共和国成立后，上海古籍出版社、山东美术出版社、中国书店、河北美术出版社等也刊印过以木刻本、彩绘绢本、石刻本为底本的《孔子圣迹图》，而原北平民社的影印本则更为许多出版社所摹印出版，影响最广①。

四 馆藏孔子圣迹图的比较与分析

我馆现藏有三个版本的孔子圣迹图，分别为：明张楷所绘《孔子圣迹图》；清同治十三年孔宪兰刻本；民国二十三年北平民社影印版。

1. 明张楷绘《孔子圣迹图》

张楷（1395—1460年）字式之，号介庵，浙江宁波慈溪人。永乐二十二年（1424年）进士（见右图），官至南京都察院右佥都御史。擅诗文，工书画，与“海宁三苏”② 为同代人。这幅《孔子圣迹图》长2240厘米，宽36.4厘米，是在明朝正统九年（1444年）创作的。全卷共29幅图，且每幅图都撰写了说明和赞诗。

张楷的《圣迹图》全面反映了孔子笃志教化、追寻理想的一生。孔子三岁丧父，曾做过“委吏”和“乘田”（管畜牧），中年开始聚徒讲学，50岁前后曾担任过鲁国的司空、司寇，54岁开始周游列国，到处宣传自己的政治主张，但都不被采纳。奔波14年，后返回鲁国，专心从事教育及著述，删诗书，定礼乐，修《春秋》。此幅《孔子圣迹图》以编年为顺序，对孔子生平事迹进行了具体描绘，形象地表现了孔子一生之行迹。而最后一幅画面记录了官方祭孔的形成过程中的一个重要事件。汉代的开国皇帝汉高祖（前206—前195年在位），他在公元前195年拜访了孔子的故乡，并在孔子墓旁的祠堂里用最高级别的“太牢”之礼举行了盛大的祭祀典礼。刘邦早年以蔑视儒生闻名，在打天下和治天下的实践中，刘邦日益觉察到儒生文士和儒家思想的重要，逐渐矫正言行和政策，向文化靠近，向儒学靠近。加之陆贾的劝谏和叔孙通为其制定礼仪，使刘邦更加认识到儒学对其统治的重要性。而今过鲁，以太牢大礼祭祀孔子，以昭告天下的儒生和士人，从而吸引更多的士子进入汉政权。这次祭孔，开了后世皇帝

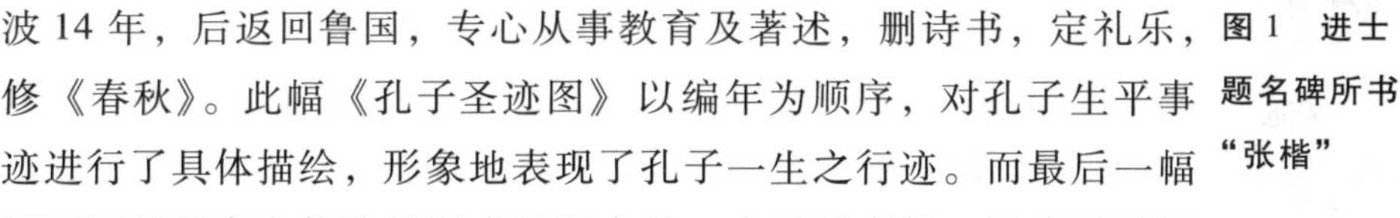

图1 进士题名碑所书“张楷”

① 参见沈津《〈圣迹图〉版本初探》，《孔子研究》2003年第1期。

② 明代海宁三苏，指的是海宁郭店苏姓三兄弟：苏平、苏正、苏直。

和官方祭孔的先河。①

据记载，张楷所做的《孔子圣迹图》有两种形式，一种是石刻版本，另一种是木刻版本。明代以前，对于孔子生平事迹的记载以文字居多，绘画形式的较少且基本都是散乱的单幅作品。张楷的《孔子圣迹图》，严格意义上讲，是第一卷成卷的描述孔子生平事迹的长幅画卷。

此版本圣迹图题签为："孔子圣迹图。明名臣张楷图像并赞。□子春日曹铨敬署。"卷末有张楷提拔，以及张楷同榜进士邓棨（1396—1419 年）和近代鉴藏家裴伯谦（1854—1924 年）长跋。

其中张楷题跋全文如下：右《孔子世家》一通，汉太史公司马氏所述，宋朱文公晦庵所纂者也。文公欲叙圣迹于《鲁论》之首，以《家语》所载纷糅无统，独取似于《史记》，然其记载该博，中间颇有质疑者，若"楚昭王使人聘孔子，孔子将往陈、蔡，大夫发徒围之，而孔子绝粮"。按，是时陈、蔡臣服于楚，楚王来聘孔子，陈、蔡安敢围之？凡此之类，不能不使人而疑之。持撮其切要之事，兼取语孟所载，夫子履历与诸弟子问答之语，分注年下，以便考证。至于书法之间，则又详加损益。至孔子在他国皆不书年若干，唯他国反鲁及在鲁则历历书之，以见圣人不忘本国之意也。楷缉是图，每事则取《史记》所载，为之序赞，书以其详而可考也。至于卷首总序，则全录文公所纂者，以其约而有断也。噫，二先生于吾夫子过化之迹所以尽心记载者，至愚生小子安敢妄拟于其间哉？然念夙缅怀愚淑，圣教于千载之下得以居广居遵，正路不为异端他岐之惑，苟不知报，豺獭弗若也。故敢忘其肤浅，妄陈一得之愚，固知萤火袭太阳，诚不度德而量力。然精卫填海，水亦诚藐之所不能已也。时正统甲子秋七月望日，四明张楷式之盥手谨书于西台公署。钤印：张楷私印（白文）

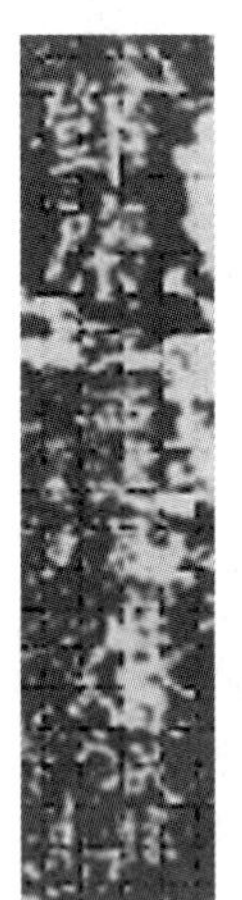

图 2 进士题名碑所书"邓启"

邓棨，明朝官吏，字孟扩，南城（今江西南城）人。永乐进士（见左图），授监察御史，巡按苏、松等府，颇多建树。任满将去，百姓赴京请留。宣德十年（1435 年），以杨士奇荐擢陕西按察使。正统十年（1445 年），调任右副都御史。扈从英宗北征，死于"土木之变"，其题跋曰：余友张君式之笃学尚文，志希圣道，尝取《史记》所载夫子出处之迹，择其有关大节者，得二十七事，兼取《家语》所录，征在祷于尼山及孔丛子所述夫子泣麟二事，晦而为图。每事摘《史记》全语，着于其上，

① ［美］孟久丽（Julia K. Murray）：《道德镜鉴：中国叙述性图画与儒家意识形态》，何前译，生活·读书·新知三联书店 2014 年版，第 191 页。

各述一赞，以揄扬圣征，将命工勒石，以贻永久，征余识其末。客有见之者，曰："夫子之道犹天然，人人得而仰之。今乃捃摭其事，列而为图，不几于画蛇而足者矣?"余应之曰："释、老之于其徒，非有仁义渐摩之益、礼乐覃被之化，而于师之履历往往仰之如父母，莫不绘图以显其迹，赞颂以伸其情，无非欲张其师之道以尽其崇教之心也。吾夫子道教之至，固非二氏之伦，后世之渐化被泽又非其徒之比，吾党之士虽日知所崇教，然绘象赞辞，未有若其徒之勤切者。式之有病乎此，故特绘图以彰之，陈辞以赞之，勒石以永之，使天下之含齿戴髪、凡囿于圣化之中者，瞻斯图、诵斯赞，皆知吾夫子之汲汲于斯民，切切于行道，屡挫不能改其志，屡沮不能易其节，因画而求其迹，因迹而求其心，莫不稽颡崇教于目睹耳闻之间，存诚致思于神会心得之表，其于圣人垂教万世之德，庶几感心所起而无愧二氏之徒矣。此式之是以如此，夫岂蛇足于圣道、尽于图之下哉?"式之名楷，四明燕溪人，与余同登春榜进士第，今同职陕右宪台。正统乙丑仲夏吉日。嘉议大夫按察使盱江邓棨益扩谨述。

裴伯谦，名景福，号睫暗，霍邱县人。光绪十二年（1886 年）进士，授户部主事，历任陆丰、番禺、潮阳、南海知县，其题跋为：右《圣迹图》，分疏二十七事，原本《史记》《家语》《孔丛子》，不杂细说，盖其慎也。据吾乡邓公题乃正统时，四明张式之西台纂集，绘图述赞，欲以刊石者。画法简净，墨赭相和，俾易于摹刻，诚甚盛事，当日关中必有传拓，阐扬圣道，（功）在万世，良堪敬仰，此卷今为梁溪周君濂甫宝藏，展卷至再，亲炙圣人之心油然而生。廉翁处横流邪说之世，用心与四明张公同，盖知所重矣。壬戌仲冬霍邱旧学裴景福沐手敬书。

此圣迹图原为无锡周濂旧藏，卷中能辨认如下鉴藏印：轶鸥（朱文）、周濂私印（白文）、霍邱（白文）、景福私印（白文）、梁溪一鸥之印（朱文）、张楷私印（白文）、臣鼎扬印（白文）、箴斋（朱文）、周氏莲父所藏（朱文）、罗大龙印（白文）、□荚（朱文）、三山方伯（朱文）、周廉甫收藏印（朱文）、无锡周氏猗兰室藏（白文）、臣凤来印（白文）（详见下图）。

这幅手卷或系张楷序刊的《圣迹图》明代木刻本之母本。据郑振铎先生考证，他所珍藏的《孔子圣迹图》即此种版本之木刻本，他编印《中国古代版画丛刊》时，就选印了明正统刻本《圣迹图》，并在跋语中对其艺术价值作了高度评价。鲁迅先生在《"连环图画"辩护》一文中指出，"中国的《孔子圣迹图》，只要是明版的，也早为收藏家所宝重"。《圣迹图》辗转流传至今，已有五百多年的历史，是我国现存最早，以反映人物事迹为主、

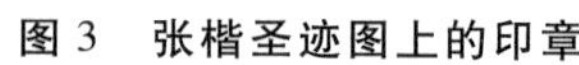
图 3 张楷圣迹图上的印章

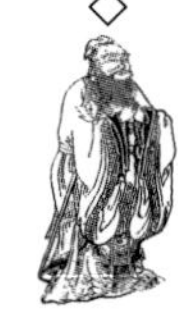

具有完整故事情节的连环画，同时也是一部形象化的孔子编年史。

2. 清同治十三年孔宪兰刊刻圣迹图

孔宪兰为孔子七十二代孙，同治元年（1862 年）举人，官新泰、钜野训导。这本《圣迹图》画宽 41.5 厘米，高 30.5 厘米，前录《史记·孔子世家》一篇，次为孔宪兰“新刊圣迹图记”一篇，有云：“粤自圣迹殿建设以来，历世相沿，代为增修，至圣先师诞降之初，历聘之终，言行问答之故事，常变顺逆之遭逢，无不详明切究，绘为全图，镌刻于石，以垂永久。上自王公大人，下至师儒士庶，瞻庙貌者来仰此图，望而知所考据，登堂恍闻其声，入室如见其人。迄今二千余年，历历如昨，嗜古后学，谁不肃然起敬乎！夫敬之必爱之，爱之必口讲而指画之。低徊留连之间，不觉抚摩而嘘噢之。以故积日成月，积月成岁，虽以玉石之坚，不能无薄蚀云。兹值庙工落成，殿宇辉煌，兰从事末役，目击情动，尤恐年湮代远，迹像愈晦，博学汲古之士考证无从，用敢付之梓人，依旧绘图，施诸枣梨，原原本本，炳若日星，庶至圣先师之事迹愈久而愈新，亦弥远而弥盛，非徒云广见闻也。”图计 105 图，每图之左上角或右上角刻有说明文字，文字均有四字之小标题，其具体内容为：

一、圣行颜随；二、尼山致祷；三、麟吐玉书；四、二龙五老；五、钧天降圣；六、俎豆礼容；七、入平仲学；八、职司乘田；九、职司委吏；十、命名荣贶；十一、学琴师襄；十二、太庙问礼；十三、大夫师事；十四、问礼老聃；十五、访乐苌弘；十六、在川观水；十七、观器论道；十八、猎较从鲁；十九、退修诗书；二十、韦编三绝；二十一、拜胙遇涂；

二十二、昼息鼓琴；二十三、论穆公霸；二十四、观乡人射；二十五、泰山问政；二十六、景公尊让；二十七、晏婴沮封；二十八、知鲁庙灾；二十九、不对田赋；三十、受饩分惠；三十一、舞雩从游；三十二、射矍相圃；三十三、馈食欣食；三十四、观象知雨；三十五、步游洙泗；三十六、瑟儆孺悲；三十七、农山言志；三十八、四子侍坐；三十九、过庭诗礼；四十、命赐存鲁；四十一、化行中都；四十二、敬入公门；四十三、夹谷会齐；四十四、羵羊辨怪；四十五、归田谢过；四十六、礼堕三都；四十七、义诛正卯；四十八、赦父子讼；四十九、侍席鲁君；五十、儒服儒行；五十一、贵黍贱桃；五十二、骨辨防风；五十三、因膰去鲁；五十四、子羔仁恕；五十五、放鳏知德；五十六、仪封仰圣；五十七、灵公郊迎；五十八、适卫击磬；五十九、礼见南子；六十、丑次同车；六十一、灵公问陈；六十二、匡人解围；六十三、西河返驾；六十四、脱骖馆人；六十五、宋人伐木；六十六、过蒲赞政；六十七、忠信济水；六十八、楛矢贯隼；六十九、微服过宋；七十、五乘从游；七十一、子路问津；七十二、陵阳罢役；七十三、紫文金简；七十四、在陈绝粮；七十五、受鱼致祭；七十六、题季札墓；七十七、楚狂接舆；七十八、子西沮封；七十九、观周明堂；八十、金人铭背；八十一、山梁雌雉；八十二、作歌丘陵；八十三、作猗兰操；八十四、武城弦歌；八十五、杏坛礼乐；八十六、克复传颜；八十七、孝经传曾；八十八、琴歌盟坛；八十九、读书有感；九十、望吴门马；九十一、萍实通谣；九十二、商羊知雨；九十三、子贡辞行；九十四、观蜡论俗；九十五、圣门四科；九十六、西狩获麟；九十七、沐浴请讨；九十八、世业克昌；九十九、跪受赤虹；一百、梦奠两楹；一百〇一、三垅植楷；一百〇二、治任别归；一百〇三、哀公立庙；一百〇四、汉高祀鲁；一百〇五、真宗祀鲁。

3. 民国二十三年北平民社影印版

此版本圣迹图宽 37.8 厘米，高 25.5 厘米，为民国二十三年（1934 年）三月出版，京华印刷局、京城印书局印刷，影印本，封底为版权页，包括出版时间、定价、印行者、印刷者、鉴定者（李炳卫）、校勘者（李炳卫）、校勘者（北平民社、普及图社、德友女学校）和版权所有者（德友女学校）等。

全书由孔子圣迹图序（景耀月①）、孔子圣迹图序二、孔子圣迹图目录、

① 景耀月（1882—1944 年）字太昭，笔名秋陆、大招、帝召等，山西芮城县人。18 岁中秀才，受业于阎敬铭，后入山西大学堂中斋学习，1904 年赴日本，入早稻田大学，习法政，结识孙中山、胡汉民等，加入中国同盟会。

插图、插影、正图及孔子年谱、历代孔子大事记几部分组成。

从北平民社编辑主任李炳卫所作的《序二》中可知悉该圣迹图的来缘：“为民社图书馆收集中外古今地图之际，无意中获得《孔子圣迹图》百余幅于书肆。其笔法工隽，迥异寻常，审知确系各家珍藏之品。虽稍有残蚀，而精华伟丽幸依然全也！展阅之余起敬，再四因商于曹锡珍、成集三诸君，旁采资料，从事汇编，敬谨影印，與内府地图、中俄交界图、新欧洲图合为四珍，同时间世。”

插图包括世界之中国、中国之山东、山东之曲阜、曲阜县详图、孔子环境与形势、至圣先师孔子林图（侧视石刻缩影）、至圣林图（垂视附图说）、至圣先师孔子庙图（侧视石刻缩影）、文庙略图（垂视附说）、颜子庙客图（垂视附说）、万世师表（石刻缩影）等，以立足世界的高度将孔子学说与儒家思想的对外影响以图例的形式表述出来。

插影则以山东曲阜孔庙的旧照为主，包括泰山远眺、曲阜近影、大成殿、大成殿石柱、孔子墓、杏坛（孔子设教之处）、孔子手植桧、子贡植楷、衍圣公之第、大成殿之孔子像、孔子真影、颜回真影（兖国复圣公四配之首）、曾参真影（郧国宗圣公四配之二）、孔伋真影（沂国述圣公四配之三）、孟轲真影（邹国亚圣公四配之四）及十二哲真像共 27 幅组成。①

该影印本含“孔子小像”在内共 104 幅图。至于所获为何种版本，是刻本还是原作，序中语焉不详②。扉页有“盐谷温先生惠存，后学江泽春敬赠”字样，盐谷温（1878—1962 年），号节山，是日本著名的中国学家、中国俗文学研究的开创者之一。他出生于学术世家，祖上三代都是汉学家，他本人 28 岁即成为东京帝国大学（东京大学的前身）中国文学科（当时叫“支那”文学科）的副教授，先后编著出版了《中国文学概论讲话》《唐宋八大家文新钞》《中国小说研究》等大量关于中国文学的书籍。

对比清同治十三年版和民国二十三年影印版，前者计图 105 篇，后者则为 104 篇，且二者每篇小标题和故事排序略有不同。以同治版序号为准（见上文），对应的民国版不同之处为：一、先圣小像；三、麒麟玉书；九、命名荣贶；十、职司委吏；二十一、昼息鼓琴；二十二、论穆公霸；二十三、观乡人射；二十四、拜胙遇涂；三十一、射矍相圃；三十二、舞雩从游；三十三、馈食欣受；四十三、羵羊辨怪；四十四、诛少正卯；四十五、夹谷会齐；四十六、归田谢过；四十七、礼堕三都；五十二、子贡辞行；五十三、子羔仁恕；五十四、因膰去鲁；五十九、沐浴请讨；八十二、孔

① 浙江省博物馆编：《东方博物》第 50 辑，浙江大学出版社 2014 年版，第 118 页。
② 沈津：《〈圣迹图〉版本初探》，《孔子研究》2003 年第 1 期。

子延医；八十八、琴吟盟坛；八十九、读易有感；九十四、跪受赤虹；九十六、观蜡论俗；九十七、世业克昌；九十八、梦奠两楹；九十九、西狩获麟；一百、三垅植楷；一百〇一、治任别归；一百〇二、哀公立庙；一百〇三、汉高祀鲁；一百〇四、真宗祀鲁。即便同一个故事，但是两者绘画手法也大不相同（见图4）。

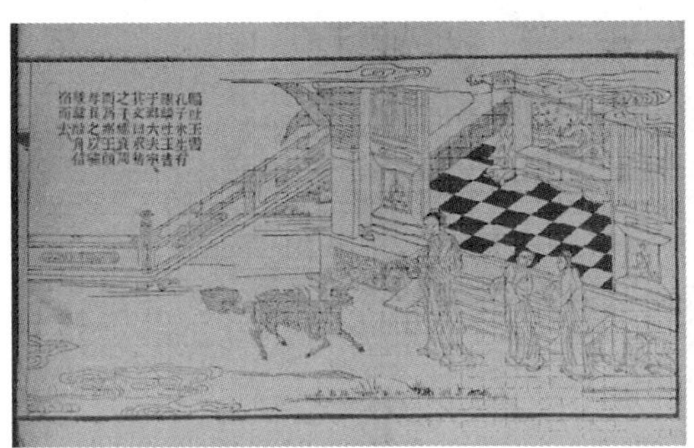

图4 麟吐玉书图

五 结语

圣迹图作为反映儒家思想的重要载体之一，历经两千余年的演进发展，无论在美术创作角度，还是在传统道德的树立方面都有着顽强的生命力，等待我们去发掘。通过梳理孔子圣迹图的各种版本的特点，我们可以更加深刻地体会到，儒家思想在不同历史时期所代表的意义和价值。儒家思想在传统中国社会，不仅是一种思想学说，也是社会秩序的规范和人们生活方式的主要指南。越来越多的人逐渐认识到，儒家思想中所提倡的君子品格和“修身齐家治国平天下”的胸怀，对于矫正目前社会中急功近利的心态有着很重要的作用。通过深入了解圣迹图这种儒家图册，来唤起人们尤其是青少年心中忠孝节义等传统美德，对于传承儒学，传承优秀传统文化不失为一条途径。

绳博，孔庙和国子监博物馆馆员

◎进士趣事（十）

◎ 魏黎瑾　郭小铨

【摘　要】本文是《进士趣闻》系列的第十篇，介绍了明代喻茂坚、朱大韶、王弘诲、何出光、卫国祚，清代郑大进、叶上林、孙毓汶、汪春源、陈焕章等古代进士的趣闻逸事。

【关键词】科举　进士　趣闻逸事

一　喻女

喻茂坚，字月梧，号心庵，明重庆府荣昌县（今重庆市荣昌区）人。明正德六年（1511 年）辛未科，三甲第 32 名进士。初授南直隶（今安徽）铜陵知县，历任浙江临海知县、陕西巡按、福建道监察御史、刑部尚书等职。为官清廉勤勉，不畏强权，秉公执法，嘉靖皇帝称他为“天下清官”。

正德九年（1514 年）喻茂坚调任浙江台州临海知县，临海地处浙江东部沿海，农业、渔业、盐业均比较发达，是个鱼米之乡。但当地却有严重的重男轻女恶习，家中凡有生女者，其家人必将女婴溺死。喻茂坚的前任们对此陋习大都听之任之，而喻茂坚认为这种习俗违背人伦，按当时的律法属杀人之罪，应严加制止。临海此俗由来已久，主要源于人们对女人的偏见。喻茂坚召集乡人指出：大家都有母亲，成年后都要娶媳妇，她们都是女人。没有她们还会有后人吗？其实大多乡人对这种习俗也深恶痛绝，但迫于祖辈和家族的压力不敢违抗。

于是喻茂坚贴出告示，严厉禁止溺死女婴行为。告示说：凡有女婴出生必须向县衙呈报，县里将给予衫裙予以奖励。而如再有溺死女婴者，将定为重罪，严厉惩处。从此，溺死女婴的陋习彻底被根除。据说喻茂坚在临海任职三年共拯救女婴达万人以上，他卸任时那些女婴的家人携女叩头相送，为感谢喻茂坚人们就将这些女孩称作“喻女”了。

二 美人换书

明嘉靖二十六年（1547 年）丁未科，三甲第 175 名进士，朱大韶，字象元号文石，松江府华亭（今上海）人。官至南京国子监司业，是一位著名藏书家。为能得到一部好书可谓不遗余力。特别是宋版书，宋版书在明代已是非常珍贵了，当时的藏家如能有所得皆如获至宝。这日朱大韶听说有一书商藏有一部宋刻《后汉书》的消息，大为羡慕，于是立刻前往以求一观。当见到书时喜欢得不肯放手，向书的主人提出能否出让。谁知书商一口回绝，朱大韶一再恳求，许以高价，但书商仍不松口，只好告辞。回到家里朱大韶茶饭不思，夜不能寐，下定决心不管花多大代价也要得到此书。他先后数次登门，还请人说和，书商总算答应出手，但提出一个条件：不收银钱，以人换书。原来朱大韶有一婢女，不仅貌美而且聪明伶俐，琴棋书画无所不精，朱大韶视为知己。其实那书商早就垂涎此婢，所以才以书钓鱼，逼朱大韶就范。（婢女——旧时有钱人家买来役使的女孩子，婢女处于社会的最底层，属于主人家的私有物品，主人可任意处置。）朱大韶虽有些不舍，但挡不住书的诱惑，还是将此女换回了那部《后汉书》。朱大韶虽如愿以偿，可还是忘不掉那个婢女，没过多久竟抑郁而死了。

三 奏考回琼

海南岛明代称琼州，因有大海阻隔当时要参加科举考试，考生们必须渡海赴对面的雷州应试。由于那时海上交通落后，遇上天气恶劣常会出现危险，甚至船只倾覆。而且还有海盗出没，杀人越货。所以可谓凶险万分，明嘉靖三十六年（1557 年）临高知县杨址护送数百考生乘船渡海参试，不幸遭遇风浪船只覆没，全船无一人幸免。

鉴于琼州学子赴考艰难，万历四年（1576 年）主持会试的王弘诲，向皇帝递交《奏海南兵备道兼提学疏》，细述海南儒生渡海参加考试的凶险艰辛，恳请在当地设提学道和考场，以免除考生赴考之难。万历皇帝准其奏，此后海南考生终于不再受渡海之累。由于“奏考回琼”大大方便了海南儒生参考，使海南读书求学的人日益增多，促进了海南教育事业地发展。

王弘诲，字绍传，号忠铭，广东琼州府（今海南省）定安县人。嘉靖四十四年（1565 年）乙丑科，三甲第 89 名进士。官翰林院庶吉士，晋编修，后历任国子监司业、礼部左侍郎、南京礼部尚书等。

四 一母二进士

明代万历年间河南扶沟县举人何岑家，喜事连连。何岑共有子二人，先有次子何出光中万历十一年（1583 年）癸未科，三甲第 89 名进士，后长子何出图中万历十四年（1586 年）丙戌科，三甲第 180 名进士。在开科取士的年代，一家能出一名进士已属不易。而何家竟两兄弟皆中，一时成了扶沟当地人引为荣耀的大事。

何出图，字启文，号见寰。隆庆元年（1567 年）丁卯科举人。中进士后，官山西长子县知县，兵部职方司主事，南京户部主事等。

何出光，字兆文，号中寰。何出图胞弟，万历十年（1582 年）壬午科举人。中进士后，官山西曲沃知县，政绩卓然，晋监察御史，因揭发乡试舞弊，遭人弹劾贬为河北完县知县。

生养出两名进士的母亲用现在的话说，是一位光荣的母亲。可遗憾的是这位母亲没有留下什么记载，不过“一母二进士”，至今仍是扶沟县的一段佳话。

五　小犬

明崇祯十年（1637 年）丁丑科，三甲第 14 名进士卫国祚，山西曲沃人。为诸生时因要准备大考，在庙中读书。清静到是清静，但床榻之上多有臭虫，每每被叮咬的不能入睡。这日刚刚入睡，见有两寸许一个小人，骑马如蝇，头插雉尾，好似个武士，自外而入，在屋里四处查看。不一会竟有数百个小武士架着小如苍蝇的鹰，牵着小如蚂蚁的猎犬，蜂拥而入，凡有蚊虫飞起，便使鹰击之。并放出猎犬在床上搜寻，碰到臭虫就咬。不多时就将蚊蝇、臭虫等捕杀殆尽。这时又有一个穿着黄衣服，头戴王冠的小人进屋，众武士皆聚到他身边，将所捕猎物献上，黄衣人一挥手，武士们尾随而去。

卫国祚非常惊异，赶忙到处搜寻，已无所见。突然他发现在一个壁缝中似乎有个小黑点在动，仔细一看竟有一只小犬困在那里。他赶紧把犬救起，放在砚匣中。试着喂其饭粒只是嗅嗅不食，然后便蹿出砚匣，在他衣缝里，床榻上搜找臭虫见而食之，饱食后依然返回匣中。第二天卫国祚以为小犬可能离去了，赶忙去看，只见小犬还在。此后他睡觉，小犬便登床巡视，遇虫即啮之，蚊蝇蚤虫无敢近。卫国祚非常喜爱这只小犬，甚至超过读书。这日他正在午休，翻身时感觉腰间压到一物，起来一看竟是小犬，已被压死了，形如纸剪的一般。不过从此卫国祚再无虫蝇困扰了。

这故事见清代蒲松龄小说《聊斋志异》。

六　妹代姐嫁

郑大进，字誉捷，号谦基，广东揭阳人。清乾隆元年（1736 年）丙辰科，三甲第209名进士。他后来为官，以民为先、勤于用事、力除时弊、敢于直言，很有政绩，得到乾隆皇帝嘉许。历任正定知府、两淮盐运使、贵州布政使、河南巡抚、直隶总督。

在其家乡有一个民间传说：讲他年幼时因家贫，寄养在舅舅江淮家。江淮只有二女，所以对他视如己出，还出钱让他进了私塾。大进书念的非常好，成绩突出，江淮有意待他学成后将大女儿嫁给他。江与其妻和大女儿提出此事，其妻女嫌他家贫没有同意。但江淮认为大进以后定会出人头地，于是订下了婚事。后来郑大进来迎娶，江的大女儿寻死觅活就是不同意。放出话来：父亲若非要与郑家结亲就让妹妹去吧！江淮无奈只好与小女儿商量，小女儿知大进勤奋好学，必有前途，同意代姐结亲。“妹代姐嫁”只是个传说，不过郑大进的婚姻还是有些坎坷的，先他随父亲在龙砂大户江员外家设馆教书，江员外见他聪明伶俐很是喜欢，于是将自己的女儿许给了他。不想后来江家悔婚，父子愤然辞馆。后他们又去云路一个江姓家教书，这家主人的连襟慧眼识人，把女儿嫁给了他，郑大进终于结婚啦！两家姑娘都姓江，一个悔婚，一个愿嫁，这后来就演变成了“妹代姐嫁”的民间传说。

七 双鲤入宅

“鲤鱼跳龙门”是汉族很久远的传说。龙门位于黄河壶口瀑布以南约65公里处，在晋陕峡谷最南端，此处因河道狭窄，所以水流湍急。东有龙门山，西有梁山，二山各伸出山脊，形似门口。而龙门以南则河面宽阔，水流平缓。相传黄河中的鲤鱼就在这里跳过龙门，便可成龙。“鲤鱼跳龙门”常喻为，科考中第，升官发财之事。

清嘉庆二十五年（1820年）庚辰科，三甲第116名进士叶上林，出生时其父梦见双鲤入室，一时辉映满屋，认为是登科之兆，料定儿子将来必能金榜题名，登仕途光宗耀祖。叶上林，字桂岩，号藩城，四川绵州（今属绵阳市）人。自从梦鲤得子起叶父就决定不惜一切代价也要全力培养儿子。自幼叶父为提高他对读书的兴趣，出资聘请名儒在乡里开办学馆，一方面为地方上培养人才，另一方面让叶上林去学馆玩耍受到熏陶，还常拿些书籍在他面前翻弄，忽一日叶上林对父亲说：这书真香呀，我要读书。叶父大喜，此后叶父开始每天教他读书。叶上林天资聪明，在学馆玩时先生教弟子所读之书，他都能记住，回来让父亲讲解，六岁时已能解读不少经传，成了远近闻名的小神童。十岁时，叶父又出资在其家附近的雨台山建学馆，聘名师，为的是让叶上林能够深造。几年后，把儿子送到离家九里的马鞍寺的寄宿学馆学习。由于校规严格，儿子很少回家，叶父经常前去探望，一次还跌到沟里。

乾隆五十四年（1789 年），叶上林赴梓潼参加县试中了秀才，这时他因一心求学，身体较弱，叶父全程陪伴。为了儿子叶父可谓呕心沥血，嘉庆四年（1799 年）叶父没等到儿子功成名就去世了，而叶上林仍在不懈地努力着，直到嘉庆十三年（1808 年）他才中了举人，这时他已 34 岁了，想到父亲叶上林不禁泪流满面。中举后，他向终极目标冲刺，几经努力终于金榜题名，成了绵州第一位进士。遗憾的是叶上林由于常年苦读，身体孱弱，考前又染风寒，只当了几天进士，不及回乡，就病死在京城了，那年他 46 岁。

八　放爆竹

清咸丰六年（1856 年），参加丙辰科大考的举子中，有两人被众人看好，是状元的最佳人选。一位是江苏常熟人，翁同龢。另一位是山东济宁人，孙毓汶。翁同龢，字声甫，号叔平。自幼好学，通读《四书》《五经》，道光二十五年（1845 年）中秀才，咸丰二年（1852 年）中举人，实力不凡。孙毓汶，字莱山。也是饱读诗书，自诩本科状元非他莫属。

孙毓汶好权术，善计谋，多有异招。这次为能击败翁同龢，他要起了手腕，考试前一天，他请翁同龢赴宴，一直闹到很晚才散。翁回住所后，他又让人在其附近放爆竹，整整放了一宿。第二天入考场时他见翁精神萎靡，不禁心中暗喜，以为自己稳操胜券。也许是造化弄人，最终结果状元是翁同龢，当然孙毓汶也还不错得了第二名榜眼。

翁同龢后来成了一位重臣，是同治、光绪二帝的老师，任工部尚书、督察院左都御史、刑部尚书、户部尚书、军机大臣等。

九　台湾末名进士

1895 年台湾台南安平举人汪春源，赴京参加清光绪二十一年乙未科会试。其间传来清政府与日本签订割让台湾、辽东半岛、赔款的丧权辱国的《马关条约》的消息。激起举国上下各界的强烈不满，作为台湾籍的汪春源无比愤怒，他联合台湾籍应试举人和在京的台湾籍官员，联合上书督察院，要求废除条约，维护国家统一。在京的各地举人也联名上书光绪皇帝，一时各界纷纷上书，这就是著名的“公车上书”。后来有学者称，汪春源是“公车上书第一人”。

由于这一事件和“百日维新”，以及后来的“庚子事变”、八国联军入侵火烧北京贡院，使汪春源一再失去考取进士的机会。台湾被日本占领后，汪春源不愿受其奴役，举家迁至福建厦门。他认定只要下定决心，不懈努力，他的家乡终究会回到祖国怀抱。不过他依然认为只有通过科举考试，才能实现这个愿望，所以他又参加了光绪二十九年（1903 年）癸卯科考试，最终得三甲第 120 名进士。因当时清政府怕引起日本人的不满，不许台籍举子登籍时填写台湾，所以北京孔庙进士题名碑上汪春源的籍贯是福建安平。历史上台湾共有 32 名进士，汪春源是最后一位。

十　进士博士

清朝末年，广大知识分子为寻求救国强国之路，走出国门留学西方，学习西方。曾掀起一股留学热潮。

清光绪三十年（1904 年）甲申恩科，三甲第 131 名进士陈焕章，就去了美国留学。陈焕章，广东高要（今广东肇庆）人，字重远。他曾是康有为在广东“万木草堂”讲学时的得意门生，为他尊孔思想的形成打下基础。康有为对他尊孔崇儒，光大孔教的理想非常赞赏。他后来担任澳门《新知报》主编，积极传播儒家学说和西方知识。虽为进士出身，但不愿走仕途，为能更多学习了解西方学术和政治法律，他申请留学，经人保举，1905 年赴美，入库克学院。一面学习英语，一面学习政治经济及外国风尚礼仪。两年后他考入哥伦比亚大学政治经济系。在美国学习期间，他不忘其光大孔教之责，在当地华侨中宣讲孔子教义，在纽约建立“孔教会”，为孔子学说在国外的传播发挥了很大作用。而在学业上，他以《孔门理财学》论文，取得哥伦比亚大学哲学博士学位。他是在国内考中进士，在国外获得博士唯一的一位。

魏黎瑾，孔庙和国子监博物馆助理馆员
郭小铨，孔庙和国子监博物馆助理馆员

◎从北京孔庙国子监的修缮看岁修对于古建筑保护的重要性

◎ 吴博文

【摘　要】随着时间的推移以及文物保护工作的进步，传统地对古建筑抢救性的维修工作已经不再是未来古建保护工作者所要面临的主要矛盾与主要问题，如何秉承最小干预的原则对现有古建筑进行保养保持保鲜将是重大而长久的挑战。作为第一线的工作者，作者在日常工作生活中逐渐摸索总结，结合本单位辖区内对古建筑修缮的实际情况，展开了一系列讨论。

【关键词】古建　保护　修缮　岁修

梁思成先生在《中国建筑史》一书中讲到中国古建筑与其他建筑的历史背景有极大不同的地方之一就是：以木材为主，不求原物长存之观念。这也就是说，中国古建筑是相较于西方的石材建筑，是很“易损”的，所以我们中国人的古建筑要顺应于新陈代谢的规律，时常维修、时常保养。

20 世纪，中华民族经历了一段灰色岁月，由于国力的衰败以及连年的战争，使大量的古代建筑遭到了损坏，更有大量的古建筑处于破损的边缘，对它们的抢救性修复成为那个年代的主要工作。近些年，随着我国经济发展越来越好，很多濒危古建筑得到了良好的修缮，人们的目光、大众的视野也对古建筑保护投来了更多的关注。可以说，对于古建修复原则的一变再变，体现了文物工作者对于古建筑的保护维修意识中不坏不修、不漏不修、一修大修定式的思考。作为我们这些古建筑保护一线的工作者来说，如何贯彻“最少干预原则”，将我们文化瑰宝背后的意义更好地展现出来，如何让这些建筑文物更持久地展现其魅力，以及如何少花钱多办事，花小钱办大事，是眼下最应该思考解决的问题。

针对以上问题的思考，我们也在做很多的尝试，其中很重要的一项工作也是近年来一直在坚持做的，就是正式引入“岁修”机制。说起岁修一词，就是每年有计划地对建筑物局部位置进行修缮。很多人会问，为什么古建筑需要岁修，岁修有着什么意义，如果不岁修又会有什么后果呢？带着种种问题，我们就对岁修展开一些粗浅的讨论。

一　认识岁修

（一）什么是岁修

我们可以先看看古代祖先是如何对建筑进行日常保养维护的：康熙十八年，命修先师庙启圣祠。至二十二年落成。复命国子监廨宇次第修葺。雍正元年，命修国子监讲堂、学舍。修葺事宜均礼部会同工部经理。乾隆二年，兼管监事、尚书孙嘉淦等奏请修葺彝伦堂及两序，诏工部委官经理。二十四年，兼管监事、侍郎观保等奏请修葺，特命庄亲王及内务府大臣督修（节选自《钦定国子监志·卷十·学志·建修》）①。由此可见，我们的祖先非常注重古建筑的日常保养，几乎每隔五年到十年就会对院内的个别建筑进行查补修缮，也就是所谓的“岁修”。结合这些实例与经验，一般意义上来讲岁修就是指那些有计划性的、按照一定时间规律的、对不涉及大木主体结构以及主要功能的维修。

（二）为什么要岁修以及岁修的必要性

1. 建筑材料。正如文章开头所提，中国古建筑本就不以天长地久为建造目的，选用了木材为主体结构的材料，木材相较于西方古建筑所使用的石材与现代建筑所使用的钢筋混凝土、钢结构，非常容易受到周围条件的影响而发生腐败糟朽，使材料变质、力学性能变弱，影响整体寿命。其次是承担遮光防雨功能的屋顶结构。屋顶结构多为瓦面，无论是琉璃瓦还是灰瓦，瓦面铺设的工艺做法区别不大，整体性不是特别强，使屋面本身很难保证极端天气下瓦面的完整性，一旦瓦面结构不完整或是出现缝隙，将无法保护下层结构的干燥。再往下来到地面。地面做法多为铺砖，古建砖结构受原材料泥土的限制，哪怕使用寿命、工艺要求几乎达到最高级别的“金砖”，其强度、硬度、韧性都无法与石材、沥青、混凝土等材料相比，随着使用人数的上升以及承载负荷的增大，日常损耗也不可能完全避免。

2. 病害成因。在这里列举一些平时最常见的病害：（1）屋面漏雨：一般来讲，中国北方古建筑屋面，主要结构形式做法从上至下依次为：瓦面、灰背、望板、椽檐。如果雨水已经滴落至屋内地板，也就意味着雨水已经完全透过上述结构。琉璃瓦面本为憎水材质，雨水渗透说明存在不同程度

---

① 参见（清）文庆、李宗昉纂修《钦定国子监志》（上册），郭亚南等校点，北京古籍出版社2000年版，第159页。

的瓦面脱节等现象，而灰背、望板等都具有一定的吸水性，当它们都已经饱和的时候，才会被渗透。也就是说一旦发生了漏雨现象，那么该屋面已经存在很大的结构性破损，此时望板的糟朽程度已经基本达到需要更换的标准了。也就是说，一旦发生漏雨现象，此时需要考虑的范畴就不仅仅是对表征瓦面进行修补可以挽回的了，很多种情况证实，在针对漏雨部位的屋面进行维修时，该部位及周边很大范围的望板结构都已糟朽腐化，如不进行更换将失去对上层瓦面的支撑作用，有极大的倾覆风险。（2）地仗脱落。地仗做法主要发生于北方，其主要作用一是找补原构件表面的不光滑，二是保护木结构免于侵蚀。影响木材结构强度与耐腐蚀程度的一项重要指标就是木材含水率，北方夏冬湿度温度变化大，为了保证木材的干燥，聪明的祖先想到了在木材外面裹上厚厚的“衣服”——地仗。但是由于这些衣服是由麻、灰、血料组合而成的，并不是那么结实，一旦“衣服”因为种种外力内因“破洞”了，那么里面的结构也就很容易难逃损坏了。和屋面做法一样，既然是对大木结构的保护，就应该避免在施工过程中对原结构的损坏，尤其针对施工工艺与施工时间上的要求就要更加严格。

问题一旦达到上述程度，需要修缮的范围会较大、程度会较深、受众会较广、资金会较多，虽然这些“缺点”看似致命，但是千百年来许多建筑依然巍然耸立，也恰恰得益于这些致命“缺点”。因为它们之间互相配合形成了一个有机的整体，吐故纳新，新陈代谢，哪坏修哪，随坏随修，使中国古建筑可以始终屹立于世界建筑之林。

二　如何执行岁修

（一）详细踏勘摸查现状

岁修首先要了解建筑的现状，针对存在的实际问题进行岁修。可由于古建筑的复杂性，很难用硬性指标去规定它达到一定年限就必须要进行修缮、程度发展到何种地步就必须要进行维护，但是业界基本存在一个共识：“5 年小修、10 年中修、15 年大修”。以北京孔庙和国子监不同时期的修缮发展过程为例，根据相关修缮资料的记载：1990 年以前的北京孔庙和国子监整体处于一个“严重修缮不足”的状态。1990 年至 2000 年处于“险情抢修”状态。2000 年至 2010 年，随着文物保护规范的成熟建立，对文物建筑保护的意识在逐步增强，原首都图书馆和首都博物馆分别迁往新址，孔庙和国子监两院的文物建筑彻底解放出来，建立新的孔庙和国子监博物馆，至此，对两院古建筑的规制复原、复建、系统性保护才正式步入正轨，进入了新的纪元。最先进行的大范围大规模的修缮应该是 2001 年至 2008 年为期7年的修缮项目，其中国子监分为三期进行，第一期为2001年至2003年，维修范围是西三堂及配房，御碑亭及钟鼓楼的屋面查补、柱子蹲接、墙面修补、地面修补；第二期为2003年至2006年，维修范围是市政管线接入、安技防增补、电缆增容、二进院地面查补、门窗维护；第三期为2006年至2008年，维修范围是院内16座建筑的油饰彩画、祭酒院的遗址、南院墙及大门复建、全院地面石材铺设。孔庙分为两期，第一期为2004年，维修范围是院内建筑下架油饰、对地面进行查补、电路、避雷设施更新；第二期是2007年，维修范围是根据现存情况对院内大部分建筑彩画进行区别保护。虽然这一段时期的修缮工程涉及范围较广，但近两年逐渐暴露出的一些问题表明修缮工作仍然存在很多死角。

我们以前接触到的修缮项目，报修理由往往是某某位置存在漏雨现象、某某墙体存在歪闪等，如再不进行修缮，将有严重文物及人员的安全隐患。以北京孔庙为例，自中华人民共和国成立以来至90年代初，孔庙历经风雨、地震等自然侵损，“大跃进”“文化大革命”等人文破坏，整体院落早已严重失修。据记载，1990年甚至发生了大成殿隔扇门倒塌这样的突发性事件。首都博物馆在有关单位现场勘测的基础上，制订了孔庙修缮的计划，开始对孔庙建筑进行维修。1994年大成门进行过局部挑顶大修，对残损严重的梁架进行了支顶加固。1998年对大成殿进行过维修，局部揭瓦并对木构建进行了维修加固。崇圣祠东配殿落架大修，西配殿瓦面查补，下架大木和椽望室外部分油饰。崇圣殿四角老角梁下各加擎檐柱一根。1999年对前院东配房进行过大面积修缮。尽管当时曾分期分批对孔庙主要殿堂进行了一些修缮，但终因经费条件和使用单位作为办公场所的限制，修缮范围和修缮内容主要集中在梁架抢险和排除重大隐患方面。孔庙现存整体状况仍令人担忧，建筑残破，梁柱、椽望糟朽，油饰、彩画地仗空鼓、脱落，颜色严重褪色模糊。石件断裂、歪闪、酥碱严重。电路老化，布线凌乱，用电超负荷。消防设施不全，安防设施落后。以上这些问题一直未能得到根本解决，对建筑安全依然是严峻挑战。对于身兼博物馆职能的开放性文保单位来说，除了“征集”层面，另外的三个职能无论从“保护”“展示”“研究”哪个方面来说，其实都是有着极大负面影响的。

（二）制订方案

对现状有了详细踏勘摸查后，为了让古建筑在经历修缮后不仅仅体现在可以用上，更要让其用得好并能体现出本身所具有的建筑气质上。

方案的制订一定要有原则和依据。在我国文物工作的根本大法《中华人民共和国文物保护法》中就明确规定了：文物在进行修缮、保养、迁移的时候，必须遵守“不改变文物原状”的原则。可以说，“不改变文物原状”就是所有修缮的根本原则。根据此项根本原则，为了使原则落地，更贴合实际工作，近些年来文物保护工作中的“四原”原则被广泛得以重视。这“四原”指的是“原材料、原形制、原工艺、原做法”。关于“四原”的相关论述很多，这里不再赘述，但在实际工作当中，由于轻视“岁修”，管理者会有懈怠心理，觉得无非是修修补补，就往往会忽略了这一基本原则，将很多现代做法强加进去，破坏了文物本身所表达的东西，就很容易触碰文物保护的红线，正因为“文物无小事”，所以对于发生频率更高的“岁修”要加以十二分的重视。

方案的制订不能实行“拿来主义”。对于文保单位的相关工作人员来讲，往往不具备专业的设计资质，在对于原结构残留状态、原结构规制等问题上可能没有设计单位的工程师有经验，但是他们对于本单位其他方面更了解，比如当地气候天气温湿度、光照强度及时间、周边动植物种类等，这些所谓的“边缘”因素对于“岁修”方案的制定往往也起了很大的影响。正是由于影响因素的复杂性、多样性，针对建筑本体的岁修方案需要真正做到“一事一议”，不可笼统概括，坚决杜绝“以不变应万变”的应对模式。

（三）严格执行

文物古建修复，通常涉及市宝、国宝级文物，对于管理者来讲可谓责任重大。针对已经审核通过的方案，要严格贯彻执行，不可张冠李戴或根据经验以及习惯做法进行变更；针对施工队伍，要严把资质关，切不可找“游击队”作业。

（四）修订方案

针对古建筑的多样性与复杂性，即使再严谨的方案或者计划在执行过程中、在施工过程中也会遇到种种问题，在面对这些问题的时候，作为甲方单位不可擅自草率处理，而是要及时组织相关人员进行研究并做出积极应对，如果需要修改原方案，要及时与上级部门沟通，经批准后方可进行修改。

三　孔庙近年来的实践

（一）东西六堂屋面修缮

2013 年，孔庙和国子监博物馆对国子监二进院院内的东西六堂屋面进行了修缮，此项工程发生的原因为六堂内部展厅发现多处漏雨痕迹，且由于原屋面已经为裹垄处理，故修缮方案依旧为对漏雨位置屋面进行局部裹垄。该项目为抢修项目，历经两个月施工完毕，达到设计要求，质量达到合格标准，已交付使用。虽然此项目至今已经数年有余，但是这一项目也暴露出很多的问题有待后期解决：(1)并未针对所有腐朽望板进行更换；(2)并未遵照古制进行恢复。随着这些问题在未来几年之中逐渐暴露出来，笔者对其应对方案也分别做了相关思考，比如：(1)对于隐蔽部位的判断一定要经过实地勘察，望板如果肉眼无法判对糟朽程度，可以通过类似长竹竿带金属尖头类的辅助工具进行踏勘。这类“土办法”看似简单，却能有效对隐蔽的病害范围及程度做出准确把脉。(2)如果资金时间充裕，尽量避免使用类似“裹垄”这样的近现代抢修做法，还古建筑之本貌。

（二）孔庙和国子监部分油饰修缮工程

2015年孔庙和国子监博物馆相关部门调查研究，多处建筑局部需要进行油饰修缮，分别是孔庙大成门南侧前檐柱子6根、孔庙崇圣祠外随墙门3个、国子监院内转角椽望、国子监敬一之门及两侧随墙门、国子监辟雍四周木质栏杆。这些局部部位普遍存在的问题为油皮自然老化，严重脱落和开裂，个别严重部位露出木骨，木构件糟朽、残破、开裂，如不及时进行修缮，将给现有文物带来不可逆的破坏。从工艺做法上来讲，此次修缮达到保证文物建筑自身安全的目的，对严重改变原状的建筑，在有充分依据的情况下恢复原形制和原做法，是一次成功的修缮工程。但是经过两年时间，部分油皮再次出现了轻微开裂等现象。究其原因，很有可能是因为工期较紧，致使每一道工序完成后都没有等到表面完全风干就开始下一道工序，这样就使水分得不到充分排除，当最后一遍光油粉刷完毕以后，就像在结构外层罩上了塑料袋，积年累月随着北京季节性气温的反复巨大变化，就会对这些含水率较高的结构产生极大的负面影响。

（三）大成殿及辟雍大殿屋面修缮工程

2017年3月，针对大成殿及辟雍大殿屋面，孔庙和国子监博物馆进行了一次“及时雨大保养”——大成殿及辟雍大殿屋面修缮工程。此次工程踏勘翔实、方案周全，内容涉及两个主殿的上下层所有琉璃屋面。由于进行了详细地现场踏勘，工作人员针对不同部位、不同朝向、不同程度的屋面进行了“区别对待”，主要工作有以下五点：(1)对脱节严重的部位揭瓦至望板；(2)如发现望板有损坏糟朽将对其进行更换；(3)重做灰背；(4)重新瓦瓦（尽量保留原有瓦，只更换破碎个体）；(5)檐头油饰。严格意义上讲，本次工程已经超过“常规大保养”范畴，因为对于屋面的岁修按照原来的惯例主要是集中在屋面拔草等，但是由于修缮处理程度已经超过常规检查与日常维护的范畴了，但是之所以说它是“及时雨大保养”，最主要还是因为此项工作发生在漏雨表征之前，发生在绝大部分椽望结构受到不可逆损坏之前。如果换做一个比喻，漏雨之于蔡桓公生病，已经深入腠理、肌肤以致肠胃，如再不医治，将至骨髓而产生无法挽回的重大损失。

综上所述，作为文博工作者，如果任由“疾病”发展而坐视不管，于心难安，于子孙后人将无以交代。“化整为零”“零敲碎补”以及防微杜渐，将隐患扼杀于萌芽之中，是将未来古建筑保护的重中之重。

吴博文，孔庙和国子监博物馆财务物业部副主任、助理馆员

博物馆探索与实践

◇翰墨三人行

——孔庙和国子监博物馆馆长吴志友《寄语》

◎ 吴志友

【摘　要】“吴悦石、莫言、杨华山书画艺术三人行”画展，展出了中国艺术研究院的三位代表性人物——吴悦石、莫言和杨华山的书画作品100幅，有大量作品是他们三人联合创作的精品力作。他们的作品笔墨淋漓、浑然古朴、内得心源、师法造化，展现了三位艺术大家弘扬国学国粹的精神风采，也是他们学习中国传统书画艺术精髓并使其与时代气息相结合的实践与探索。

【关键词】翰墨　书画　展览　孔庙国子监

“翰墨三人行”全国巡回展览，汇集了吴悦石、莫言、杨华山三位中国书画、文学界最享有盛誉的当代大家历时一年联袂创作的百余幅书画作品。2018年，“翰墨三人行”全国巡展还将陆续在长沙、深圳、厦门、南昌、济南、西安、南京等历史文化名城展出。

北京孔庙国子监，始建于元代，曾是元明清三代国家教育与教化的中心，具有730多年的历史，蕴含着十分丰富的历史文化内涵，是古都北京历史文化与教育的重要标志，清乾隆帝赞其为“京师首善之区，而国子监为首善之地”，这里留下了古代帝王的圣迹，更留下了无数进士豪杰与文人雅士的音容、足迹与壮歌，诸如永乐、嘉靖、康熙、乾隆、于谦、董其昌、纪晓岚、王懿荣、鲁迅、沈钧儒、蔡元培等。近年来，北京孔庙和国子监博物馆与中国艺术研究院创作院美术创作研究中心坚持传统文化的继承与创新结合，相继推出了“大美寻源，辟雍雅集”等书画写生创作、作品展览和艺术交流活动，为使文物文化“活起来”进行了有效探索，也获得书画艺术家和广大观众的好评，产生了广泛的社会反响。

如何在传承传统文化中创造当代文化，在当代文化的创作中实现传统文化的当代传承，实现崇德立品，弘扬中华民族文化之精神，则是文化机

图 1　吴志友馆长于展览开幕式发言

构和文化工作者的重要课题。中国的书法和绘画艺术是中华民族在几千年的文明发展进程中创造的艺术形式和美的文化符号，具有独特艺术感染力，被国人视为国粹。继承和发扬中国优秀传统文化，创造国粹国宝珍品，更是当今每一个中国艺术家与文化人的责任。

为了坚持文学艺术创作要为当今社会服务，为人民服务的宗旨，继续打造传统国学文化艺术品牌，使之走向全国走向世界，我们双方再次联合策划推出了“大美寻源，翰墨薪传——莫言吴悦石杨华山书画艺术三人行”活动。通过三位艺术大家的精心创作,用笔墨将古圣先贤的经典警句和国学圣地凝固的历史景观艺术跃然纸上,呈现给社会大众,并将这些艺术精品载入史册永远流传下去。

图 2　吴志友馆长与吴悦石、莫言、杨华山先生探讨交流

图 3　吴志友馆长和三位老师参观画展

图 4　吴志友馆长和三位老师共同探讨书画创作和策展

图 5　吴志友馆长与莫言、杨华山先生合影

“吴悦石、莫言、杨华山书画艺术三人行”画展，展出了中国艺术研究院的三位代表性人物——吴悦石、莫言和杨华山的书画作品 100 幅，有大量作品是他们三人联合创作的精品力作。他们的作品笔墨淋漓、浑然古朴、内得心源、师法造化，展现了三位艺术大家弘扬国学国粹的精神风采，也是他们学习中国传统书画艺术精髓并使其与时代气息相结合的实践与探索。正如至圣先师孔子所言：“三人行，必有我师焉，择其善者而从之，其不善者而改之。”（《论语·述而》）

图 6　吴志友馆长与莫言先生合影

众所周知，莫言是第一位获得诺贝尔文学奖的中国本土作家和第一位获得诺贝尔文学奖的华人作家，是中华民族的骄傲。作为杰出文学家的莫言，一直钟情于书法艺术，同时致力于传统文化的推广研究，并借助书法的艺术形式传承文学。他善用文学语言对人们进行激励与鞭策，其作品具有独特的时代特性并兼具传统文化的艺术形式。此次展览作品，充分展示了莫言先生在书法实践中的深刻感悟，呈现了他追求自在清和、返璞归真的审美旨趣，彰显出他回归本我、书人合一的艺术境界。

莫言先生在进行书法创作时，善用左手，他表示：右手书法，惯性使然，是把钢笔字放大了写；而左手书写，有种陌生感，可以写出古朴、生涩的感觉来。《论语·述而》云：“志于道，据于德，依于仁，游于艺。”在书法的世界里，莫言随心所欲，自由挥洒，构筑了“游于艺”的心灵空间。古语“字如其人”应该是有道理的。拜读莫言的书法，就像见到其人一样，感觉自然和淡雅，没有丝毫的做作与雕饰，正所谓“清水出芙蓉，天然去雕饰”。他的书体丰富，有篆书、隶书、行书、楷书；而且形制多样，有中堂、斗方、条幅。

图 7　莫言、吴悦石与杨华山先生于展览开幕式发言

在书画艺术领域，吴悦石是公认的当今传统绘画艺术的领军人物。他的书画作品注重继承发展传统中国艺术精神，其艺术形式与成果已经引发当代中国画学术界重点研究的当代艺术现象。吴悦石先生少年时便开始学习中国画，五六十年代曾得到画坛耆宿的亲授，为著名国画家王铸九、董寿平入室弟子，先生很好地把齐派艺术传承下来，并形成自己的独特风格。他有着深厚的传统国学文化修养，对绘画理论也有着相当的研究，且精于书画鉴赏。

丰富的社会经历往往是成就一个艺术家在艺术上取得成绩的重要元素，悦石先生便是如此。他从青年时代开始遍游天下，深入生活，写生创作。其作品疏朗、洒脱、遒劲、苍辣、奇崛、生动，在中国画坛上有着广泛的影响。悦石先生正是站在先贤巨匠的肩膀上，以勤奋笔耕来融会优长、阐发精妙，并进而追求以我为主的新变，提炼、创作出更具写意特质的物象造型、笔墨语言，在花鸟、山水、人物诸种题材中，形成概简洗练、奇崛生趣的造型特点，以更为注重物象的抽象写意语言和直觉感性的书写表达方式，走出了一条成功之路。绘画之外，悦石先生亦善书，其书法上溯魏晋，兼篆隶真草诸体之韵，亦得行草秘径，又受明代书风影响，笔势起伏跌宕、散逸流畅。书法上的成就运用在绘画中，形成了悦石先生以苍涩劲健的阔笔线条入画的独特艺术语言；而以多变的画技反哺入书，书画出入无间、圆融，使吴悦石先生的书画艺术呈现出一种自由无碍、独出机杼的风貌。

杨华山堪称当今中国书画艺术学院派的代表人物，是文化部授予的中国艺术研究院十大德艺双馨艺术家之一。他天资与勤奋兼具，德艺内外同

图 8　“翰墨三人行”全国巡回展于国子监彝伦堂隆重举行开幕式

修，工笔写意汇融，诗书画印皆能；花鸟、人物、山水画技法功底扎实且超然。他长期深研中国书法、绘画技法和传统文化经典，汲取营养，所创作品师法自然，自成一格。多次参加海内外重要展览并获大奖。为人民大会堂、中南海、钓鱼台国宾馆等创作巨幅国画，书画作品被国内外众多博物馆、企业家和文化艺术品经营机构收藏。华山先生先后毕业于西安美术学院和中央美术学院。他担任文化部直属中国艺术研究院创作院美术创作研究中心主任（教授、高评委、国家一级美术师），数十年来，创作研究，教书育人，笔耕不辍，桃李满园，硕果累累。出版有《杨华山诗书画作品集系列》《学院派精英杨华山》等著作。他在培养社会优秀书画人才方面也发挥着重要作用，例如引领众多书画研究创作人才，潜心书画创作，成为中国艺术研究院的特聘研究员，通过组织大家研习交流，写生创作，展览交流等形式锻炼成长，使其成为不同地域书画艺术界的杰出代表。

中国艺术研究院是集书画研究、创作和教学为一体的专门机构，杨华山教授在从事书画教学的过程中，还策划组织过许多大型书画创作、展览和学术交流活动，例如“大美寻源辟雍雅集”系列书画展览交流活动，取得了很好的创作研究成果和社会影响力。

近几年来，三位艺术家走进北京孔庙国子监，感受国学圣地之气韵，品读明君先圣之华章，寻觅进士豪杰之足迹，参加“大美寻源，辟雍雅集”书画写生创作、作品展览和艺术交流活动，为使文物经典和传统书画国粹艺术“活起来”进行了有效探索，创作出一幅幅反映孔庙国子监历史景观与圣人先贤的书画精品，从相同的艺术领域和不同的艺术层面展示出不同的艺术特色，而独具魅力。莫言、吴悦石、杨华山三位艺术大家的艺术思想、艺术实践与成就表明：他们是当之无愧的中国文学艺术领域中的杰出人物。“莫言吴悦石杨华山书画艺术三人行”活动，还将作为北京孔庙和国子监博物馆与中国艺术研究院创作院美术创作研究中心共同打造的“国学文化万里行”活动，长期开展下去，让活动走进国内的重要省会与中心城市，甚至远赴国外进行多项展览交流活动，把“艺术家为现实服务，艺术家为人民服务”艺术宗旨落到实处，让不同地域的书画爱好者、文学艺术工作者来领略“文学艺术大家”的风采，唤起人们热爱生活热爱艺术的美好情愫。进而在提升艺术与文学作品对人的精神塑造与美的追求，以及提高国家文化生产力方面发挥重要作用。

图 9　吴志友馆长陪同莫言先生参观孔庙国子监

图 10　吴志友馆长陪同吴悦石、杨华山先生参观孔庙国子监

20 世纪初是社会变革交替之时，此时诞生了一批伟大的艺术家，但近年来书画艺术界的“大师”甚少，作为国学圣地之孔庙国子监的守护人，我坚信莫言、吴悦石、杨华山三位先生必将成为当今时代书画艺术领域名副其实的大家，成为世人公认的艺术大师。他们必将在中国文学艺术史上留下重重的一笔彩画翰墨，绘成璀璨之星而耀眼艺术的历史长空。优秀的民族文化是一个民族的精神家园，具有独特的感染力和凝聚力，它能启迪人的心智，愉悦人的精神，鼓舞人的干劲。今天，我们要实现中华民族伟大复兴，首先要增强文化自信，振兴民族的优秀文化，这需要广大的艺术家和众多文化机构共同努力。让我们携起手来，躬耕前行，献计献策，化茧成蝶。

吴志友，孔庙和国子监博物馆馆长

◎现代科技手段助力传统文化新发展

——以孔庙和国子监青少年教育课件开发项目为例

◎ 陈静

【摘　要】 在新技术日新月异的今天，数字技术、新媒体技术的发展，智能手机、网络的大规模普及，深刻影响了人们的生活方式，博物馆、历史建筑等文化资源研发已成为文化传承与创新的有效途径。如何利用各种新技术有效传播并弘扬中华优秀传统文化，这都是摆在我们面前的重大课题。在新一轮科技发展的浪潮中，传统文化的发展也取决于我们对于科技手段的利用和融合。孔庙和国子监青少年课件开发项目充分利用互联网时代的各项新技术，以青少年科普教育形式推动传统文化的发扬，符合国家的需求、人民的期望。

【关键词】 科技　传统文化　教育

中华传统文化博大精深、源远流长，在五千年延绵不断的中华民族史上产生了重大而深远的影响。孔庙和国子监承载了中国儒学文化历史，是弘扬中华传统文化的重要窗口。随着时间的推移、历史的发展，优秀的传统文化在当代如何发挥出更大价值？如何使优秀的传统文化走出去，活起来？特别是在新技术日新月异的今天，数字技术、新媒体技术的发展，智能手机、网络的大规模普及，深刻影响了人们的生活方式，博物馆、历史建筑等文化资源研发已成为文化传承与创新的有效途径。如何利用各种新技术有效传播并弘扬中华优秀传统文化，这都是摆在我们面前的重大课题。

一　党中央和国务院高度重视优秀传统文化

1. 习近平总书记对于优秀传统文化的重要论述

中华优秀传统文化是习近平总书记治国理念的重要来源之一，党的十八大之后，习近平总书记多次强调中华传统文化的历史影响和重要意义，“中华文化积淀着中华民族最深沉的精神追求，是中华民族生生不息、发展壮大的丰厚滋养”，在纪念孔子诞辰 2565 周年国际学术研讨会暨国际儒学联合会第五届会员大会开幕会上，习总书记也说道“儒家思想同中华民族形成和发展过程中所产生的其他思想文化一道，记载了中华民族自古以来在建设家园的奋斗中开展的精神活动、进行的理性思维、创造的文化成果，反映了中华民族的精神追求，是中华民族生生不息、发展壮大的重要滋养”。在习近平总书记看来，传统文化是中华民族的精神命脉，“弘扬和培育社会主义核心价值观必须立足于中华优秀传统文化”，也是“我们最深厚的文化软实力”。

优秀的传统文化对于个人发展同样也有重大意义，“中国传统文化博大精深，学习和掌握其中的各种思想精华，对树立正确的世界观、人生观、价值观很有益处”。在中央党校建校 80 周年庆祝大会暨 2013 年春季学期开学典礼上，习总书记告诫学员们要多学习传统文化。

对于如何实现传统文化的继承和弘扬，习总书记同样也指明了基本要求，“要使中华民族最基本的文化基因与当代文化相适应，与现代社会相协调，以人们喜闻乐见的、具有广泛参与性的方式推广开来，把跨越时空、超越国度、富有永恒魅力、具有当代价值的文化精神弘扬起来”。

2. 国务院高度重视优秀传统文化的继承发展

为建设社会主义文化强国，增强国家文化软实力，实现中华民族伟大复兴的中国梦，2017 年年初，中共中央办公厅、国务院办公厅印发了《关于实施中华优秀传统文化传承发展工程的意见》，对于实施中华优秀传统文化传承发展工程提出了指导意见。

这是第一次以中央文件形式专题阐述中华优秀传统文化继承发展工作，对于延续中华文脉、全面提升人民群众文化素养具有重要意义。意见从理论和实践层面讲明了为什么传承发展、传承发展什么、怎样传承发展的问题。特别指出继承发展优秀传统文化的重点任务在于“深入阐发文化精髓”“贯穿国民教育始终”“保护传承文化遗产”“滋养文艺创作”“融入生产生活”“加大宣传教育力度”“推动中外文化交流互鉴”，对于文物和博物馆行业今后工作重点有着重大指导作用。

二　孔庙和国子监积极推进传统文化的继承和弘扬

孔庙和国子监始建于元代，合于“左庙右学”的古制，有着悠久的历史文化传统。孔庙又称文庙，是祭祀孔子的圣庙，北京孔庙是元明清三代举行国家祭祀孔子的场所；北京国子监也是元明清三代中央学府和教育体系中最高行政机关。两组建筑群都采取沿中轴线而建、左右对称的中国传统建筑方式，组成了一套完整、宏伟、壮丽的古代建筑群。孔庙和国子监正是弘扬中华传统文化的重要窗口。

在党中央重要讲话和精神指导下，北京孔庙和国子监博物馆凭借自身历史文化优势，顺应时代条件和人民期盼的变化，在新的实践中推动传统文化的创造性转化、创新性发展。已经举办了丰富多彩的文化活动，形成了具有孔庙和国子监特色的文化品牌，产生了良好的社会反响。

1. 国学文化大讲堂

“国子监大讲堂”于2009年10月被评为“北京市首都市民学习品牌项目”，各大网站也都以“昔日皇家大学，今日国学讲堂”为主题对大讲堂进行宣传报道，产生了积极的社会反响。“国子监大讲堂”通过博物馆主办、合办、协办的方式，每年定期推出8—10个讲座活动，着力进行中华传统优秀文化的推广，产生了良好的社会反响。

2. 孔庙国子监国学文化节

文化节以国学普及与推广为主旨，以国学精粹展示为内容，打造国学文化交流平台，已经成功举办了五届，社会效益显著，成为所在地区及孔庙和国子监博物馆的品牌活动之一。文化节期间会举办的相关主题展览、大型主题论坛、诗会、礼乐展演等形式多样、丰富多彩的活动内容，也深受广大市民喜爱和好评，起到了广泛的社会影响和传播效应。

3. “大成礼乐”展演和国学文化

《大成礼乐》是以传统礼乐为素材，经过提炼、改编成为具有观赏性的集乐曲、乐舞、吟诵三位于一体的演出。它继承了孔子的“礼”“乐”之美学思想，将“礼”的内容赋予“乐”的形式，以“乐”求“礼”，以“乐”载“道”，以“道”育人，从音乐美学、舞蹈美学、声乐美学的角度，呈现在观众面前的是一台好看好懂的节目，真正能够让观众感受到礼乐的“肃穆、庄重、典雅、含蓄、和谐、纯正”之美，感受到中国传统文化的精髓，感受到孔子思想的时代精神，并起到教化人们思想，传递“以礼修身，以乐感人”的艺术宗旨。

4. 中国古代官德文化展

官德展是为配合党的群众路线教育实践活动的深入开展，弘扬中国传统文化，促进反腐倡廉建设，由市纪委、市委宣传部、市文物局共同举办的展览。我馆作为北京市廉政教育基地，承办本展览。自2014年3月开馆至今，已经接待了预约参观的各级企事业单位团体观众近6万人，社会反响热烈。

三　孔庙和国子监青少年教育课件开发项目对于弘扬传统文化的重要作用

1. 科技创新是文化发展的重要引擎

当今现代科技的迅猛发展，已成为影响和带动文化建设的重要力量。绿色、低碳、可持续发展的先进文化理念，在影响着新技术的开发应用及其产品发展方向的同时，更需要科技作为支撑载体才能得以实现。

早在党的第十七届六中全会中就已经提出："科技创新是文化发展的重要引擎，要发挥文化和科技相互促进的作用，深入实施科技带动战略，推动文化产业跨越式发展。"2016年，国家文物局、国家发展和改革委员会、科技部、工信部、财政部共同印发《"互联网+中华文明"三年行动计划》，在全球新一轮科技革命和产业变革中，互联网与各个领域的融合发展具有广阔前景和无限潜力，已成为不可阻挡的时代潮流。

2. 新技术在博物馆的运用现状

数字技术、新媒体技术的发展，智能手机、网络的大规模普及，深刻影响了人们的生活方式，数字资源已经成为不可替代的重要社会资源。博物馆文化资源的数字化保护和研发，已成为博物馆文化传承与创新的有效途径，技术的进步对于传统文化宣传和弘扬的支撑、驱动、引领、提升作用凸显。

如今，网络技术、数字技术、新型显示技术、虚拟现实技术等各种高新技术也在博物馆广泛应用，大大丰富了文物、文化遗产表现力。例如，孔庙和国子监博物馆基本陈列中应用的数字展览和多媒体展示等手段，使博物馆文物展示更加异彩纷呈，更加生动直观，使历史文化遗产和优秀传统文化更为广泛传播；连续进行了三期的碑林数字化保护工程，也利用现代化手段把进士题名碑、御碑亭、十三经碑林等不可移动的极其具有历史意义和研究价值的重要文物通过高科技手段对其相关信息和文物本体进行数字化扫描，使其得到更好的保护与利用。其实目前许多中大型博物馆采取数字动画技术，通过图片、视频等手段，复原再现当初的历史现象、场景、事件等；例如通过虚拟现实技术生成具有真实感和代入感的历史角色，带领观众一同去认知理解传统文化。由于数字内容产品所具有的交互性、智能化、个性化等特性，使传统文物、传统文化真正"活起来"，受到了广大人民群众的喜爱，吸引了更多观众走进博物馆。

3. 青少年教育课件开发项目的必要性

面对新的互联网环境和新技术的发展，作为承载着悠久传统文化的孔庙和国子监博物馆，我们也必须更加地积极面对，深入研究探索，如何更广泛深入地借助高科技手段充分发挥孔庙和国子监博物馆在传统文化等方面的优势，将我馆打造的文化品牌更加灵活多样的传播和应用，以承担增强文化自信应有的社会使命和职责担当。

2017年我馆与相关部门积极策划并确立了依托我馆文化资源优势，发挥博物馆社会教育功能，面向青少年开展传统文化和科学技术普及，增强青少年对中华民族优秀文化的认知和认同感的《青少年教育课件开发项目》。该项目积极贯彻习近平总书记关于中国传统文化的重要论述精神，落实国务院《关于实施中华优秀传统文化传承发展工程的意见》和《关于积极推进“互联网+”行动的指导意见》，把互联网的创新成果与中华传统文化的传承、创新与发展深度融合，深入挖掘和拓展文物蕴含的历史、艺术、科学价值和时代精神，牢固树立“创新、协调、绿色、开放、共享”发展理念，以有利于全社会参与文物保护、有利于提供多样化的文化产品与服务、有利于中华文明的传播与弘扬为原则，坚持政府积极引导、社会共同参与，充分发挥市场作用，通过观念创新、技术创新和模式创新，推动文物信息资源开放共享，推进文物信息资源、内容、产品、渠道、消费全链条设计，不断丰富文化产品和服务，进一步发挥传统文化在培育弘扬社会主义核心价值观、构建中华优秀传统文化传承体系和公共文化服务体系中的独特作用，彰显中华文明的独特魅力，丰富文化供给，促进文化消费。

同时，项目也考虑到满足青少年观众的科普教育需求。青少年科普教育的根本，就是要把人类已经掌握的科学思想、科学方法、科学精神和先进经验、科技知识，通过合理渠道，以科学技术的普及推广，传播到青少年人群中，并供他们掌握和利用，以增强青少年的科学素养、文明程度，满足他们学用科学的需要。通过孔庙和国子监博物馆的良好宣传推广平台及丰富的文化底蕴，包含从古至今的传统文化、各科学术研究、教育于一身，通过科学性、知识性、趣味性、艺术性强的科普教育课件开发项目，满足整体青少年群体的科普教育需求。

4. 青少年教育课件开发项目重大意义

孔庙和国子监博物馆《青少年教育课件开发项目》充分发挥孔庙和国子监博物馆在文物藏品资源、学术研究、人才队伍、形象品牌等方面的优势，加强与社会力量的合作，建立优势互补、互利共赢的合作机制，促进文物的合理利用、科普教育普及和中华文明的传播弘扬。

（1）文物价值及传统文化的挖掘创新：针对体现中华文明独特魅力的典型性文物，开展多视角、多维度、多层次的价值挖掘，阐述文物背后的故事，突出文物的历史、精神、艺术和科学价值，加强文物间关联性和系统性研究，为产品研发、领域融合等提供更具专业性和科学性的文物信息资源。

（2）文物数字化展示利用：推进孔庙和国子监博物馆针对馆藏珍贵文物、精品陈列展览等利用互联网技术、三维扫描/建模技术、高清影像采集技术手段，采集和整合数字化信息，开发数字体验文化产品。

以市场需求为导向，以互联网创新成果为支撑，依托文物信息资源，重点开展“互联网+”文物科普教育、文物文创、文物素材再造、文物动漫游戏以及渠道拓展与聚合等工作，形成一批具有广泛影响和普遍示范效应的优秀产品与服务，有力促进文博事业创新可持续发展。形成“互联网+中华文明”优秀产品，重点围绕文明源流、国学经典、传统美德、艺术欣赏、古代科技、古代建筑、“一带一路”和文保知识等主题，以及人民群众喜闻乐见的其他题材，进行创作、创新、创造，让文物可见、可感、可亲，讲述好中国故事、传播好中国声音。

（1）互联网+科普教育：针对不同年龄、不同区域青少年特点，研究提炼孔庙和国子监博物馆资源与教育的有机结合点，利用网络与多媒体技术表现形式丰富多样、信息获取方便快捷等优势，开发数字化、网络化的文物教育课程及其他教学资源。把博物馆历史实践、艺术欣赏教育引入学校，鼓励通过 VR/AR 技术虚拟历史场景和重要历史文物三维扫描建模实践教学等新形式、新技术，激发学生对文物历史、科学知识的兴趣爱好。开发系列文物博物馆教育教学专用课件，提供文物全息欣赏、虚拟触摸和历史事件沉浸式体验，增强用户主体交互体验，直观感知文物的历史、艺术和科学价值。支持利用网络传播、社交媒体、VR 平台及其他主流网络平台，提供面向公众的历史文化教育内容。

（2）互联网+文物文创元素开发：针对孔庙和国子监博物馆具有代表性的文物与博物馆资源，广泛应用多种载体和表现形式，开发兼具艺术性、趣味性和实用性，满足青少年科普教育需求的文化创意系列元素开发，打造文化创意品牌。

5. 青少年教育课件开发项目成果预见

（1）搭载专业多媒体终端的科普教育课件开发

依据孔庙和国子监博物馆开发的不同主题多媒体内容，集成于专业多媒体终端内，以教育课件形式呈现。专业多媒体终端便于携带，更适用于孔庙和国子监博物馆现阶段开展教育活动实际情况。可便携移动的终端将更有利于馆方开展进社区、进校园、巡展等活动。

（2）依托三维建模技术的多媒体内容呈现

将孔庙和国子监博物馆内进士题名碑进行筛选建模工作，并进行合理的模型加工，使之成为可展示的多媒体内容。建模成型后的进士题名碑，将不再受到现场展示环境的制约，让青少年观众近距离观摩文物，触摸历史、了解碑刻表面信息及背后历史意义。

（3）依据孔庙和国子监博物馆内部分场景的全景拍摄

将建筑群中重要展示部分，以全景拍摄的技术进行扫描搭建，让博物馆内实景展示不再停留在孔庙和国子监内，让历史建筑、文化故事走出博物馆，走到观众身边。

（4）多媒体课件

依托祭孔与讲学两个方向，开发多媒体动画课件，深度还原祭孔历史中蕴含的礼乐文化及国子监历史上的学术传承。

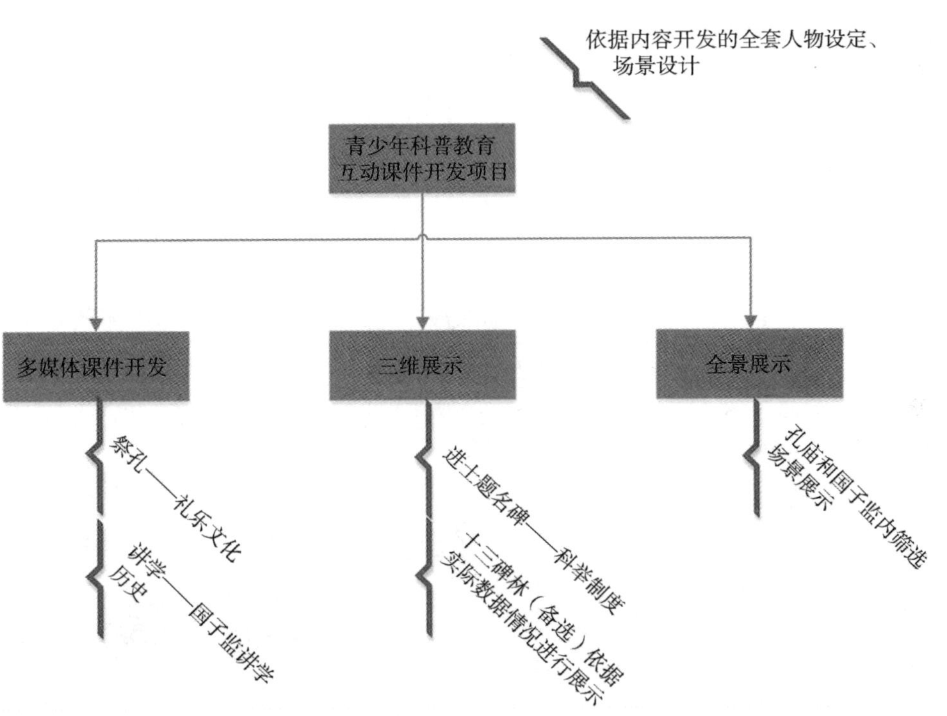

孔庙国子监青少年科普教育互动课件设计

四　结语

中华文化源远流长、灿烂辉煌，不仅对中国发展产生了深刻影响，而且对人类文明进步做出了重大贡献，继承和发展中华优秀传统文化是一项意义重大的战略任务。在新一轮科技发展的浪潮中，传统文化的发展也取决于我们对于科技手段的利用和融合。孔庙和国子监青少年课件开发项目充分利用网联网时代的各项新技术，以青少年科普教育形式推动传统文化的发扬，符合国家的需求、人民的期望。传统文化的发展还需要更多的手段，孔庙和国子监博物馆将进一步转变思维、抓住新技术带来的契机，特别是互联网技术，来创新传统文化传播方式，继续为优秀传统文化的发展努力。

陈静，孔庙和国子监博物馆书记

◇博物馆文物数字化与信息管理

◎ 高树荣

【摘　要】随着互联网信息化的飞速发展，国内科学技术的发展取得了惊人的成就，社会文明与科学进步的进程不断加快，信息化在各方面的应用得到普及。对于很多工作已经不再是传统的管理模式的类型，而是应用数字化。为了顺应时代潮流，适应当下社会工作的开展，我国博物馆文物的数字化建设拉开了帷幕。在本文中，笔者主要着眼于博物馆文物的数字化建设与管理特点进行相关探究。

【关键词】文物　数字化　管理

伴随着科学技术、信息技术的不断发展，各行各业都在使用新技术，数字化、信息化进行管理，而对于博物馆文物的数字化管理，关系到几千年的历史文化的文物保护以及研发上会产生积极的影响。因此要明确博物馆文物数字化的意义。

一　文物数字化建设与管理的意义

现代各行各业中都普遍应用了数字化的技术，实现了生活上的数字化，我们所处的时代已经是信息主导的时代，而文物作为文化的传播和流传的重要信息包容库，也应该实现数字化。其意义具体体现在以下几个方面：

（一）数字化存档

文物都是几千年遗留下来的宝藏，目前随之时间的推移，自然环境、人为的破坏等致使部分文物已经损害，甚至不可恢复，造成了人类文化的损失。采用三维扫描进行高精度三维存档，不仅可以随时随地查看文物的状况，还可以修复文物提供高精度的数据基础，形成永久的存档，使文化遗产永久地留存下去。

（二）文化传承的媒介

国家设立博物馆的目的就是传承我国文化遗产，这也是博物馆的价值所在。然而很多文物以及非物质的文化遗产，由于受到时间的迁移以及自然和非自然等的影响，受到了不同程度的破坏，这将造成我国传统文化的重要缺失。而数字化博物馆的建立则能够很好地弥补传统博物馆无法对一些文物进行有效收藏和传承的弊病。首先可以通过三维扫描技术把信息和数据建立成数字化的档案，能够使档案得到永久保存且不被破坏，从而使文化的传承更有效。因此，博物馆文物数字化是文化传承的重要媒介。

（三）资源网络共享

通过博物馆数字化的网络发布，一些文化研究者以及文化工作者可以通过互联网进行文物的研究。如今互联网的使用已经普及我国各个地区，因此数字化博物馆的建立也为学术交流和资源共享提供了便利。

（四）促进文化的传播

建立数字化博物馆不仅仅能够实现资源共享和进行有效的文化传承，在某种程度上它还促进了文化的传播。首先博物馆的性质是公益事业机构，它所担任的职责不仅仅是对文物进行管理和保护，也对很多教育研究者、学者产生影响，也就是说，它承担了一定的教育工作。传统的博物馆展示与陈列使很多学者的研究受到地域、时间等的限制，而数字化博物馆能够突破这种局限性，使所有文物与历史资料等数据在互联网的作用下让受众一目了然，进而使文化的传播快速而准确。并且有了数字化的文物，在异地展览时可以携带三维数据、视频等真实的展示及效果。

二　文物数字化

所谓文物数字化就是指以某种技术手段获取文物形体、纹理、质地、材料等数据信息，将其存入计算机当中，作为相应专业人员的研究资料。借助先进的多媒体和虚拟现实技术来对我国古代文化遗产进行数字化、展示和有效保护，具有重要的现实意义。通过非接触式的数据采集及光学测量技术，可以永久地保存文物信息，减少人为因素对文物的损坏。

本文以孔庙和国子监博物馆御制刻石数字化为例，御制刻石共有 16 座，最高的刻石达 8.3 米，细节多且精细，尤其以精细的印章为最。

整个的数字化流程如下：

（一）方案设计

这一步主要主要的工作是根据扫描对象选择合适的扫描仪与相机，并规划好扫描设置，扫描方案，拍照方案。

因为石碑比较大并且细节较多，所以扫描仪的选择要兼顾整体扫描与

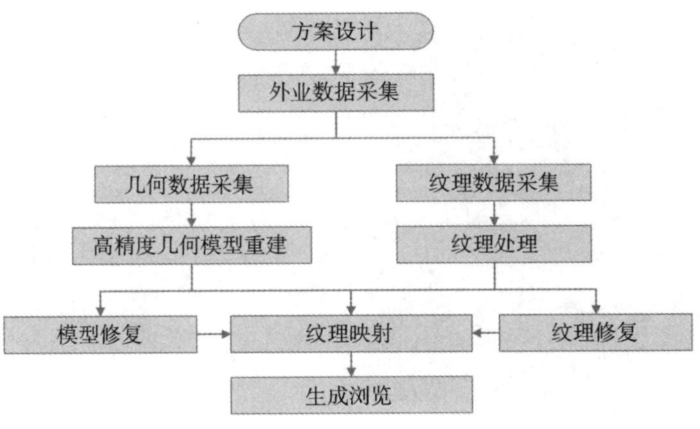

图1　孔庙国子监御制刻石数字化流程

细节把控。本次扫描采用精度最高的大空间三维扫描仪美国法如三维扫描仪来做整体控制扫描。对于纹饰部分细节不是太多，最高细节可达 1mm，采用手持扫描仪 GO！SCAN50 进行扫描。对于文字和印章部分，细节可达 0.5mm，采用手持扫描仪 Handyscan700 进行扫描。

对于拍照，由于石碑在室外，所以考虑用幕布进行遮挡阳光，并且要打两个闪光灯。为了精确的保证每张照片的分辨率与重叠图，采用滑轨拍摄的方式进行纹理的获取。

（二）外业数据采集

外业数据的采集分为几何数据的采集和纹理的采集。

几何数据的采集分为整体控制采集、文字等细节部分采集、纹饰部分采集。对于整体控制采集，项目要求为 1cm，采用的仪器为大空间高精度相位扫描仪，FARO FOCUS 3D X330，距离误差为 ±2mm，完全能胜任要求；文字部分大小为 1cm，采用手持扫描仪 Handyscan700，精度可达 0.03mm；对于纹饰部分采用 GO！SCAN50 进行扫描，精度速度都满足要求。

图2　纹饰细节扫描

图3　纹饰细节

图 4　扫描过程中的工装定制

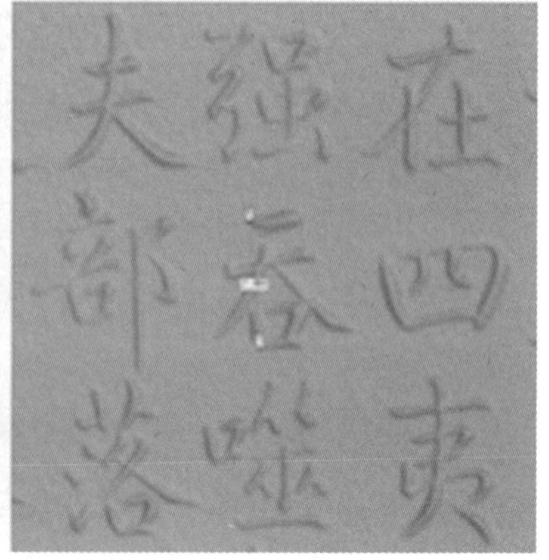

图 5　2cm 汉字，不到 1cm 的满文

纹理的采集，通过单反相机按照固定分辨率来统一采集刻石纹理信息，以保证纹理的分辨率和光线均匀。

图 6　纹理信息采集

数据采集只是第一步，第二步是将纹理和三维模型完美地匹配到一起，这是数据完整的必要步骤，这样才能完美地展现整个刻石的主体特征。

（三）数据处理

数据处理分为点云的处理、纹理的处理、高精度几何模型重建、纹理映射、浏览、网络发布等。

点云的处理主要包括冗余数据的删除、去噪、平滑等，减少点云误差。纹理处理主要包括颜色处理，使每张图的色彩一致。高精度模型的重建是关键，决定模型的质量，在数据量与精度要谋求一个平衡点，既能保证最小纹理能体现出来，看得清楚，又能保证电脑可以运行起来，此步骤多次尝试简化数据。纹理映射的方式，通过自动和手动相结合的方式，将纹理映射到模型上。采用自主研发的 modelpainter 软件进行纹理映射。模型贴完图后导入 unity3d 中，然后发布成单机浏览版和网页浏览版。

图 7　刻石部分纹理特征与模型匹配

三　数字化博物馆的文物管理特点

在对博物馆文物进行数字化后，对文物的管理从根本上改变了传统博物馆对藏品的管理模式，能够有效保护文物。在数字化管理系统下，文物管理呈现出以下几个方面的特点：

（一）提高博物馆科技含量

数字化文物管理方式首先是重新确定了管理性质，以科学技术成果进行对文物的收藏保护和传承，有利于从侧面促进科学技术研究和计算机技术的应用。从这一方面来讲，数字化博物馆的文物管理模式提高了博物馆的科技含量，体现在管理系统利用计算机使数据库和各种资源在瞬间完成统计以及各部门的管理。同样，对于观众而言也从中受益，例如对于一些害怕空气氧化腐蚀的文物，观众可以从网站上进行仔细观摩。

（二）完善博物馆控制体系

数字化管理真正实现文物的永久性存在。主要有两个表现：第一，表现在以数字化信息管理为基础，在形成一套完整的控制体系后，对于防盗、防火、防震等一系列安全措施联系起来；第二，表现在利用互联网的连锁效应，把博物馆内部的信息以及资源数据等上传到互联网，实现资源的可持续供应。

（三）建立完整的信息数据库

传统的博物馆管理有很多地方不能满足一些学者在学术问题研究上的需要，而使用先进的计算机数字化管理系统，可以使文物的历史信息以各种形式表现出来，能够使观众在互联网的作用下对文物有具体、全方位的了解。不仅仅具备文字信息，也可以通过音像、图片、视频以及真三维模型等进一步掌握文物的来源。

四　结语

综上所述，博物馆作为我国重要的文物聚集地，体现着中国文明的发展历程，应该在时代的发展中追求进步和不断超越过去，并且应该面向大众，使文化遗产得到广阔的流传。在当今时代，博物馆也要进行数字化的建设，它对我国文化遗产的传播以及研究有深远的影响，对于文物的管理也有重要的意义。

高树荣，孔庙和国子监博物馆副馆长

◇西黄寺博物馆展览大纲评审意见

◎ 李杨　李超英

【摘　要】 对于建设一个博物馆必须有整体思路，在这个基础上，分门别类开展工作。本文通过西黄寺利用规划、西黄寺复原方案、西黄寺展览大纲三个方面，对西黄寺博物馆展览大纲予以了评审，提出了中肯的建议和意见。

【关键词】 西黄寺　展览大纲　评审意见

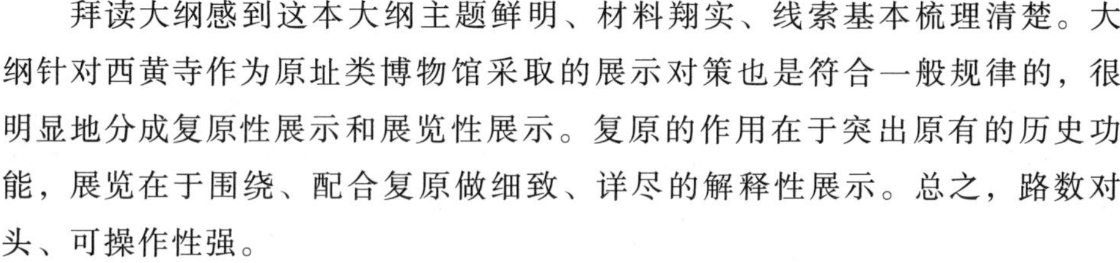

拜读大纲感到这本大纲主题鲜明、材料翔实、线索基本梳理清楚。大纲针对西黄寺作为原址类博物馆采取的展示对策也是符合一般规律的，很明显地分成复原性展示和展览性展示。复原的作用在于突出原有的历史功能，展览在于围绕、配合复原做细致、详尽的解释性展示。总之，路数对头、可操作性强。

当然，由于大纲作者不是长期从事博物馆的工作者，所以在体例上还有需要完善的地方。特别对于建设一个博物馆必须有整体思路，在这个基础上，分门别类开展工作。具体到西黄寺博物馆，目前这个文件应该分解为三个内容：西黄寺利用规划、西黄寺复原方案、西黄寺展览大纲。这样在具体实施时会方便些，做到纲举目张。

一　西黄寺利用规划

利用规划的编写并不难，篇幅也不要很长，大致在四五千字，把自己的打算说清就可以了。有了规划，我们自己做什么，领导清楚，自己明白，具体办理有操作依据。

规划的帽子也就是开头的话，交代为什么制定，制定范围，指导思想，简单明了。字数不超过200字。规划的第一部分交代利用原则：具体到西黄寺应该是：一是原状复原，展览辅助。二是规定功能，合理布局。有其他内容，再增加就是了。规划的第二部分，说清原有建筑的使用功能。配合原貌图，平面图展示，在图上标清原有功能。文字概括叙述原有功能。可以列表表示，达到一目了然的效果。还要配合原有四至图和描述。

图1 北京市重点文物保护单位西黄寺标志

孔庙国子监论丛（2017年）

所谓生态博物馆，就是按原有的样子，不加人为雕饰给以展示，就是原汁原味地呈献给观众，这个概念一般用在少数民族地区，他们的生活状态成为博物馆的内容。针对原有古建筑，就是恢复它的历史功能，原样展示，原样呈现。要做到这一点，对原有功能必须了然于胸才能达到要求。

规划的第三部分就是规划内容，核心就是如何平衡现有功能。西黄寺现在既是藏传佛教最高学府、又是班禅驻地，同时还是藏传佛教寺庙。三者都不能偏废，规划的办法是：复原中轴线，其他用房，展览接待、办公统筹安排。哪怕是已经存在的也要安排到规划内容里，这样，很容易向上级交代，我们是有统筹、合理的考虑的。用色块图示和文字交代清楚即可。为了便于阅读和操作，最好分区域制定，可参考孔庙国子监利用规划。

二　西黄寺复原方案

博物馆的展陈大纲有多种体例，西黄寺展览大纲的复原部分不能套用通史陈列的体例，要按复原方案做。现在的大纲像博物馆传统展览的，不是原生态，其实博物馆有多种展陈形式。所以，它的格式、体例要变。

首先，要说明原有的状态，原来是山门，原来是什么殿供奉谁？复原不可能全部都做，主要的要做。那么要说明现在复原什么？这块内容说来容易，做起来有点难度。就是要做大量的古籍查阅，比对研究，确定原来

图 2　西黄寺

的所有陈设，而且要根据清代的尺寸折合现代尺寸，对每个复原标的物画图，历史上有图的用原图。西黄寺是清代建筑，又是国家寺庙，会有全套记载，注意参考大清会典图。我们孔庙国子监博物馆已经购买，可以提供帮助。

图 3　西黄寺内景

方案的编制也是有规律可循的，就是按区域，按单体建筑制作平面布局图。现在的大纲是全寺大排行，没有办法实施。一座大殿一座大殿地出

平面布局图，然后在出单体物件的图示，这些都可以查到。复原的要点在于原样，所以要有大量案头工作要做，当然也可以委托专业公司编制复原方案。

复原的文字部分也有自己的特点，在寺院的进门处安排整体介绍，字数有严格限制，不能多。介绍文字要和讲解词分开。复原是要向寺院化靠拢，不向展览靠拢，生态博物馆的要义是原生态。因此，文字要少而精。至于文物的展示，要处理好文物与复原的关系，把文物作为复原的一部分，适当加以保护。不做现代博物馆式展出，展柜样子要和原始使用状态相吻合，稍加遮护即可。可参照孔庙大成殿、国子监辟雍的做法。

图 4　西黄寺内匾额

另外在复原之中，指导思想点到即可，不能语义重复，不能做呼喊状，要做到含而不露，自然得出。任何教育都是潜移默化最有效果。西黄寺有些建筑与展示表现了汉藏融合，但是在文字上，介绍汉地寺庙供奉要说清与西黄寺的关系，如果没有关系则删掉。

三　西黄寺展览大纲

从严格意义上讲，符合现代展览条件的展览，是从六世班禅与西黄寺展开始的。这个展览好的地方就不说了。有一个原则要说，就是展览要分层介绍，内容上要分段，现在的展览方式是在前言里，一股脑都说完，然后再一股脑看照片。这在体例上有改进的必要。

从内容上看，大纲涉及的两部分内容，班禅朝觐、西黄寺历史。这是两个大的部分。单元下面要分展示组，使内容分类清楚，更有逻辑。班禅朝觐最好分阶段叙述。原有内容不动调整一下即可，文字分解为：前言及四个展示组。照片和资料随着分解分开到位。(1)千里迢迢、进京朝觐。重点在路途。(2)多元一体，亲如兄弟。重点在见面。(3)拈香礼佛、传道弘法。重点在班禅在京的佛事活动。(4)在京圆寂，建塔纪念。乾隆的追思，建塔情形都放在这部分。

把资料分在4个展示组之内，便于展示和参观，脉络清楚，结构分明。比两个一股脑要好些。不能文字一股脑，照片资料一股脑。标题只是举例，还要作者自己定，但是有个原则就是先寓意明确，再考虑文学性，准确了，概括了下面的内容是最要紧的，比煽情重要，一定要好话好说。很多观众是不看文字，只看标题。我们的标题要做到不看文字，就知道内容才可以。

图5 西黄寺内古建

展览大纲不仅仅要有内容设计，还要有形式设计思路。一定要考虑如何表现。现有资料要加以处理，有五个方面要做：(1) 重点照片加工成油画效果。（2）有些照片要加工像素变成大幅背景。（3）立体展示图片，克服展览扁平化。（4）复制部分实物，构成展品实物。（5）穿插沙盘表现重要场景。总的展览原则：立体化、多手法、生动化。可以参照国子监博物馆：官德展览，把一个纯粹图片展办成立体展览。

图6　孔庙和国子监博物馆官德展

具体点位考虑：札什伦布寺可以增加多媒体介绍。朝觐路上，增加场景。班禅进京朝觐路线，增加电子图表。班禅用的车子，制作模型，增加展览立体效果。避暑山庄会见，创作绘画，有类似的画，稍作改动即可。复制班禅用过的马鞍，这个比较容易实现。结尾处历史照片，宗镜大昭之庙等组照可以多媒体慢帧播放展示。

展览第二部分西黄寺历史与复原是有区别的，复原重陈设，展览重介绍。这部分前言文字可以分级处理，分为前言和部题文字。建议分成5个展示组：（1）兴建缘由，褒奖爱国。（2）建筑格局，两寺一塔。（3）有清一代，团结纽带。（4）藏传佛教，最高学府。（5）郭氏善举，古刹新颜。沿革在前言中用很少的语言描述。概括而且提纲挈领地说，细节在展示组里说，会更有针对性。我这样分不一定科学，只是举例，或者以时间为轴，或者以内容为别分类，供作者参考。

形式上，双寺一塔要做模型。大型的佛事活动也可以做成模型。参照孔庙历史沿革展览，祭孔模型。展览风格要向藏族风格靠拢，这样不管是藏学院的学生，还是朝圣的少数民族人士会有认同感，有利于更好地起到纽带作用。

原打算直接帮你们做成复原方案和展览大纲，发现你们才是内容专家。

我只懂规律，无从下手。只能提出大致的建议。复原方面有许多方法可以使用，可以委托专业公司，也可以委托图书馆咨询部查找原始资料。方案也好，展览也好，下一步修改的同时，要插入较多方案图、设计图，这需要做设计的公司和作内容的专业人员一同工作，这样可以少走许多弯路，而且图文并茂的方案，领导更容易批准。财政上拨款也有依据。建议内容设计与形式设计同时进行。

以上意见还很不成熟，但是，是我们复原加展览模式的经验总结，主要是操作层面的具体办法，不一定适合西黄寺的具体实践，或有借鉴的可能。尽微薄之力，仅供参考。

李杨，北京古代钱币展览馆馆员

李超英，孔庙和国子监博物馆副馆长、副研究馆员

◇基于青少年社会教育领域中博物馆多媒体课件开发和实施

——以孔庙和国子监博物馆多媒体课件开发项目为例

◎ 燕京

【摘　要】社会教育是博物馆的主要职能之一。随着时代的不断发展，博物馆社会教育资源越来越被社会所关注。如何创新博物馆的社教活动，吸引更多青少年到博物馆参观，从而更有效地发挥博物馆对青少年的教育功能，让博物馆成为青少年受众的“校外课堂”，是我们不断努力的研究和探索方向。本文以孔庙和国子监博物馆多媒体课件开发项目为例，在前期需求调研和大量资料搜集的基础上，围绕青少年受众群体，重点介绍了博物馆多媒体课件开发背景与立意出发点，探讨了其潜在教育功能的拓展需求以及实现的设计实施方案。

【关键词】青少年　多媒体课件　开发　实施

党的十八大以来，习近平总书记在治国理政的系列重要讲话中强调指出，在全面推进中国特色社会主义事业发展进程中，要大力弘扬中华优秀传统文化。作为博物馆重要的社会职能之一，当今的博物馆教育，特别是针对青少年观众的教育项目，随着移动互联时代的发展，正在逐渐改变着传统单一的教育方式。同时，博物馆工作人员在策划社教活动的理念上与时俱进，借助多媒体技术手段开发出各类极具创意的活动项目，吸引了越来越多的青少年观众对于博物馆的关注。

一　基本概况和多媒体课件开发背景

（一）博物馆基本概况

孔庙和国子监博物馆是由两组有着近 800 年历史的全国文保单位，占地面积约 5 万平方米，于 2008 年 6 月正式成立并全面对外开放。多年来，孔庙国子监以其悠久的历史，独特的建筑风貌，深厚的文化内涵，珍贵的实物资料，成为宣传中华优秀传统文化的重要窗口。据我馆社教部统计结果显示：近年来，博物馆的年观众总量已过百万，其中青少年观众约占观众总量 20%。满足青少年观众群体的参观需求并为他们提供更好的参观体验，是孔庙和国子监博物馆一直以来的努力方向。近年来，我们努力尝试在社教活动的形式和内容上不断创新。通过校园巡展、“小小讲解员”夏令营、各类科普基地、社会大课堂活动，向广大的青少年观众宣扬中华优秀传统文化。

（二）多媒体课件开发背景

传统的博物馆社会教育活动主要以文物、图板展示和讲解介绍为主：形式单一；缺少互动性；观众与展品间隔着玻璃或围栏，很难激发观众，特别是青少年的观众的参观兴趣。由此，博物馆在进行社教工作策划时把当今观众的参观需求融入设计理念中来，更有效地借助各类多媒体技术，增强展览内容的互动性，让观众从传统的被动体验变为主动体验，使博物馆在青少年观众眼中变得更加“有趣”。

此次，经项目申报及审批相关程序完成后，我馆获得东城区科委专项资金支持，用以开发我馆青少年互动教育多媒体课件项目，意在创新社教活动形式，借助多媒体应用与传统文化内容相结合，用现代技术的演示代替讲解员传统的讲解，让博物馆里的文化内涵能够“活起来”并且“走出去”，打造出符合孔庙和国子监特色的教育产品。使青少年观众通过多媒体课件了解孔庙国子监的文化精髓，并延伸进行古代建筑结构和碑刻保护等科普教育。打造博物馆集知识性、观赏性、趣味性于一体的社教活动内容，引领青少年进行专业的探知。

二　针对多媒体课件开发项目的调研

（一）博物馆课件开发项目类型

现阶段越来越多的博物馆尝试组织开发适合青少年观众的课件内容，依据多方面的调研结果，我们也总结出了如下几种课件发开形式，并依据青少年观众的使用现状分析了更重课件的优劣。

1. 宣传教材

依据博物馆不同主题内容，编写宣传教材。适合绝大多数的学生体验。但是经过青少年观众反馈，希望博物馆所能提供的课外教育能够区别课本教育，与传统授课模式有所区别。

2. 音频及多媒体影片

音频及多媒体影片是大多数博物馆为青少年提供的课件内容中较受欢

迎的形式。多媒体影片多采用二维或三维动画的形式，从调研数据中显示，MG 动画为现阶段二维动画中青少年最为喜爱的类型，整体格调轻松有趣，多配合直白移动的讲解内容，动画单点的时长控制在三分钟以内。

3. 课件程序开发

博物馆课件类专项程序开发近些年发展前景广阔，越来越多的博物馆希望通过不同类型的交互程序，拉近与青少年观众的距离，故宫推出的“故宫社区”“韩熙载夜宴图”“胤禛美人图”等，无论从质量或下载量上来看，都是较为成功的应用类型。首博近年开发的“IN 读城”已经成功走入校园，并跟随“读城”展览走进新疆多个城市，对移动端教学应用在巡展中做出了第一步的尝试。

4. 互动展项

互动展项多适合与自然馆、科技馆等特殊文博单位，但受场地限制，体验人数有限，并不可移动。虽然互动效果好，但是很难在我馆普及应用。

从已经在博物馆中成功实施的案例来看，越来越多的针对青少年观众的开发的社教项目如雨后春笋般在各馆相继实施应用。而成体系、成系列的产品开发理念，也越发地在文博领域得到重视。复合型教育产品，既满足了观众对于传统文博教育认知认可，同时也在不断的发展中使观众与博物馆之间的互动联系越来越紧密。

（二）我馆课件开发前期调研结果及分析

通过对我馆近年参观数据的分析，青少年观众量逐年递升。博物馆已经成为青少年观众重要的校外课堂，对青少年人生观、价值观的形成，人文、科学知识的积累和思辨能力的提高产生重要的影响。本次多媒体课件的开发在项目构思创意阶段，主要遵循了“三个适用于”的原则，即适用于校外教育理念需要的产品立意；适用于博物馆社会教育的产品立意；适用于引发青少年观众兴趣的产品立意。为此，我们在前期进行了针对性调研：

1. 适用于校外教育需要的产品立意

依据公开的网络调研数据：当今社会，父母对于子女的“校外教育”越加重视；近六成的青少年正在接受课外辅导学习；而父母们则注重“提升孩子学习能力和水平为目标”“寓教于乐的学习形式”。所以，针对我馆的青少年教育课件开发项目也应当从校外教育的个性化教育需求出发，以迎合不同年龄段孩子的特性，寓教于乐，从教育形态及知识体系上区别于传统教育模式。引领孩子们“发现”“探索”“分析”。同时，注重学习的实用性，利用我馆丰厚的传统文化资源优势，从传统文化、建筑、考古、文物保护等多点切入，打造立体维度的知识体系。

2. 适用于博物馆社会教育的产品立意

博物馆的社会教育职能在当前社会越来越被重视，各家博物馆也在竞相开发各具特色的教育互动项目吸引观众走进博物馆，特别是青少年观众。为更有目的性地进行我馆的课件项目开发，在项目前期运营策划阶段，我们还调研了27所学校的教师，针对博物馆开展的课件开发项目提出研讨，也收集了大量宝贵意见。结果显示：APP为多数师选择接收博物馆信息的渠道。而老师们所提出的开放性意见与建议，也主要集中在以下几个方面：

（1）活动主题设定有更针对学生的展览内容。

（2）形式新颖可行，但希望形式多样可针对不同阶段学生分成不同级别。注重参观，避免学生把大量时间浪费在玩手机上。

（3）可以尝试。形式上的创新能吸引学生主动学习的兴趣。

（4）希望内容要有趣味性，语言要生动。

（5）建议邀请一线老师参与活动的设计。一线教师更了解学生的兴趣点。

3. 适用于引发青少年观众兴趣的产品立意

针对青少年观众的前期需求调研，我们共收集了300份样品数据。结果显示：大部分学生都有参观过博物馆的经历，但多数是以学校组织为主，而问及是否认为博物馆应多走进学校、走进家庭，全数学生表示支持；接近于97%的学生更喜欢依据自己的兴趣点选择自主参观路线和内容，只有少部分同学表示需要由老师带领参观。数据显示在当下“00后”乃至“10后”为主导的青少年需求市场，针对兴趣的个性化参观导向越发明显；大部分学生群体支持更为丰富的讲解及教育形式，通过终端类设备，在参观过程中，接触到更为丰富的内容表现形式，包括视频、动画、游戏等；大部分学生还是希望能够接触到课本外的内容，探索全新的知识领域。对于当下的青少年观众而言，主动学习的习惯在近些年传统教育改革的影响下，已经开始萌芽。

三　多媒体课件项目的开发

综合上述受众群体调研结果及我馆实际社教活动策划需求为出发点，我馆将依托多媒体移动终端设备，面向青少年群体，形象立体的展现我馆丰厚文化内涵的精髓之处，把博物馆文化“活起来”“走出去”，让更多的青少年了解并热爱本民族优秀传统文化，增强文化自信。具体项目开发内容如下：

（一）搭载专业多媒体终端的展现国学文化精华

我馆作为古代皇家举行祭孔仪式和皇帝临雍讲学仪式的场所，目前通过单一的宣讲和图片的展示很难向青少年观众再现当时仪式的恢宏盛况。课件开发项目将借助专业多媒体移动终端设备，结合二维动画演示、配乐、解说和程序交互设计及软件应用开发等多种技术，使“祭孔大典”和“临雍讲学”两项优秀传统文化的精华内容得以再现，使青少年受众通过观看以及互动内容，能够形象、直观地感受到传习千年的礼乐文化向我们传递的博大精深的文化内涵。为更好地组织学生实践，突出教育效果，本次项目同步应用于专业多媒体移动终端及 PC 端，采用更适用于多屏展示及三维动效的 Unity3D 作为开发引擎。无论从图形表现效果与程序应用上，均符合现阶段青少年观众使用习惯，也是文博领域课件开发与市场通用应用接轨的一项新的尝试。

同时，专业多媒体终端便于携带和使用，更适用于孔庙和国子监博物馆现阶段没有专门电教场所开展社教活动实际情况。课件开发项目的内容也可以脱离终端设备，直接通过电教形式在校园、社区及外地巡展、讲座中展示和使用。

（二）运用三维建模技术的展现珍贵碑刻及相关知识普及

进士题名碑、乾隆石经以及其他馆藏珍贵的碑刻是孔庙国子监重要的展示内容。石碑上斑驳的字迹记载着大量关于科举文化和儒学思想的珍贵史实。课件开发项目针对碑刻部分的展示，将筛选具有代表性的石碑，通过三维建模技术扫描建模，并对模型进行加工，使之成为可展示的多媒体课件内容。完成后对于进士题名碑等碑刻的展示，将不在受到现场展示环境的制约，让青少年观众通过互动点击近距离对文物清晰地观摩认知，了解碑刻表面信息及背后历史意义。与此同时，我们还将借助石碑信息，向观众普及碑刻保护的科普知识。

（三）依据博物馆内部分场景的全景拍摄

孔庙和国子监作为有着近 800 年历史的两组全国重点文物保护单位，宏伟独特的皇家建筑规制以及内部庄严肃穆原状陈列展示都令到此参观的观众们赞叹不已。课件开发项目将建筑群中重要展示部分以全景拍摄的技术进行扫描搭建，本次项目中涉及的全景扫描工作将采用最为先进的 720 度环拍 + 全景建模组合应用。现阶段各博物馆均在应用全景拍摄技术，但是却或多或少的缺少目的性和必要的引导，使得大部分观众都在观看后却不得要领。本次我馆在全景项目上的实施，首先建立在 VR 的基础上，应用在大殿内景让观众的全景浏览更显真实；其次，我们将外部建筑采用全景建模，不再选用单纯的拍摄模式，让景观更立体，更真实。从外部立体建模上，让观众直观地了解到“辟”与“壁”的通假，“天圆地方”的设计等理念。孔庙国子监的建筑展示不仅保留在孔庙国子监院内，通过课件内容让历史建筑和文化故事走出博物馆，走近观众身边。并通过以上内容，向观众介绍中国古代建筑的精巧独特的科普信息。

四　多媒体课件项目的实施与预期效果

（一）课件开发的实施

我馆的多媒体课件开发项目上具体的实施是通过数字多媒体技术的应用打破博物馆展陈在空间与时间上的限制，向观众宣传中华优秀传统文化。

然而项目的具体实施是一个复杂且严谨的过程，为了使课件开发的产品符合博物馆及受众的需求，我们首先收集市场信息，并考察实际案例，选择资历丰富、技术成熟且了解市场需求的专业供应商进行合作。

1. 项目准备及市场调研

在符合科委和博物馆项目管理及财务管理相关规定的前提下选定项目合作制作方并签订合作合同，组建项目团队。经过前期与制作方充分沟通后进行项目准备工作，从实际需求出发进行了多项有针对性的市场调研。依据调研结果及我馆社教数据分析结果，深化设计需求并制订课件开发项目方案，依据方案具体实施。

2. 课件内容开发及系统测试

根据我馆的设计需求，组建大纲编写专家组，对全部所需开发内容严格把关，提出修改建议，确保课件开发内容的准确性及专业性。大纲编写完成后，由制作方依据大纲内容编写课件脚本。脚本内容编写要符合青少年群体的认知视角，符合知识性、趣味性、可操作性的特点。脚本内容的审定由东城科委项目负责人、博物馆社教专家、孔庙国子监研究部专家、学校相关主管老师等多方专业人员共同论证。随后，将依据脚本内容进行课件系统开发。系统开发需满足馆方提出的实用性、可扩展性、便携性的要求。程序编写完成后，根据系统设计结合软硬件产品，进行系统集成测试和用户测试。对系统技术参数测定，形成测试报告。

3. 系统试运行和培训

试运行是系统正式运行前的一个准备和试验阶段，在该阶段中进行不断问题反馈和系统优化，同时确保系统各集成的平稳切换，确保系统在真实运行时的稳定性。同时，由供应商技术人员对博物馆操作人员进行培训，详细讲解终端设备和软件的使用方法，解答用户疑问，并向操作人员提供软件使用手册。

4. 设备及软件的运营维护

项目验收合格后供应商还将提供技术支持、错误修正、文档更新服务、版本升级、网络远程服务、故障处理等处理措施。

（二）课件实施的预期效果

从孔庙和国子监博物馆多媒体课件开发的概念上来讲，博物馆作为文化传播的重要窗口，我们需要改变传统单一的宣讲模式，创新社教活动，真正响应总书记让文物“活起来”的号召，从而满足时下的大环境对博物馆教育职能的要求。现阶段的青少年观众是一群有思想、特立独行且具创新意识的一代。博物馆人开展教育活动，要开发创新符合青少年特性的教育模式。

青少年观众平时的课业压力大，我们在举办现场调研阶段采访过部分家长和学生，他们均表示很喜欢博物馆推出的这类教育活动，当询问到是否会愿意经常来参加此类活动时，大多数的回答都是：“如果有时间”或“不占用太多时间”的情况下。那么由此可见，想要让青少年观众参与到博物馆教育活动中来的首要条件，便是需要制订出一套能在短时间内引发兴趣并逐渐培养博物馆参观习惯的教育方案。

青少年多媒体课件开发是以孔庙和国子监博物馆的传统文化传承为主题辅以科学普及教育知识点，通过多媒体的表现方式，形成资源信息集合的数字化教育形式。课件内容可以根据馆内的实体展览，不断地完善和补充。通过互动形式，一个系列的主题下，连续性、可持续的资源运用，可以给青少年观众不断补充的系列教程。通过这种社会教育形式，真正做到让兴趣引领参观行为，让青少年观众在玩乐中学习博物馆课程知识。

对于博物馆的展览内容或教育活动如何高效地“走出去”。以往我们大多以巡展的形式将展览带进学校、社区或带到各地，形式大多为展板和部分展品的展示。而每到巡展地的时候，博物馆人也会耗费大量的精力进行布展工作及相关展览组织工作。多媒体课件的独特展示形式，使我们可以更为便捷地将“展览”带到各处，随时随地地开展主题教育活动。通过多媒体展示，既解决了运输、人员、藏品的费用，同时也能够更便捷和高效地随时完成现场的互动需求。

五　结语

多媒体课件开发应用于博物馆社会教育，对青少年观众群体具有方式新颖，时代感强的特点，符合博物馆数字化的发展趋势。孔庙和国子监博物馆多媒体课件开发项目有效结合了自身特点和需求，实现了以多媒体技术表现为主，实物展示为辅的陈列展览新模式，并且以多媒体技术更加先进、展现手法更加多样化为其主要特点，建成了一座集科学性、知识性、趣味性、互动性于一体的历史知识殿堂，为今后许多新建待建的博物馆开拓了新思路，指明了新方向。

燕京，孔庙和国子监博物馆社教部主任、助理馆员

◇社教活动探索与实践

——以“走进古代最高学府国子监　体验小小太学生”暑期主题活动为例

◎ 杨晶

【摘　要】 近年来，随着我国博物馆事业的蓬勃发展，国内各家博物馆越来越重视教育职能，开展多种多样的教育活动，不断地提高教育服务水平。孔庙和国子监博物馆近年来不断探索创新工作方式，围绕着“提高博物馆教育水平”这一核心理念开展一系列社教活动，为观众提供更优质的服务，本文以“走进古代最高学府国子监体验小小太学生”暑期主题活动为例，分析得失，总结经验，从而进一步推出更具特色的社教活动，完善社教功能，提升博物馆教育水平。

【关键词】 博物馆　社教　活动

2007年第21届国际博协（International Council of Museums，ICOM，简称国际博协）代表大会对博物馆的定义进行了修订，定义是“博物馆是一个为社会及其发展服务的、向公众开放的非营利性常设机构，为教育、研究、欣赏的目的征集、保护、研究、传播并展出人类及人类环境的物质及非物质遗产”。此次修订将“教育”作为博物馆的第一功能予以阐述。博物馆社会教育作为博物馆职能的重要组成部分，是博物馆各项工作中最贴近公众的部分，引导公众潜在的学习欲望，增长知识，提高文化素质。其内涵是根据社会的需求，运用博物馆的陈列（展览）、藏品和相关资料以及社会资源，灵活多样地搭建传播科学文化知识，进行思想品德教育和社会交流的平台，为社会和社会发展服务。① 近年来，随着我国博物馆事业的蓬勃发展，国内各家博物馆越来越重视教育职能，开展多种多样的教育活动，不断地提高教育服务水平。

① 参见北京博物馆学会《博物馆社会教育》，北京燕山出版社2006年版，第19页。

孔庙和国子监博物馆近年来不断探索创新工作方式，围绕着“提高博物馆教育水平”这一核心理念开展一系列社教活动，为观众提供更优质的服务，本文以“走进古代最高学府国子监体验小小太学生”暑期主题活动为例，分析得失，总结经验，从而进一步推出更具特色的社教活动，完善社教功能，提升博物馆教育水平。

一 活动前期（活动准备阶段）

习近平总书记在系列讲话中多次强调，系统梳理传统文化资源，让收藏在禁宫里的文物、陈列在广阔大地上的遗产、书写在古籍里的文字都“活起来”。① 为实现这一目标，不仅要提高馆藏文物利用率，更要以公众需求为主，提升服务水平，让博物馆变得“有趣起来”。

1. *确定活动目标*

如何挑选观众们喜欢的活动主题，是我们经常思考的问题。日常工作中，我们通过问卷调查、口头询问、网络交流等方式，了解观众的需求，以此来开展多种多样的社教活动。北京孔庙和国子监博物馆作为一座遗址类历史博物馆，具有重要的历史价值与文物价值。北京孔庙始建于元朝，是元、明、清三朝皇家祭祀孔子的重要场所；国子监则是国家管理教育的最高行政管理机关和最高学府。两院内历经元、明、清三朝而保存至今的国宝级历史文物建筑群，包含了我国古代传统文化的核心内容，如孔子思想、儒家教育体系、科举等。观众们在感叹如此丰富的文物建筑的同时也深深地叹息无法在短时间内消化掉大量的历史文化知识，只有一件件呆板的文物和一条条枯燥的说明，整场参观下来，有些枯燥。孔庙和国子监功能不清晰，历史知识也容易混淆，比如最高学府和贡院、北京孔庙和曲阜孔庙等。作为博物馆工作人员，我们有责任更有义务让观众们了解这一伟大的文化遗产，于是我们有针对性地开展社教活动，宣传北京孔庙和国子监，普及基本的传统文化知识。所以本次暑期活动目标是让每一个来参加活动的朋友，通过特色活动，了解孔庙和国子监，体验传统技艺，宣传优秀传统文化。

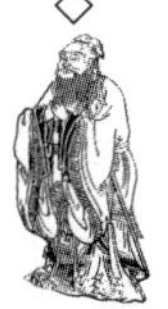

2. *确定和研究活动对象*

博物馆教育具有广泛性，每一个社会成员都是博物馆的教育对象，但就社教活动而言，为达到更好的活动效果，我们必须针对不同的观众，提供不同的策划方案，所以必须确定活动对象年龄、文化水平等要素。由于

① 参见中共中央宣传部《习近平总书记系列重要讲话读本》，人民出版社2016年版，第203页。

我们这次举办的是暑期活动，首选是学生，其次选择三、四年级学生。一二年级的学生年龄太小，知识储备有限，而五、六年级的学生有升学压力，课外辅导班较多，无法按时参加活动课程，三、四年级的学生时间较自由，有一定的传统文化知识基础，但容易混淆概念。而且我馆志愿者以大学生为主，缺乏低年龄志愿者，借此机会培养、储备低年龄层志愿者，填补低龄志愿者空白。

四年级学生对应的年龄是 9—10 岁，在小学教育中正好处于从低向高的过渡期。年龄和知识水平整体一致，参观需求相同，但需要有老师辅助。他们思想活跃，求知欲强烈，常常会提出新奇的问题，看似简单的问题，但很难回答，必须从他们的角度出发去解答、引导。他们活泼好动，但稳定性差，注意力不持久，随着时间的流逝，很容易被更加有兴趣的人或事物转移。他们喜欢动手体验，互动式教学，鼓励机制，这样可使他们更加专注。

3. 策划活动，制定课程

北京国子监作为最高学府，是当时社会优秀人才的储备基地，这里有全国最好的老师，最好的教学资源，最好的社会实践机会等，是每个学子梦寐以求的学习场所。这是孔庙和国子监博物馆独具优势的地方。我们将此次暑期活动主题定为“走进古代最高学府国子监体验小小太学生”，一是深入发掘和利用孔庙和国子监文物、文化资源；二是让学生以太学生（国子监又称太学，国子监的学生统称为“太学生”）的身份到国子监体验式学习，区别于学校教育，让学生耳目一新，提高兴趣；三是以低年龄段的视角了解孔庙和国子监博物馆，推广和传播以孔庙、国子监为核心的传统文化。

根据三、四年级学生性格特征，我们将活动时间定为每天上午 8∶30—11∶30，连续五天，丰富的活动内容，短暂的时间，注意力相对集中而且学生有时间回家去消化所学习的内容，而且又方便家长接送。

活动内容主要以了解孔庙和国子监文化为主线，通过各种形式的课程，使每位小太学生有主人翁意识，成为传播孔庙和国子监文化的小使者。课程包括：集体参观孔庙和国子监博物馆，初步了解院内的各文物、故事等；技术指导如何讲解宣传孔庙和国子监；形体礼仪训练（服饰、站姿、手势、发声、礼貌用语）；知识竞赛；临摹古建上的小跑兽；太学寻宝；石碑拓印；模拟现场讲解等，讲授知识和动手体验项目穿插进行，打破以往单一教授，寓教于乐，玩学互补。策划文案如下：

“走进古代最高学府国子监，体验小小太学生”暑期活动策划

活动目标：

为认真贯彻落实习近平总书记关于文物工作、教育工作的一系列重要讲话精神，切实加大文物保护力度，推进文物合理适度利用，让文化资源真正“活起来”，使文物保护成果更多惠及人民群众，特别是青少年，引导他们了解中华优秀传统文化，积极践行社会主义核心价值观。我馆将展陈资源和互动项目加以整合，贴近学校教学，推出了“走进古代最高学府国子监，体验小小太学生”主题活动，实现博物馆教育资源与学校教育的有效衔接，构建校外博物馆学习机制。

活动时间：

2016 年 7 月 18 日—7 月 22 日 9:00—11:30

活动地点：

孔庙和国子监博物馆

工作人员：

社教部全体

北京外国语大学志愿者

北京青年政治学院志愿者

首都经济贸易大学志愿者

活动内容：

第一天：

➢ 开班仪式（着统一文化衫，悬挂名牌）

■ 工作人员、学生相互介绍

■ 全体学生国学经典诵读

■ 讲解员讲授讲解基本礼仪（服饰、站姿、手势、发声、礼貌用语）

➢ 参观孔庙和国子监博物馆

第二天：

➢ 太学寻宝

■ 1 名志愿者 3 名小太学生为一组，共 5 组，每人发放一张趣味地图

■ 按照每人手中的景点卡片内容做任务，任务合格后工作人员会在地图上盖章

■ 当集齐所有章，各组成员回到敬一亭，总结学生们的表现并提出需要改进的地方

➢ 口才训练

第三天：

➢ 知识竞赛

3 人 1 组，由讲解员出题，以抢答方式答题，每答对 1 题加 1 分，按总分排名，颁发小礼品

➢ 趣味游戏——拓碑

■ 拓碑表演，给小太学生讲解拓碑相关知识，了解拓碑传统工艺

续表

■　小太学生亲自体验拓碑，拓“福”字和“孔像” 第四天： ➢　模拟讲解 ➢　趣味课程——临摹古建上的小跑兽 ■　讲述关于小跑兽的故事，小太学生们挑选小跑兽摆件临摹 第五天：（邀请家长、老师、全体工作人员参加） ➢　小太学生学习穿汉服 ➢　正式考核 ■　学生身着汉服为家长老师工作人员讲解孔庙和国子监文化 ■　讲解员点评 ➢　毕业仪式

4. 活动宣传

宣传博物馆活动，是博物馆吸引目标观众的重要环节。目前，社会上的文化娱乐方式越来越多样化，各种文化消费项目之间实际上已经形成了争夺文化消费者的竞争，在做好各项工作的前提下，主动出击，吸引更多的观众走进博物馆。博物馆宣传方式有通过大众传媒，如电视、电台、报纸等；非大众传媒，如博物馆印刷品、新闻发布会等；博物馆网站、官方微博、微信公众号或其他智能移动应用等。我们根据观众调查，选择了孔庙和国子监博物馆网站、官方微博、微信公众号三个渠道宣传，点击量颇高，咨询电话络绎不绝，由于名额有限，我们按照报名顺序并询问相关活动成员信息、是否能按时不间断参加所有课程后最终确定了此次暑期活动成员。

如何通过简短的宣传文字在众多文化活动中脱颖而出？吸引活动对象？首先，标题力求简洁，活动内容一目了然。其次，传达最重要或最能引起活动对象兴趣的信息，使用特别的语气如疑问句或感叹句吸引读者的眼球。再次，活动内容描述可根据内容的不同采用不同风格，一般陈述或口语陈述。最后，宣传词在用词、内容、句式、语气等方面还应该追求个性，以能够脱颖而出，被活动对象记住。“走进最高学府国子监体验小小太学生”暑期活动宣传稿见下页。

二　活动中期（活动执行阶段）

活动至此正式进入执行阶段，目标活动对象迈开了实质性步伐前来博物馆参加社教活动。

太学生？你居然不知道？那你一定不熟悉国子监！太学生是国子监学生的统称。国子监是元明清三朝的最高学府，是莘莘学子梦寐以求的地方！这里有皇帝讲学的顶级殿堂辟雍大殿、各路学霸挑灯读书的东西六堂、享有科考宝典的乾隆石经、荣耀一生的进士题名碑……这里的一殿一屋，一石一碑，一花一树都深藏着你不知道的故事！你想了解吗？心动不如行动！快来国子监，穿越太学之门，体验小小太学生！我们一起诵读经典、一起倾听历史、一起学习礼仪、一起练习讲解、一起欣赏乐舞、一起捶拓碑刻……还有神秘的太学寻宝！最后你还有机会成为国子监志愿者，优先体验各种主题活动哟！你还在等什么?!

活动主题：走进古代最高学府国子监，体验小小太学生

活动时间：2016 年 7 月 18 日—23 日 9：00—11：30（每天上午）

活动地点：敬一亭

报名人员条件：8—12 岁学生，限报 15 名

报名电话：略

1. 参观讲解

在参观中，我们以人工讲解为主，导览讲解为辅。人工讲解最大的优势是可以直接参与教育活动之中，不再一味地教授，而是运用一系列互动形式，鼓励小太学生们积极投入角色中去并调动视、听、动等感官，同时鼓励他们自我表达，用他们在学校所学知识来解释新的所见所闻，脱离问与答的教学模式。在此过程之中，讲解员也可以记录、总结这个年龄段学生的表达方式、知识水平等，并在以后的讲解中改变讲解方式和讲解词，做到更加细致的因人施讲。这一过程也是教学相长的过程。

讲解内容主要为实体建筑（琉璃牌楼、辟雍、彝伦堂、敬一亭、东西六堂、进士题名碑、大成殿、御碑亭、崇圣祠、乾隆石经等）、国子监复原陈列以及金榜题名展览。在活动前，我们已经将孔庙和国子监博物馆手绘地图和精编少儿版讲解稿发给小太学生们，并在家长的帮助下提前了解孔庙和国子监博物馆，这样在参观时，建筑文物的出现会加深小太学生们的印象，并进一步理解讲解稿，为做好孔庙和国子监博物馆文化宣传员储备知识。

2. 业务培训

本次活动以了解孔庙和国子监、学习孔庙和国子监文化知识、推广孔庙和国子监这样的循序渐进的方式启发式教学引导小太学生们成为一名合格的孔庙和国子监文化宣传员。这样一来，业务培训课程必不可少。课堂环境式教学一般比较枯燥，我们稍做改变，以随意围坐的方式聚在一起，老师站在中心位置讲授礼仪知识、宣传讲解技巧，示范为主讲授为辅，并

邀请每一位小太学生站在中心位置展示，言传身教的效果远比单一的口头教授要好得多。

知识竞赛的设定是帮助小太学生们再次加深对孔庙和国子监知识的理解和记忆。为了加强团队意识，我们将小太学生们分组，3 人 1 组，由讲解员出题，以发放的讲解稿和知识问答卷内容为主，第一轮抢答方式答题，第二轮选取孔庙和国子监某一建筑文物为素材情景式讲解。小太学生们超强的记忆力令我们惊喜，情景式讲解更是充分发挥每一位小太学生的聪明才智。团队中大家各司其职，扮演好属于自己的角色，即使是扮演“触奸柏”没有任何台词，小太学生们用丰富的肢体语言博得大家的欢笑与赞赏。

模拟体验孔庙和国子监博物馆文化宣传员。连续的学习记忆，再加上业务技巧培训，每一位小太学生已经完全进入角色中，模拟体验可以让大家获取更多的实战经验。为了使小太学生们得到更多的成就感，我们将景点知识拆分，每一位小太学生带领观众只讲解一个景点，讲解结束后，讲解员引导大家一起点评，并按照礼仪、姿态、语言、准确等各项标准记录下来，最后总结，每位小太学生针对自己的问题回家改正提高，并讲给自己的家人听，家人则是他们第一批宣传对象。

3. *互动活动*

（1）拓碑

拓碑是南朝时出现的一种印刷技术，承载着文化发展的重要使命，对于研究历史文献、文物、书画有着重要的研究价值，是中华民族优秀传统文化的代表。孔庙和国子监博物馆拥有丰富的石刻资源，如进士题名碑、乾隆石经、御碑亭、乾隆石鼓、康熙皇帝御书大学碑、五朝上谕碑等，为了充分发挥文物文化资源，我们设置了让小太学生们亲手拓印的动手项目，更有助于他们理解中华民族优秀的传统技艺，这也是孔庙和国子监博物馆宣传的内容。我们准备了三块小尺寸石刻方便小太学生们拓印。首先将小太学生们分为三组，每组有一位老师教授拓碑相关历史知识并分步骤演示，教授拓印技巧；其次由小太学生亲手拓印体验每一个步骤，老师外援指导；最后每位小太学生都有一幅自己的拓印作品以做留念。

（2）临摹古建小跑兽

中国传统文化渗透在社会的各个领域，也深深地影响着中国古代建筑。孔庙和国子监博物馆拥有各种类型的古代建筑，如无梁无柱的辟雍，九个小跑兽的大成殿，盝顶式井亭，硬山顶的东西六堂等。在参观的基础上，我们将古代建筑构件——小跑兽（复制品）作为教具，发放给小太学生，他们可以近距离地观看、触摸这些建筑构件，尝试理解构件方式，聆听小跑兽的故事，并且充分发挥自己的想象力绘制这些小跑兽。小太学生们的作品风格迥异，除了绘制小跑兽，还将古建的其他元素加入其中，并且为我们讲述了他们的设计理念和背后的小故事，让我们受益匪浅，惊叹于他们丰富的想象力和知识。最后，我们为小太学生们的作品盖上国子监印章并且拍照留念。

（3）太学寻宝

太学寻宝是集知识性、趣味性于一体，脑力体力并用的户外活动。我们希望将小太学生们从教室中解放出来，释放他们的天性，通过之前的课程自己去探索寻找答案，当然他们会有手足无措的时候，这时会寻求帮助，此时有效的合作就变得重要，让他们切身感受到团结合作的力量，和队友分享胜利的果实。在获取知识的同时最终也提升了个人素质能力。

我们将 1 名志愿者 3 名小太学生分为一组，共 5 组，每人发放一张手绘地图，要求大家找到以下 7 个地方：进士题名碑、大成殿、崇圣祠、乾隆石经、琉璃牌楼、辟雍大殿、彝伦堂，每个地方都有一个神秘人持有印章，首先小太学生们需要找对地方，其次找到神秘人，对他说：我是小小太学生，他就会拿出印章，这时候神秘人会向你提问关于孔庙和国子监的知识，回答正确他就会在地图上盖章，当集满 7 个印章，大家才能结束任务迅速返回集合点拿到属于自己的小礼物！在做任务期间，我们着重强调了，这个活动是团队的活动，任何人都无法单独完成，只有一组 4 人全部出现在神秘人面前才可以做任务集印章，不可追跑影响博物馆正常开放秩序，排名不分先后，重要的是在 1 小时之内完成任务。

大家非常喜欢这项活动，不仅提高了小太学生们学习的积极性，而且再次加强了他们对孔庙和国子监文化知识的记忆和理解。此时，小太学生们关于孔庙和国子监的文化知识储备已经有了质的飞跃。

三　活动后期（活动总结阶段）

1. *活动反馈*

①　活动调查问卷

博物馆青少年教育活动调查问卷（学生版）

为提高孔庙和国子监博物馆社教服务水平，我们希望能够通过您对这些问题的回答，改善我们工作中的不足，我们会认真考虑您的意见和建议。感谢您对我们工作的配合和支持！

姓名：　性别：　年龄：

*请在圆圈处画“√”或在横线上写文字

续表

Q1：您喜欢本次活动吗？（单选题） ○喜欢○一般○不喜欢 Q2：您最喜欢本活动中的哪个项目？（单选题） ○参观孔庙和国子监○讲解训练○知识竞赛○拓碑体验○认识古建构件○其他环节________ Q3：您最不喜欢本活动中的哪个项目？（单选题） ○参观孔庙和国子监○讲解训练○知识竞赛○拓碑体验○认识古建构件○其他环节________ Q4：上课的时间长吗？（单选题） ○长○不长 Q5：参加完本次活动，您学到了哪些本领？最让您难忘的事？________ Q6：您喜欢讲解员老师的授课方式吗？为什么？ Q7：请给本次活动打分？（0—10 分） Q8：在本次活动中，亲爱的您，有什么想吐槽的，可不可以告诉我呀～ Q9：在本次活动中，亲爱的您，可不可以给我们一些建议呀～ Q10：您希望通过参加博物馆活动获取到什么？（多选题） ○丰富的文化知识○动手体验○提升沟通表达能力○提升团结协作能力○审美及创造力○其他 Q11：您参加过的最棒的博物馆活动是哪家博物馆？什么活动？ 为了能够保证调查所得到的数据准确性，请您根据实际情况来回答问题，感谢您在百忙之中能够抽出时间给予我们一定的支持，谢谢您！

博物馆青少年教育活动调查问卷（家长版）
为提高孔庙和国子监博物馆社教服务水平，我们希望能够通过您对这些问题的回答，改善我们工作中的不足，我们会认真考虑您的意见和建议。感谢您对我们工作的配合和支持！ Q1：请问您的职业？ ○教师○公务员○军警○农林渔牧○工商业○其他________ Q2：请问您的学历？ ○高中及以下○大专○本科○研究生○博士及以上 Q3：在此活动之前，您是否带孩子参加过博物馆青少年活动？ ○从未参加过○偶尔○经常 Q4：您是第几次参加博物馆青少年活动？ ○第一次○第二次○三次及三次以上 Q5：您一般会从哪种渠道获取博物馆青少年活动信息？

续表

○学校○微信朋友圈○微博○博物馆网站○其他________ Q6：选择博物馆青少年活动，您会优先考虑哪些方面因素？ ○活动费用○博物馆品牌知名度○活动本身的亮点○孩子能从活动中得到什么○亲子互动性 Q7：通过博物馆青少年活动您希望孩子得到哪些方面的锻炼？ ○文化知识○独立能力○自我管理○人际交往○体能训练○集体观念○团队协作○其他________ Q8：博物馆青少年活动，你最希望可以参加几天？ ○半天○1 天○2 天○3 天以上○其他________ Q9：您对本次活动最满意的地方？ ○课程项目○活动安排○场地环境○服装物资○其他________ Q10：您对本次活动最不满意的地方？ ○课程项目○活动安排○场地环境○服装物资○其他________ Q11：通过本次活动孩子最大的变化是什么？ Q12：您给本次活动打几分？（0—10 分） Q13：您会向朋友推荐本次活动吗？ ○会○不会 Q14：关于本次活动，请您给出一些建议以便于帮助我们改进。 Q15：您印象中最满意的博物馆活动是哪家博物馆？什么活动？ 为了能够保证调查所得到的数据准确性，请您根据实际情况来回答问题，感谢您在百忙之中能够抽出时间给予我们一定的支持，谢谢您！

② 活动反馈（节选）

➢ 我喜欢这次的活动，边学边玩，有趣，知识很多（学生）

➢ 练习了胆量又有自己喜欢的活动，期待更多有趣的动手活动（学生）

➢ 有趣很特别的活动，老师很和蔼，讲课生动（学生）

➢ 我最喜欢太学寻宝希望有更多游戏（学生）

➢ 希望增加一些国学内容（家长）

➢ 孩子学到知识的同时由怯场变得自信，希望有知识讲座（家长）

➢ 非常满意，感谢博物馆工作人员！让我的孩子更加了解和热爱自己的国家（家长）

➢ 增加活动的次数，多增加生活养成方面的内容（家长）

③ 调查问卷结果

活动参与者 15 人，发放 15 份学生调查问卷以及 15 份家长调查问卷，

有效回收 15 份学生问卷以及 15 份家长问卷。通过研究分析 30 份调查问卷，结果显示：本次活动深受学生和家长的支持与喜爱，活动综合打分，平均分数高达 9.7 分（10 分为满分），其中“太学寻宝”被选为最喜欢的活动。学生在本次活动中收获了知识、乐趣、团队协作能力等，单方教授知识的方式让学生略感疲惫枯燥，少量的国学知识让学生以及家长感到不足，这也是我们今后需要完善的地方。

2. 活动总结

“走进古代最高学府国子监体验小小太学生”主题社教活动集知识、娱乐、参与、互动、体验、思考、实践于一体，全程氛围融洽，工作人员和小太学生们相处愉快，教学相长，积极性高涨。在活动中，我们创新地加入了点卯台，用毛笔签到；增加了拜孔子环节，了解传统礼仪；观看礼乐表演，了解传统礼乐知识，陶冶情操；穿着汉服，体验情景式讲解等。每一位小太学生经过最终考核成为孔庙和国子监博物馆文化的宣传小使者。该活动受到了学校、老师、家长的好评并希望博物馆定时举办类似的国学主题活动，不仅在博物馆举办，可以走进社区、学校等。

四　活动建议

对博物馆而言，为了合理规划并有效实施教育项目和活动，一系列内部、外部的支撑条件不可或缺。① 笔者结合本次活动，提出以下建议：

1. 社教活动要坚持“以活动对象为本”

日常加强与学校的联系，为学校提供博物馆资源，并开展观众调查，研究各年龄段的特征、知识结构及需求，结合学生教材开发博物馆教材、教具以配合社教活动。

2. 建立独立的社教活动场所

博物馆社教活动的开展需要一定的空间和设施设备。如活动室，包含展示区域、动手区域、教学区域等。这样固定的空间可以为社教活动提供辅助信息材料，并且长期为观众提供学习的场所。

3. 设置独立的社教活动经费

博物馆在资源配置时，总是大比例投放于设备设施、展览等，很少有专项的教育经费。资金的匮乏导致教具设施陈旧，活动项目无法创新，毫无吸引力。设置独立的社教经费，可用于教育设施的升级、教具的开发、活动的创新、服务的增值等。

① 参见郑奕《博物馆教育活动研究》，复旦大学出版社 2015 年版，第 395 页。

4. 开发教育产品，延伸教育体验

博物馆作为终身学习的场所，适时合理地开发教育产品，一方面可以延伸教育体验，另一方面可以提升博物馆的知名度以及提高博物馆的社会影响力。

5. 加强馆内外的合作与交流

为了充分发挥博物馆的教育职能，博物馆需要通过馆内外的多方合作，形成良好的社会教育网络。这里包含两方面内容，一方面是博物馆内部成员之间：博物馆社教工作人员之间，社教部与研究部、保管部之间，社教部与其他部门之间。各方需要加强沟通交流，达成信息共享和项目合作。另一方面是博物馆外部：博物馆与博物馆之间，博物馆与教育部门之间、博物馆与社区之间、博物馆与其他机构之间等，加强合作，达成资源共享，共同提高服务水平。

6. 细化社教岗位，建立专业队伍

随着博物馆观众素质的提升，观众对博物馆的要求也越来越高，高质量的教育活动与专业的社教人员水平密不可分。细化社教岗位，培养专职的社教活动策划、教师、讲解等，可以大幅提高社教专业水平，为观众提供高质量活动。

7. 加强社教活动反馈和评估

实践是检验理论正确与否的唯一标准，且有效的反馈和评估可以检验社教活动成功与否，并为社教工作提供经验。只是一味地举办活动，为完成任务，忽略活动的反馈，无法去判断社教活动是否有效并达成教育目标。

8. 利用网络开展教育活动

随着网络的广泛应用，社教工作可以借助这一平台为观众提供教育活动和服务。以新媒体的方式和观众互动，可以提供在线导览、观众预约、观众调查、博物馆馆藏数字资源共享等。

五　结束语

随着博物馆事业的不断发展，越来越重视博物馆的教育功能，注重观众的参与。观众到博物馆不仅为了获取知识，更是为了寻求体验、学习、娱乐、休闲抑或是社交等。博物馆开展的社教活动则要充分体现与观众的交流和互动，以人为本，为其提供个性化的服务，发挥博物馆的教育职能。

杨晶，孔庙和国子监博物馆馆员

◎浅析新媒体时代博物馆宣传之路

——以 5·18 国际博物馆日宣传为例

◎ 王前

【摘　要】 随着“互联网 +”战略的推动，各个行业都在加速数字化进程，有着深厚历史底蕴与文化内涵的博物馆如何在泛娱乐化时代得到社会公众的关注，发挥传承历史文脉的积极作用呢？这就需要博物馆主动适应和融入新媒体潮流中，向微信公众平台等新媒体平台借力，适应新形势，提升博物馆号召力、吸引力、影响力。

【关键词】 新媒体　博物馆　宣传

随着互联网战略上升到国家战略层面，“互联网 +”在社会各个领域的渗透也备受关注。“互联网 + 博物馆”是信息时代的博物馆所面临的必然选择，也给博物馆生存发展带来了新的机遇与挑战。

一　“互联网 + 博物馆”的重要性

文物具有丰富的内涵，富有折服人心的巨大力量。党的十八大以来，以习近平同志为核心的党中央高度重视文物工作，多次做出重要指示，为我国文物保护事业的发展增添了新动能，与此同时，文博事业也迎来了大有可为的机遇期。博物馆作为文博单位，在管理文物古建的同时也承担着文物保护和研究工作，是文博工作的主要执行单位。随着社会需求的转变和自身发展的需要，博物馆作为社会文化教育机构和文化基础设施，如今除了在加强收藏、研究、展示、教育等基本功能的同时，还应通过互联网平台加强与受众间的沟通交流，即时获得游客的反馈信息，从而更好地及时发现问题、了解观众诉求、完善博物馆服务，拉近与公众间的距离，大大填补了传统媒体时代博物馆与受众之间单向传播的缺憾。

互联网新媒体作为一种新兴传播形式，具有传统媒介无法比拟的优势，体现在传播多元化、个性化、交互性、快速性、广泛性、丰富性等，这些优势为博物馆搭建了更立体更多维的宣传平台：微博、微信、网站、新闻资讯应用等新媒体传播渠道，大数据、图文并茂、音频视频、AR（增强现实）VR（虚拟现实）等多媒体形式，无不为博物馆多角度展示馆藏资源、丰富自身形象、增强吸引力影响力带来了前所未有的便利。将网络新媒体这种传播优势转化为博物馆宣传胜势，将是今后博物馆宣传要面对的一项永恒课题。

二　搭建互联网宣传平台，提高公共服务能力

对于全世界的博物馆来说，5 月 18 日国际博物馆日是极其重要的一天。这一天世界各地博物馆都将举办各种宣传、纪念活动，庆祝自己的节日，让更多的人了解博物馆，更好地发挥博物馆的社会功能。因此，5・18 活动是一个非常好的宣传契机，通过前期准备、活动开展、后期总结等各个环节的宣传报道，博物馆既可以宣传 5・18 国际博物馆日活动，更可以在活动宣传中走进大众视野、明确博物馆定位、传达博物馆内涵底蕴，以达到将本博物馆品牌推广出去的目的。只有博物馆人气旺起来，才能最大限度发挥博物馆“承前启后”的历史作用，即实现李克强总理所期望的“让优秀传统文化融入当代社会，厚植道德沃土，用文明的力量助推发展进步”。而要让博物馆的人气旺起来，最关键一点就是要创新博物馆宣传方式，让博物馆宣传“活”起来。那么如何能将宣传“活”起来？这就离不开互联网和新媒体这一重要渠道了。

1. 打破新老媒介壁垒，积极利用新媒介，完善传播方式

传统媒体是相对于近几年兴起的网络媒体而言的，包括电视、报刊、广播三种，其优点在于品牌化，知名度高，拥有专业化的新闻传播理念及信息加工能力，但互动性较弱，而新媒体的传播速度快，交互性强，正好与传统媒体相互补充。在信息化爆炸的互联网时代，博物馆的宣传不再是过去的被动单调的“一张报纸知天下”，而是由网络技术、数字技术、移动技术交汇融合，传统媒体与新媒体共同作用的工作模式。①

2017 年孔庙和国子监博物馆策划的 5・18 国际博物馆日宣传工作就使用了传统媒体联结新媒体共同发力的宣传模式，最具代表性的就是通过新闻和新闻发布会的形式。在 2017 年“5. 18 国际博物馆日”中国主会场活动新闻发布会上，孔庙和国子监博物馆作为 97 家对市民免费开放的博物馆之一亮相活动清单，光明网、网易新闻等主流新闻网站都及时开展了新闻报

① 刘玥彤：《国家博物馆新闻舆论工作浅析》，中国文物信息网，http：//www. ccrnews. com. cn/index. php/Index/content/id/63264. html。

道，孔庙和国子监博物馆自身也在微信公众平台、微博账号上对发布会及“5·18”活动安排推送文章进行宣传；国际博物馆日当天，央视新闻记者在孔庙和国子监博物馆做探馆直播，与我馆资深讲解员通过一问一答的互动方式讲述了皇帝祭孔仪式及规制、蒋衡与乾隆石经、国子监的辟雍和琉璃牌楼等历史知识国学文化，同时，记者也参与了博物馆开展的国学知识互动问答和手绘地图寻宝集章活动，一个多小时的直播报道既富有知识性、趣味性、互动性，还充分讲述了孔庙国子监丰富的历史文化，吸引社会公众了解、参与和关注博物馆，随后我将该直播回放置于微信公众平台推文中作为博物馆日活动的后续持续报道，方便游客收看。在 2017 年的 5·18 国际博物馆日中，传统媒体与新媒体良好密切的互动合作吸引了大批游客前来参加孔庙和国子监博物馆举办的博物馆日活动，为博物馆日后灵活运用新旧媒体开展新闻宣传工作积累了一定经验。

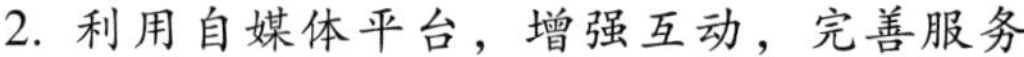

2. 利用自媒体平台，增强互动，完善服务

随着自媒体时代的到来，微博、微信等平台时效性强、更易传播、覆盖面广、互动性强等特点，极大地拉近了传播者与受众之间的距离。博物馆要想更广泛地拓展与提升自身功能，积极带动文化发展，就需要放低身段更接地气，变被动的接受参观向主动参与互动方向转变。传统的博物馆教育与服务主要来源于陈列讲解、流动展览、电化教育等，这就造成博物馆的宣传教育，大多都要求身体力行，受到时间、空间的限制，观众往往以被动接受信息为主，鲜有互动。而任何人只要进入网络，就可获取知识，并能借助虚拟身份畅所欲言，提高了互动性。①

根据中国互联网络信息中心（CNNIC）发布的第 39 次《中国互联网络发展状况统计报告》，中国网民规模高达 7.31 亿，互联网普及率达到 53.2%。中国社会已进入 PC 互联网、移动互联网及社会化媒体叠加的网络时代，呈现出革命性、颠覆性的发展趋势，并彻底改变着人们的生活方式。这样的转变为博物馆带来了绝好的机遇和挑战，孔庙和国子监博物馆根据自身情况，结合当下全媒体时代发展特点，建立了以“两微一网”（即微博、微信、网站）为主体，多元化新兴媒体为辅助的数字化宣传模式。通过微博、微信自媒体平台，博物馆不仅能发布信息，提供“自助导览”，还能实现与公众的即时互动，根据观众的反馈信息及时发现问题完善景区设置。在 5·18 活动中，我通过回复微信公众平台后台留言、微博评论私信为关注者答疑解惑，对活动流程安排、开始时间等咨询进行了解答，并结合

① 张媛媛：《自媒体时代博物馆宣教工作的思考》，《红岩联线》，http：//www.hongyan.info/gb/News/news_ detail.asp？id = 16013。

收到的问题专门推送了公众平台文章方便观众了解活动信息安排出行；同时，文末还放置了网上问卷调查二维码，该问卷调查同向到馆参观游客发放线下问卷同步进行，方便游客不便填写纸质版时能通过网上问卷的形式将意见建议反馈给博物馆，以便博物馆更好地了解游客对博物馆的评价，进一步提升服务水平。

3. 新媒体内容更丰富，形式更多样，风格更活泼

博物馆以其厚重的文化积淀，承担着对社会公众的历史文化情感、认知水平的构建任务，也是源远流长的众多文化的展示平台和延续者，是一个承载着不同时代文化的象征性符号。但正因大部分博物馆内容严肃、意义深刻、缺乏趣味性，通常喜欢热闹富有娱乐精神的年轻人对博物馆持敬而远之的态度，而年轻受众正是亟须接受中华优秀传统文化熏陶，树立正确的价值观、世界观、历史观的一批人。我们可以肯定地说博物馆本身并不会过时，但只有主动迎合新一代观众的特点，不断改进博物馆的宣传方式、营销模式，让博物馆“鲜活”起来，才能让它永远保持青春活力，才能吸引更多的青年人走进博物馆。这就要求博物馆宣传工作者与网民交流的过程中要掌握一定的网络沟通艺术，运用网言网语，拉近和网民的距离。在今年的博物馆日宣传中，我在微信公众平台宣传推文上采用年轻人的话语风格并结合一些网络流行语，如重要的事说三遍、“惊不惊喜，意不意外”“呐，做博物馆呢，最重要的就是让游客满意啦”等轻松幽默的网络语言，并配合文章主题设计、美化页面，使公众平台更具观赏性和吸引力，文章阅读量与往年相比有明显增加。再者，要充分利用自媒体平台赋予的互动功能。新媒体的交互性、即时性打破了传统媒体时代时间和空间的壁垒，博物馆与游客间的实时交流成为常态。对收到的微博评论私信、微信公众平台消息要及时回复，特别是如博物馆日安排、活动开始时间、大成礼乐展演时间等具有很强时效性的咨询问题。此外，不能以博物馆是一个机构，网友只是单个的人，便自抬身价，而应站在游客的立场上给予理解与礼貌，在与网民交流时必须平等待人、以理服人，同时要善于听取不同的声音，针对网民提出的各种各样的意见问题，应该有一个宽容的态度，广开言路，给网友一个说话的宽松环境。

三 总结

博物馆馆藏资源的网络化可实现博物馆从“实物导向”向“信息导向”的转变，“互联网＋博物馆”为博物馆带来了更广阔的发展空间，让文物走出博物馆，覆盖更大的空间和人群，提高了博物馆的吸引力、影响力。虽

然通过 5 · 18 国际博物馆日活动的宣传工作收获了一定效果，积累了一定经验，但当前博物馆的号召力、影响力及博物馆对外宣传能力还远远不够。在日后的宣传工作中，博物馆宣传工作者应主动向故宫、广东省博物馆等利用新媒体平台掀起社会公众“博物馆热”的成功案例学习经验方法，不断摸索，不断尝试，不断创新，将传统、枯燥的宣传方式向现代、活泼的教育方式转变。总之，文博事业的发展离不开各个博物馆的合力，博物馆宣传者还应从文博事业全局角度出发，成为沟通文博和公众的桥梁，通过各个平台渠道将文博业的发展现状传达给社会各界，把文物人的坚守、把他们做的实实在在的工作“说”出来，文博工作不能单打独斗，要通过这种宣传调动起社会力量参与进来，广泛凝聚社会共识，让大家理解认识文物工作，支持文物工作，充分发挥博物馆宣传教化、服务公众的职能，为社会发展注入一股正能量。

王前，孔庙和国子监博物馆助理馆员

◈自媒体时代下国学文化传播的探索

◎ 王蕊

【摘　要】 随着信息技术的发展与信息化程度的提高，自媒体演变成现阶段我国互联网信息传播中很重要的一环，论坛、贴吧、微博、微信和播客已经成为现今社会普通受众接触信息的首选方式。国学文化已经进入建设文化中国的顶层设计中，利用自媒体传播方式来更好更准确的宣传国学文化一方面是弘扬传统，另一方面也是为国学在未来的生存找到一条可行之路。

【关键词】 自媒体　国学　传播

"自媒体"（We Media）的定义由美国的谢因波曼与克里斯威理斯两位学者提出，认为"We Media 是普通大众经由数字科技强化、与全球知识体系相连之后，一种开始理解普通大众如何提供与分享他们本身的事实、他们本身的新闻的途径"①。我国进入互联网时代以来，在信息传播技术上已经迅速跟上了世界的潮流，并且根据我国的实际情况，发展出很多具有中国特色的自媒体方式。自媒体对于信息传播来说是科技发展到这个阶段的一个标志性事件，这种新的方式在很多领域已经被证明可以具有很强的辐射性，那么对于国学文化传播来说，我国的自媒体方式具有很强的优势。

随着信息技术的发展与信息化程度的提高，BBS（Bulletin Board System，电子布告栏系统）、Podcasting（播客）、Blog（博客）和 Micro Blog/Weibo（微博），SNS（Social Networking Services，社会性网络服务），GroupMessage（手机群发）等普通大众提供与分享他们本身的事实、新闻的途径的"自媒体"平台大量涌现，私人化、平民化、自主化的传播者们通过这些平台随时随地用文字、声音或图像在互联网上传播信息，信息被自由的传播者随意的传播，影响力迅速攀升。② 经过这几年的发展，自媒体在

① 邓新民：《自媒体：新媒体发展的最新阶段及其特点》，《探索》2002 年第 2 期。

② 参见代玉梅《自媒体的传播学解读》，《新闻与传播研究》2011 年第 10 期。

我国互联网领域发展出几个强势且主流的传播方式：论坛（它应当属于BBS 的升级版本，传统的 BBS 在我国互联网领域中已经逐渐式微）及贴吧、微博、微信和播客，它们的传播方式和侧重点各有不同。以国学文化为传播内容的话，这些自媒体方式在现阶段也呈现出不同的发展轨迹。

一　论坛及贴吧与国学文化传播

论坛及贴吧是互联网信息领域非常重要的传播方式，它们在传播上表现出十分明显的一对多或者是点对面的特征。通俗地说，论坛及贴吧的主题发布者向不明规模和不明特征的受众来发布信息，什么样的受众在什么样的时间会看到这个信息以及受众对于特定信息会产生什么样的反馈都是难以预料的，传播者和受众之间没有任何确定性的联系。

从传播的角度来看，以百度的国学吧为例，截至 2017 年 7 月 30 日，该贴吧约有关注者 13 万人，相关主题有 54 万余条，几乎涉及国学的方方面面。传播者就某一话题发布主帖，然后对此感兴趣的受众或者浏览主帖或者发布回帖，或者对主帖和回帖都进行浏览，或者针对回帖进行再回帖，从而完成了本次传播。借助搜索引擎，本次传播的相关内容还会被对同样话题有兴趣的受众搜索到，通过搜索引擎而来的受众对于这个话题还会进行多次的传播，从而使这个话题成为现阶段国学传播的一个组成部分，并且这个话题还有机会成为自媒体领域被大量讨论或者提及的热点话题。

从传播内容来看，论坛及贴吧带来的冲击更大。单就某一国学话题而言，发布者既可以发布属于国学研究领域比较正统的观点，又可以发布带有更多个人见解的非正统观点，这在通常的学术领域中并不容易看到。我们的学术领域还是比较追求精英文化特质的，而论坛及贴吧带来的是大众文化特质。不管是信息的发布者还是受众，他们本身对于国学文化的认知程度是存在巨大差异性的，而这种差异性才是直接引发讨论和关注的出发点。差异性越大，讨论和关注的热度才会越高，至于话题的正确与否会在讨论和关注中得到客观的判断，我认为这种大众文化对于精英文化的颠覆可以为国学的传播带来更多的生机。

从内容审核来看，论坛及贴吧的内容审核者往往为管理人员，这些管理人员往往并非是国学研究领域的权威，传播者和受众也无法对这些管理人员的国学水平进行客观的认定。表面上看，缺乏权威性的论坛及贴吧可能难以客观公正的对某些国学文化中的元素进行判断，但实际情况是如果传播者和受众对某一论坛或者贴吧的价值判断不认可，他们往往会另起炉灶。具有同样价值判断的传播者和受众可以自由地进行信息传播才是自媒体时代对于信息的最大宽容。主观的审核和客观的选择共同维护了国学文化传播的价值取向。

论坛及贴吧在传播国学文化时可以用到的手段很多，文字、图片、音频和视频都是常见的方式。把这些要素组合起来能够表达出更丰富的含义。

二　微博与国学文化传播

微博在传播方式维度上拥有大量的优势。微博可以是一对一的传播，也可以是一对多、多对一和多对多的传播。这决定了微博对于国学文化的传播具有较强的广度和针对性。微博源于博客，但它融合了 SNS、IM 和博客的部分功能，微博在自媒体中的地位已经远远高于博客。

我们通常认为博客也属于一对多的传播方式，它可以运用多种方式来对某一话题做出总结性的描述。博客重内容，可以进行丰富的文本编辑，并且不限文本。微博自诞生起就被 140 字符所限制，早期的微博被认为达不到博客的传播效果，但现在长微博工具的广泛应用彻底打破了微博的字符限制，如今的微博已经可以彻底取代博客进行大量数据和更广范围的传播。

微博传播的重心在于 Followers（追随者，国内通常称作粉丝）。拥有大量追随者的博主在信息传播中处于优势地位，传播者可以向追随者传播信息，而追随者可以选择转发或评论信息，或者改变跟随对象不接受信息，从而使一个点可与互联网上的无数个点相连接，最终形成一对多、一对一、多对一和多对多这几种传播方式的组合。

以微博上传播国学文化的博主于丹为例，截至 2017 年 7 月 30 日，于丹拥有追随者超过 395 万，共发微博 1024 条，于丹本人关注了 101 位用户。这 101 位关注用户去掉微博本身的关注账号之外，大部分用户都是拥有着超过百万的追随者，更有部分用户的追随者超过了千万，当这些用户对于于丹本人的微博进行转发、评论或者引用的话，那么于丹本人微博的关注度就远超 395 万追随者所带来的量级。这就是微博对于信息传播的一个重要特质：对于拥有大量追随者的博主而言，信息传播不仅仅在于普通的追随者而在于互相关注的大 V（一般指通过新浪认证的拥有大量追随者的高级用户）。

微博传播信息的另一个特点是兼具熟人圈子和非熟人圈子。以社交圈为基础的信息传播在信息质量上是可以得到保障的，但个人社交圈的狭隘同时又妨碍到信息在最大广度上得到传播。微博在这一点上打破了社交圈的束缚，受众不必认识信息传播者，只要关注这个传播者就可以获得信息，不管关注者是个人账号还是企业账号。国学文化在当今社会其实是很需要人际关系和兴趣聚合才能得到传播的冷门信息，拥有一定社会知名度的国学文化名人利用微博作为传播手段最起码可以使国学文化的受众得到扩展，这也是目前活跃在微博上的大量国学文化拥趸最为常用的信息推销手段。

微博推出的初衷是吸引移动智能设备的用户来分享信息，从而实现通信和互联网的互通。智能手机是微博信息传播的天然渠道，考虑到中国现在已经是全球最大的智能手机使用国家，同时根据2017年5月16日新浪微博发布2017年第一季度财报，截至3月31日，微博月活跃用户达3.4亿，已超过Twitter成为全球用户规模最大的独立社交媒体公司。以微博为阵地来进行国学文化的宣传是现阶段能够接触受众最广的方式之一。同时微博即时性很强、更新频繁且互动性强的特征，在速食文化和碎片式阅读大行其道的今天更凸显出操作空间上的优势和辐射能力的强大。

三　微信和国学文化传播

微信是极具中国特色的社交软件，它源于中国最大的IM（Instant Messaging，即时通信）软件QQ，依托QQ庞大的用户群，微信在很短时间内就拥有了大量的用户，同时微信支持手机号码作为登录账号，进一步模糊了通信用户和互联网用户的界限。微信的用户分为两类：一类是好友，这是带有鲜明IM特色的用户类型，成为好友的前提是互相获得对方的认可；另一类是公众号，公众号目前分为订阅号、服务号和企业微信。

微信好友是典型的熟人圈子交际模式，信息传播多为一对一的直接模式，即时性强，互动性强。经过几次大的程序更新，现在的微信客户端已经可以发送包括文字、图片、音频和视频等多种类型的信息，开放的API使微信可以很方便地和其他APP互通，分享功能现在是微信进行信息传播的一个重要手段。依托于微信好友的朋友圈功能是当下微信最为火热的功能之一，微信用户可以把自己想发布的信息定向投送到目标用户那里从而获得最理想的传播效果。微信公众号有点类似传统的媒体服务。订阅号为媒体和个人提供一种新的信息传播方式，构建与读者之间更好的沟通与管理模式。服务号给企业和组织提供更强大的服务与用户管理能力，帮助企业实现全新的公众号服务平台。企业微信帮助企业和组织内部建立员工、上下游合作伙伴与企业IT系统间的连接。公众号适用于个人、企业、政府、事业单位和其他组织进行信息传播。目前，公众号几乎可以高效的进行各种信息的传播。

国学文化目前在微信平台上的传播处于极为活跃的状态。线下各种国学文化的活动为潜在的国学文化参与者提供了成为微信好友的机会，一旦成为微信好友，每个个体不同的交际圈子都会成为对方潜在的信息传播对象。有着相同价值判断的微信好友有很大概率成为微信群的成员，以讨论国学文化的为目的的微信群目前数量难以统计，但可以肯定的是国学文化在这些微信群里的活力是很强的，只是多数情况下，这些微信群还是以精英文化为主要讨论基础。朋友圈则担负了把这些讨论内容从精英文化向大众文化维度的推送，以六度分隔假说来判断，一条信息可以传播的广度是非常惊人的，我们可以看到一条向特定圈子投递的信息有很大概率出现在另外一个圈子中。国学文化在微信中的活力越强，那么它可能会影响到的范围才会越大，一般来说文字有趣、内容新颖的微信信息会得到更多用户的关注与转发。国学文化在微信平台上还需要在文字和内容方面多斟酌才能获得话语权。

围绕国学文化的公众号也得到了很大的发展。订阅功能为公众号的信息传播带来了很大便利，时效性强是它的优势。以国学文化为内容的公众号只有少部分是个人运营的，大部分公众号都有专门的运营团队，这些运营团队以文化公司为主，当然其中也有部分 NGO（Non – Governmental Organization，非政府组织）和 NPO（Non – Profit Organization，非营利组织）。国学文化在这些运营团队操作下呈现出各式各样的表现形式，有些内容并非恰当甚至是错误的。对这些公众号而言，审查制度就显得有存在的必要了，毕竟公众号已经跨越了普通自媒体的界限，它与传统媒体的界限并不十分清晰。缺乏监管的公众号对于国学文化传播带来的影响目前还很难判断，毕竟国学文化在当今社会中已经不是主流话题，长远来看，我认为去伪存真还是目前国学文化在微信平台上传播需要解决的大问题。

四　播客与国学文化传播

播客是当下不算特别流行的自媒体传播方式，尤其在国内的互联网领域，播客的受众面一直比较有限。近年来随着手机播客 APP 的出现，有些研究认为播客在中国进入了复兴时期。这里把播客纳入研究对象也是看好这一传播方式未来的发展。

播客的英文是 Podcast，来源自苹果电脑的“iPod”与“广播”（Broadcast）的合成词，其指的是一种在互联网上发布文件并允许用户订阅 feed 以自动接收新文件的方法，或用此方法来制作的电台节目。2004 年 9 月，美国苹果公司发布 iPodder，这一事件被看作播客（Podcast）出现的标志。Podcast 的推动者 Doc Searls 给出的定义：PODcasting，Personal Optional Digital casting。PODcasting 是自助广播，是全新的广播形式。收听传统广播时我们被动收听我们可能想听的节目，而 PODcasting 则是我们选择收听的内容、收听的时间以及以何种方式让其他人也有机会收听。

播客主要是以音频和视频的方式出现，这对于主要以文字为载体保存的国学文化而言不算是优势，因此国内从事国学文化的播客数量上比较少，内容上也比较单一。目前，国内的国学文化博客多以朗读国学文化经典或播放国学文化的动画片为主。其实，国学文化在我们日常生活中渗透极深，只是我们还没有相关的传播者把国学文化世俗化的一面更有趣地展现在受众面前。

目前，中国互联网领域极为热门的网络直播行业已经有人涉足国学文化传播领域。2016 年 10 月 2 日，北京大学外语学院世界文学研究所教授、博士生导师、所长，获国务院颁发有特殊贡献专家称号的辜正坤教授在中国最大的直播平台斗鱼上设立了专栏《论东道西》，这是国学在网络直播领域的一次大胆尝试，可惜的是这个专栏并没有延续下去。网络直播平台上更多的还是以茶文化、古典乐器和古典舞蹈等比较容易以音频和视频方式进行传播的国学文化元素占据了主要位置。

国学文化在式微了上百年之后重新走进了文化生活的中心区，它所面临的是自媒体时代的挑战。尽管国学文化已经根据自身的特点进行了适应，但长期的精英化路线使它在以解构和大众娱乐为主的自媒体中步履蹒跚。展现国学文化的世俗化面貌，挖掘国学文化的现实价值是自媒体时代国学文化的传播之道。

王蕊，孔庙和国子监博物馆馆员

专题研究

◎沧桑须有终结时

——北京先农坛历史文化研究的25年实践与展望未来

◎ 董绍鹏

【摘　要】北京古代建筑博物馆，是以全国重点文物保护单位北京先农坛这一历史文化遗址为物质依托的专题博物馆，展示中国传统建筑文化、北京先农坛历史文化两个展示主题。建馆以来，逐渐开展系列北京先农坛历史文化内涵研究、举办相关展示，开展了与之对应的相应文化活动。本文在对开展的系列北京先农坛历史文化内涵研究、举办相关展示进行反思式的总结与客观评述，也提出面向未来的进一步揭示先农历史文化内涵工作的方向性考虑。

【关键词】北京先农坛历史文化　研究　展示　文化传继

坐落于首都北京西南一隅的北京先农坛，是明清两代皇家著名的九坛八庙之一，历史上曾是封建皇帝祭祀先农炎帝神农氏，以亲耕耤田昭示天下劝农从本之处，有着重要政治价值。1979 年被列为北京市文物保护单位，2001 年晋升为全国重点文物保护单位。1987 年在文物界多年的努力下，市文物局把这一处珍贵的富于深厚历史文化内涵的物质文化遗产开办为北京古代建筑博物馆（以下简称古建馆），使其经过长达半个世纪的沉寂后重又回到人们的视界。因此，古建馆的存在，相当意义上说是与北京先农坛这一物质载体密不可分。作为以历史文化遗址为馆址的古建馆来说，首先应当是优秀传统文化物质遗产与非物质文化遗产的传继者，加强北京先农坛物质与非物质文化遗产研究和展示，是重要的文化责任和历史责任。建馆以来，古建馆陆续开展了一系列相关工作，由浅至深、从单一到多元，取得了业内肯定的成绩。

一　北京先农坛的物质文化遗存

历史上，作为老北京九坛八庙之一的北京先农坛，曾经是北京南城的

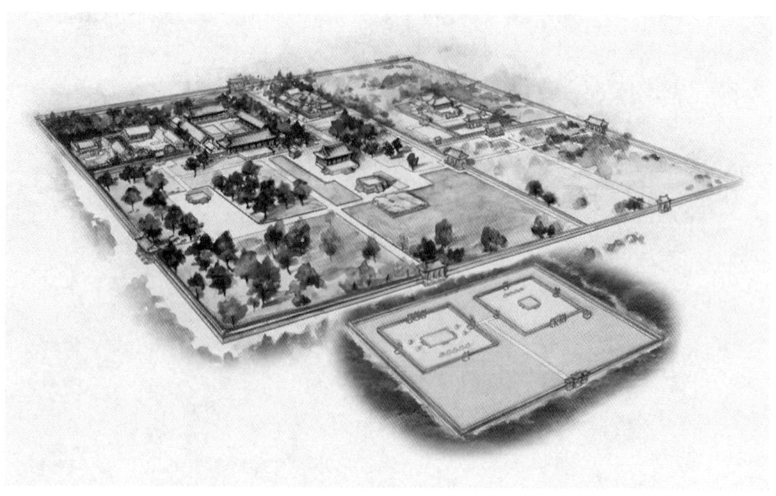

图 1　北京先农坛现存古建群复原鸟瞰图

重要皇家典章活动场所。它建成于明永乐十八年（1420 年），因永乐皇帝“悉仿南京旧制”而称山川坛，全坛占地约为 2000 亩（约合今 1215488 平方米），坛内以今西城区南纬路一线分成南北两大部分，北部地域广阔而空旷，没有任何建筑，是为北外坛，其北端坛墙呈近似半圆形，象征上天下地的天（取天圆地方之意的天圆）；南部是全坛的功能建筑集中区，向南一直到南护城河边，其南端坛墙东西直线走向，使南半部呈方形，象征上天下地的地（取天圆地方之意的地方）。南部区域中，又以其中的内坛为重点，自西向东依次分布着先农神坛、神厨建筑群、山川坛建筑群（即今太岁殿院落）、具服殿、仪门、耤田及旗纛庙。以后五百多年的历史变迁中，山川坛更名神祇坛（只历 40 余年）、先农坛，坛内陆续添建了斋宫建筑群（清乾隆时更名庆成宫）、神仓建筑群、观耕台，加上分布于内坛之南的神祇坛建筑群，形成了今天尚有遗存的北京先农坛格局。虽历经清亡之后的百年沧桑，但北京先农坛的物质文化遗存——明清时期的古建筑大体得以完整保存，为这一处昔日皇家坛庙历史文化内涵日后的阐发、宣教提供了必不可少的物质基础，这也是古建馆事业生存的宝贵物质依托。

2002 年，北京先农坛的物质文化遗存——先农坛明清建筑群，以北京先农坛古坛区的名义重新向社会开放，同时得以从法规、政策和技术措施上对现有物质文化遗存加大保护力度和环境整治力度，从而使北京先农坛历史文化内涵的发掘和弘扬从软环境上得到有力的支持与保障。

截至目前，自 20 世纪 80 年代末开始的现存古建筑抢救性修缮保护工作，除位于南外坛的神祇坛遗址外，其余都已经过全面修缮甚至二次、三次维护（如太岁殿建筑群初次修缮完工于 1991 年冬，2011 年又对室外彩画之外的油饰部分重新翻新；神厨室内彩画 2000 年初次物理保护后，也于 2012 年春再次进行物理保护、2014 年重新进行室外油饰；具服殿 2001 年初次修缮后，2014 年再次维护）。如此短时期内的大规模经常性的修缮与维护，使北京先农坛这一古老祭祀文化建筑群不仅焕发了新的风貌，更为它重新弘扬自身特有的传统文化内涵奠定了不可或缺的重要基础。为此，古建馆正在根据新时期社会公益活动之需，准备在不远的未来将这一处祭祀文化古建群推向社会，发挥其重要的精神文明建设作用。作为实现这一目的的基础工作，搞清北京先农坛历史文化内涵的来龙去脉，在此基础上推出相应展览，开展相关研究工作，成为古建馆日常业务工作中的一项重要内容。

二 北京先农坛非物质文化遗产内容

作为明清两代统治者亲祭先农之神炎帝神农氏、亲行躬耕耤田礼昭示天下劝农从本的一处皇家坛庙，蕴含的文化内涵丰富多彩，从明代早期的山川之祀、神农之祀、旗纛之祀，到以后的神农之祀、天神地祇之祀、太岁之祀，内容虽有交叉，但随着典章制度的变迁、祭祀地点的变迁，坛内神祇的前后祭祀礼仪多少还是有所不同。特别是清乾隆时，伴随着乾隆帝对皇家坛庙的大规模修缮、改建，祭祀议程及礼器陈设都与前朝产生较大区别，且一直沿用至清亡。因此，对待北京先农坛蕴含的中国古代祭祀文化采取“取下限”的方针进行还原十分必要，也符合通常情况下历史学研究及考古学研究的一般原则。2011 年复制了清末（1901 年之后）先农神坛、太岁殿礼器，并于 2012 年、2014 年复原了各自祭祀陈设。

针对清代末年封建国家在此进行的诸多祭祀活动，可细分为先农之神的中祀祭祀礼、皇帝躬耕耤田礼、太岁之神的中祀祭祀礼、天神地祇的中祀祭祀礼共计四项祭祀活动（皇帝躬耕耤田礼也是一项以耕代祭先农之神的祭祀方式）。而各项相关议程皆遵循清乾隆朝定制（清乾隆帝之后，坛内各处祭祀仪程均未再做调整）。这就是北京先农坛非物质文化遗产的内容。其中，以皇帝躬耕耤田礼最为独特，是清代皇家坛庙祭祀文化所独有的内容之一，也是北京先农坛历史文化内涵中的重要内容，作为北京先农坛非物质文化遗产中的主要部分加以重点研究及历史还原。

三 北京先农坛历史文化基础研究及早期展示工作

古建馆建馆伊始，就把北京先农坛历史文化研究列入日常业务工作范畴。针对当时研究工作“一穷二白”的原始状况，明确出“基础资料工作先行、以资料工作进展带动相关研究工作的开展”这一符合通常思路的工作方针。为此以保管部为主体，开始为期 2 年的资料收集主攻阶段，尔后又进行了约 3 年的补充工作。这个阶段的工作成果，就是对北京市的图书馆、大学进行拉网式排查，收获丰厚，随即对这些资料进行初步整理。按照前述工作方针，在资料初步整理基础上，形成对北京先农坛历史沿革认识的初步脉络，以此形成文字大纲，经过准备于 1994 年秋向社会推出《古坛掠影——北京先农坛历史沿革展》。展览收到很好的预期效果，向市民揭示了久已埋于尘埃的北京先农坛风貌。该展的完成，不仅标志着北京先农坛历史文化研究拉开序幕，而且完成了资料初步整理及展示的第一个阶段。

1995 年，本馆全体业务人员踊跃参与了《北京文物报》北京先农坛专版的写作，以不多的文字篇幅普遍涉猎了一次先农坛古建筑、坛庙历史等方面的研究，不仅提高了参与者对这处坛庙建筑的文化内涵认识，也使馆领导感到有必要将来加大对北京先农坛的研究及宣传力度，使这一处宝贵的物质文化遗产能够尽快地为全社会所认知。

自 1995 年秋至 2003 年，作为北京先农坛历史文化研究的一个最为重要时期，也是这一工作的第二个阶段，由分管领导带队、由保管部人员组成工作组，在第一阶段资料整理基础上，开始了北京市文物局局级课题“北京先农坛史料汇编”的相关工作。课题分为前后两个阶段：第一阶段进行于 1995 年秋至 1996 年末，主要对已收集资料进行甄别和细致分类，为课题的申报做出必要前提，同时对资料进一步补充；第二阶段进行于 2000 年至 2003 年，是课题的开题申报、专家评审和结题阶段，开题申报、专家评审完成于 2000 年春，之后至 2003 年 1 月为结题时期。因客观条件所限，经过较为艰苦的努力，全部文字整理完毕，2003 年向市文物局主管部门提交结题报告。这一课题的完成，不仅标志着北京先农坛历史文化研究第二阶段的圆满完成，更为第二阶段伴生的展览《北京先农坛历史文化展》的顺利完成、开展打下重要基础。可以说，没有这一课题的深入进行，开展于 2002 年秋季的《北京先农坛历史文化展》就不可能完美实现。《北京先农坛历史文化展》，是对当时研究成果的一个成功展示，从展览的设计思路、展材应用、安全设施等方面都受到社会好评，尽管受技术条件所限多媒体应用并不成功，但展陈的形式设计总体效果还是令观众耳目一新，体现出浓厚的文化氛围。

2002 年开展的《北京先农坛历史文化展》，具有以下几大特色：

首先摆脱了传统陈列设计只注重室内不涉及室外的思路，从大环境入手，对古建馆实际管辖区域进行统筹规划，强调整体景观效果，加强景区标志物、指示牌的应用，使观众的参观目的性更为清晰明确；主体立意突出，形式设计者深入吃透内容设计方展陈大纲的核心思想，提出“农”字精神贯穿于形式设计始终，首次明确了“农业文明在中华民族传统文化中占据主导地位，先农文化是农业文明的精神内核、是传统文化中的精髓文化”这一设计宗旨，在尊重原有大环境的前提下，刻意打造鲜明的展览主体创意，应用丰富的中国古代农业文明形象化素材重塑自博物馆大门开始至先农坛神厨主展区之间的观众游览通道，以主旨宣扬先农文化的语言布置彩旗，布置雕有农业文明抽象符号形象的木质标志牌，以及在观众游览通道附近排布汉代及南北朝时期画像砖、画像石上的农耕形象内容，配以观众座椅，这些别具匠心的举措极大渲染了展览主题对观众的感召力；室内形式设计上力求为观众营造出清新轻快富有艺术感召的色调及展具，比如富有南方茶室清新格调的室内吊灯，突出夺目效果的历代书法字体的“农”字展墙等，都起到极度营造展室文雅气氛的初衷。

该展作为古建馆历史上第二次对北京先农坛历史文化内涵进行展示的专题展览，取得的成功意义深远。形式设计者对先农文化的准确理解、对先农文化在中国传统文化中所处地位的较为深入的思考，都以形式设计最终效果的各个方面较为完美的体现得以表达。古建馆也因此第一次感到，作为遗址型博物馆，对于如何利用物质文化遗产的自身文化内涵、对先农文化进行深入认识和阐发，还有着相当长的路要走。

伴随第二阶段课题及专题展的圆满完成，北京先农坛历史文化研究进入第三阶段。课题结束后，在结题资料基础上再次进行甄选整理，重新校对文字，经过反复多达五次的核校，甚至内容三分之一的推倒重来，历经四年，于2007年编辑出版《北京先农坛史料选编》一书，“十年砺一剑”，为辗转十多年的基础资料研究工作画上句号，标志古建馆北京先农坛历史文化研究的基础阶段正式结束。《北京先农坛史料选编》一书，为北京先农坛历史文化内涵今后的深入研究奠定了坚实基础，是古建馆建馆以来第一部重要学术著作，也是研究北京先农坛历史文化内涵的基本文史工具书。

自建馆至2007年，基础研究工作作为北京先农坛历史文化研究的重要内容，其中尤以资料研究为重，成为今后深入研究的必要前提。

四 2007年以后的北京先农坛历史文化研究、展示工作

基础研究展示工作完成后，古建馆进入北京先农坛历史文化专项研究与深入展示阶段。

第一，全面总结、整理建馆以来现存先农坛主要古建筑的古建测绘、

修缮成果和科技保护的技术资料，形成修缮报告（修缮报告以《北京先农坛研究与保护修缮》之名于2009 年出版）。始于20 世纪80 年代末的北京先农坛古建筑修缮，历经二十多年，先后完成修缮太岁殿古建群、神仓古建群、具服殿及观耕台、神厨古建群、庆成宫古建群，除了常规性修缮外，还对神厨古建群室内清乾隆时期彩画进行物理保护，没有采用传统修缮古建时的重新绘制彩画的方法，而是进行加固、防虫、防腐、彻底除尘，使这一坛内难得的清代彩画实物得以原貌展示，成为北京先农坛内重要的文物之一。宝贵的测绘和修缮资料极为珍贵，汇集成册出版有利于古建技术专业工作者从技术角度对北京先农坛古建筑进行分析研究。该书具有相当的技术资料性，与前述《北京先农坛史料选编》形成北京先农坛资料一文一理互为依托的格局，成为研究北京先农坛以及北京史地、文史爱好者的重要资料。

第二，在先前北京先农坛历史资料基础性研究的基础上，继续扩大为先农文化的全面研究，且形成学术成果。2010 年以来，先后出版了《先农神坛》《北京先农坛》《先农崇拜研究》《回眸盛典》等专著。这些出版物，收集、汇览了历代相当丰富的历史资料，以自周代以降为时间纵轴，以放眼世界古代文明史进行中外文化对比为横轴，较为全面地考证及阐述了中国古代先农祭祀文化的方方面面，特别从全球的角度论证了中国古代农神崇拜在世界古代农业神祇祭祀文化中的显赫地位。专门服务普通观众旅游手册式的口袋书《先农坛百问》，以简单形式凝练了先农坛一百个问题并给予解答，是普通观众快速了解先农坛的捷径读物。

第三，专项研究工作与展陈进一步相结合，实现以展陈带动专项研究的良性循环。北京先农坛历史上饱经沧桑，坛内原有大量历史文物毁没一空。为此，依托本馆的另一基本陈列《中国古代建筑展》的改陈且于先农坛太岁殿展厅办展的契机，按照市文物局领导关于加强北京先农坛历史文化展示的要求，本馆确定了先期恢复清代末年太岁神祭祀陈设，并以此作为全面恢复先农坛历史文物展示开端的方针。按照这一部署，结合天坛公园库存清代礼器的情况（为 1950 年天坛公园管理处从已撤销的坛庙事务管理所接受的清代坛庙礼器），经过与历史资料间的比较研究后，做出清代末年太岁神礼器的陈设复原方案和礼器复制方案。2012 年 1 月，伴随新改陈的《中国古代建筑展》开幕，太岁神的祭祀陈设在经过百年沧桑后，终于在 21 世纪得以重现于世。

伴随清代太岁神礼器的复制成功，先农神的礼器经过近一年的比较研究和对复制企业的实地考察、技术评估，终于也复制成功，应用于 2014 年

图 2 2016 年更正后的清末太岁神祭祀陈设

开展的《先农坛历史文化展》，作为清代末年先农坛祭祀陈设复原的展品，展出于先农坛神厨正殿，成为该展的重要文化景观之一，在学术严谨性方面上升到古建馆历年展览的新高度。

第四，以不断研究和工作实践促进展陈更新。在经历又一个十年后，原成于 2002 年的《北京先农坛历史文化展》改陈为《先农坛历史文化展》。比对近十年来北京几处清代皇家坛庙历史文化内涵展示的新情况、新面貌，设想从几个方面为《先农坛历史文化展》设定展示思路：

1. 参照 2011 年太岁坛神祭祀陈设复原的成功经验，恢复清代末年先农神祭祀陈设，使先农之神的清代祭祀文化物质载体以正确的面貌向世人展示，并以此作为对观众进行相关历史知识传授的切入点。

图 3 2014 年复原的清末先农神祭祀陈设

2. 全面恢复清代先农之神祭祀文化所涉及的其他物质载体的展示。通过考察比对，北京天坛公园的祭天文化陈列、神乐署中国古代祭祀音乐陈列，以及北京孔庙大成殿祭孔大礼原状陈列、北京地坛公园的皇地祇祭祀原状陈列，都采取将祭祀礼器、乐器同步展示的方式，为观众尽可能全方位地了解本地历史文化信息提供了较为到位的便利性。前面所述，北京先农坛由于历史沧桑，坛内文物可说是一无所有。因此设想参照复制祭祀礼器的经验，拟将清代北京先农坛祭祀音乐“中和韶乐”乐器全套复制并予以展出。虽然此举已不是首创，但对于广大观众不甚了解的先农祭祀文化来说，其展示意义非同一般。

3. 参照2012年开展的《中国古代建筑展》较为成功的思路，以专题的形式分配展厅，力求在不长的展线内使观众对内容设计者将要表达的主题思想有个既简单又明确的了解。为达到较为充分地对北京先农坛历史文化进行清晰展示目的，将展览主题分成北京先农坛建筑沿革、祭祀大典、农业与农神三部分。这样的好处是，观众可以按展览专题有针对性地观看，也可以按顺时针参观方向沿前述顺序观看，为观众提供了多样化观览选择。展品随着三个部分展出，预设两个实物展示重点，一是清末先农神祭祀陈设复原，二是先农坛祭祀中和韶乐乐器展示；依托馆内两幅重要的历史图形资料《清雍正帝先农坛亲祭图》《清雍正帝先农坛亲耕图》，预设两个复制品与动画多媒体为展示重点。

4. 使用二维动画技术，把《清雍正帝先农坛亲祭图》《清雍正帝先农坛亲耕图》转变为虚拟动画，使历史人物动起来，实现虚拟的历史还原。这为加强展览的吸引力无疑起到画龙点睛式的关键作用。

本次《先农坛历史文化展》改陈借助展览大纲编写，业务人员对北京先农坛历史文化和中国古代农业文化相关知识又有了进一步认识。

第五，开展主题文化活动，把先农坛历史文化内涵推向社会，让更多的人了解先农坛。主要体现在“敬农文化展演”活动的全面推开。2005年，北京先农坛所处天桥社区文化部门开展“祭先农、识五谷”的社区文化活动，以祭先农为外在形式，通过活动提振社区民众对农业重要性的深化认识。这一具有相当现实意义的社区活动，受到社区居民的热烈欢迎。西城、宣武两区合并后，西城区文委高度重视这项工作，认为这是西城区群众文化活动新亮点，分别于2012年、2013年牵头主办了两次“先农文化节”，反响良好。2014年开始，古建馆将这一活动更名为“敬农文化展演”，通过大量细致的工作，在组织程序上和活动道具上都实现了最大限度的科学化，更贴近于历史原貌，为观众展现了较以往更为丰富的、真实的历史信息，取得圆满成功。古建馆这一自主品牌文化活动的开展，在宣扬先农坛历史文化内涵的同时，对古建馆的发展也起到积极的促进作用。

图 4　2016 年“敬农文化展演”活动

五　复原坛区历史文物，进一步还原北京先农坛历史原貌

该项工作主要体现在对坛区五处主要建筑的清代匾额复原。经过 2014 年课题立项及专家论证，结合近十年查询历史资料比对研究结果，明确太岁殿、拜殿、神仓圆廪、庆成宫、具服殿室内五处清代挂匾形制，并于 2015 年完成制作，同年 10 月完成悬挂。清代匾额的复原，无疑是对五处重要先农坛古建的画龙点睛，成为北京先农坛重载史册的重要内容。

图 5　2015 年复原后的太岁殿匾

图 6　2015 年复原后的拜殿匾

图7　2015年复原后的具服殿室内匾（仿清乾隆帝手书“卲农劝稼”）

六　展望

与对其他祖国优秀的传统文化认识过程一样，对先农文化的认识同样存在逐步深入的过程。中国传统上是个农业大国，这与中国所处的地理环境与气候等自然因素密不可分。人类的社会行为同其他动物的社会行为及自身演化过程相仿，无法摆脱大自然法则的控制，即不同的自然环境引发不同的物种演化方向，确定不同的社会行为规范。地理气候等客观因素使中华大地没有产生出发达的游牧农业、渔猎农业，相反却引致出极为发达的农耕农业。约一万年前，原始的华夏农耕农业即呈现出兴旺的迹象，以黄河流域和长江下游流域为重点，产生出最早的农耕农业中心，点燃了华夏大地进入农业文明时代的灯塔。因此，农耕农业发展演化过程中不可避免地要出现技术及经验的领军人物。神农氏就是传说中的华夏农业先祖之一（研究表明，中国北方地区以后稷弃为旱作农业神，南方地区以神农氏为稻作农业神，这符合北方种植旱作、南方种植稻作的客观现实）。经过两千年的历史传承及演化，成为后世崇拜的先农之神炎帝神农氏。后世对他的祭祀结合了发端于原始氏族公社时期土地氏族公有制下的耤田古礼，形成“祭为上、耕为下”互为倚动的崇祀形式（类似还有亲蚕古礼），事实上也体现出传统小农经济男耕女织的特性。北京先农坛作为昔日国家层面祭拜先农之神的最高级别祭坛，承载着先农文化的内核与外在形式，封建统治者在这里上演的一幕幕活报剧具有极强烈的政治文化含义。揭示这些早已淹没于百年来几近遗忘的记忆沙漠之中的政治文化含义，应该是后人，尤其是以先农古坛为博物馆的从业者们要精心研究的重要内容，从中取其精华、去其糟粕，将精华与祖国现实的文化建设需要紧密相结合，有着极为重要的价值。这方面，古建馆的文物从业者责任不可谓不重要。

对我们来说，北京先农坛就像一部厚重的书籍，通览必要，精读更是不可缺少。历史资料的完善，就是通览；对文化内涵进行分门别类研究，就可看成精读。近两年来，以展览为研究依托，通过展览带动相关研究工作取得“物”的方面的成效，像前述所说研究与展示紧密结合，使北京先农坛蕴含的历史信息得以还原。清代祭祀礼器的初步恢复，迈出研究应用于展示的重要一步，祭祀陈设这类分类研究成果直接应用于展示，使北京先农坛所包含的传统文化信息有了实实在在的依托载体。

今后，北京先农坛历史文化研究及展示工作，还有很多实事需要开展：硬件方面，全面实现北京先农坛物质文化遗存的复原展示，给观众提供真实的历史信息还原；在研究及古建保护并进前提下，争取尽早收回现存古坛区遗址，进行统一规划使用，产生集群效益；实现公园化管理方式的转变并提供足够设施，成为市民休闲的好去处；软件方面，发掘中国古代农业文明中农神崇拜的积极意义，特别突出科技是第一生产力的理念，淡化其中传统儒家“礼”的内涵；开拓研究层面的交流度，扩大横向联合，引进多学科深入探讨，萃取出隐含在先农文化中的精华价值，争取为世界古代农业祭祀文化遗产申遗奠定可靠基础。

作为遗址博物馆，对于自身文化内涵的研究、展示，甚至以活动的形式举办展演，不仅要经历相对长的历史资料理解消化过程，更需要揭开外在看本质的深入思考。坐落在北京先农坛的古建馆，以全国重点文物保护单位的历史文化遗址为物质依托，相当长的时期内对于自身价值的认知还有很多的问题要思考解决、很多的实事要做，更有很多的理念需要进一步明确认识。这也应该是历史对于以文化遗址为馆址的博物馆赋予的不可回避的责任所在。毕竟，在全社会努力营造出对先农坛认知的氛围，还有一条较为漫长的路要走。

董绍鹏，北京古代建筑博物馆保管部主任、副研究员

◎北宋办学经费来源的恒定渠道——学田制①

◎ 魏彦红

【摘　要】本文再将此列做专题进行研究的目的在于，漆侠先生从经济学的视角对学田制封建租佃关系的发展进行了研究，对教育的影响及管理措施没有涉及。喻本伐先生是从宏观的角度对古代学田制进行了综合研究，对宋代学田制的实施细则研究不够深入。贾灿灿对宋代学田制进行了较为系统的研究，但对其时代意义、影响及启示研究较少涉及，留有空白。这些成为本文研究的目的和重要内容。本文主要从北宋学田制的创制与发展、学田的来源与规模、学田制的管理体制、学田制的特点、意义及影响几方面进行了研究论述。

【关键词】北宋　办学　经费　学田制

学田制是中国古代尤其是宋代以后一种特殊的办学经费管理模式，也是最重要和最主要的办学经费来源渠道，在一定的历史时期对教育的发展起到了相当大的促进作用。学田制作为一种特殊的教育经费制度对于以农业经济为主体的封建社会教育的发展具有特殊的价值和意义。对学田制研究的学者主要有漆侠、喻本伐、贾灿灿等。本文再将此列做专题进行研究的目的在于，漆侠先生从经济学的视角对学田制封建租佃关系的发展进行了研究，对教育的影响及管理措施没有涉及。喻本伐先生是从宏观的角度对古代学田制进行了综合研究，对宋代学田制的实施细则研究不够深入。贾灿灿对宋代学田制进行了较为系统的研究，但对其时代意义、影响及启示研究较少涉及，留有空白。这些成为本文研究的目的和重要内容。

① 本部分综合参考了漆侠《宋代学田制中封建租佃关系的发展》，《社会科学战线》1979 年第 3 期；喻本伐《学田制：中国古代办学经费的恒定渠道》，《教育与经济》2006 年第 4 期；贾灿灿《宋代的学田制度》，硕士学位论文郑州大学，2011 年。

一　北宋学田制的创制与发展

（一）学田制产生的原因与背景

对宋代学田制随着社会的发展，文明的进步，教育发展成为与其相承辅的重要因素。经济基础是社会发展的根本，没有一定的经济支撑，教育发展必然无法实现。尤其是古代社会，经济发展水平普遍较低，经费难以到位，教育普及率较低，教育发展缓慢。即使随着社会及经济水平的进一步提高，教育经费也往往难以到位，或者被挪为他用，致使教育发展受阻。这是学田制产生的直接原因之一。宋初统治者认识到崇儒的重要性，制定了“崇文抑武”的国策，表现在教育上即大学学校，培养人才，这必然需要朝廷在经费上给以大力支持，在众多经费的形式上，赐田赡学无疑成为一种较为稳定的经费来源。佑文国策带来了教育的发展，经过几次大的兴学运动，促使北宋教育的发展达到顶峰，地方官学遍及全国各地，书院教育亦成为除官学之外的重要教育机构。政府为了支持、维护地方教育的发展必须予以经费支持，以学田地租的形式为学校提供经费，稳定而持久。北宋仁宗时期，军备开支占国家财政收入的“六分之五”或“十之七八”，冗官现象严重，无休止的赏赐、大兴土木、各种奢侈开支等，加之每年的“岁币北输”，国家财政入不敷出，在这样的背景下，朝廷实在拿不出多余的钱来办教育，而学又不能不兴，只有另谋其路——学田制诞生，从国家财政外收入巧妙地解决了一个迫切而棘手的问题。这是最现实的原因。在北宋人才选拔中出现了“士子离籍冒贯”现象，一如现在的“高考移民”，士子为了获得解额的优厚政策而离开本土到解额较多的地区应考。这样出现了很多难以解决的矛盾和问题，虽然采取了多种措施试图解决，但仍然无法从根本上解决士子冒贯之问题。于是真宗、仁宗朝进一步采取措施试图促使科举与学校教育一体化、本地化，即士子必须返乡读书应试，这就必然要求地方学校要有足够的空间、优质的教育满足众多学子对求学和应举的要求，为此，北宋统治者必须加大力度发展地方教育，首先需要解决的问题则是办学经费的问题。学田制的诞生使此问题从根本上得以解决。

（二）学田制及其发展

所谓学田制，即学校或书院通过朝廷赐田、官府购田、个人捐助等方式获得的学田，通过租佃来获取实物地租或货币地租以充作办学经费的制度。赐学田，作为政府赡学的一种特殊方式始于南唐的东佳书堂，或称“陈氏书堂”。《全唐文》有载，南唐升元元年（937 年）“遂于居之左二十里曰东佳，因胜据奇，是卜是筑，为书楼堂庑数十间，聚书数千卷，田二

十顷，发为游学之资"①。此处"田二十顷"为"游学之资"，即为学田之源。最早赐田书院的记载则是白鹿洞书院的前身——庐山国学，或称白鹿国庠。后主李煜曾"割善田数十顷，岁取其租廪给之"②。学田，作为一种经费制度的形成则始于宋代。宋代最早的书院学田出现在真宗咸平三年（1000 年）的潭州岳麓书院中，"请辟水田，供春秋之释典；奏颁文疏，备生徒之肄业，使里人有必葺之志，学者无将落之忧"③。宋代最早的官学学田为兖州学田。《长编》载，真宗乾兴元年（1022 年），判国子监孙奭言："知兖州日，于文宣王庙建立学舍，以延生徒，自后从学者不减数百人，臣虽以俸钱赡之，然常不给。自臣去郡，恐渐废散。伏见密州马耆山讲书、太学助教杨光辅素有经行，望特迁一官，令于兖州讲书，仍给田十顷，以为学粮。从之。"在《宋会要辑稿》《九朝编年备要》《文献通考》《宋史》《曲阜县治》等文献中对此均有相关记载，内容虽不尽相同，但均表达了"诸州给学田、盖始此"之意。由此可知，宋代学田制始于真宗乾兴元年赐兖州学田，而非南宋陈傅良所说的仁宗庆历兴学时。④

仁宗天圣年间"给江宁府学田十顷，从张士逊之请也"⑤。天圣七年（1029 年）对于新建的建康府学"朝廷给田十顷，赐书一监"⑥。明道、景祐年间，朝廷"累诏立学，州郡立学，赐田给书，学校相继而行"⑦。宝元、康定年间赐地方学田数次，最多的一次为赐吴兴州学 50 顷⑧，青州州学 30 顷。⑨ 国子监赐学田始于康定元年（1040 年），赐"国子监学田五十顷"⑩。庆历初，朝廷赐太学较多学田，以示大力发展之意，"拨田二百余顷，房缗六七千"⑪，可供 200 学员之用；庆历三年（1043 年）十月，因太学规模的扩大，朝廷又赐学田。"诏以玉清贻应宫田二十二顷赐国子监"，第二年又"以上清宫田园、邸店，赐国子监"⑫。庆历四年（1044 年），诏州县皆立

① 董诰：《全唐文》卷 888《陈氏书堂记》，山西教育出版社 2011 年版，第 5469 页。

② 《长编》卷 21，太宗太平兴国五年六月己亥，第 467 页。

③ 王禹偁：《小畜集》卷 17，《潭州岳麓书院记》，文渊阁四库全书影印本，第 1086 册，第 164 页。

④ 陈良傅：《止斋文集》卷 39，《温州淹补学田记》。

⑤ 《长编》卷 109，仁宗天圣八年庚寅，第 2548 页。

⑥ 周应合、马光祖：《景定建康志》，卷 28，《儒学志一・本朝兴崇府学》，宋元方志丛刊本，中华书局 1990 年版。

⑦ 《宋会要辑稿・崇儒》二之三，第五十四册，第 2188 页。

⑧ 谈钥纂修：《嘉泰吴兴志》卷 11，《学校》，宋元方志丛刊本，中华书局 1990 年版。

⑨ 石介：《徂徕石先生文集》卷 19，《青州州学公用记》，中华书局 1984 年版。

⑩ 《长编》卷 126，仁宗康定元年正月壬戌，第 2965 页。

⑪ 赵抃：《清献集》卷 8，第 1094 册，《奏状乞给还太学田土房缗》，吉林出版集团有限责任公司 2005 年版，第 871 页。

⑫ 《宋会要辑稿・职官・国子监》二十八之四，第七十五册，第 2973 页。

学，“州郡不置学者鲜矣”。由此，州县建学遍天下，学田制基本形成。

神宗朝，学田制得到进一步发展。这与王安石变法的背景有关，王安石一直坚持“养之之道”，必要“饶之以财”。熙宁四年（1071 年）三月五日诏诸路转运司：“应朝廷选差学官，州军发田十顷充学粮。元有田不及者益之，多者听如故。凡在学有职事，于学粮内优定请给。”此为宋朝首推学田制的诏书，并由原来的 5 顷增加到 10 顷。熙宁八年（1074 年）始赐田于蕃学。“教蕃酋子弟，赐地十顷，岁给钱千缗。”说明神宗此时已经非常重视边疆和少数民族的教育了，赐地十顷，已经是个不小的数目了，也说明神宗朝相对仁宗朝赐田范围大大增加。哲宗朝对赐学田记载不多。大规模的赐学田活动应在徽宗时期。崇宁兴学活动中县学普遍得到了政府所赐学田。崇宁元年（1102 年），蔡京上奏：“本路常平户绝田土物业，契勘养士合用数拨充。如不足，以诸色系官田宅物业补足。”① 同年，“天下州县并置学，州置教授二员，县亦置小学。州给常平或系省田宅充养士费，县用地利所出及非系省钱”②。徽宗政和二年（1112 年），采取了优待学田的政策，即免去夏税和秋税，“诏诸赡学田业，免纳二税”③，政和三年（1113 年）诏“诸路已拨良田赡学，提举学事司更不拨还常平钱”④。因提举学事司在户绝田的处置上权侵常平司，有害常平法，于是“诏诸路赡学户绝田产，令归常平司”⑤。北宋末年的政和、靖康年间，由于战乱、灾荒的影响，国家财政瘫痪，学田产业萎缩。

综上，北宋学田制的发展是伴随着兴学运动的开展同步而行的，学田制的发展出现了三个高潮，分别出现在仁宗、神宗和徽宗朝，同庆历兴学、熙丰兴学和崇宁兴学步调一致。教育的发展需要学田制的支撑做经济后盾，学田制又推动了教育的大发展。

二　学田的来源与规模

（一）学田的来源

北宋学田来源渠道较多，主要有朝廷赐田、官方拨田、自筹经费购田、官绅捐赠私田等。

1. 朝廷赐田

这是学田获得的最主要的途径。自宋真宗乾兴元年（1022 年）赐兖州

① 《宋会要辑稿·崇儒》二之七，第五十四册，第 2190 页。

② 《宋史》卷一百五十七，《选举志三》，第 3662—3663 页。

③ 《宋会要辑稿·崇儒》二之十八，第 2196 页。

④ 《宋会要辑稿·崇儒》二之二十，第 2197 页。

⑤ 《宋会要辑稿·崇儒》二之三十二，第 2203 页。

学田始，开赐学田之先例。之后多次赐田给府学、州学。仁宗天圣八年（1030 年）赐江宁府学学田 10 顷。明道、景祐年间多次下诏命州郡立学，赐田给书，学校相继发展起来。景祐、宝元年间赐学田达 20 余次。康定元年（1040 年）赐国子监学田 50 顷。自此，赐学田成为北宋官学发展的重要而固定的经费来源。

2. 官方拨田

除中央官学之外，地方官学的发展，一方面依靠朝廷赐学田作为经费的重要来源，但仅依靠此途径是不够的；另一方面还要依靠本地官府及官员的支持，以获取更多的田产方能满足经费的需求。宋代是重视教育的朝代，朝廷考核地方官员的业绩时往往与其教育业绩挂钩，前面有史料已经提及，如果教育不力，则要降级或给以其他惩处。这样地方官员都将发展本地教育作为工作重点。另外，选派到地方的官员大多具有较高的文化素质，一般都重视教育，致力于发展地方教育，拨公田为学田也是一种支持教育的方式。公田的来源主要包括没官田、户绝田、诉讼田、废寺田、荒废田、牧草地等。宋仁宗宝元年间，张方平为睦州州学“乞于管内荒逃系官田内量给十数顷，以给学粮，选官以领其教职，置籍以会其物费”①。宋神宗熙宁三年（1070 年），“诏列郡修辟学馆，其都府置学官者，给公田十顷，著为令”②。元丰八年（1085 年）尚书陈垲不仅捐钱给崇德县学，而且“令黄元直拨田衍学廪，而士有所养矣”③。《宋史・滕元发传》有载，“哲宗登位，徙苏、扬二州，除龙图阁直学士，复知郓州。学生食不给，民有争公田二十年不决者，元发曰：‘学无食而以良田饱顽民乎’？乃请以为学田，遂绝其讼”④。徽宗崇宁三年（1104 年）曾充户绝田为学田，“诏拨诸系官田宅、常平、户绝等田，以充学费”⑤。政和元年（1111 年），诏令诸路提举学事司将多余的田产归还常平司。“以前三年赡学支费过实数内，取支费钱谷最多一年为准，仍增加五分，以备养士外，余剩田舍，尽数拨还元管系官司。”⑥ 北宋初年由于对佛教的支持，朝廷赐予寺院大量田产，后受到指责，朝廷又采取措施控制寺院的发展，出现了一批废弃寺庙，朝廷便用以充学费，成为一时之风。元丰初，因“会安福寺僧犯法，籍没其田，

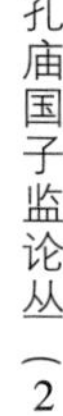

① 《全宋文》，卷 787，《张方平・睦州请州学名额及公田奏》，第三十七册，第 87 页。

② 梁克家：《淳熙三山志》卷 12，宋元方志丛刊本。中华书局 1990 年版，第 7885 页。

③ 徐硕，单庆：《至元嘉禾志》卷 7，《学校》，宋元方志丛刊本。

④ 《宋史》卷 332，列传第九十一，《滕元发》，第 10675 页。

⑤ 梁克家：《淳熙三山志》卷 12，《版籍类三・赡学田》，宋元方志丛刊本，第 7886 页。

⑥ 《宋会要辑稿・崇儒》二之十六，中华书局 1957 年版，第 2195 页。

请于朝，以资养士”①，将寺田赐予湖州州学。

3. 学校自筹资金购置田地

学校自筹经费购田的方式也是学田的一种来源。即学校可以通过自筹资金购置田产或包佃公私田地的方式扩大学田规模。如始建于仁宗天圣七年（1029 年）的建康府学，朝廷曾赐学田 10 顷。到徽宗靖康年间则增至 38 顷 57 亩。②《嘉泰吴兴志》载嘉祐七年（1062 年）“知州事鲍轲闻秀州松杨泾有民诉田，连年不决者，官将两夺之”③。于是请转运使贷钱 60 万得田 7 顷 19 亩。因土地肥沃，无旱涝之患，当年即得租米“三百二”石，“以二年之入偿贷钱，然后率为学粮，岁可以食百员”④。

4. 官绅捐赠

在宋代官绅中，一些人为了支持地方教育的发展，将自己的部分田产或俸禄捐给当地学校。但北宋官员捐田捐俸禄的记载不多，只有真宗朝的曹诚，捐钱建应天书院，并且“买田市书，以待来者”⑤。

（二）学田的规模

从上面引用的史料中我们可以看到仁宗朝学田规模为：国子监最高赐田 50 顷；府学 10 顷；州学一般为 5 顷。也有例外，如兖州、蔡州州学则给 10 顷；青州给田 30 顷。赐学田达 30 余个州府学。神宗朝州学、军学赐田 10 顷，大致为仁宗朝的 2 倍。赐田范围也有所增大，如赐田蕃学以示支持。在赐学田给书院中，其规模范围都较官学要小，如仁宗天圣二年（1024 年）赐茅山书院 3 顷⑥；景祐二年（1035 年）赐石鼓书院 5 顷⑦；宝元元年（1038 年）赐嵩阳书院 10 顷⑧等。

学田制在北宋后期得到了快速发展，学田数在各地激增。现在唯一能看到的是徽宗大观三年（1109 年）的数据：“总天下二十四路，教养大小学生以人计之，凡一十六万七千六百二十二；学舍以楹计之，凡九万五千二百九十八；学钱以缗计之，岁入凡三百五万八千八百七十二；所用凡三十三万七千九百四十四；学田以顷计之，凡一十万五千九百九十；房廊以楹

① 梁克家：《淳熙三山志》卷 12《版籍类三 · 赡学田》，宋元方志丛刊本，第 7886 页。

② 周应合：《景定建康志》卷 28《儒学志一》，宋元方志丛刊本，中华书局 1990 年版第 1808 页。

③ 谈钥：《嘉泰吴兴志》卷 11《学校》，宋元方志丛刊本，第 4733 页。

④ 同上。

⑤ 徐度：《却扫篇》卷上，见陈谷嘉、邓洪波编《中国书院史料》，浙江教育出版社 1998 年版，第 90 页。

⑥ 《江南通志》卷 90，广陵古籍刻印社影印本，1987 年，第 528 页。

⑦ 朱熹：《晦庵集》卷 97，第 1146 册，文渊阁四库全书影印本，第 320 页。

⑧ 《长编》卷 122，仁宗宝元元年四月丁亥，第 2872 页。

计之，凡一十五万五千四百五十四。”① 由此足见北宋后期赐学田力度之大，学校规模之大。

三 学田制的管理体制

（一）学田的管理

朝廷所赐众多学田，成为学校发展的基础。学田管理自然成为非常重要的一环。宋政府也在不断探索学田管理模式，以便高效地发挥学田本身的作用和价值。北宋对学田的管理分前期和后期两个阶段。在北宋前期，凡某地学校需要朝廷赐学田支持时必须先提交申请，在得到朝廷审批之后，即由屯田司按程序办理手续。屯田司“掌屯田、营田、职田、学田、官庄之政令，及其租入、种刈、兴修、给纳之事”②。此时国家控制着学田的审批权。随着教育的大规模发展，朝廷将学田的审批权下放到诸路。如徽宗崇宁年间降诏诸路，“将系官折纳、抵当、户绝等田产，招人添租争佃，充助学费，免纳二税”③。不仅确定了学田的经营模式为租佃制，而且使地方官府对学田有了一定的审批权。在一定程度上实现了学田置办权由中央到地方的转移，这是学田和教育发展到一定规模的必然产物，也反映了北宋学田管理体制的不断完善和进步。

对租佃制学田的管理，一般有两种形式。一是由官府直接管理。宋初各地教育由本地行政长官兼管。神宗熙宁四年（1071 年），于京东、京西、陕西、河北、河东等路置学官进行管理；徽宗崇宁二年（1103 年）置提举学事司管理地方教育，其中的一种职能即对经费的管理。即学田的置办、出租、租入、支付等事宜均由提举学事司职掌。宣和三年十月尚书省言：“诸路学田并西南外宗室财用司田产，元所给佃租课太轻，不足於用。诏许添立实封入状，添立租课，佃一次，如佃人愿从添数，亦仍给佃。”④ 二是由学校自主管理。这种形式的管理更多地体现在书院的自身管理上。因为书院的学田多来源于当地乡绅捐助或自筹经费，自主支配田产和经费当为必然。至于北宋地方官学自主管理学田的史料尚未发现。

由于宋代采取了“不抑兼并”的土地政策，土地兼并非常激烈。在这种社会环境中，学田也难免不遭此厄运。大观三年（1109 年），奉议郎李庠在奏疏中讲：“形势官户，有以田宅入官中卖，请托州县，因缘为奸。欲乞

① 葛胜仲：《丹阳集》卷 1，第 1127 册《乞以学书上御府并藏辟雍札子》，文渊阁四库全书影印本，第 400 页。

② 《宋史》卷 163《职官志三》，第 3863 页。

③ 《宋会要辑稿》食货七〇之二一，第 6381 页。

④ 《文献通考》卷 7，《天赋七・官田》，第 197—198 页。

将形势官户等，不许中卖在官赡学田宅。”[①] 可见，学田被兼并侵占的现象非常严重。为此朝廷采取了多种管理措施。首先，州县学置籍入册。仁宗景祐年间，张方平知睦州时曾奏请朝廷拨学田十顷，并建议“选官以领其教职，置籍以会其物费”[②]。徽宗大观二年（1108 年），“舍宇之数、费用之多寡、田业之顷亩，载之图籍，掌在有司”[③]。石鼓书院也对学田实行入簿管理，“行视畦亩，分画丈簿，第其租入，虽率有程，赀用取具”。其次，设立学田碑以记载。一是为了防止随着时间的流逝，关于学田的记载被遗忘丢失，将学田的相关情况刻于石碑之上，以便于永久保存，作为证明。二是防止学田所有权被权势之官侵吞兼并或侵佃。所以，“步亩之广袤，税赋之重轻，暨佃户之姓名，租课之多寡，咸刊诸石，以传不泯”[④]。最后，加强了对学田的管理力度。学田经费的主要来源、经费的管理是教育管理中非常重要的环节。因此朝廷也在不断加大对办学经费的管理力度。大观二年（1108 年）十一月八日魏宪言：“诸路学费房廊，止是科差剩员一名收掠，其间侵欺盗用，失陷官钱。欲乞学房廊多处，许依州县法，召募库子一名，专行收纳；其或少处，亦乞权令本州库子兼管。诏不限钱多寡，并置一名。多者仍置专副主管。”[⑤] 这样不限钱多钱少，“并置一名”，而且学费多者“置专副主管”，在人员设置上加强了对经费的管理。

（二）学田的经营

学田是通过经营才能获得办学所需的经费。北宋学田的经营形式即租佃制，即官府将学田租与农民耕种，以收取地租作为办学经费。宋代租佃制的长足发展，在学田经营中也普遍采取租佃形式，而且随着由劳役租向实物租、分成租向定额租的转变，定额租、实物租及货币租成为学田租的主要形态，这是北宋租佃关系在学田租佃中的重要表现。

四　学田制的特点、意义及影响

（一）学田制的特点

1. 经济形态的可行性

政府或学校以学田租佃的形式租给佃户，以收取地租而充学费的经济形式，是一种非常现实而巧妙的方式。尤其是在政府财政亏空，没有多余

---

① 《宋会要辑稿》崇儒二之十四，第 2194 页。

② 张方平：《张方平集》卷 21《睦州奏请州学名额及公田》，中州古籍出版社 1992 年版，第 311 页。

③ 《宋大诏令集》卷 157《政事·学校》，中华书局 1997 年版，第 592 页。

④ 阮元：《两浙金石志》卷 4《嵊县学田记》，浙江古籍出版社 2012 年版，第 154 页。

⑤ 《宋会要辑稿·崇儒》二之一三，第 2193 页。

财力支持教育的情况下，学田制缓解了政府财政的压力，既开辟了新的财源，又不影响政府预算支出，很好地绕开了财政困境，同时又给地方教育注入了新鲜而稳定的活力，这是一件两全其美的事情，是一个非常巧妙的方法。随着教育的发展，事实证明，学田制非常切实可行，是非常成功的创举。

2. 经费来源的恒定性

宋之前的各个朝代，也多重视教育，唐代教育亦成为中国古代教育史上的典范之一，有着发达的中央官学系统，但地方官学则没有宋代发达，究其原因，可能与其经费紧缺有关。宋代之所以具有发达的地方教育并不是因为宋代具有超强的经济实力，而是和其开辟的经费新途径——学田制的创举有直接的关系。从对学田制的探索到制度的成熟，学田逐渐成为宋代教育经费的恒定来源。宋代对学田管理采取了多种措施，严格执行，基本做到了专款专用，较为稳妥地解决了办学所需的各项开支。学田成为宋代教育快速发展的稳定的经济后盾。

3. 经营方式的进步性

宋代学田采取定额地租形式，分为实物地租和货币地租两种。这种制度在当时土地所有制形式中是最为进步的。从劳役地租演变为实物地租已经具有历史进步的意义，宋代学田制不仅仅实现了实物地租的普遍性，而且进一步出现了货币地租形式，这是经济方式的巨大飞跃。在学田租佃制中只对佃户征收定额地租，没有其他额外的附加条件，没有欺压侵凌，对生产过程不予干预，这样最大限度地调动了佃农的积极性。学田制成为土地经营史上更为进步的方式。

（二）学田制的意义

1. 开创了中国封建社会教育经费制度的基本模式

经费是支撑教育发展的基础因素，有教育活动的开展必然有经费做经济基础。每个朝代亦是如此，每个朝代均有自己独特的教育经费来源和不同的经费模式。不同的经济水平、文化背景、社会状况均会有相应的财政来源和经费制度。当社会发展到一定的历史时期，特殊的社会背景包括经济、政治、文化、科技、军事等因素，在它们的制约下，会有相应的教育发展水平和管理制度。宋代即以其特殊的社会背景促成了学田制的产生，这是一种历史性的创举，无论是在我国土地经济史上，还是在我国教育经济史上，均为重要事件，有着划时代的意义，占有重要的历史地位。自宋代学田制问世后，因其可行性、适应性和创新性得到了迅猛发展，并成为教育经费来源的稳定而重要的方式。其后的南宋及元明清到民国时期，均承袭学田制作为教育经费制度的基本模式。为此说，宋代学田制开创了教育经费制度的新时代。

2. 强化了中央财权

学田以政府所赐学田为主。当地方教育的发展需要经费支持时，地方政府首先要打报告上奏朝廷请赐学田，一般凡能得到朝廷准许，便能得到5—10顷的土地，朝廷也会根据某地的具体社会经济文化等状况给以不同程度的支持。这里一个重要的环节便是学田的获得必须得到朝廷批准，因为这部分土地属于国家，朝廷对此拥有所有权。学田奏请得到朝廷批复后，则交付屯田司办理各种手续。地方教育经费（以学田地租为主）要由本路提举学事司进行管理，提举学事司则由中央委派地方进行教育管理，它直接对朝廷负责。所以，朝廷和政府拥有学田管理权和置办权。这样的程序必然使学田的处置权牢牢地掌控在朝廷，从宏观上控制学田经费的支配与管理，在一定程度上强化了中央财权，同时，对强化中央集权统治亦有着重要的意义。

3. 增强了官学的自我赡养、自我发展能力

学田制的特点之一是，中央政府给以地方教育发展的支持是宏观而间接的，不是直接拨给钱币做经费，学田变成实物或钱币还要经历租入过程。学田租佃的过程则为地方学校自我赡养、自我发展的过程。有土地就有财源，就能获得实物地租或货币地租，可以日复一日，年复一年，成为恒定的渠道，使学校得以持续发展。朝廷赐学田的支持占据经费的主导地位，但一般情况下仅靠所赐学田并不十分充裕，学校自身需要开辟新的渠道以获取更多的经费，如得到地方捐助、出租房舍、刊刻书籍、承办酒醋坊等。

4. 学田制助推了教育的发展与普及

北宋教育，无论是中央官学还是地方官学均获得了长足的发展，尤其是经过几次大规模的改革和兴学运动使北宋教育尤其是地方教育得到了迅猛发展，州县学校得到普及，社会受教育面大大提高。在这种发展过程中，学田制的推动成为最重要的因素。即使在一些经济发展非常落后的地区，如闽西汀州，在皇帝的兴学诏令下，在朝廷赐学田的支持下，所设县学普及率达100%。尤其是贫寒子弟能在学校经费的资助下获得良好的教育，甚至获取功名。由于经费到位，学校均能开展常规教育，使一些外地求学的士子回归本土学习，在一定程度上解决了“士子离籍冒贯”现象。稳定的经费来源，自然促使教育规模不断扩大。大观二年（1108年），全国州县学钱岁入3058872缗，岁支出2678787缗；学粮岁入640291石，岁支出337944石，钱粮收入大于支出。学校钱粮的多少，与士子入学的数额成正比。大观前后，由于学田较多，北宋州县学生发展到 167622 人。①

（三）学田制的影响及启示

1. 学田制的影响

宋代设立学田制，适应了封建社会土地所有制的形态，有着较大的现实意义，为此成为之后我国封建社会形态下教育经费的基本模式，对同期的辽夏政权及后世产生了深远影响。如西夏崇宗乾顺永安三年（1101 年），"建国学，设弟子员三百，立养贤务以廪食之"②。元明清承袭此制，使学田制得以发扬光大。元世祖忽必烈亦推行重学兴教，使学田制得到继承并继续发展。至元二十三年（1286 年），元世祖忽必烈诏令"复给本学，以便教养"③，即学田制在元朝正式恢复启用。由于元代少数民族主政，学校种类也多，有蒙古字学、儒学、国子学、医学等，其中的儒学分路、府（州）、县学，有学田支撑。学校按级别赐学田额不等，少则一两顷，多则达百顷。明代学田制承袭宋元，而管理更加完善，民间乡绅也参与学田的管理，形成了官民相互制约的机制，学田地租形态呈现出货币地租增长的势头。经过宋、元、明三代的发展，学田制已经非常成熟，管理体制日趋完备。学田制在清朝得到进一步的发展，在明代的基础上清朝制定了有关学田的规章制度，对租佃的责任和实施措施做了具体的规定，做到了有章可循，而且货币地租形式更加普遍。

学田制历经宋元明清达 900 年。如果从东佳书堂于 936 年置学田算起，到国民政府于 1931 年命令停止所有对小学经费的拨充，学田制经历了近千年。作为中国教育史上一种新生事物，它的兴起与制度化对中国教育事业的发展做出了不可磨灭的贡献。

2. 学田制对当今办学经费改革的启示

北宋学田制的成功之处在于绕开了政府财政预算，而开辟出一条新的途径，既不给政府增加财政负担，又能很好地解决了办学经费。学田制虽然产生于宋代，但对今天教育的改革尤其是办学经费制度的改革仍然有着诸多启示。其中非常重要的是要开辟新的经费渠道，取得社会资金的支持，即开辟民间财源。比如得到校友或者其他社会机构的捐助，设立校友基金或其他名目的捐助基金。这是一条非常重要而可行的路径，并有着无穷的潜力。国外大学尤其是美国的高校，无论是私立大学还是公立大学，很大一笔办学经费来自社会或者校友的捐助。其中较大的比例用来设置奖学金，

---

① 汪圣铎：《两宋财政史》，中华书局 1997 年版，第 498 页。

② 《宋史·夏国传》卷 486，第 14019 页。

③ 宋濂：《元史》，中华书局 1976 年版，第 1808 页。

以奖励优秀学子。美国“哈佛商学院2003年正式发动了一场声势浩大的募捐运动，目标是募集5亿美元。根据2006年2月6日公布的数据，募捐成果大大超过了原来的目标，达到6亿美元”①。那么，这6个亿是如何支配的呢？“11400万将花在学生的奖学金上，超过预定的1亿的目标；10020万花在雇用教授上，也超过预定的1亿的目标；12530万用于技术基础设施的建设，超过12000万的目标；12750万用于全球性研究和国际交流，超过预定的1亿的目标；校园整修募集了8570万，超出8000万的目标。另有6000多万的机动基金。给学生的奖学金，占了总金额的将近1/5。”② 这是一个非常成功的例证，我们从中能够得到不少启示。我国的高校甚至是基础教育阶段完全可以借鉴这种模式，努力争取、吸引民间财源的支持，为教育的发展注入新的血液和动力，并将成为一种重要的经费管理模式。

魏彦红，衡水学院教授，《衡水学院学报》主编，董子学院执行院长

① http：//www.360doc.com/content/13/1211/03/7841665_ 336227765.shtml.

② 同上。

◇费县闵子祠考

◎ 李瑞振　左玉龙　陈泽明

【摘　要】 先贤闵损作为孔子的高徒，以高洁的政治品格和广为传颂的仁孝精神备受后人赞颂，其后人闵沃盈迁居今山东省费县，是有费县闵子祠，亦称笃圣祠。费县闵子祠在历史上屡经修缮，屹立不倒，实为人们推崇高尚品德的见证。古代文献中对费县闵子祠多有著录，尤其是在金、元及民国时期的文献中，记载尤为具体、详尽，通过这些记载我们可以比较直接地考察费县闵子祠的历史面貌。

【关键词】 费县　闵损　闵沃盈　笃圣祠

闵子（前 536—前 487 年），名损，字子骞，春秋时期鲁国人，与孔子弟子颜回、冉伯牛、仲弓并称为孔门德行科的代表人物。图 1 为民国二十三年版《孔子圣迹图》中的闵子真影。

《论语》中关于闵子最重要的记载有如下五处：

季氏使闵子骞为费宰。闵子骞曰：善为我辞焉。如有复我者，则吾必在汶上矣。(《论语・雍也》)

鲁人为长府，闵子骞曰：“仍旧贯，如之何？何必改作？”子曰：“夫人不言，言必有中。”(《论语・先进》)

闵子侍侧，訚訚如也；子路，行行如也；冉有、子贡，侃侃如也。(《论语・先进》)

德行：颜渊，闵子骞，冉伯牛，仲弓。政事：冉有，季路。文学：子游、子夏。(《论语・先进》)

子曰：“孝哉闵子骞！人不间于其父母昆弟之言。”(《论语・先进》)

《论语》中的这几处记载主要表现了闵子政治品格和道德品格两个方面的优点。第一处讲鲁国国君的臣下季氏，想征召闵子去费邑任长官，闵子托人拒绝

图 1　民国二十三年版《孔子圣迹图》中的闵子真影

了季氏的邀请，拒绝的原因主要还是季氏作为鲁国国君的臣下，僭越臣下的本分，有不臣之举，所以闵子在这种大是大非的原则问题上体现出了自己的政治品格。季氏也曾想征召孔子去费邑任职，孔子征询弟子意见，孔子弟子谏止了孔子想去任职的想法。后来，费县地方志书等多处以闵子任职费邑为由，列为地方名宦，实为对闵子的莫大误解。清人叶圭绶在其《续山东考古录》一书中认为康熙二十八年所修《费县县志》在“名宦”中列“闵子”，实为不妥：

> “古迹”有息城、梁丘城，皆无稽。又有鄪城，非县境。（其《名宦》首闵子，真汪蔑先贤！）①

叶圭绶的主要依据是闵损并没有在费地为官经历，籍贯曲阜，亦非费县，所以谈不上是费县的“名宦”。

第二处讲鲁人想改造府库，闵子认为没有必要耗费人力、物力，循旧即可，孔子赞扬闵子一般不说话，一说即能切中肯綮。这一处也表现了闵子爱惜民力，不妄施为的政治品格。

第三处讲闵子侍奉老师孔子，相比于子路的刚强表情，闵子则是和颜悦色，体现了他品行温和的特点。

---

① （清）叶圭绶撰：《续山东考古录》，王汝涛、唐敏、丁善余点注，山东文艺出版社 1997 年版，第 563 页。

第四处讲闵子在孔子弟子中以德行为长，是孔子弟子中品德的代表。

最后一处讲孔子赞扬闵子的孝行，百善孝为先，这一品格成为后来人们提起闵子时最为重要和突出的一大评价和印象。

元代人郭居敬编的《二十四孝》和明人所编撰的《二十四孝图》，均将闵子《单衣顺母》，又称《鞭打芦花》列为第三篇："周闵损，字子骞，早年丧母。父娶后母，生二子，衣以锦絮；妒损，衣以芦花。父令损御车，体寒，手无法握住缰绳。父查知故，欲出后母。损曰：'母在一子寒，母去三子单。'母闻，悔改。有诗赞道：闵氏有贤郎，何曾怨晚娘？车前留母在，三子免风霜。"

讲述了闵子早年丧母，后母以芦花充当棉絮虐待闵子，闵子父亲知道后，想赶出后母，闵子以"母在一子寒，母去三子单"的博大胸襟最终感动了后母，团结了家庭。

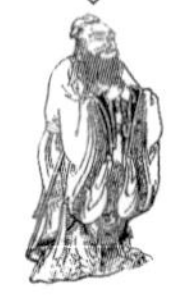

闵子品德孝行著称于世，华夏大地多处均有闵子纪念建筑，山东费县有闵子祠，山东济南有闵子墓，安徽宿州有闵子祠以及闵子墓，等等。

山东省费县位于鲁西南地区，隶属临沂，建置较早，可追溯到先秦时期，《尚书》《左转》等古代史书中均有费地之文献记载。

闵子祠位于费县汪沟镇闵家寨村，在"文革"中被损毁严重，于 2003 年重建。

闵子祠始建于何时，不可考，费县之所以存有闵子祠，主要的依据还是闵子的后人闵沃盈在此居住的缘故，图 2 为费县闵家寨现存闵沃盈墓。

图 2　费县闵家寨现存闵沃盈墓

今天的费县闵子祠，又称“笃圣祠”，匾额三字传为乾隆皇帝御书。祠堂东西距离 100 米，南北距离 100 米，基本呈正方格局，祠堂为 3 间，坐北朝南，东西长约 15 米，宽 8 米。

图 3　费县闵子祠

祠堂内中间为闵子骞神位，东间有存宋真宗大中祥符二年（1009 年）宋真宗皇帝命大学士王旦所作碑文：

> 子骞达者，訚訚成性，德冠四科，孝先百行，人无闻言，道亦希圣，公衮增封，均及天庆。

《费县志·卷十四·金石》有记载：“闵子赞碑，宋真宗皇帝命集贤殿大学士王旦赞：子骞达者，訚訚成性，德冠四科，孝先百行，人无闻言，道亦希圣，公衮增封，均及天庆……石碑在闵子祠殿内东偏殿，高二尺，阔一尺三寸，强锐，上如圭形。共六行字，径寸余，笔意在钟王之间，次行题宋真宗云云，则非当时石刻可知矣。”① 该碑高 0.7 米，宽 0.42 米，厚 0.20 米，此碑现保存在“笃圣祠”内，保存较为完好，见图 4。

费县闵子祠在历代都有相关文献记载，通过这些记叙，我们可以看到费县闵子祠在历史长河中的清晰身影。

① 费县地方史志编纂委员会办公室：《费县旧志资料汇编》，山东省新闻出版局 1993 年版，第 307 页。

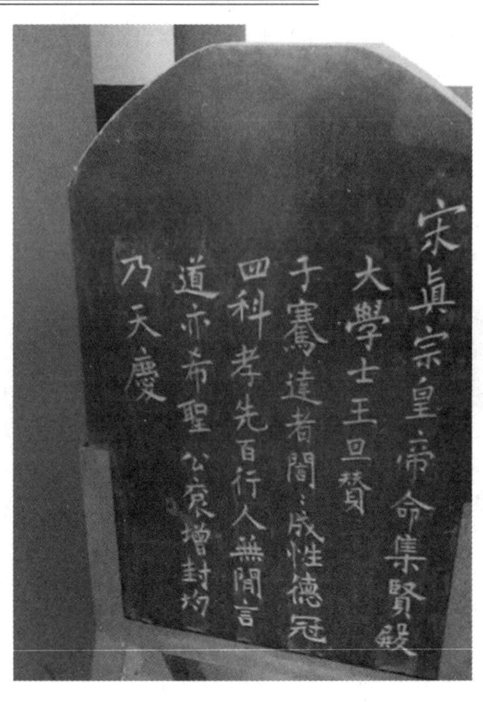

图 4　闵子赞碑

金代山东东阿人张万公，曾担任费县主簿，写有《谒费候闵子祠记》一文，记载了费县闵子祠在金代的情况，可资了解：“予家世东阿，居为近圣，昔在鸡窗读《鲁论》《家语》，载候之故实甚切，庆为忠孝名臣，心窃景慕。初，予举进士，筮仕兹土，览《费志》，乃知费为闵候恭桑之乡，随释奠于祠，訚訚风采，掩映几筵。缅想闵候德行，班乎子耕；而追论遭际，孝友感格，当与虞舜同。”①

从金人张万公的记载中我们可以得知，费县闵子祠在金代已经有闵子塑像存在，供人们瞻仰祭祀，“訚訚风采，掩映几筵”即是说闵子平和之样貌掩映在供桌之后，供人们祭拜。金人张万公中进士是在金正隆二年（1157 年），后为费县主簿，大定四年（1164 年），改为东京辰渌盐副使，迁长山令。也就是说《谒费候闵子祠记》一文是在公元 1157 年到 1164 年间所写，这个时候的费县闵子祠无论是建筑还是闵子塑像，以及祭拜之风气还是很兴盛的。然而此后一百年，费县的闵子祠逐步衰落失修。

金元之际，战火频仍，费县闵子祠也难免于被破坏和年久失修的命运，

① （清）李敬修、陈爰等：《光绪费县志》卷五，光绪二十五年刊本。

濒于倾颓之患。元代至元元年（1264年），元代费县县尹邵显祖通过《重修费公闵子祠记》一文，记述了费县闵子祠在张万公《谒费候闵子祠记》文后一百年的情形。图5为国家图书馆藏《重修费公闵子祠记》拓片。

图5 国家图书馆藏《重修费公闵子祠记》拓片

> “予案牍之暇，详览《费志》，邑之东北六十里许有其故宅，乃遇桓魋之乱，长子沃盈迁于引而卜居焉。跻其处，见其殿宇倾圮，像容毁暗，断烟荒草，碣碎碑残，相为太息者久之。特捐微俸，倡使维新，行将表之当宁，制益恢宏，俎豆蒸尝，垂于世世。工竣而树以贞珉，约略言之，以志不配云。元至元年仲春，费县尹邵显祖拜题。”①

邵显祖作为当时的费县县尹，在日常的案牍工作闲暇之际，通过阅读县志得知，费县城东北六十里有闵子故居，于是便亲自去查看拜望。这时的闵子祠殿堂屋宇倾倒颓败，闵子塑像亦是损坏非常，残碑断瓦，掩映于荒草断墙之间，甚是寥落。邵显祖有感于此，上书朝廷，并捐俸禄，又使费县闵子祠在元代重新得以焕发生命力。图6为国家图书馆藏元代邵显祖《先贤闵子祠祭文》。

① （清）李敬修、陈爰等：《光绪费县志》卷五，光绪二十五年刊本。

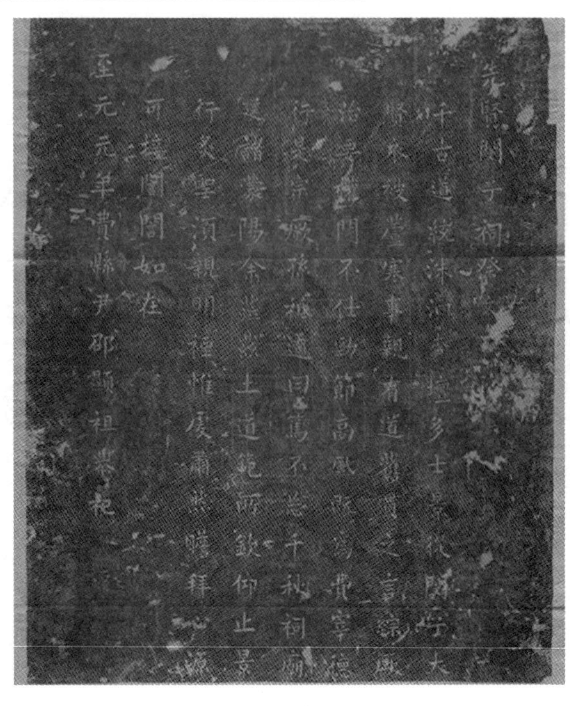

图 6　国家图书馆藏元代邵显祖《先贤闵子祠祭文》

民国初年，在闵子后裔闵昭乐、闵昭乾等闵氏后裔族人的推动下，费县闵子祠再一次得到了很好的修缮，时任费县县令的陈实铭邀请当时费县高等小学校校长李景星撰写了《重修闵子祠碑记》一文，记述了这次重修费县闵子祠的情况。图 7 为费县闵子祠存《重修闵子祠碑记》。

图 7　费县闵子祠存《重修闵子祠碑记》

“九年春，济南人士议修东关闵子墓，功既竣，省长屈六文氏为文以记，于褒扬先贤之忠，寓激励末俗之旨，意甚善也。其夏，吾县东北乡闵家寨村闵子后裔闵昭乐等亦以重修闵子祠，落成……案《史记》‘仲尼弟子列传’，闵子少孔子十五岁，不详里居，而《鲁论》记季氏使闵子骞为费宰，则有‘如有复我者必在汶上’之文，闵子之于费，仍无甚关系矣。然考之《家语》，闵子为费宰，问政于孔子，孔子告曰‘以德以法’。又《邑志》记载，闵子之长子沃盈，肌避桓魋之乱，聚族而居于费，费之有闵子祠也，宜也。

故自金元以来，县之贤士大夫对于是祠皆表彰不遗余力，而附祠左右，若闵家寨一带，凡为闵氏子孙，其著名儒藉者，多以修德匪懈……皆朴野质直，不趋于时好，不染于积俗，恂恂为以安居乐业为贵……至于先代宫墙或任其颓废而不暇过问，闵氏子孙岂能有所未闻欤？抑用意别有在欤？”

这篇碑文作于中华民国九年（1920 年），李景星在碑文中除提到了重修闵子祠的背景、过程以及闵子祠对当时社会风气的影响之外，还顺带考证了一下费县闵子祠的由来。

李景星认为，按照《论语》里闵子拒绝季氏做费邑长官之邀来看，闵子与此时的费县毫无关系，但是《孔子家语》中有“闵子为费宰”的记载和费县志书中有“闵子之长子沃盈聚族而居于费”的记载，沃盈聚族而居后，闵氏一族聚居于费县，闵子祠才真正出现。

从历代的文献记载来看，由于闵子高尚的德行，费县闵子祠受到了人们的广泛尊崇，历经多个朝代更迭，费县闵子祠多次重修，尊崇先贤的优良传统经久不息，先贤闵子不屈权贵、不劳民力、孝行善举的政治品格和人格魅力，对我们今天的政治文明建设和精神文明建设依然有积极的借鉴意义。

李瑞振，孔庙和国子监博物馆馆员

左玉龙，临沂大学费县分校教师

陈泽明，费县第二中学学生

◎李清照词风与其情感生活关系研究

◎ 杨齐国

【摘　要】传统的“二期说”认为李清照的词以靖康乱起、宋室南渡为界分为前后风格不同的两个时期，但此种划分方法也有其不足之处，忽略了词人的感情生活对其词风的影响，所以，本文以赵明诚“天台之遇”为界，将李词分为前后两个时期，前期词风清新自然，大多抒发幸福甜蜜的“闺思闲愁”；后期词风凄婉深沉，大多抒发孤独凄苦的“苦寂悲愁”。产生这些变化的主要原因有这样三点：一、美好爱情遭到背叛，婚姻生活一再变故，情感生活陷入前所未有的寂寞之中；二、穷苦潦倒的生活状况和残酷的社会现实，将她推入壮志难酬的万丈深渊；三、身处封建男权社会的她，特立独行、孤高自傲，因此无人赏识，使她感受到极度的孤独。本文拟结合李清照爱情、婚姻、社会变故等因素，详细分析了李清照前期和后期的词风与其情感生活的关系。

【关键词】李清照　词风变化　情感生活

一　李清照生平及其前后时期词风之变化

（一）前期

李清照，号易安居士，出生于一个文学气息十分浓厚的士大夫家庭。其父李格非出身进士，是苏轼的得意门生，官至提点刑狱、礼部员外郎，藏书十分丰富，才华横溢，是一个典型的文学爱好者。母亲是状元王拱宸的孙女，很有文学修养。官宦门第和诗书之家让她见多识广、眼界开阔，加之她才思敏捷，所以自小就才华过人，在交往圈中小有名气。宋徽宗建中靖国元年（1101 年），李清照年 18，与赵明诚在汴京成婚，当时赵明诚 21 岁，还只是一名太学生。李前期尽情地享受父母、丈夫的疼爱，生活无忧无虑，所以其词主要以描写少女、少妇的悠闲幸福生活为主，多写闺阁情怨，借此来抒发她对美好生活的无限向往和偶尔与丈夫赵明诚别离的相思之苦，别有一种悠闲风雅的情调。

（二）闺中少女时期（18 岁以前）

李清照从少女时代开始跟随父亲生活在繁华的京都，汴京优越的生活环境和繁荣的社会景象使其性格变得活泼大方，同时也激发了李清照的创作才华。因为李清照从小生活殷实富裕，所以这一时期的词大多以歌咏高山流水、花草树木等美好事物为主，表达她对美好生活的向往与追求之情。如《浣溪沙》（绣面芙蓉一笑开）、《浣溪沙》（淡荡春光寒食天）、《点绛唇》等，这些词不只是对少女美丽容颜的细致描写，更加抒发了少女对美好生活的向往。再比如一问世便轰动整个京城的《如梦令》，“当时文士莫不击节称赏，未有能道之者”。少女李清照被笼罩在才女的炫丽光环之下，静静地享受着世人的宠爱。

（三）婚姻时期（18 岁至屏居青州十年时期）

李清照与当时太学生赵挺之子赵明诚兴趣相投、志同道合，在她 18 岁之时两人喜结连理，婚后的感情生活也一直十分融洽。李清照与丈夫赵明诚经常互相切磋诗词文章，每次切磋都会有不菲的收获。李清照拥有广博的见识和出众的记忆能力，在赵明诚编纂《金石录》的时候，能迅速地说出材料的出处。不知不觉中，他们在朝夕相处中互相激励，更增加了对彼此的好感，爱情的种子开始萌芽并茁壮成长。在爱情的感召下，李清照的创作灵感如泉水一般涌现出来，创作了一首首朗朗上口的诗词。她的诗词创作也逐渐走向成熟，表现出了情景交融、超凡脱俗、意境独特的艺术风格。如果说陆游的《钗头凤》带给我们的是凄惨的爱情的话，那么李清照为我们谱写的就是爱情的甜蜜与美好，她的词其实就是自己生活的真实写照。如《醉花阴·重阳》（薄雾浓云愁永昼），上片写的是秋天的悲凉风景，下片写重九感怀，抒发了词人对丈夫彻骨的爱恋和痴痴的思念。“莫道不消魂，帘卷西风，人比黄花瘦”这三句营造了深秋冷清萧条的氛围，同时也创造了一个凄清寂寥的怀人境界。有了季节与环境气氛的烘托，“人比黄花瘦”才有了更深厚的寄托，此句也才能被后人称赞，流传至今。

（四）后期（赵明诚纳妾以后）

丈夫赵明诚纳妾之后，李清照在感情上遭到了沉重的打击，她将近二十年的幸福美满的理想婚姻受到了背叛，李清照逐渐感到了孤寂与凄凉。之后金兵进入中原，赵明诚逝世，李清照独自一人漂泊到南方，她的境遇也变得更加孤苦无助，她像一叶孤舟，在无边无际的大海上漫无目的地飘摇，任凭风吹雨打。这似乎是上天对她进行的一场新的考验，由此而诞生的新的命题创作将她的博大艺术才华表现得淋漓尽致。在经历了丈夫不忠、国破家亡的生活巨变之后，其后期词作多抒发对故国的思念、对身世的感叹以及对亡夫的悼念之情。与前期的词相比，后期的词无论是思想上的深度还是选材上的广度都有很大程度上的提高与改变，并且格调也以孤寂凄凉为主，一改前期的明快欢愉之态。

（五）十年青州屏居结束至南渡前期

李清照的词并不是从南渡以后才开始变得凄凉悲惨，她早在屏居青州时便开始借悲景抒发自己凄惨的遭遇。比如《蝶恋花》，此词作于宣和三年（1121 年），当时赵明诚担任莱州守，李清照在青州前往莱州的途中，由于天色已晚便留宿在昌乐县的一个小驿馆内，夜深人静的时候更加思绪万千，原本情绪稍有平息的她想到临行前姐妹们为自己送行时泪湿罗衣的离别场面，不免又悲伤起来。表达了她希望姐妹们在以后的生活中能够经常书信往来，联系感情，不要忘记彼此的美好寄托，一字一句间流露出她对姐妹的不舍与思恋。值得注意的是，李清照写姊妹离别的场面，运用了十分豪宕的笔触，一来表现了其笔力纵横，颇具恣放特色；二亦展现了李清照感情的深挚。此词感情基调可谓沁入肝脾，其中的悲苦较之南渡后的词作有过之而无不及。再如《念奴娇》，这首词通过对雨后春景描写，抒发了独处深闺的寂寞之情，上片写连绵不断的阴雨天气使此人愁绪万千，于是决定借诗酒排遣哀愁。下片说梦醒之后发现天气转晴，便有了出门游春之意。全词以委婉细腻的笔法，借春景抒愁情，通过对春景的描写真实地表现出词人独居深闺的孤寂与绝望之情。如果以感情的凄惨哀苦作为李词前后分期的标准，那么赵明诚十年青州屏居生活结束后，赴莱州上任做官纳妾，应该就是李清照前后期词风变化的分界线。

1118 年，赵明诚离开青州前往莱州赴任，标志着李清照和赵明诚在青州短暂的十年屏居生活彻底结束，李清照作《凤凰台上忆吹箫》（香冷金猊）为丈夫送别。这首词上片刻画了杂乱的环境和自己慵懒的情态，下片着重写对丈夫离去的无可奈何，由此来表达对丈夫深深的惜别和痴痴的怀念之情。赵明诚出外做官，却将妻子独自留在青州，李清照便反复咏唱《阳关曲》，希望能借此曲的悲切婉转留住丈夫。汉明帝永平年间，刘晨、阮肇入天台山遇上仙女，从此便乐不思蜀，“念武陵人远”，一个“念”字引起下文，那种望眼欲穿的神情，那样如泣如诉的附和，展现出一幅深情动人的画面，揭示了李清照担心丈夫也会乐而忘返的难言之隐。“烟锁秦楼”则将自己与弄玉、萧史共居秦楼十年后，比翼双飞的美满爱情故事相比较，表达了词人希望自己的爱情能结出美好果实的愿望。而李清照虽然也曾陪伴丈夫屏居青州十年，最后却没能像弄玉、萧史一样得到幸福美好的结局，反而与丈夫两地分居，孤孤单单地留住在青州这个烟雾笼罩的地方，怎能不让人心生怜悯！

不过，李清照在老庄思想的影响之下，面对荆棘遍布、曲折坎坷的婚后生活，始终能够保持随缘自适、旷达超脱的态度。① 在感情上，李清照与赵明诚虽然有“天台之遇”的隔阂，但出于对丈夫的爱恋，她还是选择原谅丈夫之前对感情的不忠，最终与赵明诚重归于好。

（六）南渡以后

南渡以后，李清照在丈夫去世、国破家亡这样的双重打击下，晚年生活陷入了更加无边无际的凄凉落寞之中。② 词人起先毫无准备地失去了故国、家乡，在悲伤还没得到缓和之时又接着失去了最重要的亲人，从此变成了一个“孤舟嫠妇”，孤苦无依，整日里只有心酸和痛苦伴随着她，一般只要感情稍微有点细腻的人都无法忍受这样的孤寂生活，更何况李清照这样在经历了无数挫折之后阅历变得更加丰富、思想变得更加深沉的人。在她述说国破家亡之苦和孤身飘零之愁的同时，并没有忘记北方那片给她很多愉快回忆的故土，她时常回忆过去的美好生活，也常常哀叹漂泊无依的羁旅生涯，此中的苦涩伤感、陈郁凝重展露无遗。如《鹧鸪天》，“寒日萧萧上锁窗，梧桐应恨夜来霜”，词作开头以“萧萧”“梧桐”“霜”点明此时已是深秋，阳光虽然透过锁窗洒落在房间内，但是寒意却未曾消减半分，感情也由畏惧转为痛恨。看似漫不经心，却蕴含着满满的对家乡的思念以及对亲人的怀念之情。“秋已经，日犹长”，按客观实际，秋冬的白天相对于春夏而言已经短了很多，但是词人主观认为秋冬的白天“犹长”，这种两者之间的巨大反差，将词人度日如年、寂寞伤时的忧愁情绪完完全全地揭露了出来。然后词人以王灿登楼思乡的典故，寄托了自己生逢乱世、流落他乡的思乡之情。“不如随分尊前醉，莫负东篱菊蕊黄”，词人觉得与其无奈地思恋亲人，不如一醉方休，借酒浇愁，总不能把这眼前盛开的菊花白白辜负了。其中“不如随分”看上去表现了词人的豁达与自我宽慰，实际上是无可奈何的体现，以乐景写哀情。除此之外，《忆秦娥》《孤雁儿》《武陵春》《声声慢》《清平乐》《添字采桑子》等著名作品都在不同程度上反映了李清照晚年生活的孤寂与凄楚。因此，在李清照后期的词作中，孤独寂寥、思乡怀人的心声彻底取代了前期欢愉的情致。

二　李清照前后期词风变化原因探析

李清照，作为中国古代历史上最为杰出的女词人，她拥有极高的资质

---

① 参见戴武军《老庄思想对李清照的影响》，中华书局 1984 年版。

② 参见诸葛忆兵《李清照个性成因及其表现》，《东岳论丛》1997 年第 3 期。

和极远大的抱负，从小到大所受到的知识分子家庭的熏陶，让她累积的才学越来越丰富，这也是她变得极其自负的最主要原因，她相信自己跟丈夫能永远相濡以沫、美满幸福，相信自己会对社会、国家有极大的作为，同时也相信自己虽然是个女性，但她的才华一定会得到封建社会的尊重与赏识，但是最后她的情感遭受了沉重的打击，国破家亡之后，她虽有远大抱负，却也无处施展，之前所说的伟大理想最后都破灭了，她自负的性格使她陷入了空前绝后的寂寞孤独之中，所以她后期的词产生了类似悲剧的打动人、感染人的情感魅力。[①] 也正是这寂寞使她尝尽了深深的“愁”滋味，使她的词作从前期的“闺思闲愁”走到后期的“苦寂悲愁”。

（一）爱情婚姻一再变故，情感生活极度寂寞

南渡之前赵明诚的“天台之遇”让李清照在情感上受尽了折磨。当赵明诚屏居青州十年后再度出来做官时，有权有势、才学丰富的他难免不被其他更加年轻貌美的女子所吸引，因此相对冷落了李清照。[②] 在李清照 38 岁的时候，丈夫赵明诚留下她独自一人赴莱州上任做官，李清照虽然心里十分担心他会有外遇，但是自己却什么办法也没有，只能独自居住在青州的“秦楼”，所以写下了《念奴娇》《蝶恋花》《凤凰台上忆吹箫》《点绛唇》等脍炙人口的词作，以此来抒发她与丈夫的离别之苦，并借助婕妤、庄姜这类典故，表达希望丈夫能回心转意，不再冷淡她之情。李清照把满腹的忧愁幻化作一首首扣人心弦的惆怅诗词，以此来寄托自己思念丈夫的浓浓情意。之后在赴莱州途中写了一首《蝶恋花》，“泪湿罗衣脂粉满”，词人紧扣“泪”和“脂粉”这两个姊妹送别时的典型的细节来作文章，开头便直截了当地描写出送别时泪沾罗衣、依依不舍的场景。与此同时，自己不忍分别的伤感之情也表露无遗。“四叠阳关，唱到千千遍”，虽然泪流满面，还是没有办法表达姊妹离别时的无限感伤，好像只有发出哭泣的声音才能将惜别之痛表现得淋漓尽致。“人道山长水又断，潇潇微雨闻孤馆”，当词人行至“山断”之处，姐妹们临行时的叮嘱似乎仍在耳边，实际上自己却距离姊妹们越来越远了，恰恰又遇上潇潇夜雨，绵绵不绝，使词人更加烦躁，晚上自己一个人住在驿馆，更是愁上加愁。下片，词人的思绪又飘回到离别时的场景，但不再描写分别时的场景，而是着重抒写自己当时的心境。“惜别伤离方寸乱，忘了临行，酒盏深和浅”，直陈自己由于离别的伤感而心绪不宁，忘记了自己到底喝了多少酒。词人以这一典型细节，

① 参见王沛《论李清照个性心理的复杂性》，陕西师范大学，2002 年。

② 参见方波、唐碧珍《从“闺思闲愁”到“苦寂悲愁”——李清照前后词风之研究》，《绥化学院报》2009 年第 3 期。

生动而又形象地展现了当时与姐妹们难分难舍的心境。“好把音书凭过雁，东莱不似蓬莱远”，词人怕姐妹们太伤感，便告慰姊妹们东莱并没有想象中的那么遥远，只要经常书信联系，就一定会像以前陪伴彼此身边一样。这首词写到这里，已经不仅仅单纯地表达姐妹分离的离愁别绪，更深层次地表现了词人真挚感人的手足之情。李清照词作特有的抒写心理细腻、敏感的特点和笔力健拔、恣放的特色在这首词中都有所体现。对一个女词人来说，以这样的特色来书写离别之情，显得尤其难能可贵。到莱州之后李清照又写了一首《感怀》诗，以此来讽刺赵明诚升官之后对自己的冷漠以及自己对美好爱情的幻想破灭之后的孤寂落寞之情。在仔细品味《蝶恋花》和《感怀》诗之后，我们不难发现李清照的愁苦情绪并没有被相聚的喜悦所覆盖，她的情绪仍十分低落。

李清照一直摆脱不了愁苦的情绪，借诗酒抒发悲情，一是因为她的个性十分好强，二是因为她深深地爱着赵明诚。她原本以为自己跟丈夫赵明诚的爱情比金坚，他们会一直相濡以沫，恩恩爱爱，不会被任何人、任何事情所破坏，因此赵明诚的“天台之遇”给李清照的内心造成了巨大的伤害。南渡之后，李清照在这种创伤还没有完全愈合的时候，又接二连三地遭受了蒙羞、丧偶、再嫁等多重沉重打击，内心备受创伤。

南渡之后的第二年，赵明诚被任命为京城建康的知府，有一天深夜，城里发生了叛乱，赵明诚作为知府不但没有出来主持大局，还偷偷弃城逃走。李清照这个手无缚鸡之力的柔弱女子，却在这件事情上表现出大义气节，并为丈夫临阵逃脱的行为表示羞愧。赵明诚因为失职被撤职之后，与妻子李清照沿长江逆流而上向江西方向流亡，李清照面对浩浩汤汤的长江水，吟下了一首千古绝唱——《乌江》。这首诗气势磅礴，将李清照的浩然正气、凛然风骨挥洒得淋漓尽致，她那无所畏惧的人生姿态令鬼神都感到害怕。以“婉约派之宗”而著称文坛的李清照，此次却一改往日的文笔风格，刚劲的笔锋所显现出的这份坚强刚韧无人匹敌。赵明诚听到妻子这样一个柔弱的女子尚且赞赏枭雄项羽的精神与气节，自己作为堂堂七尺男儿却一味苟且偷安，愧疚之情油然而生。第二年赵明诚因病去世。

赵明诚去世之后，李清照一直居无定所，这样的生活让她身心俱疲，不久之后改嫁给了跟她志向、兴趣相差甚远的张汝舟。曾经沧海难为水，除却巫山不是云，与生命相比，李清照更加珍惜的是人格，“明月松间照，清泉石上流”即是她所追求的人格超脱世俗的真实写照。她在感情上绝对不会凑合。她在看穿了张汝舟的灵魂之后，对其表示出了无情的鄙视，并对这段婚姻表现出深深的懊悔，李清照刚烈的个性致使她告发自己丈夫的欺君之

罪——科举考试作弊。她在写给朋友的信中说道，“猥以桑榆之晚景，配兹驵侩之下材”，可见这次失败的婚姻给她心理上造成的伤害是巨大的。

李清照与赵明诚的爱情本来是被所有人所羡慕的，但好像所有的事情都不会按自己所想的那样一帆风顺的发展，“天将降大任于斯人也，必先苦其心志”，上天先剥夺了她拥有幸福的权利，又先后让赵明诚、张汝舟来继续磨炼她的意志。她像一只漂泊在浩瀚海洋里的孤舟，虽然无依无靠，但是她有破釜沉舟的胆量，勇敢地与世俗的恶浪做斗争。对一个人来说，最美好、最刻骨铭心的爱情只有一次，李清照在第一次婚姻失败之后，并没有放弃对爱情的追求，她准备再一次勇攀高峰，只可惜她并没有成功，一次又一次的失败彻底浇灭了她心中美好爱情的火花，这样的一个悲剧，怎能不令她犯愁沮丧，这也是她在词作之中悲秋的主要原因之一。

（二）身心颠沛流离，遭遇壮志难酬的极度寂寞

金军入侵之后，李清照一家便从天堂瞬间跌落到了谷底，从此开始了漂泊不定的流亡生活。刚开始的时候，李清照虽然颠沛流离，至少还有丈夫赵明诚的陪伴，但是不久丈夫便病逝了，李只能独自一人继续流亡。李清照面对着这个国不国、君不君的社会，怎能不心生忧愁与痛苦。

李清照在温州避难的时候写下了一首歌咏芭蕉的词——《添字采桑子》，写她白天的时候看到庭院中的芭蕉树，夜里下起淅淅沥沥的小雨，她听到雨打芭蕉的凄厉声响，于是想起陆游“遗民泪尽胡尘里，南望王师又一年”的深深叹息，怀乡思国之情油然而生，她的心情也随之更加痛苦难耐、深沉浓重，词人通过环境描写突出主旨，语言淡雅而隽永。当金人再次入侵时，李清照又一次漂泊到金华，在国家兵荒马乱之际，李清照愁绪满怀，吟唱出了《武陵春》，此时她已尝尽了离乱漂泊的辛苦，所以词情极为悲切。词的上片通过描写眼前景物的残败不堪，衬托出词人凄苦的心情，下片又进一步表达了深深的悲秋情怀，全词一字一句充满了“物是人非事事休”的痛苦，表现了身处异乡的词人对故国浓浓的思念之情。“风住尘香花已尽……载不动，许多愁”，确实，这种愁绪就算是一整条船也载不动。这让我们不得不联想到杜甫在逃难时所写下的“感时花溅泪，恨别鸟惊心”。李清照此时的愁早已经不是“一种相思，两处闲愁”的情愁、家愁了，在这个国破家亡的危难时刻，她的愁已经上升成为心系民族国家的大愁，所以这时是辛弃疾“而今识尽愁滋味”的愁，是《诗经》的《黍离》之愁。①

---

① 参见谭新红《李清照词的经典化历程》，《长江学术》2006 年第 2 期。

“诗言志，歌咏言”是李清照始终坚持恪守的古训，所以我们在她的诗中看到的是她宽广的胸怀和伟大的志向，而在词中所看到的主要是她的一种情绪。后人在评价李清照的时候，往往只看到她词里面的愁绪满怀，却没能够好好地摸索她为何如此，他们不理解其词背后所蕴含的挣扎、苦闷和伟大追求，不知道她到底是愁为哪般。其实词人的灵魂深处，总是回荡着对理想的声声呐喊，并冒着抗争的火花。李清照始终看不到未来的出路，这才是她愁绪满怀的真正原因！她希望国家能够收复失地，回到以前安居乐业的状态中去，但是她满眼所看到的却只是民族义士们和主战派血与泪的呐喊，是朝廷被迫偏安都城、残害忠臣名将、打击有志之士。李清照因为国家残破从象牙塔中跌入了兵荒马乱的悲惨生活，她所看到的、见到的、感受到的都是国破家亡的苦难，而她人生观、世界观的变化与她壮志难酬的寂寞必然有很大程度上的关系。

（三）身处封建男权社会，遭遇特立独行的孤独与寂寞

李清照一边承受着感情生活的痛苦，一边又为国家民族的问题感到担忧，这两者将她推入深深的苦海之中，没有人关心，没有人帮助，她就像是荒原上的一棵树苗，任凭风吹雨打。她作为一个生于乱世的弱小女子，遭遇了封建男权社会炎凉世态的苦痛折磨，而作为一个封建时代特立独行的女才子，又遭遇了空前的寂寞与孤独，在这种情况下，李清照连实现一个普通人的价值都十分的困难。已经渐入暮年的李清照，独自守着一个孤寂冷清的小小院落，过着落寞的生活。她曾经对一个姓孙的小女孩说，“愿将平生所学相授”，不料小女孩却说：“才藻非女子事也。”这句话使李清照这样一个拥有伟大抱负的女性文人感到了莫大的悲哀，她觉得在这个封建男权社会，像她这样有才情的女子完全是多余的。但是她的理想却是关心国家大事、传道授业解惑、著书立说，这对于当时乱世来说，简直是无比奢侈的事情。她词动京华、学富五车，但最后整个封建时代都没有一个人能够读懂她的内心，只落得个情无所托、报国无门。她没有知音、没有同类，别人都像看叛徒、异类一样地看待她，这让她觉得自己是如此的多余，这让人感到多么的悲哀。此时的李清照能够感受到的只有可怕的、无边无际的寂寞与孤独，当她独自茫然地走在深秋杭州那铺满落叶与黄花的路上时，情不自禁地吟出了著名的《声声慢》，这首词浓缩了她一生所经历的痛楚，也正是这首词确立了她在中国文学史上最高女词人的崇高地位。

李清照一生所寻觅的主要有三样东西：幸福的爱情、国家民族的前途和自身的价值，这三样东西的先后缺失让她遭遇到了可怕的、空前绝后的寂寞与孤独，尝尽了这世间之“愁”。

1. 寻觅幸福的爱情

李清照曾经拥有过幸福的爱情，有过美满的家庭，但也是转瞬之间，她的这些幸福、美满像肥皂泡一样消失得无影无踪。之后她也做过再次寻觅幸福的美梦，但第二次梦碎得更加惨烈，最后甚至以“不终晚节”被载入史册，李清照生前身后所遭受的奇耻大辱，此中之愁，只能她一人承受。

2. 寻觅国家民族的前途

李清照不愿意看到的就是山河破碎，她“欲将血泪寄山河”，但是在这个封建男权社会根本容不下她这样一个好强的女人，她既不能像文官一样上朝商议政事，也不能像武官一样骑马驰骋沙场，甚至像男子一样与朋友痛痛快快地畅饮都会遭到别人的非议，此中之愁，也只能她独自承受。

3. 寻觅自身价值

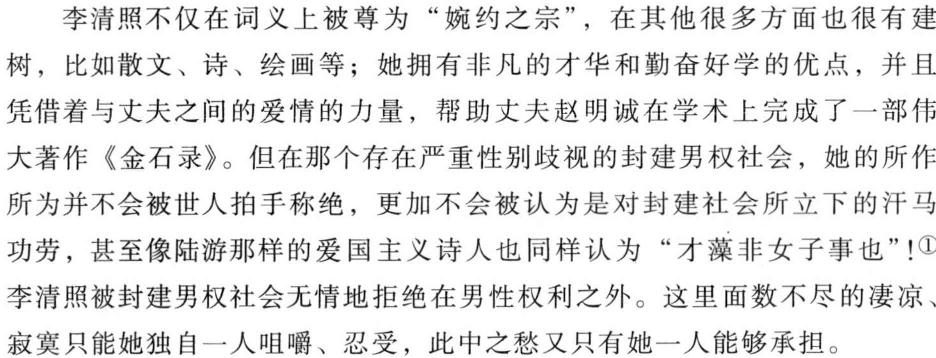

李清照不仅在词义上被尊为“婉约之宗”，在其他很多方面也很有建树，比如散文、诗、绘画等；她拥有非凡的才华和勤奋好学的优点，并且凭借着与丈夫之间的爱情的力量，帮助丈夫赵明诚在学术上完成了一部伟大著作《金石录》。但在那个存在严重性别歧视的封建男权社会，她的所作所为并不会被世人拍手称绝，更加不会被认为是对封建社会所立下的汗马功劳，甚至像陆游那样的爱国主义诗人也同样认为“才藻非女子事也”![①] 李清照被封建男权社会无情地拒绝在男性权利之外。这里面数不尽的凄凉、寂寞只能她独自一人咀嚼、忍受，此中之愁又只有她一人能够承担。

李清照孤独的悲剧超越了时间与空间的限制，其原因就在于她是一个生活在封建时代的女子，并且她拥有过人的才华。她环顾四周，找不到一个同类，更加找不到一个与她志同道合之人，她站在世纪的高阁之上，俯视芸芸众生，穿越了时间与空间，所以她的寂寞与孤独是与众不同的，因此她写下了《忆秦娥》。这首词首句“临高阁”，点明词人独自登临高阁，远远望去，首先映入眼帘的是“乱山平野烟光薄”的荒凉景象，通过描写烟雾的稀薄，更加渲染了黄昏时景色的荒凉、萧瑟，也随之烘托出了词人凄凉、压抑的心境。“栖鸦归后，暮天闻角”，之前写词人所见到的景象，现在又转入描写所听到的声音，在凄苦的鸦声消失之后，周围并没有陷入一片沉寂，远处又隐约传来了军营中悲壮的号角声，加倍地渲染出自然景色的悲凉、凄怆，意境悲哀而开阔，给人以无限空旷的感受。[②] 很容易就可以看出，这景物的描写之中，融注着词人当时满满的忧伤，和对流离失所的无限感慨。词的下片“断香残酒情怀恶”，这一句直抒胸臆，是全篇感情

① 参见刘刚《浅析李清照词表现出的女性情怀》，《吉林广播电视大学学报》2010 年第 8 期。

② 参见李莹莹《李清照词的美学解读》，硕士学位论文，延边大学，2010 年。

的线索，“乱山平野烟光薄”的景色更加增添了秋日黄昏的冷落萧索，一个“恶”字道出了词人那说不尽的苦衷，词人在这种景色之中的抑郁孤寂之情跃然纸上。紧接着，那无情的落叶声、风声使词人的心情更加忧伤、沉重了，那背井离乡的忧愁、国破家亡的伤痛和数不尽的心酸一股脑儿的袭来，词人对秋色带来的寂寥只剩下畏惧和厌恶。“又还秋色，又还寂寞”这淡淡的八个字，深沉、含蓄地表达了李清照不甘秋色而孤寂，同时也表明了她接连失去亲人、故乡后的孤苦寂寞之情，那种长期积郁的孤独与亡国亡家之痛。①

作为一个女人，李清照身处封建男权社会的最底层，然而作为一个才女，她又处在封建社会思想的最高点，她看到了太多一般人所看不到的东西，追求着太多一般人不敢追求的崇高境界。李清照不论对待爱情、学业、还是政事，都绝对不会凑合，也绝不会随波逐流，这也让她不得不背负无边无际的孤独和无法排解的悲哀。李清照所承受的寂寞，是集国难、情难、家难于一身的寂寞，她那如黄花般消瘦的身体毫无保留地折射出了封建男权制度下男女权利不能平等的磨难与冲突。② 鲁迅有这样一首诗，是为歌女立照所作，他在诗中写道：“华灯照宴敞豪门，娇女严妆侍玉尊。忽忆情亲焦土下，佯看罗袜掩泪痕。”李清照也是一个勇敢地歌咏封建社会的伟大词人，可是到最后，她所有的追求还是全部落空了，她所有美好的愿望也没有一个真正意义上的实现过，因此她尝尽了“秋风秋雨愁煞人”的无限愁苦滋味。③

三　结语

我们可以从李清照前后期词风的明显变化中真真切切地体会到她前期生活的安逸幸福和后期生活的孤寂悲凉，然而也正是后期人生的巨大悲剧性转折使她的词作更加悲怆动人，哀怨深沉，散发出悲剧所特有的影响人、打动人的情感魅力。④ 后期的李清照凭借着极高的艺术天赋，将没有婚姻、没有爱情、没有知音、没有子女、身心俱疲、报国无门、理想难酬这些漫天愁绪抽丝剥茧般地进行了精细纺织，将愁绪幻化为唯美，使她后期的词

---

① 参见李莹莹《李清照词的美学解读》，硕士学位论文，延边大学，2010 年。

② 参见向梅林《论李清照词中的女性主体意识》，《中州学刊》2007 年第 5 期。

③ 参见陆理原《论李清照词的女性视角》，《名作欣赏》2005 年第 16 期。

④ 参见翟明女《人生如花，花浸情思——李清照词作中花意象解读》，《名作欣赏》2011 年第 35 期。

登上了婉约派词作的巅峰。[①] 郑振铎在《中国文学史》中对李清照的评价是这样的，他认为李清照实在是太高绝一时了，把很多庸才作家远远地甩在了身后。历史上许许多多的词人诗人，留下了许许多多抒发离愁别绪、闲愁闺怨的诗词；他们中的一大半是代诗词里的主人翁立言的，这一切的诗词，在清照之前，直如粪土似的无可评价。[②] 李清照的特殊魅力就在于她的人品跟她的作品一样，虽然哀怨缠绵，但是也透漏着坚韧执着的阳刚之气，虽说写愁苦，实际是抒发真情大志，所以才能让人不厌其烦地百年千年地读下去。[③] 李清照一生的故事和内心深处的哀愁最终转化成为凄清的美丽悲剧，她和她的词被永恒地高悬在历史的璀璨星空中。当偶然间再次回望千年前的风雨时，我们总能发现那个独自在秋风与黄花之中寻寻觅觅的美丽女神。

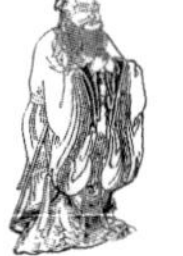

杨齐国，孔庙和国子监博物馆助理馆员

---

① 参见翟明女《人生如花，花浸情思——李清照词作中花意象解读》，《名作欣赏》2011年第35期，第17—19页。

② 参见郑振铎《中国文学史》，陕西大学出版社2010年版，第189页。

③ 参见孙崇恩、傅淑芳《李清照研究论文集》，齐鲁书社1986年版，第302页。

郑用锡文人园林理念初探

◎ 张满

【摘　要】中国传统私家园林的出现，不仅是文人阶层兴起所带来的必然结果，社会的经济脉络同样是深入解读其内涵的重要背景。清晚期在台湾兴起的私家园林及其相关文学作品中，可以看到在社会与文化交织作用下园林所呈现的复杂性与曲折性。此时的园林，以魏晋时期隐逸士人寄情山水的心态为基石，继承了宋代私家园林与王权背反的面向，同时又由于明清时期商品经济的新发展，园林的修筑一方面在客观条件上成为可能，另一方面又反过来成为园主社会、文化地位的象征之一。本文试图通过"开台进士"郑用锡所筑之北郭园及相关诗文集，一窥晚清台湾社会风貌下形塑的园林文化内涵。

【关键词】清代　开台进士　私家园林

一　晚清时期的台湾文教

康熙二十三年（1684 年），清廷将台湾纳入版图，隶属福建省管辖，称台湾府。清承明制，沿用科举考试制度为国选才，清朝科举分为三级：乡试、会试、殿试。台湾籍考生历代虽有考生赴京，但罕有人中榜，且路途遥远，故及至晚清赴京赶考的台湾考生更少了。而恰逢郑用锡进京会试，台湾对于清朝的战略意义开始显现，于是清廷分配给台湾籍考生的会试名额增加，于福建名额之外，特另设台籍考生一名，作为保障名额①。是年，郑用锡中第。

郑用锡的父亲郑崇和为当地地主，在积累一定财富后，开始希望儿孙能够读书入仕，郑崇和生平最好朱子，郑家子弟也多以宋儒为上，钻研理学，这也为郑用锡的科举之路奠定了基础。当时的台湾社会，已经是比较成熟的汉人社会，内地传统的文化对台海的熏陶已较为深入，应该说天时

① 戚嘉林：《台湾史》，华艺出版社 2014 年版，第 152—154 页。

地利人和，使得郑用锡成为进士有着很大的必然性。

郑用锡，字在中，号祉亭，生于乾隆五十三年（1788 年），卒于咸丰八年（1858 年）。郑用锡是于道光三年中的进士，值其三十五岁，赴京会试，取中进士三甲及第，成为清代收复台湾以来，以台湾为原籍高中进士的第一人，人称“开台黄甲”①。另有一说，郑用锡乃是淡水籍进士第一人，因此又称“淡水进士”。台湾至今还有“进士第”“明志书院”“郑氏家庙”等地。而自郑用锡进士及第后，台湾士子的信心大增，科举文教之风也由此大兴。在郑用锡的生平中，我们可以看到与众多当时士人相似的仕宦生涯，以及赋闲归乡后，作为一个乡绅在中国传统社会结构中所扮演的虽无官方身份却十分重要的组织者的角色，拥有权力和财富、植根于土地的乡绅阶层，连接了以家庭为单位的社会成员与国家，充当了乡村的管理者②。郑用锡在中进士前，于家乡热衷乡里事务，屡获嘉奖，就已经展现了一个当地的名门望族所具有的非官方的权力。及至道光十七年（1837 年），郑用锡因母亲年迈而乞告养，旋归故里。而内地为官归乡的郑用锡，无疑使其具有了不同于台湾本土的士绅阶层的光环。其晚年于家乡修筑“北郭园”以自娱游赏，并由此创作了大量诗作，很多都是关于北郭园的描述，其中也不乏与当时众多文人相唱和的作品。郑用锡生前所著《北郭园全集》，在其卒年十二载之后，由其子等人刊行，这部文稿，是淡水厅第一本文人的诗文作品集录，对当时地方文教的兴盛有着极为重要的意义。

二　郑用锡北郭园之造园背景

回顾历史上私家园林的兴起，肇始于魏晋南北朝时期，时值社会动荡，政权频繁更迭，越来越多地士人选择告别仕途，寄情山水，与当时思想界的黄老盛行相一致，私家园林作为“壶中天地”开始受到文人青睐。及至宋代，私家园林的发展达到鼎盛，与前一个阶段不同，魏晋时期的私家园林更多的是展演有关“天人合一”“道法自然”等哲学体系，而此时的文人园林，开始更多地具有与皇权对抗的意味。宋代的文人更多的是将自己封闭在园中，试图将自我的生存与思考隔绝于皇权权威，于此时期经历了大繁荣的盆景艺术也是这一思想的映射。

台湾的私家园林不多，根据王铭国③的文章统计，自荷据以来，有资料

① 连横：《台湾通史》，生活·读书·新知三联书店 2011 年版，第 714—717 页。

② 赵旭东：《乡土中国与转型社会——中国基层的社会结构及其变迁》，《武汉科技大学学报》2017 年第 1 期。

③ 王铭国：《台湾清末至日治时期私家园林形式的变迁》，《建筑史》2013 年第 2 期。

可考的私家园林共约45座，其中晚清兴造的有7座，其中就包括郑用锡的北郭园。而除了潜园园主曾游历北京及江南外，其他的园主大多遵照台湾官署园林经验，结合自身文化造园，而非秉承大陆园林的造园布局形式①。台湾著名的园林大略有5座，包括新竹北郭园、新竹潜园、板桥林本源园邸、雾峰莱园、台南吴园，北郭园已毁于战火，如今难觅踪影，我们尚可从其文学作品中窥见其背后的造园理念。

在其诗作《北郭园即事劝诸儿》中②，郑氏造园的因由叙述的已经较为明确了。“中人千金产，得地继几亩。商量辟草庐，当度力可否……所期绝尘缘，差足娱皓首。”从这两句中，可见一是避世修身之意，二是奉养母亲之故，三是资金允许的客观条件。

扬州的影园，是郑元勋请造园名家计成亲自设计建造，又请书画家董其昌为此园命名，而影园建造之初的主要目的，就是用来奉养其老母。再如松江境内东山草堂，又名“遂高园”，本为董其昌宅，后归王兴饶，也是用来奉养高堂的。郑用锡辞官乞归本便是奉养母亲，但在其他资料中并未将造园的因由归结于此，仅于此劝子诗中可以找到一丝线索。此外，不同于内地筑园的原因，郑用锡、林占梅等台湾本土士绅文人，修筑园林还有另外一层理由，即将园林作为与人唱和的聚会场所，以此来曲线获得文学上的地位。中国传统园林当中也多有这一现象，但路径却是相反。一种情况是园林本身极负盛名，这时时文作为依附；另一种情况是有享有盛名的文人为一地题诗，于是此地声名大噪。前者比如苏州诸园，后者比如兰亭盛事。而台湾的本土文人创作，想要争得一席之地并不容易，于是类似“台湾八景”一类诗文形式开始出现③，郑用锡晚年亦题名北郭园中八景，分别是小楼听雨、晓亭春望、莲池泛舟、石桥垂钓、深院读书、曲槛看花、小山丛竹、陌田观稼。这一形式更多是仿效内地御制八景一类形式，这是一种特殊历史时期下所产生的时空感极强的权力的遥相呼应。郑用锡的北郭园是这一时期台湾文人兴园林、论诗文的典型代表，其《北郭园诗钞》由其子编纂成册，请当时有“福建第一才子”之名的杨浚为其作序。完全采取相同模式的还有林占梅的潜园④，更是形成了《潜园唱和集》。郑用锡的诗作中有浓重的理学色彩，而郑用锡所处的时代本为乾嘉学派盛行之时，

① 王铭国：《台湾私家园林发展及其影响因素研究》，博士学位论文，清华大学，2014年。

② 郑用锡：《北郭园全集》，台湾：龙文股份有限公司，1992年。

③ 李知灏：《从蛮陌到现代——清领时期文学作品中的地景书写》，“国立”台湾文学馆，2013年。

④ 连横：《台湾通史》，“筑潜园于西门内，结构甚佳，士之出入竹堑者无不礼焉，文酒之盛冠北台”。

但其本人未推汉儒反尊宋儒，应该说是受到了闽台文化的熏陶。这些都是当时台湾本土文人依托修筑园林，招揽文士，树立自身甚至台湾文学地位的途径之一。

作为与郑用锡相交好的同乡林占梅，也是在家乡建造园林，修筑了“潜园”，当时竹堑地区便是以林郑两家的家族势力为最，在中国传统庭园的基础上，形成了具有台湾特质的家族式庭园。而随之伴生的文学，潜园也成为台湾北部诗风最盛之处①。

另外值得注意的是，中国传统古典私家园林中，其造园方式多半是将自有农田山地变作园林庭院，很少有将农田景观作为私家园林中的重要景观之一。我们目前所知的，比如避暑山庄康熙三十六景之一的“甫田丛樾”，为皇家的农田和瓜圃，当年皇帝在此亭子处观看庄稼瓜圃。再比如圆明园四十景之一的“多稼如云”，为一荷花池，周围是稻田，有乾隆御制诗“稼穑艰难尚克知”句。众多园林景致中，与农业直接相关的，多为皇家园林的造景，一如皇帝的“亲耕田”，是为了提醒日常并不直接参与农事的皇帝们稼穑之不易。

郑用锡诗中则多次提及北郭园中的农业景象：“雉堞门前拱，鸦锄陇上耕。”（《北郭园即景》）“桑亩可能开蒋径，萧萧今欲仿陶庐。”（《和许荫庭明经、刘星槎茂才题赠北郭园原韵》）“啼鸟有声闲布穀，叱牛到处看催耕。”（《即景》）包括北郭园八景之一，其中便有陌田观稼，而诗钞卷五《新拟北郭园八景》中更是单独赋诗一篇《陌田观稼》：“好雨平畴足，门前似卦棋，绘来台笠好，一一聚东菑”。

三　明清经济繁荣下的造园高潮

明人顾起元曾记载道②：嘉靖末年，士大夫家不必言，至于百姓有三间客厅费千金者，金碧辉煌，高声过倍，往往重檐兽脊如官衙然，园囿僭拟公侯。下至勾栏之中，亦多画屋矣。便是描绘了当时的景象，百姓倘若家有屋瓦，愿耗千金进行雕饰，这种浮夸的风气之盛，甚至下及瓦舍勾栏市肆之所。

明清以来，私家园林之所以迎来又一个发展的高潮，不能单纯地视作文人阶层在此时大量兴起的产物，更应该看到由于社会经济的繁荣发展，致仕文人以及富商巨贾都开始建造私家园林，但这一时期又与之前的两个

---

①　台湾省文献委员会：《重修台湾通志》，卷 9 人物志“晚年筑北郭园自娱，颇有山水之乐。好吟咏，士大夫之过竹堑者，倾尊酬唱，风靡一时，至今文学为北地之冠。”

②　（明）顾起元：《客座赘语》，南京出版社 2009 年版。

时期不同，魏晋的山水情怀、宋代的分庭抗礼，明清园林则成为炫耀财富、彰显地位的手段之一。营建园林耗金甚巨，且占用田地，时人多有文批评这一现象，同时，也激发了更多陈述造园理念的作品，多少带有几分自我辩解之意。

时人对大兴土木造园一事，批评的原因主要有三：其一，由于园林乃是在小天地内复刻天地大造化，故而需要大量土地才能实现。故造园之初，多半需要四处征地，有些稍有权力者，则会强迫征用周围田地，甚至役使农户为其造园。

其二，今天对于园林，我们加入了很多基于古代的想象，但在当时的历史条件下，园林也代表着一种奢靡之风，所以，很多士人是不赞成造园的行为的。很多园林在园主在世时盛极一时，待百年之后，子孙多见变卖贱卖，几经转手，能够始终不致荒废者只占少数，而荒园废地，又很难复垦为耕田，十分浪费。钱行①《幽梦三影》一书中讲道：园亭之妙在丘壑布置，不在雕绘琐屑。往往见人家园亭，屋脊墙头，雕砖镂瓦，非不穷极工巧，然未久即坏，坏后极难修葺，是何如朴素之为佳乎？江含征曰：世间最令人神怆者，莫如名园雅墅，一经颓废，风台月榭，埋没荆棘。故昔之贤达，有不欲置别业者。

这里就比较明白地论述了时人对造园的看法，认为昔日贤达并不提倡兴土木筑园林，言外之意，建造园林者，虽欲彰显自己风雅格调，但却在某种意义上终不能免俗。

其三，私家园林大多自享其乐，并不对其他人开放，起初这并没有什么问题，但随着社会的逐步发展，人们开始对此产生质疑，并形成一定规模的舆论，在此情况下，园主是很难做到无视这些声音的。

清人钱泳②在《履园丛话》二十“园林”之“造园”一节中，写道：“园既成矣，而又要主人之相配，位置之得宜，不可使庸夫俗子驻足其中，方称名园。今常熟、吴江、昆山、嘉定、上海、无锡各县城隍庙俱有园亭，亦颇不俗。每当春秋令节，乡佣村妇，沽客狂生，杂遝欢呼，说书弹唱，而亦可谓之名园乎？”

“有友人购一园，经营构造，日夜不遑。余忽发议论曰：园亭不必自造，凡人之园亭，有一花一石者，吾来啸歌其中，即吾之园亭矣，不亦便哉！友人曰：不然，譬如积资巨万，买妾数人，吾自用之，岂可与他人同乐耶！余驳之曰：大凡人作事，往往但顾眼前，倘有不测，一切功名富贵、

① 钱行校注：《幽梦三影》，湖北人民出版社 1992 年版。

② （清）钱泳：《履园丛话》，上海古籍出版社 2012 年版。

狗马玩好之具，皆非吾之所有，况园亭耶？又安知不与他人同乐也。”

钱泳这一段文字，让人读来颇有前后矛盾的困惑。前面钱泳说，如果一个园林要成为名园，就不能有闲杂人等在其内，必维持其高雅脱俗的预设。而面对朋友的园子，却提出质疑，认为不该独享园中之乐，而应该让他人也进入园中游赏。这一段看起来互为驳斥，但却恰恰反映了当时文人的复杂心态。

四 结语

中国传统私家园林经过长时间的发展，在经历了草创之初单纯追求叠石理水的造园手法之后，艺术性日趋增强，于明清时期达到巅峰。与中国超稳定的政治性结构相似，从美学角度看，园林的内涵在近两千年的发展史中几乎没有什么变化。倘若将园林置于文化与财富的双重作用下，我们则可以较为清晰地看到由于社会背景的不同，造园背后的动机有了很大改变。造园，这一行为，作为一种社会身份与经济身份的双重象征，一方面促进了文人阶层与商人阶层之间的进一步交融，让后者可以将经济特权转化为文化特权；另一方面却又在园林院墙内外增强了不同阶层之间的区隔。园林是美学的结晶，同样是社会化的结果，作为一种只有特殊阶层才得以通过消费实现的产物。园林本身以及依附于园林而被创作出来的文学作品，都向我们展示了一种文人眼中的“趣味”，而这种趣味随着时间的推演，不断地融合后世的解读，反复被创造被重写。在这种意义上，清代台湾园林的历史，也是这一段历史时期社会变迁的缩影。

张满，中国园林博物馆园林艺术研究中心助理馆员

◇小议辽代官制与民族发展的关系

◎ 杜若铭

【摘　要】本文梳理了辽代的官制，辽代末期，从科举制对契丹和其他游牧民族开放可以看出，民族融合是一个不可阻挡的趋势。“分俗而治”只能作为多民族国家一个阶段的政治制度。契丹作为一个独立的民族和政权有其独特的发展需求和规律，其政治制度从建国之前到没落与对内对外的民族关系发展相互作用。

【关键词】辽　政治制度　官制　民族关系

自《魏书》中契丹民族首次作为独立的民族出现①，纵观史书中对契丹民族的记载，该民族几乎从兴起到衰落，几乎一直处于征战中。契丹领地的各民族以及周围一些民族有着紧密的关系，总的来说这是一种民族的发展。民族发展对于辽代官制有着强烈的影响，辽代官制“分俗而治”的特点是这种影响的产物，也作用于民族发展。

一　契丹族建国之前的政治制度和民族发展

契丹族的创世传说是这样的：“有男子乘白马浮土河而下，复有一妇人乘小车驾灰色之牛，浮潢河而下，遇于木叶之山，顾合流之水，与为夫妇，此其始祖。是生八子，各居分地，号八部落。”② 传说说明了契丹族共同的始祖以及分八部，这八部具有统一联合的关系。《辽史·营卫志中》也记载了契丹族人是古八部之后说：“契丹之先，曰奇首可汗，生八子。其后族属渐盛，分为八部，居松漠之间。今永州木叶山有契丹始祖庙，奇首可汗、可敦并八子像在焉。”③ 奇首可汗是契丹族统一最早的首领，奇首和可敦是传说中的夫妇，由此可见，契丹族最早的政治体制——民族（宗族）部落

① （北齐）魏收撰：《魏书》卷100，中华书局1974年版，第2223—2224页。

② （宋）叶隆礼撰：《契丹国志》。

③ （元）脱脱等撰：《辽史》卷32，中华书局1974年版，第378页。

联盟。与阿保机同一曾祖的耶律羽之的墓志记载："羽之姓耶律氏，其先宗分佶首，派出石槐，历汉魏隋唐以来，世为君长。"这个墓志说明，契丹皇族源于东胡系，为鲜卑的一支；佶首乃奇首可汗，檀石槐是 2 世纪中叶"尽据匈奴故地"的鲜卑大联盟的首领。契丹族与鲜卑宇文部有着千丝万缕的联系，有契丹族的主体来自鲜卑的说法。宇文部由鲜卑人、匈奴人、乌桓人、汉人混合而成。早在 2 世纪末至 3 世纪初，宇文部就建立起部族联盟。① 之后随着鲜卑宇文部消散，契丹共同体就逐渐形成了，该共同体除了主体是契丹族人外，还混合着多民族的族人，是北方多民族的共同体。

契丹族作为独立民族出现之初，是作为宗族部落存在的。《辽史·营卫志中》说："部落曰部，氏族曰族。契丹故俗，分地而居，合族而处。有族而部者，五院、六院之类是也；有部而族者，奚王、室韦之类是也；有部而不族者，特里特勉、稍瓦、曷术之类是也；有族而不部者，遥辇九帐、皇族三父房是也。"② 这句话反映了契丹族在建立王国之初为宗族部落制度，各宗族部落有其领地，领地之间也有边界，在各领地之内有不同的家族。"有族而部者"，即以某一富强宗族一家族为核心，由不同民族的宗族、家族、个体家庭而组成的部族，不仅"五院、六院之类是也"（院：契丹族的一种部族形式），而且乙室等其他契丹各部亦是也。至于"有族而不部者，遥辇九帐、皇族三父房是也"，是说遥辇九帐和皇族三父房为单析出的两支，或者说是单析出的遥辇氏九家族和世里氏三家族。因为他们享有仅次于横帐家族的特殊地位，而最初没有直接统领的本民族部众，所以也就不成其为"部"了。这样的部，一般以富强的宗族之名命名部名。"契丹有八部，族之大者曰大贺氏。"大贺氏作为唐朝时期契丹最富强的家族，承担了与唐的主要交往事务，被赐姓"李"，五代时期其地位被遥辇氏取代。③ 由于文献对契丹族的记叙不详，契丹族的早期社会组织形式中部、族、院、帐、房等名称内涵目前还未有统一的界定，不过可以肯定的是，这种组织形式并未形成所谓的官制，而这一组织形式是围绕契丹族对外交流征战，对内管理的一种有效形式，其中还包括了室韦、奚人等，由此可见契丹建国之前已经将一些周围民族纳入管理。

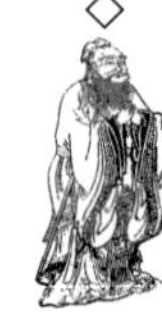

"契丹旧俗，事简职专，官制朴实，不以名乱之，其兴也勃焉。"④ 契丹未建国之前，官制简单，部落联盟首领之下设置的"南、北宰相"也不是

① 杨茂盛：《试论契丹的宗族——家族斗争及其世选制》，《北方文物》1996 年第 1 期。
② （元）脱脱等撰：《辽史》卷 32，中华书局 1974 年版，第 376 页。
③ 杨茂盛：《试论契丹的宗族——家族斗争及其世选制》，《北方文物》1996 年第 1 期。
④ （元）脱脱等撰：《辽史》卷 45，中华书局 1974 年版，第 685 页。

如唐朝辅助君王的宰相，而是分统各部的部族官。《辽史》卷47《百官志·南面官》中有明确记载："契丹国自唐太宗置都督、刺史，武后加以王封，玄宗置经略使，始有唐官爵矣。其后习闻河北藩镇受唐官名，于是太师、太保、司徒、司空施于部族。太祖因之。"① 契丹建国之前，早与中原王朝有接触，且接受唐朝官爵、封号，因而设置官吏的官称遵循唐，至于职权内容并不一定相同。

二 契丹族建国之后官制和民族发展的关系

辽初期契丹部族首领还是依靠惯性管理国家，没有成文的法规和各司其职的设置官吏。"世选制"产生于契丹部落时期，是契丹族中央政治制度，是一种适应当时政治发展水平的民主选举制度，可以平衡契丹族内部各部族之间的权力，加强各部族之间的联系。辽建国后，这一制度被继承并保存下来。世选制是契丹族作为游牧民族政权的一大特点，同为游牧民族的奚人、室韦等民族在契丹领地里也遵从该制度。该制度在契丹族最早现于奇首可汗与八子部落，奇首可汗是被推举为联盟首领，此为宗族世选制，之后在大贺氏成为契丹族首领期间，首领候选人多是大贺氏家族成员，因而契丹族的宗族世选制在此期间转变为家族世选制，中央集权不断加强。

"官生于职，制沿于事，而名加之。"② 官制是在国家成立政府管理国家各类事务而建立起来的用人管理制度。国家的官制是一个精密而平衡有效的系统，能够保证国家各项事务有条不紊地进行。每个国家和朝代都会因其国家特点形成指定符合国情民情的官制，辽也不例外。契丹族在形成独立民族的过程中，其中央政治制度相较于中原王朝，有其游牧、多民族聚居、松散的特点，这一特点持续到其建国之前，耶律阿保机在位之时，此时契丹族开始出现其官制的特点，该特点一直持续到其衰落，就是"分俗而治"，这也是在契丹领地多民族发展的结果。

1. 契丹族的"分俗而治"的官制

耶律阿保机建契丹国之前，契丹部族内部由于多民族聚居的原因，已经开始实行官分南北的制度：可汗之下分设南、北二宰相，由两位宰相掌管南、北二府分统诸部，各部夷离堇（后更名令稳，又称节度使）之下，一般又分为南、北二石烈，例如乙室部、品部、楮特部、乌隗部、涅剌部、突吕不部、突举部都是如此。只有富强到难以管制的迭剌部分割为五院部、六院部各辖四石烈。契丹早期的南、北宰相，并非中原王朝辅佐国君的执

① （元）脱脱等撰：《辽史》卷47，中华书局1974年版，第771页。
② （元）脱脱等撰：《辽史》卷45，中华书局1974年版，第685页。

政官，而是可汗之下分统各部族的一级首领。由于部族内部人员的不断扩大，尤其是对汉民的吸收，这种一部族辖二石烈以及部族联盟通过南北二府以统诸部的旧制早就产生了。① 皇族自身也分为由阿保机的六支近亲组成的南面和由更多远亲组成的北面两部分。政府机构的南面与北面并不是严格按照地理划分，“北面官”负责契丹与诸部，不论他们生活在哪里；“南面官”负责汉人居民，如同阿保机在其统治早期所设立的中原机构“汉儿司”那样。②

耶律阿保机统治时期至辽太宗，有两个历史事件——吞并渤海国和占领幽蓟十六州，直接影响了契丹官制的发展，这种发展有利于管理并促进契丹领地民族间的融合，总而言之，无论当时契丹民族对外怎样攻伐，对已成为契丹领地的地方，阿保机还是想办法去尽可能地管理民族事务，使各民族充分融合，和平相处，达成一个较为稳定的政治局面。

渤海国是契丹民族觊觎已久的国家，因为渤海国和中原王朝一样，从事的是定居农业。吞并渤海国就意味着为契丹人对外征伐提供了充足的粮草，这是靠天吃饭的游牧民族梦寐以求的“粮仓”。天显元年（926 年）初，阿保机攻克渤海上京龙泉府（今黑龙江宁安市东京城），吞并了这个具有 200 多年历史的“海东盛国”。这个封建经济高度发达的国家作为契丹新的领地，也为阿保机提出了新的“难题”，因为契丹原来的境内是依照血缘关系为基础的各部族，而渤海境内是按照地域来划分区域。阿保机将渤海国完全纳入自己的统治体制中，改名为“东丹”，派自己的精通汉文化的长子倍去管理，东丹国成为相对独立的“国中之国”，保留渤海国的官制，“置左、右、大、次四相及百官，一用汉法”③。有学者称渤海国具有较为先进的文化和制度，笔者不敢苟同，文化之先进优劣未有统一标准；并且中国历史的记录只注重中原王朝与周围民族的关系④，而有些民族如游牧民族并未去记录保存下自己民族的历史，因而目前民族历史记录的角度单一，所以在本文中尽量不去做高低优劣的评述。

契丹对会同元年（938 年）吞并的幽蓟十六州照搬了对渤海国的办法，将这一地区的政府直接接受过去，照常运转，仍然是“国中之国”。以皇都为上京（现内蒙古自治区巴林左旗林东镇南），成为国家政治中心，幽州为

① 参见李锡厚《辽史》，人民出版社 2006 年版，第 79 页。

② 参见［德］傅海波、［英］崔瑞德编《剑桥中国辽西夏金元史》，中国社会科学出版社 2007 年版，第 76 页。

③ （元）脱脱等撰：《辽史》卷 72，中华书局 1974 年版，第 1210 页。

④ 参见［德］傅海波、［英］崔瑞德编《剑桥中国辽西夏金元史》，中国社会科学出版社 2007 年版，第 46 页。

南京，南京为东京，成为新的政治中心。同年，辽太宗改革了中央官制，“置宣徽、阁门使，控鹤、客省、御史大夫、中丞、侍御、判官、文班牙署、诸宫院世烛”①。这些官署隶属于南面官，但未形成南面官系统。“国中之国”和因俗而治是契丹族领地内部多民族发展而来，因而在接受新的领地时，这种政策就顺其自然的运用上，有的学者称契丹王朝视新的领地为一个部族②，这种解释也未尝不可，乐观地看，甚是尊重不同民族的特性，阿保机建立的“汉城”即是如此。

不过这种“国中之国”和部族联盟的统治方式已经开始不适应辽国的发展需求，因为原中央政治制度——家族世选制已被封建世袭制代替，中央集权不断加强，辽太宗为了加强君主权力，将对自己皇权有极大威胁的东丹国王倍逼走了。史学界对这一时期的辽国有着近乎一致的评述，认为中原王朝制度的优越性辐射了辽国。那是否存在另一个可能性，封建官制是一个根植于此地的国家根据其发展过程必然会采取的一项制度，可能有学习和借鉴中原王朝的官制，但究其根本是因为辽国民族发展到了该阶段必然要采取的制度，若是历史未发展到这个阶段，即使想学习借鉴也无法使用。

2. 辽世宗的官制改革和民族发展的关系

辽世宗（947—951 年）在位时间不长且要应付宫廷内的权力斗争，仍然进行了十分有必要的制度变革。这个变革不是凭空而来，而是辽国多年民族发展的结果。由于吞并了渤海国和幽蓟十六州，原有的官制并不能满足辽国境内多民族居住的境况，需要更复杂的官制来管理数百万的新的臣民。至此，辽国最令人瞩目的双重政治体制形成。③

辽世宗统治时代初期，根据辽国的区域而不是部族将国家分为南北两套系统（北面、南面），各部族组织形式虽然依旧，性质变成了行政单位。南面包括统治汉人与渤海人的南部和东部地区，北面为主要居住着契丹及其属部的地区，也包括定居的汉人、渤海人甚至回鹘人，分设契丹北枢密院、契丹南枢密院，南北面官制确立，表明辽国专制主义中央集权的政治体制形成。北枢密院是北面最高官衙，南枢密院是南面最高官衙，北枢密院为在北、南二府之上。北枢密院是北面官实际的宰辅机关，南枢密院是南面最高宰辅机关。

① （元）脱脱等撰：《辽史》卷 4，中华书局 1974 年版，第 44—45 页。

② 参见李锡厚《辽史》，人民出版社 2006 年版，第 79 页。

③ ［德］傅海波、［英］崔瑞德编：《剑桥中国辽西夏金元史》，中国社会科学出版社 2007 年版，第 76 页。

北枢密使通常为耶律皇族的成员，而南枢密使则大部分是萧氏后族的成员。枢密院是辽国最高军事、行政机关，事无不统，南北枢密院下各有一宣徽院，委以军事重任。北面的行政系统虽然不排外，但主要由契丹人出任并冠以传统的契丹称号。最有权势的官职是北枢密使、北府宰相与南府宰相、由萧氏后族成员担任的北大王与南大王，以及军事统帅于越。这些官员掌管了所有的军事和部族事务，像军队将领的选拔、各部牧群的分配和草场的划分等。许多职位是为皇族或后族的一支或另一支成员所设置并通过世袭选举（世选）担任。

南面官府同从传统契丹制度演变而来的北面官府相比则更加成熟。它形成于 948 年以后，那时世宗在开封陷落后返回都城并将大批的汉人官员带到契丹都城。它模仿了唐朝和五代的政府制度。契丹在此以前，于 937 年兼并边界十六州的前后就使用过许多中原官号，但这些官号有很多并没有实际职权而是作为对效忠皇室的奖赏。

947 年，契丹人借用了中原政权的官制建立辽国。南面官府虽仿照唐朝模式而设计，但大为简化，其发展经历了一个复杂的过程，后期又参照了宋制。它同北面官府一样，主要机构设在上京，具有皇帝顾问的老臣三师与三公这样的传统机构，也有类似于唐朝早期三省部门的机构。南枢密院，结合了五代枢密院与唐朝尚书省的职能，下设五房；还有一个以大丞相和两个副职的丞相为首的，包括一群秘书与顾问的秘书机构（起初为政事省，1044 年后为尚书省），以及一个负责起草文件的机构（门下省）。设置中书省兼行礼部之职，监察机构（御史台）、翰林院、国史院以及各类学士机构。此外，还有一个皇室机构部门、各种特殊的寺与监、为继承人正式设立的东宫机构以及皇室卫队的军事组织（卫）。

基层地方组织也按照中原王朝设计开始成型，设置五京。除了上京以外，辽阳的东京，统治着前渤海的领土，南京管理 938 年所取得幽蓟十六州。1007 年，中京设在以前奚人的都城，当时奚被最后并入了契丹国家。1044 年在大同建立了西京。五京是当地行政管理网的区域性中心，遵循适合于当地人的管理手段。奚和渤海在 11 世纪初期才完全并入了辽朝的政治体系。南面的政府体系与唐和五代的政府体系相似，南面官员，尤其是中下级官吏，都是汉人。

辽朝皇帝仍然保持着游牧民族的特性——经常性迁移，每年只在上京住很短的时间，形成了捺钵制度。每年四次，北面与南面行政部门的官员被招到皇帝的行营商讨国事。北面行政部门官员凭借他们经常接近皇帝的优势，比南面行政部门的官员享有更大的实权。南面行政部门基本上是一个南面官管辖区及其定居人口的行政机构。日常的决策与所有的军权（南面官被特别排除在朝廷军事事务的讨论之外）集中在出自北面行政部门的皇帝的契丹随员手中，在辽国军政仍然是强有力的影响。①

辽世宗改革后的官制也并不十分彻底，仍然保持了契丹民族的特性，较之前的官制更有利于管理这个多民族的国家，客观上促进了各民族的发展和融合。

三 辽国官吏选拔制度和民族发展的关系

改革后的官制更利于国家的稳定，契丹人作为统治阶层所使用的官制必然要为其政权服务，因而在选拔官吏和任用官吏方面对其他民族的臣民会有所不同。其选拔官吏的制度为世选制、荫补制度和科举制。

1. 世选制和荫补制度

“世选”是契丹族部落原有制度，是在契丹显贵家族中选拔世家子弟安置在合适的职位上，确保皇族的地位。“世选”多指宰相及节度使，南府宰相多由皇室成员担任，北府宰相多出于后族。对奚人部落采取分化政策，和遥辇氏族一样，仍然保留了他们的贵族身份，虽然没有皇族、后族显赫，但是遥辇氏和奚人依旧可以凌驾于普通百姓之上。中央王权对皇族和奚人子弟采取了“世选制”的传统选官方式，使之成为支持自己的势力阶层。辽太宗收复幽蓟十六州后，在对待燕蓟地区世家大族的问题上，采取积极拉拢和扶植的政策，保护他们应有的权利及其子女在权利继承方面的特权，于是荫补制度便悄然进入了辽代汉人选官的途径中。契丹人征服渤海后，渤海国豪强大族的地位犹如燕蓟地区的韩、刘、马、赵四大家族，因此辽中央也将渤海人纳入了享受荫补制度的集团中来。② 世选和恩荫在辽国虽然都是在特定阶层选拔官员，不过由于民族的不同，其选拔官员的职位和在国家中的权力也有所不同。世选的官吏在整个国家具有举足轻重的作用，而恩荫的大多数官吏多是为了安抚、奖励忠于契丹政权的其他民族。

2. 科举制

科举制在辽国是不断地在发展，选拔人才的范围不断扩大，考试的频率以及考试的内容也在根据选拔对象和国家需要不断调整，可以说科举制

① 辽世宗管制改革内容主要参考［德］傅海波、［英］崔瑞德编《剑桥中国辽西夏金元史》，中国社会科学出版社 2007 年版，第 76—79 页。

② 参见陈天宇《“王权支配”下的辽代官僚荫补阶层探究》，《辽宁工程技术大学学报》（社会科学版）2015 年第 17 卷第 4 期。

在辽国得到很好的发展，成为辽国招纳人才的重要制度。据《金史·选举志》记载："辽起于唐季，颇用唐进士法取人。"① 辽国科举制始于辽太宗取得幽蓟十六州之后，最初的应试区域限于南京，参加应试的人群仅以汉族和渤海士人为主。

辽世宗和穆宗统治时期，政治动荡，科举制未成定制，直至景宗保宁八年（976 年）诏复南京礼部贡院，辽科举制才稳定步入正轨。② 辽圣宗统和六年（988 年）"诏开贡举"，主管科举的贡院由南京礼部贡院成为全国性的礼部贡院，职能范围扩大。科举制由南京推向全国，标志着辽科举制成为全国范围内的制度。辽圣宗时期科举制到了既保持唐朝固有的传统又不断吸收宋朝科举制的快速发展期，原有的一年一次的定制，这个时期变为一年一次或两年一次的新变化，并且为了招募人才除了科举考试还以制举的形式招募各族士人，尤其对北宋归来的进士增开了特科。但总的来说，辽进士及第的总体人数非常少，圣宗统和六年（988 年）至圣宗开泰二年（1013 年），20 次开科取士，进士及第人数 101 人，说明科举制在此时未达到完善程度。辽圣宗开泰三年（1014 年）至天祚皇帝天庆八年（1118 年）是辽科举制鼎盛时期，32 次开科取士及第人数约为 2300 名左右。开科的频率比之前有所降低，相隔 2—5 年进行一次。天祚皇帝天庆八年以后，辽科举制渐入尾声，虽仍然举行科举考试，目的不是选拔人才，而是稳定人心和笼络各民族文人儒士。③

辽国科举制大部分时期具有明显的民族特征，不允许契丹族和其他游牧民族应举。一方面因为这些游牧民族汉文化水平的局限，另一方面辽统治者仍希望保持其游牧民族尚武的特性，因而统治者在政策上划分了民族界限。辽兴宗时这种禁令有所松动，辽兴宗对耶律蒲鲁的才华十分钦慕，既对他参加科举有所处罚，又招其入仕。④ 天祚皇帝年间，耶律大石作为皇族直系成员，登天庆五年（1115 年）的进士⑤，说明辽后期不再禁止契丹及其他游牧民族士人参加科举考试。此外，辽王朝的科举制对不同阶层也有严格限制。辽兴宗重熙十九年（1050 年），诏令医、卜、屠、贩、奴隶及倍（忤逆之意）父母，或犯事逃亡者，不得举进士。⑥ 不过该限制不是将

---

① （元）脱脱等撰：《金史》卷 51，中华书局 1974 年版，第 1129 页。

② 参见武玉环、高福顺、都兴智、吴志坚著、张希清、毛佩琦、李世愉主编《中国科举制度通史·辽金元卷》，上海人民出版社 2015 年版，第 22—23 页。

③ 同上书，第 24—30 页。

④ 参见（元）脱脱等撰《辽史》卷 89，中华书局 1974 年版，第 1351 页。

⑤ 同上书，卷 30，第 354 页。

⑥ 同上书，卷 20，第 241 页。

医、卜与其他阶层一视同仁，而是辽国对医者和占卜者特别重视。

中国科举的常举和制举的考试内容不同，常举是真正意义上的科举考试，辽与唐宋一样也分为常举和制举。《契丹国志》云："程文分两科，曰诗赋，曰经义，魁各分焉。……圣宗时，止以词赋、法律取士，词赋为正科，法律为杂科。"① 辽圣宗之前考试的科目分为诗赋和经义两科，之后分为诗赋和法律。辽常举考试科目主要有进士科、明经科和律学科，进士科和明经科贯穿辽国科举史，律学科出现在辽中后期到辽末。三科并举具有非常明显的意义，即诗赋、经义、律学等各种学术专长都有了平等的社会地位，各科应举的人都可以获得同等的功名和荣誉。这一政策有利于鼓励各族士人按照自己的爱好与专长确立志愿，满足国家对人才的需求。

进士科与唐中后期基本一致，在辽科举制度中具有显要地位，辽圣宗统和六年（988 年）以前进士科的考试情况并不明确，之后又与科举考试全国铺开而逐渐正规起来。辽王朝进士科考试具有四级程序，开始只有乡、府、省三级考试。前两级属于州县贡举试，省试代表国家考试。乡试合格，经过"乡荐"参加府试；府试合格，经过"府解"，再参加省试；省试合格，称为进士"及第"。辽兴宗时又增加"殿试"把原有三级考试变为四级考试。② 明经科虽没有像进士科地位显著，但是由于辽国统治者重视各族士人对儒家经史的研读，并对精通儒家典籍的各族士人给予重用，所以明经科在辽国具有特殊地位，与唐朝相比科目划分更为系统。明经科在圣宗时期得到前所未有的发展，辽圣宗统和十二年（994 年）十一月"诏郡邑贡明经、茂材异等"。③ 律学科自出现一直持续到辽国末期，和进士科一样，会分出等级授予官职。《辽史拾遗》记载："王吉甫，涿州人，天庆二年试律学第一，除参军。"④

制举是历代统治者为招纳各民族人才临时设计的考试科目，独立于常举之外，补充常举。辽国统治者根据国家的需求模仿唐制，招纳各族士人。辽开设制举次数相对有限，制举科目主要有举才行、贡明经、茂材异等、举才能、举贤良等。制举科目虽多，但在《辽史》上各仅记录了一次，所以制举在辽并不发达，不具有长期性、制度化。⑤ 其相对于辽国常举，具有一定的特点：一是以皇帝诏书为准，考试不定期；二是考试内容侧重于现实需求；三

① （宋）叶隆礼：《契丹国志》卷 23，上海古籍出版社 1985 年版，第 227 页。

② 周怀宇：《辽王朝的科举考察述论》，《安徽史学》1997 年第 4 期。

③ （元）脱脱等撰：《辽史》卷 13，中华书局 1974 年版，第 145 页。

④ 王云五主编：《丛书集成初编》，商务印书馆 1936 年版，第 331 页。

⑤ 参见武玉环、高福顺、都兴智、吴志坚著，张希清、毛佩琦、李世愉主编《中国科举制度通史·辽金元卷》，上海人民出版社 2015 年版，第 44—46 页。

是不限考试对象，考试合格即授以一定的官职，具有明显的开放性。①

四　小结

辽国是契丹民族（契丹民族是原来北方地区多种游牧民族合一而来）统治的多民族国家，其对外征战，对内管理，离不开多民族的人才的努力。本文大概梳理了一下契丹民族的政治制度史，其实很难去评述契丹领地内和周围多民族的发展与其政治制度以及以后的官制存在怎样的关系，笔者不愿单纯地认定契丹一直追随中原汉族步伐，因为契丹作为一个独立的民族和政权有其独特的发展需求和规律。契丹作为统治阶级一直很注意多民族的问题，认识到一方面定居农业和中原王朝的政治制度更有利于维护其统治地位，另一方面想保持契丹作为游牧民族的特性，故而有了“分俗而治”思想，并将该思想充分运用到政治生活的方方面面，官制是一个重要方面。其实，纵观历史来看，越是多民族的国家越是要尽量地去促进多民族的融合，这样更有利于国家的稳定。辽国末期，从科举制对契丹和其他游牧民族开放可以看出，融合是一个不可阻挡的趋势。“分俗而治”只能作为多民族国家一个阶段的思想，若是契丹统治阶层早点意识到融合是多民族国家最终的道路，会不会制定一些更有利于民族融合的政策呢？这也许会让这个在草原上驰骋的民族渐渐失去其民族特性。

杜若铭，北京辽金城垣博物馆文物保管员

① 周怀宇：《辽王朝的科举考察述论》，《安徽史学》1997 年第 4 期。

◎从开国君主看周汉时期古鲁国的兴衰

◎ 孟艳锋

【摘　要】曲阜是我国古代鲁国的都城，历史达 1300 余年。历史上，共经过 4 次建立和覆灭的过程。周公旦之子伯禽，讨伐平定管叔鲜、蔡叔度等人的叛乱。伯禽在位期间，谨遵父亲的教诲，把鲁国治理得井井有条。西汉第一代鲁王张偃，其父张敖曾经封为赵王，后来废为宣平侯，姊妹为汉惠帝的张皇后。前 187 年，被外祖母吕后封为鲁王。前 179 年，汉文帝刘恒撤销鲁国。汉孝景帝之子刘馀，好治宫室，修建了“灵光殿”，同时又是一位知错能改、体恤臣属的国君。汉光武帝刘秀侄子刘兴，就任鲁王后，因鲁国并入东海国，徙封为北海王。曹魏代汉，废鲁国，置鲁郡，以鲁县为郡治。

【关键词】开国君主　古鲁国　兴衰

曲阜在周汉时期作为古鲁国的国都历经千年，地位特殊，留下大量的文化遗存，以“礼仪之邦”闻名中外，但由于时间久远、人物众多、事件繁杂，很多土生土长的曲阜人对于古鲁国兴衰成败的历程都说不甚清楚。下面让我们从认识古鲁国的四位开国君主入手开启对古鲁国历史的探究之旅。

一　代父就封的鲁公伯禽

伯禽，周公旦之子。据《史记·鲁周公世家》记载，公元前 11 世纪中叶，周武王伐纣克殷后，“遍封功臣同姓戚者。封周公旦于少昊之墟曲阜，是为鲁公。周公不就封，留佐武王”。“其后武王既崩，成王少，在襁褓之中。周公恐天下闻武王崩而畔，周公乃践阼代成王摄行政当国。”周公被封为鲁公仍留在京都辅佐周武王，武王去世后，成王年幼，周公担心天下人闻听武王讣讯而背叛朝廷，就登位代成王主持国家政权。“使其子伯禽代就封于鲁。”周公在伯禽就任鲁公前进行了一番训诫：“我文王之子，武王之弟，成王之叔父，我于天下亦不贱矣。然我一沐三捉发，一饭三吐哺，起以待士，犹恐失天下之贤人。子之鲁，慎无以国骄人。”“我作为文王的儿子、武王的弟弟、成王的叔父，地位不可谓不高，但还要洗一次头三次握起头发，吃一顿饭三次吐出正在咀嚼的食物，而起来接待贤士，生怕失掉天下贤人。你到鲁国之后，千万不要居国自傲。”

现在曲阜周公庙元圣殿院内立着一块清代的石碑——《金人铭》碑，记载了2500多年前孔子观“金人铭背”的典故。碑文内容在汉刘向《说苑·敬慎篇》和《孔子家语·观周》中均有记载。“孔子观周，入后稷之庙。右陛之前，有金人焉。三缄其口，而铭其背曰：‘古之慎言人也，戒之哉！无多言，多言多败。无多事，多事多患。安乐必戒，无行所悔。勿谓何伤，其祸将长。勿谓何害，其祸将大。勿谓何残，其祸将然。勿谓不闻，神将伺人。焰焰不灭，炎炎若何。涓涓不壅，终为江河。绵绵不绝，或成网罗。毫末不札，将寻斧柯。诚能慎之，福之根也。曰是何伤，祸之门也。强梁者不得其终，好胜者必遇其敌。盗憎主人，民怨其上。君子知天下之不可上也，故下之；知众人之不可先也，故后之。温恭慎德，使人慕之。执雌持下，人莫逾之。人皆趋彼，我独守此。人皆惑之，我独不徙。内藏我智，不示人技。我虽尊高，人弗我害。谁能于此？江海虽左，长于百川，以其卑也。天道无亲，而能下人。戒之哉！’孔子既读斯文，顾谓弟子曰：‘小子识之，此言实而中，情而信。’”孔子当年走进周公庙，看到在庙堂台阶右侧立着一个嘴上扎了三道封条的铜人，在铜人的背上刻着周公叮嘱儿子伯禽如何立身处世的铭言，告诫他要谨言慎行，要防微杜渐，要谦卑内敛，要淡泊名利，要虚怀若谷，孔子看后颇为感慨。将金人置于周公庙内从祀周公，就是为了让后世子孙入庙时每每见之，从而牢记祖训，以铭文自诫。

伯禽即位之初曾因报政迟晚令周公失望。据《史记·鲁周公世家》记载：鲁公伯禽之初受封之鲁，三年而后报政周公。周公曰：“何迟也?”伯禽曰：“变其俗，革其礼，丧三年然后除之，故迟。”太公亦封于齐，五月而报政周公。周公曰：“何疾也?”曰：“吾简其君臣礼，从其俗为也。”及后闻伯禽报政迟，乃叹曰：“呜呼，鲁后世其北面事齐矣！夫政不简不易，民不有近；平易近民，民必归之。”是说伯禽当初受封至鲁，三年以后才向周公汇报施政情况。周公问：“为何如此迟晚?”伯禽说：“变其风俗，改其礼仪，要等服丧三年除服之后才能看到效果，因此迟了。”太公受封于齐国，五个月后就向周公汇报施政情况。周公问：“为何如此迅速?”太公说：

“我简化其君臣之间的仪节，一切从其风俗去做。”周公叹息说：“唉！鲁国后代将要为齐国之臣了，为政不简约易行，人民就不会亲近；政令平易近民，人民必然归附。”由此看来，鲁公伯禽过度重视礼仪教化，对此作为父亲的周公并不十分赞赏。

伯禽即位后，管叔鲜、蔡叔度等人因不满周公摄政，于是挟持商纣王之子武庚发动叛乱 ，当时的淮夷、徐戎等也闻风兴兵作乱，前来攻打鲁国。伯禽率军到达肸邑（音 bì，古地名。春秋鲁地，在今山东省费县西北）抵御叛军，并亲自作《肸誓》，以严明军纪：“陈尔甲胄，无敢不善。无敢伤牿。马牛其风，臣妾逋逃，勿敢越逐，敬复之。无敢寇攘，逾墙垣。鲁人三郊三隧，峙（zhì，储备）尔刍茭、糗粮、桢干，无敢不逮。我甲戌筑而征徐戎，无敢不及，有大刑。”告诫全体将士：“准备好你们的盔甲，不准马虎。不得损坏牛栏马厩。马牛走失，奴隶逃亡，不准越次追逐，得到的要敬还原主。不许抢劫侵扰、越墙盗窃。三方远近郊区，备足草料、粮食、筑垒工具。我们甲戌日修筑营垒，征讨徐戎，不得迟误，否则处死！”将士们群情振奋，奋勇杀敌。伯禽带领将士奋战两年最终在周、齐的帮助下击败叛军，安定了鲁国。讨伐平定徐戎这件史事显示出伯禽不凡的军事才能。

伯禽在位 46 年，谨遵父亲的教诲，把鲁国治理得井井有条。闲暇之余，他时常想念远在镐京的父亲，于是在鲁城中用土筑了一个高台，经常登上去西望镐京，借以寄托对父亲的思念之情。《东野志》载：“古鲁城旧迹望父台，在城北一里。鲁公筑高台以望西京，思念其父。”望父台位于曲阜明故城以北 1 里左右，孔林林道以西，一座古台经过 3000 多年的风风雨雨能保存至今实属不易。当地的百姓津津乐道于“望父台”的历史故事，对伯禽的一片孝心心存敬重。

因周公在兴周灭商、辅佐成王和创立周代礼乐制度方面功勋卓著，受到周王朝的极大尊崇。周公去世后，周成王“命鲁得郊祭文王”，“鲁有天子礼乐者，以褒周公之德也”。成王特准鲁国可以行郊祭天和庙祭文王之礼，让鲁国使用与周天子一样的礼乐，以此彰褒周公的德行。因此鲁国在立国之初就奠定了丰厚的周文化基础。而在后来“礼坏乐崩”的时代，鲁国则成为典型周礼的保存者和实施者，吴国公子季札访鲁曾“请观于周乐”，晋国正卿韩宣子访鲁，“观书于太史氏，见《易》、《象》与鲁《春秋》”，感叹“周礼尽在鲁矣！吾乃今知周公之德与周之所以为王也”。

从公元前 11 世纪中叶伯禽代父就封鲁公，至鲁顷公二十四年（公元前 249 年）楚考烈王伐灭鲁，共历 34 世，历时 800 余年，一直以曲阜作为鲁国国都。

二　家世显赫的鲁王张偃

张偃，是西汉第一代鲁王。祖父为赵王张耳，母亲是汉高祖刘邦和吕后的长女鲁元公主，其父张敖曾经封为赵王，后来废为宣平侯，其姐姐为孝惠皇后，可谓家世显赫。他的外祖父刘邦、外祖母吕后、母亲鲁元公主的身份地位无论是正史还是野史均有大量的记载或传说，在此不再赘述。

张偃的祖父张耳，曾参加过秦末农民起义军，因扶赵抗秦有功被项羽分封为常山王，常山被陈馀兵攻破后投奔汉王刘邦。公元前 204 年，汉高祖刘邦派张耳和韩信攻赵，张耳、韩信背水一战，突破了赵国的井陉，在泜水河畔杀死了陈馀，在襄国追杀了赵王歇。韩信报请汉高祖封张耳为赵王。公元前 202 年，张耳逝世，谥号景王。（《史记·张耳陈馀列传》）

张偃的父亲张敖袭封赵王后，汉高祖将大女儿鲁元公主嫁给他做王后。在《史记·张耳陈馀列传》中记载了赵王张敖的一件有趣的史事：公元前 200 年，汉高祖从平城经过赵国，赵王张敖按照子婿的礼节从早到晚亲自侍奉饮食，态度极谦恭。汉高祖对他却非常傲慢，辱骂他。赵国国相贯高、赵午等人为自己的王受到侮辱而气愤不已，要寻机杀掉汉高祖。赵王把手指咬出血来说："先父亡了国，是依赖高祖才能以复国，恩德泽及子孙，一丝一毫都是高祖的功劳，希望你们不要再开口。"贯高、赵午等人不听赵王劝阻，仍密谋在柏人县馆舍的夹壁墙中隐藏武士截杀皇上。高祖到了此地，心有所动，就问道："这个县的名称叫什么？"回答说："柏人。""柏人，是被别人迫害啊！"没有留宿就离开了。公元前 198 年，贯高的仇人向皇上告发此事，于是把赵王、贯高等人同时逮捕。赵午等十余人都争相刎颈自杀，贯高愤怒地骂道："谁让你们自杀？如今这事，大王确实没有参与，却要一块逮捕；你们都死了，谁替大王辩白没有谋反呢！"皇上向赵国发布文告说群臣和宾客有追随赵王的全部灭族。贯高和宾客孟舒等十多人，都自己剃掉头发，用铁圈锁住脖子，装作赵王的家奴跟着赵王来京。审判张敖的罪行。贯高出庭受审，说："只有我们这些人参与了谋反，赵王确实不知。"官吏审讯，严刑鞭打几千下，用烧红的铁条去扎他，身上没有一处是完好的，但始终再没说话。吕后几次说张敖因为鲁元公主的缘故，也不会做这种事，皇上愤怒地说："若是让张敖据有了天下，难道还会考虑你的女儿吗！"不听吕后的劝告。廷尉把审理贯高的情形和供词报告皇上，皇上说："真是壮士啊！谁了解他，通过私情问问他。"中大夫泄公说："我和他是同乡，一向了解他。他本来就是赵国看重名义、不肯背弃承诺的人。"皇上派泄公拿着符节到舆床前问他。贯高仰起头看看说："是泄公吗？"泄公慰问、寒暄一番后，问张敖到底有没有参与这个计谋。贯高说：“人之常情，有谁不爱他的父母妻子呢？如今我三族都因为这件事被判处死罪，难道会用我亲人的性命去换赵王吗！但是赵王确实没反，只有我们这些人参与了。”他详细地说出了所以要谋杀皇上的本意，和赵王不知内情的情状。于是泄公进宫，把了解的情况详细地做了报告，皇上便赦免了赵王。皇上赞赏贯高是讲信义的人，就派泄公把赦免赵王的事告诉他，说：“赵王已从囚禁中释放出来。”因此也赦免贯高。贯高喜悦地说：“我们赵王确实被释放了吗？”泄公说：“是。”泄公又说：“皇上称赞您，所以赦免了您。”贯高说：“我被打得体无完肤而不死的原因，是为了辩白赵王确实没有谋反，如今赵王已被释放，我的责任已尽，死了也不遗憾啦。况且为人臣有了篡杀的名声，还有什么脸面再侍奉皇上呢！纵然是皇上不杀我，我的内心不惭愧吗？”于是仰起头来卡断咽喉而死。张敖被释放后，被封为宣平侯。从这件史事可以看出，张敖为人谦卑有礼，且颇受属下拥戴。

据《史记·吕太后本纪》载：“宣平侯张敖卒，以子偃为鲁王，敖赐谥为鲁元王。”公元前 187 年，张敖去世后，张偃被外祖母吕后封为鲁王，改鲁县为鲁国。此次重建鲁国距楚考烈王灭鲁时隔 62 年，在此期间楚怀王曾封项羽为鲁公。张偃被封鲁王的第二年，“高后为外孙鲁元王偃年少，早失父母，孤弱，乃封张敖前姬两子，侈为新都侯，寿为乐昌侯，以辅鲁元王偃”。吕后怜惜外孙父母早亡，年幼孤弱，又封其同父异母的两个哥哥张侈和张寿为侯以辅佐张偃。“高后崩，诸吕无道，大臣诛之，而废鲁元王及乐昌侯、信都侯。”（《史记·张耳陈馀列传》）公元前 179 年，吕太后去世后，张偃被大臣们废掉了鲁王封号，他的两个哥哥同时被废侯。汉文帝刘恒即位后，“复封故鲁元王张偃为南宫侯”。在《史记》中多处称张偃为“鲁元王”，而《汉书》和《资治通鉴》中则均称其为“鲁王”，且张偃的父亲张敖谥号为“鲁元王”，张偃的封号不可能与其父亲的谥号完全相同，可见。《史记》中记载有误，应为“鲁王”而非“鲁元王”。

这次，鲁国从建立到灭亡，存续仅 8 年，张偃也因为年少，并且生活在母亲及吕后的羽翼之下而没有什么作为，史书上对他的政绩也鲜有表述。

三 好治宫室的鲁王刘馀

刘馀，汉孝景帝之子。据《史记·五宗世家》记载：“鲁共王馀，以孝景前二年用皇子为淮阳王。二年，吴、楚反破后，以孝景前三年徙为鲁王。好治宫室苑囿狗马。季年好音，不喜辞辩。为人吃。”鲁恭王刘馀在孝景帝前元二年（前 155 年）以皇子的身份受封为淮阳王。第二年，“春正月，淮阳王宫正殿灭”。吴、楚七国反叛被击败后，孝景帝前元三年（前154年），徙封为鲁王。他喜欢建造宫殿、苑囿，畜养狗马。晚年喜好音乐，不善辩说，说话口吃。

据《汉书·景十三王传》记载：“恭王初好治宫室，坏孔子旧宅以广其宫，闻钟磬琴瑟之声，遂不敢复坏，于其壁中得古文经传。”当初刘馀为扩建宫室拆除孔子故宅旧墙时，忽然听到金石丝竹之声，有六律五音之美，立即停止拆除工作，结果在墙壁里发现了《尚书》《礼》《论语》《孝经》等几十篇经典书籍。那么这些经书为何会藏匿到旧墙里呢？公元前213年，秦始皇采纳丞相李斯的建议，禁止儒生以古非今，以私学诽谤朝政，下令焚烧《秦史》以外的列国史记，对不属于博士官的私藏“诗”“书”等也要限期交出销毁。这时，孔子的第九代孙孔鲋不忍心让这些珍贵的经书被毁掉，便将《尚书》《仪礼》《论语》《孝经》等经书偷偷地藏于孔子故宅的墙壁内，自己跑到嵩山隐居去了。孔鲋所藏之书是用蝌蚪文写于竹简之上的，不同于当时经师们用隶书写的经典，人们就把它们称为“孔壁古文”。其中最有影响的是《古文尚书》，据说它比《今文尚书》多十六篇。刘馀的无意之举使这些古籍得以重见天日，也不失为中国文献史上的一大幸事。

好治宫室的恭王无法停止建造宫室的脚步，修建了雄伟壮观的“灵光殿”，东汉文学家王延寿曾为之作著名的《鲁灵光殿赋》：“鲁灵光殿者，盖景帝程姬之子恭王馀之所立也。初，恭王始都下国，好治宫室，遂因鲁僖基兆而营焉。遭汉中微，盗贼奔突，自西京未央建章之殿，皆见隳坏，而灵光岿然独存……”王延寿将灵光殿与当时长安的未央宫、建章宫相提并论，其宏丽程度想见一斑。在曲阜汉魏碑刻陈列馆内馆藏着一块西汉早期的刻石——北陛石，阶石的左端刻“鲁六年九月所造北陛”，鲁六年为鲁恭王六年，即汉景帝中元元年（公元前149年），为汉景帝子鲁恭王刘馀修建曲阜灵光殿之年。陛，“天子阶也”（《玉篇》），“北陛”应指汉鲁王宫北阶，即为灵光殿上所用。该石阶面浅雕双璧纹，立面阴刻菱纹，一端有卯榫，做工非常精美。1942年日军占领曲阜盗掘鲁国故城遗址时发现此石，位于鲁故城内汉鲁王宫殿区，即现周公庙东北约30米处的高地。该石是迄今发现的灵光殿唯一有纪年刻字的实物资料，虽然仅从一块出土的台阶石还无法完全断定灵光殿遗址所在，但至少为历史上对鲁灵光殿遗址是在古泮池附近还是在周公庙侧之争提供了考古实物依据。

在《史记·田叔列传》记载了两则与其有关的史事：“鲁相初到，民自言相，讼王取其财物百馀人。田叔取其渠率二十人，各笞五十，馀各搏二十，怒之曰：‘王非若主邪？何自敢言若主！’鲁王闻之大惭，发中府钱，使相偿之。相曰：‘王自夺之，使相偿之，是王为恶而相为善也。相毋与偿之。’于是王乃尽偿之。”田叔刚刚到任，一百多位百姓主动找他，指责鲁王侵夺他们的财物。田叔抓住为首的二十个人，每人笞打五十大板，其余的人各打手心二十，对他们发怒说：“鲁王不是你们的君主吗？怎么敢毁谤君主呢！”鲁王听说后，非常惭愧，从内库中拿出钱来让国相偿还他们。田叔说：“君王自己夺来的，让国相偿还，这是君王做坏事而让国相做好事。国相我不能参与偿还之事。”于是鲁王就尽数偿还给百姓。

“鲁王好猎，相常从入苑中，王辄休相就馆舍，相出，常暴坐待王苑外。王数使人请相休，终不休，曰：‘我王暴露苑中，我独何为就舍！’鲁王以故不大出游。”鲁王喜欢打猎，田叔经常跟随进入狩猎的苑囿，鲁王总是要他到馆舍中休息，田叔常常走出苑囿，坐在露天地里等待鲁王。鲁王多次派人请他去休息，他终究不肯，说：“我们鲁王暴露在苑囿中，我怎能独自到馆舍中呢！”鲁王因为这个缘故不再大举出外游猎。

从以上史事我们可以看出，刘馀作为一位封建君主，既有其奢侈腐化、追求享乐的一面，同时又是一位知错能改、体恤臣属的国君。

据《汉书·景十三王传》载：“鲁恭王馀以孝景前二年立为淮阳王。吴、楚反破后，以孝景前三年徙王鲁。……二十八年薨。子安王光嗣，初好音乐舆马，晚节吝，唯恐不足于财。四十年薨。子孝王庆忌嗣，三十七年薨。子顷王劲嗣，二十八薨。子文王睃嗣，十八年薨，亡子，国除。哀帝建平三年，复立顷王子睃弟部乡侯闵为王。王莽时绝。”从孝景帝前元三年（前154年）鲁恭王刘馀徙封鲁王，至西汉哀帝建平三年（前4年）鲁国灭亡，共历5世5君，150余年。根据1970年对九龙山崖群2、3、4、5号墓的发掘考古资料看，里面埋葬的即为西汉这一时期的几位鲁王。其中3号墓出土有“王庆忌”铜印、“宫中行乐钱”以及刻有“王陵塞石广四尺”字样的挡墓石等，可知3号墓为第三代鲁王刘庆忌的墓。

四　明略善政的鲁王刘兴

刘兴，汉光武帝刘秀的侄子，刘秀长兄刘演之次子，过继给刘秀次兄刘仲为子。《后汉书·宗室四王三侯列传》载：“北海靖王兴，建武二年封为鲁王，嗣光武兄仲。”建武二年（26年），刘兴被封为鲁王。“兴其岁试守缑氏令。为人有明略，善听讼，甚得名称。迁弘农太守，亦有善政。视事四年，上疏乞骸骨，征还京师，奉朝请。二十七年，始就国。明年，以鲁国益东海，故徙兴为北海王。”刘兴当年试任缑氏县令时，为人明智有方略，长于听理诉讼，甚得好名声。后迁升为弘农太守，也很有政绩。任职四年，上疏请求退职，被召回京师，封予奉朝请的闲职。建武二十七年（51 年），到鲁国就任鲁王。第二年，因鲁国并入东海国，徙封为北海王。“显宗器重兴，每有异政，辄乘驿问焉。”汉显宗刘庄非常器重刘兴，每当遇到大的政事，常传递文书向刘兴请教。刘兴在北海王任上 39 年去世，死后儿子敬王刘睦继嗣。

从建武二年（26 年）至建武二十七年（51 年）的 26 年间，刘兴在试任缑氏县令和弘农太守时显示出其审断案件、治国理政方面的不凡才能，其爵位有降有升。建武十三年（37 年）二月，从鲁王降为鲁公。（“降赵王良为赵公，太原王章为齐公，鲁王兴为鲁公”《后汉书 · 汉武帝纪下》）建武十九年（43 年）闰四月，又从鲁公晋升鲁王。（“进赵、齐、鲁三国公爵为王”《后汉书 · 汉武帝纪下》）

刘兴赴国就任一年后，鲁国为何又隶属东海国管理呢？是鲁王刘兴有什么过错吗？我们可在《后汉书 · 光武十王列传》中有关东海恭王刘强的一段记载中找到答案：“十九年，封为东海王，二十八年就国。帝以强废不以过，去就有礼，故优以大封，兼食鲁郡，合二十九县。赐虎贲旄头，宫殿设钟虡之县，拟于乘舆。强临之国，数上书让还东海，又因皇太子固辞。帝不许，深嘉叹之，以强章宣示公卿。初，鲁恭王好宫室，起灵光殿，甚壮丽，是时犹存，故诏强都鲁。”刘强因母亲郭后被废主动辞去太子位后，于建武十九年（44 年）被封为东海王，建武二十八年（53 年）到东海国就封。皇帝认为刘强被废太子不是因为本身有过失，而且去就有礼，所以优待大封他，兼食邑鲁郡，共有 29 县。并赐给虎贲旄头，宫殿中设有钟鼓之悬，还有乘舆。刘强几次上书让还东海国，又托皇太子坚决辞让。皇帝不允，深深地嘉许叹息，把刘强的奏章拿给公卿们看。因当时鲁恭王所建造的灵光殿还存在，且十分壮丽，所以皇上下诏让刘强以鲁为国都，于是东海国国都由郯县迁往鲁郡鲁县。可见，鲁国改郡是为了褒奖刘强让贤而实施的优待之举，和鲁王刘兴个人功过并无关系。

从建武二十八年（52 年）起尽管古鲁国已作为一个郡隶属东海国管理，但古鲁城仍作为 6 世东海国国君的都城，其世系为东海恭王刘强、东海靖王刘政、东海顷王刘萧，东海孝王刘臻，东海懿王刘祇、东海王刘羡。刘强王东海时兼食鲁、都鲁之鲁地称东海国，刘强薨后的诸王食鲁、都鲁之鲁地称鲁国，一直持续到魏黄初二年（221 年）曹魏代汉，废鲁国，置鲁郡，以鲁县为郡治。

纵观中国古代史，周汉时期古鲁国共经过 4 次建立和覆灭的过程，历

41世国君。曲阜作为古鲁国（后来为东海国）国都达1300余年，诞生过伟大的文化圣人孔子；矗立过金碧辉煌的建筑奇观灵光殿；见证过西周王朝的礼乐归鲁、春秋战国的血雨腥风以及大汉盛世的繁荣富丽，其深厚的文化底蕴，像一座取之不尽、用之不竭的文化宝藏，等待着我们去探寻，去挖掘。

孟艳锋，文博馆员，曲阜市文物局文物商店副经理

◇2017年大事记

1. 2017年经我馆班子会研究决定，将“孔庙国子监院内地面修缮整治工程（即北京孔庙地面修缮工程）”“进士题名碑（120通）三维数字化扫描采集”“锅炉房旧锅炉更换工程”三个项目列为我馆2017年重点项目，须按项目的相关程序进行实施。

2. 郭春倩、陈静、葛维华、杨晶、李斌、张磊、乔雷被评为北京市物局系统2013—2016年度首都社会治安综合治理先进工作者。

3. 2017年1月12日，孔庙和国子监博物馆开展乾隆石经三维数字化软件培训工作，北京双百爱玲珑数据技术有限公司对乾隆石经三维数据依托的“视觉资产管理平台”软件进行了介绍，并对软件的具体操作方法进行了现场演示。我馆还将对乾隆石经三维数据在科研及展览展示方面的应用进行深入研究。

4. 2017年2月28日上午，我馆召开“大成殿、辟雍屋面岁修工程”施工专题安全会议。

5. 2017年3月5日，“传承雷锋精神 志愿服务社会”——孔庙和国子监博物馆开展2017年“3.5”学雷锋志愿服务活动。这是全国第54个“学雷锋日”暨第18个“中国青年志愿者服务日”，我馆积极发挥“首都学雷锋志愿服务岗”的作用，于活动当天通过宣传屏向公众宣传“大力弘扬雷锋精神，积极培育和践行社会主义核心价值观”的主旨精神；我馆来自首都经贸大学外国语学院的志愿者队伍为观众提供志愿讲解及引导服务。

6. 2017年3月15日，孔庙和国子监博物馆2017年度志愿者培训工作启动。目前，我馆的志愿服务内容主要为：志愿者讲解服务和咨询导览服务，来自首都经贸大学的40余位学生志愿者参加了本次培训。

7. 2017年3月29日，孔庙和国子监博物馆参加由北京市文物局、北京博物馆学会主办的“中国故事——全国博物馆优秀讲解案例展示推介活动”北京地区选拔赛。

8. 为协调“中国孔庙保护协会第二十次年会”的筹备工作，加强各秘书长单位间的沟通和联络，促进中国孔庙保护协会更好发展，2017 年 4 月 11 日上午孔庙和国子监博物馆在敬一亭组织召开了“2017 年度中国孔庙保护协会秘书长工作会”。本次中国孔庙保护协会秘书长工作会的顺利进行为“中国孔庙保护协会第二十次年会”的召开扩展了新的思路，弥补了承办单位旌德文庙在工作方案草案中的不足，解决了工作方案草案中可行性不高的部分问题，为工作方案的修改及实施提出了建设性的意见。

9. 2017 年 4 月 11 日，孔庙和国子监博物馆邀请南京中国科举博物馆在敬一亭联合召开了“北京孔庙和国子监博物馆改陈工作”专家论证会。本次专家论证会协商孔庙和国子监博物馆“大哉孔子展”和“金榜题名——中国古代科举制度展”改陈的筹备工作，借鉴科举专题博物馆举办展览成功的优点，加强学术上的沟通和交流，为博物馆日后的改陈设想扩展了新方向，为下一步展陈大纲的编写奠定了良好的理论基础。

10. 2017 年 4 月 22 日上午，孔庙和国子监博物馆与北京市慈善义工联合会共同主办的“节日零垃圾”环境保护宣传活动的启动仪式暨志愿交流活动在孔庙和国子监博物馆彝伦堂举行。会议首先由慈善义工联合会领导对 2016 年景区及文保单位“节日零垃圾”活动进行了总结和表彰，并启动了 2017 年该项活动的内容。随后，大会为获得“北京市义工文保摄影大赛”的获奖人员举行了颁奖仪式。此外，各级义工组织负责人在会上进行了充分的交流和沟通，达到了资源共享、人员共享、平台共享的目的。

11. 2017 年 4 月 26 日下午，孔庙和国子监博物馆工会为新增的“职工之家”举办了揭牌仪式。新增的“职工之家”约 100 平米，是博物馆工会为满足职工的不同需求而建立的，设有茶艺室、阅读室、健身房、母婴室、心理咨询室、更衣室等不同活动空间，功能齐全，可供职工在此品茗读书，健身交流。新的“职工之家”是集学习培训、娱乐健身、女工活动、素质教育为一体的活动中心，旧的“职工之家”则将成为体育锻炼的主要场所，博物馆两处“职工之家”将互相配合，互补互足，共同成为工会密切联系职工的桥梁和纽带。

12. 2017 年 5 月 14 日上午，伴随着“一带一路”国际合作高峰论坛的开幕，孔庙和国子监博物馆迎来瑞士联邦主席的丈夫豪森及瑞士驻华大使夫人参观团。中共孔庙和国子监博物馆党总支部书记陈静全程陪同参观。奥森先生表示：通过参观，让他了解到了孔子的儒家思想对于治理国家的所起到的良好作用，他一定会将这种思想转述给他的夫人（瑞士联邦主席），希望他们国家领导人同我们国家领导人一样，怀揣一颗仁爱之心，为政以德。

13. 西班牙首相拉霍伊应邀于 2017 年 5 月 13 日至 15 日来华出席“一带一路”国际合作高峰论坛。5 月 14 日中午，西班牙首相拉霍伊及夫人费尔南德斯女士来到孔庙参观，我馆圆满完成此次接待任务，不仅保证了外宾行程的安全，而且通过专业的接待服务，为博物馆获得了更好得声誉，为“一带一路”国际合作高峰论坛提供了良好的服务保障。

14. 2017 年 5 月 15 日下午，希腊共和国总理夫人贝蒂·巴齐亚娜女士到孔庙和国子监博物馆参观，吴志友馆长全程陪同并亲自讲解。贝蒂·巴齐亚娜女士也表示参观孔庙国子监确实给她留下了非常深刻的印象，对于博物馆的热情接待以及吴馆长的讲解表示感谢。

15. 2017 年 5 月 18 日，是第 41 个国际博物馆日，孔庙和国子监博物馆为传承和弘扬中国传统文化，让文物活起来，开展了一系列内容丰富、形式多样的主题宣传活动，其中包括传统礼仪体验、国学知识互动问答、手绘地图寻宝集章、文化交流小卡片主题活动、大成礼乐展演以及观众问卷调查等。

16. 2017 年 5 月 25 日，孔庙和国子监博物馆党总支书记陈静、研究部主任王琳琳参加在山东曲阜召开的儒学遗产保护利用工作座谈会，具体地点为明清官式建筑国家文物局重点科研曲阜基地三孔古建筑工程管理处召开。陈静书记结合北京孔庙国子监近年来工作实际及《儒学遗产保护利用规划纲要》，交流了北京孔庙国子监在保护利用儒学文化遗产方面的经验，并表示将积极参与国家文物局组织的联合申遗等工作。

17. 2017 年 5 月 27 日上午 10 时许，北京京西国际学校应届高中毕业生、教师及家长共计四百余人，齐聚北京孔庙大成殿前，举行了隆重的毕业典礼。京西学校校长 MICHAEL CROOK 首先向到场来宾致辞。他用中国古老的诗歌形式寄语学生们：希望同学们在今后的人生路途中，既要充分享受人生，又要保持忠于职守的精神和忧患意识，并感谢孔庙和国子监博物馆对京西学校教育的支持。

18. 2017 年 6 月 29 日上午，为纪念建党 95 周年中共孔庙和国子监博物馆党总支部组织年轻党员、预备党员和新入职的同志来到鼓楼广场，与安定门街道工委共同开展了区域共建党建党员志愿服务活动。

19. 2017 年 7 月 7 日，孔庙和国子监博物馆党总支组织全体党员、入党积极分子，部分退休老同志来到平谷鱼子山抗日战争纪念馆开展“铭记革命历史　重温入党誓词”主题党日活动。

20. 2017 年 7 月 11 日上午 10 时，由北京电视台新闻节目中心、北京团市委、北京出版集团、北京发行集团共同发起的“带本书给家乡的孩子”

第五季信使出发仪式在国子监彝伦堂举办。活动以“你读一首诗 我捐一本书”为主题，在全市范围设置“爱心读诗亭”，通过市民读诗的次数统计捐书数量，由大学生“捎书信使”给边远地区的孩子送书，改善贫困地区学校的图书室条件。活动结束后，“你读一首诗，我捐一本书”爱心读诗亭将放置在国子监太学门内。

21. 2017 年 9 月，孔庙和国子监博物馆完成进士题名碑三维数据现场采集工作。今年我馆继续开展第三期碑刻三维数字化工程，数据采集对象为 120 通进士题名碑，其中清代 118 通，明代 2 通。进士题名碑三维数据现场扫描采集工作于 2017 年 5 月 3 日开始，进士题名碑三维数据现场采集工作已经完成，工程进入数据后期处理阶段。

22. 2017 年 9 月 26 日下午，国务院第 28 安全生产督查组来到孔庙和国子监博物馆巡查安全生产工作落实情况。督察组领导对孔庙和国子监博物馆安全生产工作落实情况予以肯定。同时也强调，孔庙和国子监博物馆在用电管理与古建安全方面应高度重视，强化安全检查，加强管理。

23. 为制定我馆基本陈列改陈方案，了解业界动态，开拓改陈工作思路，2017 年 10 月 24 日上午研究部特邀馆外专家、《科技中国》杂志执行主编佟鸿举先生莅临我馆进行业务讲座。讲座题目为：《民间科举文物的收藏——兼谈互联网 + 时代国子监改陈》。

◇征稿启事

《孔庙国子监论丛》前身为《孔庙国子监丛刊》，于 2006 年正式创刊。全馆上下一直非常重视科研工作，《孔庙国子监论丛》主要为孔庙和国子监博物馆年度科研工作的论文集，不但为馆内外研究人员提供了一个学术文化平台，它也日益成为我馆展示优秀学术成果、拓展对外文化交流的重要窗口，且不断为我馆推出的各项陈列展览及大型文化活动提供智力支持。现向博物馆全体职工、社会各界及海内外相关专家学者发出征稿启事：

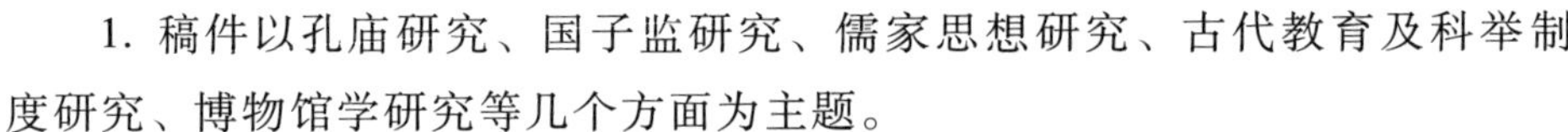

1. 稿件以孔庙研究、国子监研究、儒家思想研究、古代教育及科举制度研究、博物馆学研究等几个方面为主题。

2. 要求稿件观点鲜明，脉络清晰，层次分明，语言流畅。

3. 稿件字数原则上控制在 3000—7000 字，文前有摘要及关键词；引文标明出处；文末标明参考文献。

4. 稿件应是作者原创，若抄袭他人者，一经发现，不予录用。

5. 引用他人论著一定要用页下注注明作者、论著名、出版社（或期刊）、出版（或发表）时间、第几页等出版信息。

6. 禁止一稿多投，一经采用，即刻与您取得联系。

7. 每年 3 月 10 日前确定并提交论文题目，以免出现研究题目重复的现象。征稿截止时间为每年 7 月 10 日，作者按照征稿通知的要求，提交论文的电子文本（宋体小四号字）。

8. 研究部组织学术委员会专家匿名评审论文。委员严格按照征稿通知的要求评审论文，并标明是否录用。在不被录用的论文后，详细写出评语和不被录用的原因。

9. 来稿请寄：北京市东城区孔庙和国子监博物馆研究部，邮编：100007

电子邮件：149238703@ qq. com　　电话：010 - 64065795

联系人：常会营

孔庙和国子监博物馆研究部
2017 年 12 月